Finanzieren mit Venture Capital

Michael Schefczyk

Finanzieren mit Venture Capital

Grundlagen für Investoren, Finanzintermediäre, Unternehmer und Wissenschaftler

2000

Schäffer-Poeschel Verlag Stuttgart

Verfasser:
Prof. Dr. Michael Schefczyk
SAP-Stiftungslehrstuhl für Technologieorientierte Existenzgründung
und Innovationsmanagement, Technische Universität Dresden

.

Die Deutsche Bibliothek – CIP-Einheitsaufnahme

Schefczyk, Michael:
Finanzieren mit Venture Capital : Grundlagen für Investoren, Finanzintermediäre,
Unternehmer und Wissenschaftler / Michael Schefczyk.
- Stuttgart : Schäffer- Poeschel, 2000
(Handelsblatt-Reihe)
ISBN 3-7910-1599-0

Gedruckt auf säure- und chlorfreiem, alterungsbeständigem Papier.

ISBN 3-7910-1599-0

© 2000 Schäffer-Poeschel Verlag für Wirtschaft · Steuern · Recht GmbH & Co. KG
www.schaeffer-poeschel.de
info@schaeffer-poeschel.de
Druck und Bindung: Franz Spiegel Buch GmbH, Ulm
Printed in Germany
Juli / 2000

Schäffer-Poeschel Verlag Stuttgart
Ein Tochterunternehmen der Verlagsgruppe Handelsblatt

Vorwort

Venture Capital (VC) hat in den letzten Jahren aus einer Vielzahl von Blickwinkeln wieder erhebliche Beachtung gefunden. *Gesamtwirtschaftlich* wird VC als Instrument zur Unterstützung des Strukturwandels, zur Stärkung innovativer kleiner und mittlerer Unternehmen und zur branchenspezifischen staatlichen Förderung – z. B. in der Informationstechnik und Biotechnologie – gesehen. *Investoren* erkennen in VC eine Anlageklasse, die unter Diversifikationsgesichtspunkten und angesichts der geringen Korrelation mit den Renditen/Risiken von Aktien und Anleihen interessant ist. *Intermediäre* beurteilen die Beteiligungswürdigkeit junger Unternehmen und arrangieren für Investoren Portfolios aus Beteiligungen an jungen Unternehmen. Gleichzeitig bieten sie nicht-finanzielle Managementunterstützung und bemühen sich selbst um eine geeignete Positionierung auf dem VC-Markt. *Junge Unternehmen* begreifen VC als Chance, ambitionierte Vorhaben zu realisieren und die eigene Entwicklung zu beschleunigen.

Dieses Buch ist ein weiterentwickeltes Derivat meiner Habilitationsschrift „Erfolgsstrategien deutscher Venture Capital-Gesellschaften", die eine eigene empirische Analyse von 103 VC-Transaktionen beschreibt und 1998 in der ersten sowie 2000 in der zweiten Auflage erschienen ist. Im Zentrum dieses Buches stehen aber nicht mehr eigene wissenschaftliche Forschungsergebnisse. Die Entwicklung und Prüfung der eigenen Hypothesen ist daher in diesem Werk nicht abgedruckt; vielmehr sollen fundierte Grundlagenerkenntnisse zur VC-Finanzierung an Anbieter von VC, junge Unternehmen sowie auch an Wissenschaftler und Studenten vermittelt werden. Dazu wurden wesentliche Informationen zum VC-Markt und zur verfügbaren Literatur aktualisiert. Darüber hinaus wurde ein Kapitel „Geschäftsplanung junger Unternehmen für externe Adressaten" ergänzt, das beschreibt, welche Planungsergebnisse junge Unternehmen in welcher Weise einsetzen sollten, um VC einzuwerben. Dieser Abschnitt soll jungen Unternehmen dabei helfen, die Schritte zur VC-Finanzierung professionell zu organisieren. Einige Teile dieses Werkes – vor allem die Abschnitte zur Finanzierungstheorie und zum Forschungsstand – richten sich dagegen an Leser, die auf ein wissenschaftliches Niveau vordringen möchten.

Bedanken möchte ich mich nochmals bei denjenigen, die schon das Zustandekommen meiner Habilitationsschrift unterstützt haben, vor allem *Prof. Dr. Torsten J. Gerpott* vom Lehrstuhl Planung & Organisation der Gerhard-Mercator-Universität Duisburg, der die damalige Arbeit betreut hat, und *Dr. Holger Frommann,* der als Geschäftsführer des Bundesverbandes deutscher Kapitalbeteiligungsgesellschaften (BVK) meine Datenerhebung unterstützt hat.

V

Für zahlreiche Hilfestellungen danke ich dem gesamten Team meines Lehrstuhls. Das Manuskript hat vor allem meine Sekretärin, Frau *Mandy Windisch,* realisiert, die dazu unter anderem mit unablässigem Eifer und unerschütterlicher Geduld viele Inhalte von einer Macintosh- auf eine Windows-Plattform übertragen hat. Einen guten Orientierungssinn hat *Dipl.-Wirtsch.-Ing. Frank Pankotsch* bei der Navigation durch den „Förderdschungel" unter Beweis gestellt. Für die kapitelweise Korrektur danke ich Dipl.-Vw. Matthias Pohler und Dip.-Wirtsch.-Ing. Jörg Wylegalla.

Dresden, im Mai 2000   *Prof. Dr. Michael Schefczyk*

Inhaltsverzeichnis

Abbildungsverzeichnis

Tabellenverzeichnis

Abkürzungsverzeichnis

BGBl	Bundesgesetzblatt
BJTU	Beteiligungskapital für junge Technologieunternehmen
BTU	Beteiligungskapital für kleine Technologieunternehmen
BVCA	British Venture Capital Association
BVK	Bundesverband deutscher Kapitalbeteiligungsgesellschaften
DtA	Deutsche Ausgleichsbank
EASDAQ	European Association of Securities Dealers Automated Quatation
ERP	European Recovery Program
EStG	Einkommensteuergesetz
EVCA	European Venture Capital Association
FAZ	Frankfurter Allgemeine Zeitung
GewStG	Gewerbesteuergesetz
HGB	Handelsgesetzbuch
IPO	Initial Public Offering
IRR	Internal Rate of Return
KBG	Gesetz über Kapitalanlagegesellschaften
KAGG	Kapitalbeteiligungsgesellschaft
KfW	Kreditanstalt für Wiederaufbau
KStG	Körperschaftssteuergesetz
LBO	Leveraged Buy-Out
LISREL	Linear Structural Relationship
MBI	Management Buy-In
MBO	Management Buy-Out
NVCA	National Venture Capital Association (USA)
PU	Portfoliounternehmen
SBA	Small Business Administration
SBIC	Small Business Investment Corporation
TOU	Förderung technologieorientierter Unternehmensgründungen
UBG	Unternehmensbeteiligungsgesellschaft
UBGG	Gesetz über Unternehmensbeteiligungsgesellschaften
UmwStG	Umwandlungssteuergesetz
VC	Venture Capital
VCG	Venture Capital-Gesellschaft
VStG	Vermögenssteuergesetz

1. Einführung

1.1 Ausgangssituation

Die Verwirklichung des Dranges von Personen „selbstständig" zu sein, die Gründung junger Unternehmen und das Unternehmertum allgemein werden in der deutschen Gesellschaft mittlerweile wieder stärker positiv wahrgenommen. Der Trend zu einer digital orientierten Informationsgesellschaft („neue Wirtschaft") löst außerdem zahlreiche Umbrüche und neue wirtschaftliche Chancen aus. Die zunehmende Aufgeschlossenheit gegenüber Aktien als Geldanlage und die dynamische Entwicklung des Neuen Marktes tragen darüber hinaus dazu bei, dass viele wirtschaftlich aktive Personen junge Unternehmen als attraktiv einschätzen.

Die Entwicklung von wachstumsstarken und innovativen jungen Unternehmen erfordert in vielen Fällen allerdings Kapitalbeträge, die deutlich über die persönlichen finanziellen Möglichkeiten der Gründer hinausgehen. Öffentliche Fördermittel können zur Schließung der Finanzierungslücke beitragen, stehen aber – zu Recht – nur in begrenztem Umfang zur Verfügung. Die Fremdfinanzierung wird häufig durch nicht ausreichende Sicherheiten begrenzt und ist angesichts der anfänglichen Ertrags- und Risikostruktur vieler junger Unternehmen zunächst gar nicht erstrebenswert. Auch ein Börsengang setzt einen gewissen Entwicklungsstand des emittierenden Unternehmens voraus – sowohl aus Sicht des Kapitalmarktes als auch aus Sicht des Gründers, der den Wert seines Unternehmens zunächst wird entwickeln wollen, bevor er in größerem Umfang Anteile veräußert. In diese Lücke der externen Eigenkapitalfinanzierung nicht börsenreifer Unternehmen, fügt sich die Venture Capital-(VC-) Finanzierung.

Auch in der Forschung wurde VC-Finanzierungen im Zuge der Diskussion über eine Verbesserung der Risikokapitalversorgung von jungen und/oder mittelständischen Unternehmen in Deutschland in den letzten Jahren wieder mehr Aufmerksamkeit zuteil (z. B. Pfirrmann et al. (1997); Leopold/Frommann (1998) und Lessat et al. (1999)). In der aktuellen Diskussion werden vor allem die vom Staat gesetzten Rahmenbedingungen als Hauptursache für eine stark verbesserungswürdige Risikokapitalversorgung kritisiert. Deutlich zu kurz kommen in Praxis und Wissenschaft dagegen die positiven Handlungsmöglichkeiten, die jungen Unternehmen und Venture Capital-Gesellschaften (VCG) *trotz* aller Verbesserungspotentiale bei den Rahmenbedingungen offen stehen. Es ist daher Aufgabe dieses Buches, Handlungsempfehlungen zur Nutzung von VC-Finanzierungen zu geben.

1.2 Entwicklungsstand und Probleme des VC-Marktes in Deutschland

Wendet man sich dem erreichten Entwicklungsstand des VC-Marktes in Deutschland zu, so ergibt sich – ungeachtet aller Kritik an Rahmenbedingungen – auf den ersten Blick ein positives Bild: Das investierte Kapital ist zwischen 1988 und 1998 pro Jahr um durchschnittlich 17,5 % auf einen Stand von zuletzt 10,5 Mrd. DM angewachsen. Mit jährlichen Bruttoinvestitionen, die seit 1991 mehr als 1 Mrd. DM betrugen (1998: 3,8 Mrd. DM), wurde damit bis zur

Börseneinführung der Deutschen Telekom AG und vor der Entstehung des Neuen Marktes über mehrere Jahre hinweg am VC-Markt nicht börsenreifen Unternehmen mehr Kapital zur Verfügung gestellt, als an den Wertpapierbörsen bei Erstemissionen aufgebracht werden konnte (s. ausführlich Abschnitt 5.3). Auf den zweiten Blick werden aber auch Probleme bei der Entwicklung des deutschen VC-Marktes deutlich (s. a. Abb. 1.1):

Abb. 1.1: Kurzprofil des deutschen VC-Marktes

	Eckdaten [a] 1998 in Mrd. DM	Trends 1988-1998
Quantitativ	18,6 — • Verfügbares Kapital = "Fondsvolumen"	+ 20,0 % p. a.
	• "Kriegskasse", zuletzt 8,1 Mrd. DM	+ 24,6 % p. a.
	10,5 • Investiertes Kapital = "Portfolio"	+ 17,5 % p. a.
	3,8 — • Bruttoinvestitionen pro Jahr	+ 20,3 % p. a.
Qualitativ	• Seit 1996 stark steigendes Wachstum, vor allem bei Bruttoinvestitionen • Überangebot von Kapital, gleichzeitig aber Finanzierungsengpässe für Kapitalnachfrager • Im internationalen Vergleich absolut und relativ zum Bruttoinlandsprodukt geringe Marktgröße • Dominanz von Kreditinstituten beim Kapitalangebot	

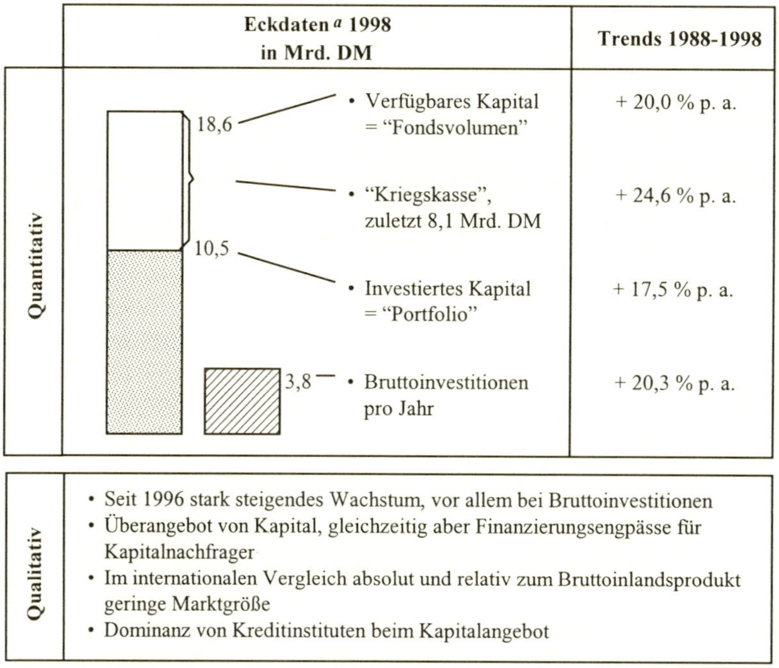

a) Die Angaben stammen z. gr. T. aus den Jahresstatistiken des Bundesverbandes deutscher Kapitalbeteiligungsgesellschaften (BVK). S. ausführlich Abschnitte 5.3 und 5.4, wo hier qualitativ angegebene Sachverhalte überwiegend quantifiziert werden.

• Das verfügbare Kapital ist jeweils stärker angewachsen als das investierte Kapital. Damit hat sich bei den VCG eine erhebliche „Kriegskasse" angesammelt, die zwischen 1988 und 1998 um durchschnittlich 24,6 % p. a. gewachsen ist und 1998 ca. 8,1 Mrd. DM betragen hat, was 77 % des investierten Kapitals entspricht.

• Der deutsche VC-Markt ist im internationalen Vergleich sowohl absolut als auch gemessen am Bruttoinlandsprodukt klein. So beträgt die Größe des deutschen VC-Marktes ca. 2,8 ‰ des Bruttoinlandsproduktes verglichen mit 6,2 ‰ in den USA. Der entsprechende Durchschnittswert für die 4 größten VC-Märkte in Europa (GB, D, F, NL) beträgt 6,9 ‰.

Die zuvor dargestellten Befunde wecken Zweifel daran, dass der deutsche VC-Markt ohne deutliche Veränderungen beim Vorgehen der Marktteilnehmer und bei den Rahmenbedingungen akzeptable Fortschritte machen kann. Offensichtlich steht der deutsche VC-Markt in seiner gesamtwirtschaftlichen Bedeutung noch signifikant hinter relevanten internationalen Vergleichspartnern zurück. Die im internationalen Vergleich geringe Marktgröße könnte zunächst auf ein erhebliches Wachstumspotential hindeuten. Für ein drohendes Marktversagen spricht allerdings, dass sowohl Investoren als auch nicht börsenreife Unternehmen daran interessiert zu sein scheinen, im VC-Markt mehr Kapital umzuschlagen als bislang bewältigt werden konnte, womit der VC-Markt zu einem „Engpass" wird. Bei einem hinreichenden Funktionieren des VC-Marktes würden Investoren kaum ein Liquiditätspolster von ca. 77 % des investierten Kapitals aufbauen. Eine Reserve in dieser Höhe ist nicht in vollem Umfang dadurch zu rechtfertigen, dass VCG liquide Mittel zur Wahrnehmung von Anlagechancen benötigen. Die über den operativen Bedarf hinausgehende Kapitalreserve beeinträchtigt die Renditeerwartungen von VCG unnötig, wenn – was im Normalfall unterstellt werden darf – Kurzfristanlagen eine geringere Verzinsung bieten als VC-Beteiligungen. Trotz des hohen Kapitalangebotes wird in der Literatur einhellig bezweifelt, dass die Versorgung nicht börsenreifer Unternehmen mit Eigenkapital in Deutschland auch nur annähernd als ausreichend angesehen werden könnte (s. Gerke et al. (1995), S. 93-113 und Kaufmann/Kokalj (1996), S. 15-53).

Vor dem Hintergrund der – abgesehen vom Wachstum – teilweise noch recht ungünstigen Entwicklung des VC-Marktes in Deutschland, drängen sich drei mögliche betriebswirtschaftliche Erklärungen für Erfolgsprobleme auf:

(1) VCG als Intermediäre könnten in besonderem Maße einen Engpass bei der Zusammenführung von Angebot und Nachfrage für Beteiligungskapital darstellen. Gründe hierfür könnten vor allem in der Managementpraxis von VCG (z. B. zu risikoaverse Kapitalvergabe, Missachtung wichtiger Erfolgsprädikatoren bei Beteiligungsentscheidungen), aber auch in den vorherrschenden Rahmenbedingungen für diese Gesellschaften liegen.

(2) Die Qualität der nicht börsenreifen kapitalnachfragenden Unternehmen könnte insgesamt unzureichend sein. Denkbar ist hier, dass die wirtschaftlichen Perspektiven junger Unternehmen erheblich nachgelassen haben oder aber, dass Unternehmen mit überdurchschnittlichen Erfolgsaussichten VC-Finanzierungen gar nicht in Erwägung ziehen.

(3) Zu starke Konzentration auf wenige Branchen, die als innovationsintensiv und wachstumsträchtig angesehen werden (z. B. Internet-Geschäft, Biotechnologie), bei gleichzeitiger Vernachlässigung einer breiten Palette ebenfalls attraktiver Wachstumsbranchen, die aber aus subjektiven Gründen temporär eine geringere Aufmerksamkeit erfahren.

Der erste Erklärungsansatz spiegelt den typischen Gegenstand der betriebswirtschaftlichen Forschung zu VCG wieder (s. Abschnitt 6.2). Die weiteren Erklärungsansätze sprechen vorwiegend die volkswirtschaftliche Forschung an, die durch Untersuchungen der (branchenabhängigen) Innovationskraft und Standortfaktoren Antworten zu den Aussichten junger Unternehmen bereitstellen kann.

Der breite Raum, den die Kritik vieler Marktteilnehmer an nachteiligen „Externalitäten" einnimmt, ist auch deshalb befremdlich, weil ein erheblicher Teil des im VC-Markt umlaufenden Kapitals von solchen Institutionen bereitgestellt wird, die besser als andere in der Lage sind, das Verhalten der Anleger und die Struktur der organisierten Kapitalmärkte aktiv zu beeinflussen. So stammten 1998 etwa zwei Drittel des deutschen Venture Capitals von Kreditinstituten und Versicherungen, die als „einflussreiche" Investoren angesehen werden können. Deutlich naheliegender wäre eine solche Kritik dagegen von Pensionskassen, Industrie und privaten Anlegern, die weder Miteigentümer noch Teilnehmer von Wertpapierbörsen oder Spezialisten für die Vermarktung von Kapitalanlagemöglichkeiten sind sowie vor allem von den Kapitalnehmern selbst, also jungen Unternehmen mit Eigenkapitalbedarf.

Die vorgestellten Erkenntnisse zum Entwicklungsstand des VC-Marktes in Deutschland sowie zu den bislang erzielten Erfolgen unterstreichen, dass eine genaue Kenntnis der Erfolgsbestimmungsgrößen von VC-Investments einen wichtigen Beitrag zur weiteren Entwicklung des Marktes und zur Positionierung der einzelnen Marktteilnehmer zu leisten vermag. Eine Literaturanalyse zeigt (s. Abschnitt 6.2), dass hierzu – zumeist bezogen auf US-amerikanische VC-Finanzierungen – bereits einige Forschungsergebnisse veröffentlicht wurden, die vor allem die Bedeutung von Management- und Marktcharakteristika von Portfoliounternehmen (PU) sowie die Zusammenarbeit zwischen VCG und PU in den Vordergrund stellen (z. B. Keeley/Roure (1990), S. 1256-1267). Besonders aus zwei Gründen kann aber bezweifelt werden, dass sich diese Erkenntnisse unmittelbar auf den deutschen VC-Markt übertragen lassen:

- Die *Rahmenbedingungen* des deutschen VC-Marktes (s. Kapitel 4) unterscheiden sich sehr deutlich von anderen VC-Märkten, vor allem von den Rahmenbedingungen des US-amerikanischen Marktes. So wird in Deutschland in vergleichsweise hohem Umfang öffentliches Förderkapital für die Fremdfinanzierung angeboten.
- Die *Lebenszyklusposition* des deutschen VC-Marktes bleibt erheblich hinter dem Entwicklungsstand in den USA, aber z. B. auch in Großbritannien, zurück. So hatte der amerikanische Markt bereits in den frühen achtziger Jahren eine beträchtliche Größe erreicht, während der deutsche Markt erst gegen Ende der achtziger Jahre einen ersten größeren Wachstumsschub erlebt hat und zu einer Branchenidentität (Verband) fand.

1.3 Zielsetzung, Struktur und Leitfragen des Buches

Vor dem oben dargestellten Hintergrund beschäftigt sich dieses Buch mit der VC-Finanzierung als Möglichkeit der externen Eigenkapitalfinanzierung nicht börsenreifer junger Unternehmen. Vor allem für drei Zielgruppen werden hierzu fundierte Grundlagenerkenntnisse bereitgestellt:

(1) *Anbieter von VC*, insbesondere VCG als institutionelle Intermediäre, aber auch andere Unternehmen und Einzelpersonen, die junge Unternehmen finanzieren.

(2) *Junge Unternehmen*, die eine VC-Finanzierung erwägen und sich vorab über den VC-Markt und die Schritte zur Vorbereitung der VC-Finanzierung informieren wollen.

(3) *Wissenschaftler und Studenten*, die aktuelle Grundlagen der VC-Finanzierung für ihre eigene Forschung – auch als Anregung für Forschungsbedarf – und Bildung benötigen.

Die zuvor dargestellten Empfängergruppen und Ziele implizieren die wesentlichen hier relevanten Problemgebiete. Hierzu wird in Abb. 1.2 eine Struktur vorgestellt, bei der die einzelnen Blöcke – die den folgenden Kapiteln entsprechen – durch Leitfragen konkretisiert werden:

- *Kapitel 2* zeigt anhand der Literatur auf, wie VC-Finanzierungen und VCG definiert und gestaltet werden können, welche Ziele die Teilnehmer des VC-Marktes verfolgen und welche konkreten Aktivitäten VCG durchführen.

- *Kapitel 3* stellt – vorwiegend für den wissenschaftlich interessierten Leser – den Forschungsstand und die Managementimplikationen der unterschiedlichen finanzierungstheoretischen Grundlagenströmungen vor und zeigt auf, inwieweit die Existenz von VC-Märkten und die Funktion von VCG als Intermediäre fundiert zu erklären ist.

- *Kapitel 4* verdeutlicht die Rolle von VC als Segment des Eigenkapitalmarktes und stellt die wichtigsten rechtlichen, steuerlichen und gesellschaftlichen Rahmenbedingungen für den deutschen VC-Markt zusammen.

- *Kapitel 5* beschreibt die öffentliche Förderung von jungen Unternehmen und VCG. Darüber hinaus wird die Entwicklung des deutschen VC-Marktes nachgezeichnet und mit wichtigen internationalen Märkten verglichen.

- *Kapitel 6* stellt eine Literaturanalyse zur Erfolgsmessung und den Erfolgsdeterminanten einzelner VC-Investments vor. Aufbauend auf die Literaturanalyse werden normative Implikationen zu Erfolgsdeterminanten von VC-Finanzierungen abgeleitet.

- *Kapitel 7* vermittelt einen Überblick der wesentlichen Ergebnisse der Geschäftsplanung, die im Vorfeld einer VC-Finanzierung an externe Adressaten kommuniziert werden müssen und beschreibt den Prozess der Einwerbung von VC.

Abschließend bietet *Kapitel 8* einen knappen Ausblick auf wahrscheinliche zukünftige Entwicklungen des deutschen Marktes für VC-Finanzierungen.

Abb. 1.2: Struktur und Leitfragen dieses Buches

Kapitel 1: Einführung

- Welche Ausgangssituation besteht für VC-Finanzierungen?
- Welche Informationen soll dieses Buch vermitteln?

Kapitel 2: Definition, Gestaltung, Ziele und Aktivitäten von VCG

- Wie können VC-Finanzierungen und VCG definiert und gestaltet werden?
- Welche Ziele verfolgen die VC-Marktteilnehmer?

Kapitel 3: Finanzierungstheoretische Einordnung von VC

- Welche Implikationen ergeben sich aus Finanzierungstheorien?
- Lassen sich Existenz und Funktionen von VC erklären?

Kapitel 4: Rahmenbedingungen des deutschen VC-Marktes

- Welche Rolle spielt VC als Segment des Eigenkapitalmarktes?
- Welche Rahmenbedingungen bestehen im VC-Markt?

Kapitel 5: Förderung und Entwicklung von VC in Deutschland

- Wie werden junge Unternehmen und VCG öffentlich gefördert?
- Welchen Entwicklungsstand hat der deutsche VC-Markt erreicht?

Kapitel 6: Theoretisch und empirisch fundierte Erfolgsfaktoren zu VC

- Welche Erkenntnisse zu Erfolgsdeterminanten/-messung liegen vor?
- Welche normative Implikationen ergeben sich für VC-Finanzierungen?

Kapitel 7: Geschäftsplanung junger Unternehmen für externe Adressaten

- Welche Planungsergebnisse sind für die VC-Finanzierung relevant?
- Wie kann der Geschäftsplan bei der Eigenfinanzierung genutzt werden?

Kapitel 8: Ausblick

- Welche weiteren Entwicklungen des VC-Marktes sind zu erwarten?

2. Definition, Gestaltung, Ziele und Aktivitäten von VCG

In diesem Kapitel werden Grundlagenerkenntnisse zu VC-Finanzierungen und VCG systematisiert. Dazu wird in Abschnitt 2.1 zunächst der Begriff Venture Capital-Gesellschaft definiert und abgegrenzt. Abschnitt 2.2 stellt danach Formen der organisatorischen Gestaltung von VC-Finanzierungen dar. Darauf aufbauend werden in Abschnitt 2.3 der gesamtwirtschaftliche Nutzen und die einzelwirtschaftlichen Ziele von Kapitalgebern und -nehmern bei VC-Finanzierungen sowie die Ziele der beteiligten VCG vorgestellt. Gegenstand von Abschnitt 2.4 ist schließlich die Einordnung der von VCG betriebenen Aktivitäten in ein phasenorientiertes Geschäftsmodell. Aus dem Spektrum der Geschäftsphasen werden die Beteiligungswürdigkeitsprüfung, die Managementunterstützung der Portfoliounternehmen und die Desinvestition vertieft.

2.1 Definition und Abgrenzung von VCG

Die historischen Vorläufer der Venture Capital-Gesellschaften in Deutschland waren – auch in begrifflicher Hinsicht – die sogenannten *Kapitalbeteiligungsgesellschaften* der sechziger und siebziger Jahre (s. z. B. Roesner (1968), S. 75-75; Hax (1969), S. 13-17 und Heynen (1970), S. 8-13). Derartige Gesellschaften wurden, später als im benachbarten Westeuropa und in den USA (s. Raida (1965), S. 792-794), zunächst von privaten und industriellen Investoren sowie zeitlich nachfolgend in wesentlich größerem Umfang von Kreditinstituten gegründet (s. Feldbausch (1971), S. 80-87; Kahlich (1971), S. 40-64 und Schlegelmilch (1976), S. 36-46). Insbesondere die von Kreditinstituten initiierten Gesellschaften bezweckten in erster Linie eine Verbesserung der Eigenkapitalausstattung von kleinen und mittleren Unternehmen, die nicht mehr in der Lage waren, ihr Wachstum durch Selbstfinanzierung oder aus anderen Quellen mit Eigenmitteln zu unterlegen.

Die heute üblichen Begriffe des Venture Capitals und der Venture Capital-Gesellschaften wurden in den späten siebziger und den frühen achtziger Jahren aus den USA nach Deutschland übernommen (s. Nathusius (1979b), S. 194-203; Gillner (1984), S. 12 und Schmidt (1984b), S. 281-283). In dieser Phase war die Diskussion zu den Begriffen stark im Fluss. Auch heute liegt in Deutschland z. T. noch ein heterogenes Begriffsverständnis vor.

Gegenstand der Investition von *Venture Capital* sind Beteiligungsfinanzierungen bei Unternehmen, die zumindest zum Finanzierungszeitpunkt nicht börsenreif sind (vgl. Frommann (1992), S. 29-30). *Venture Capital-Gesellschaften (VCG)* führen derartige Finanzierungen als Intermediär für Kapitalgeber durch. Die Kapitalnehmer werden dabei als *Portfoliounternehmen* (PU) der Venture Capital-Gesellschaft bezeichnet. In diesem Rahmen bezieht sich die Tätigkeit von Venture Capital-Gesellschaften auf ein Spektrum möglicher Finanzierungsphasen, welches von der Gründungsfinanzierung über die Wachstumsfinanzierung bis hin zur Vorbereitung des Börsengangs reicht. Zusätzlich zählen die Finanzierung von Management Buy Out- und Management Buy In-Aktivitäten sowie auch die Finanzierung von Turnarounds zu den typischen Geschäften von Venture Capital-Gesellschaften (s. BVK (1999), S. 84). Im Gegensatz zu dieser Begriffsbestimmung wurde im deutschen Sprachraum teilweise differenziert zwischen (1)

Venture Capital-Gesellschaften, deren Aufgabenspektrum auf Gründungs- und gründungsnahe Finanzierungen von i. d. R. besonders innovativen Unternehmen (z. B. Hochtechnologieunternehmen) eingegrenzt ist und (2) Kapitalbeteiligungsgesellschaften, die sich mit Finanzierungen in späteren Phasen sowie von nicht ausgeprägt innovativen Unternehmen beschäftigen (s. Perridon/Steiner (1999), S. 354-356). Diese Differenzierung wird hier *nicht* vertreten, da sie (1) mit dem in der Managementforschung international üblichen Sprachgebrauch nicht vereinbar ist und (2) erhebliche Operationalisierungsprobleme zu erwarten sind, weil deutsche Venture Capital-Gesellschaften mehrheitlich auch in nicht ausgeprägt innovative Unternehmen aus klassischen Industrien investieren (so z. B. Albach et al. (1986), S. 166; Leopold (1993b), S. 348 und Wöhe/Bilstein (1998), S. 140). Folglich werden die Begriffe „Venture Capital-Gesellschaft" (VCG) und „Kapitalbeteiligungsgesellschaft" (KBG) synonym verwendet.

Die am deutschen Markt aktiven VCG lassen sich in zwei Gruppen einteilen (vgl. a. BVK (1999), S. 87):

- *Universalbeteiligungsgesellschaften* stellen den Grundtyp der VCG in Deutschland dar. Sie können sich in allen Finanzierungsphasen an nicht börsenreifen Unternehmen beteiligen. In Einschränkung des Wortsinns ist eine Spezialisierung, z. B. auf bestimmte Branchen oder Finanzierungsphasen, nicht unüblich. Universalbeteiligungsgesellschaften arbeiten i. d. R. nicht mit öffentlicher Förderung und sind in der Rechtsformwahl (üblich sind AG, GmbH, GmbH & Co. KG) frei. Nachdem die steuerlichen Vorzüge für Unternehmensbeteiligungsgesellschaften (UBG) mit dem Steuerentlastungsgesetz 1999/2000/ 2002 weitgehend entfallen sind, kann man auch die nach dem Gesetz über Unternehmensbeteiligungsgesellschaften (UBGG) regulierten und im Gegenzug von der Gewerbesteuer befreiten VCG nun zu den Universalbeteiligungsgesellschaften zählen.

- *Öffentlich geförderte Kapitalbeteiligungsgesellschaften* nehmen als Kerngeschäft die Bereitstellung von Kapital aus öffentlichen Quellen, z. B. dem ERP-Beteiligungsprogramm, wahr (s. Abschnitt 5.1.1). Typische Fördermodelle gewähren zinsverbilligte Darlehen an Beteiligungsgesellschaften, welche diese dann als stille Beteiligungen mit einer Zinsobergrenze unterhalb der marktüblichen Verzinsung investieren. Durch Ausfallbürgschaften übernimmt der Staat i. d. R. außerdem einen Teil der diesen Beteiligungsgesellschaften entstehenden Risiken.

Nicht vollkommen eindeutig in diese Gruppen einteilen lassen sich VCG, die Tochtergesellschaften von Sparkassen und Landesbanken sind. Bei den VCG der Sparkassen und Landesbanken sind oft zumindest für den äußeren Betrachter Rendite- und Förderziele nicht klar zu trennen. Außerdem passen auch die Co-Investmentgesellschaften des öffentlichen Sektors – vor allem die Technologie-Beteiligungs-Gesellschaft (tbg) der Deutschen Ausgleichsbank – nicht in diese Einteilung. Dieser Typ von VCG investiert öffentliches Kapital parallel zu Universalbeteiligungsgesellschaften und verfolgt damit ebenfalls gemischte Ziele.

Zur Klassifizierung von VCG bieten sich über die zwei genannten Gruppen hinaus weitere Merkmale an:

(1) Die *Eigentümerstruktur*, wobei sogenannte „captive"-Gesellschaften von einem Mehr- heitseigentümer, „semi-captive"-Gesellschaften von einem kleinen, feststehenden Ei- gentümerkreis betrieben werden und i. d. R. ausschließlich deren Kapital am Markt plat- zieren zu unterscheiden sind von den „independent"-Gesellschaften, die über eine breite- re Eigentümerbasis verfügen und intensiver im Wettbewerb um Kapital stehen (vgl. Bo- vaird (1990), S. 159-164; BVCA (1995), S. 13 und Zemke (1995), S. 81-88).

(2) Die Zuordnung der VCG zum *privaten oder öffentlichen Sektor*, wobei öffentlich geför- derte VCG größtenteils Gesellschaften der Bundesländer sind (s. z. B. Nathusius (1986), S. 682-683 und Wöhe/Bilstein (1998), S. 140-141).

(3) Der *Spezialisierungsgrad* der VCG, z. B. nach von Regionen, Branchen, Finanzierungs- phasen und Unternehmensgrößen (vgl. Norton/Tenenbaum (1993a), S. 431-436).

(4) Die Art und Intensität der geleisteten *Managementunterstützung* (s. Fredriksen et al. (1997), S. 503-505; Gifford (1997), S. 459-483 und Zider (1999), S. 46).

Die vorgestellten Klassifizierungsmerkmale sollen als Raster zur Definition und Abgrenzung von VCG beitragen. Allerdings existieren auch hier Phänomene, die insgesamt nicht klar zuzu- ordnen sind, so z. B. Beteiligungs-Sondervermögen (s. § 25 a-j KAGG und Sögtrop (1992), S. 81-86), die eine besondere Form von Investmentfonds darstellen.

Unabhängig von der Art der beteiligten VCG, zeichnen sich VC-Finanzierungen im allgemei- nen durch fünf Charakteristika aus (vgl. Fischer (1987), S. 10-11 und Sattler (1995), Sp. 1094):

- *Eigenkapitalfinanzierung:* Im Zentrum einer VC-Finanzierung steht in aller Regel voll haftendes Eigenkapital. Dieses wird z. T. ergänzt bzw. ersetzt durch beteiligungsähnliche Genussscheine, stille Einlagen mit begrenzter Laufzeit oder nachrangiges Fremdkapital. Durch Vermeidung fester Zins- und Rückzahlungsverpflichtungen wird das Insolvenzri- siko der Portfoliogesellschaft begrenzt.

- *Minderheitsbeteiligung:* VCG gehen im Normalfall Minderheitsbeteiligungen ein. Mehr- heitsbeteiligungen kommen lediglich in Ausnahmefällen für begrenzte Zeiträume vor, z. B. zu Beginn einer Beteiligung oder bei Veränderungen im Gesellschafterkreis. Somit wird der Charakter der PU als selbständige Unternehmen, häufig mit hoher Eigeninitiati- ve des Gründers, erhalten.

- *Zeitlich begrenztes Engagement:* Obwohl das zugrundeliegende Beteiligungsverhältnis i. d. R. mit unbegrenzter Laufzeit eingegangen wird, verfolgen VCG primär zeitlich be- fristete Beteiligungsabsichten von z. B. 5 bis 10 Jahren, da sie sich stärker an Kapitalge- winnen als an – lebenszyklusbedingt oft noch gar nicht vorhandenen – laufenden Er- tragsausschüttungen orientieren.

- *Kontroll- und Mitspracherechte:* VCG lassen sich nahezu immer umfangreiche, über den kapitalmäßigen Anteil hinausgehende, Kontroll- und Mitspracherechte, bezogen auf grundlegende, strategische Entscheidungen und die Verwendung eingebrachter Mittel, einräumen. Hierdurch soll sichergestellt werden, dass die PU im Sinne der VCG handeln.

- *Managementfunktion:* Parallel zur Finanzierungsfunktion nehmen VCG zur Sicherung und Steigerung des Wertes ihrer Beteiligungen und zur Risikominimierung durchweg auch beratende Managementfunktionen wahr, z. B. inhaltliche Beratung in Fachfragen, prozessuale Unterstützung im Einzelfall oder laufend durch Einbindung in Gremien sowie ggf. auch Übernahme operativer Funktionen.

Dabei stellt das zeitlich begrenzte Engagement mit Ausrichtung auf Kapitalgewinne (im Gegensatz zu Dividenden- oder Zinseinnahmen) den wichtigsten Unterschied zwischen VCG-Beteiligungen und dem „normalen" Erwerb einer Minderheitsbeteiligung eines Unternehmens an einem anderen Unternehmen dar. Insgesamt erscheinen die Unterschiede zwischen beiden Finanzierungsarten eher graduell als stetig. Das Funktionsprinzip von VC ist in Abb. 2.1 zusammenfassend illustriert.

Abb. 2.1 Funktionsprinzip von Venture Capital

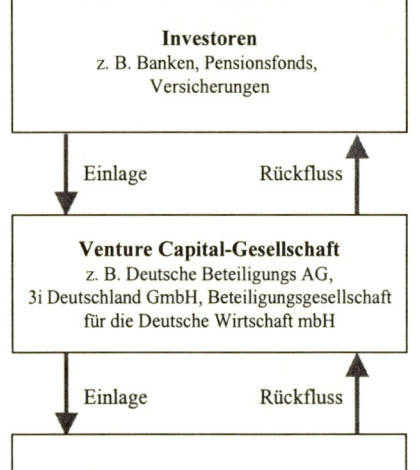

Neben der Einschaltung von VCG existieren verwandte Möglichkeiten zur Investition von VC, insbesondere (1) das *Corporate Venturing,* bei dem Unternehmen VC bereitstellen (s. Zahra (1993), S. 321; Sorrentino/Williams (1995), S. 61-62 und Schween (1996), S. 13-69), dabei aber i. d. R. Ziele verfolgen, die renditeorientierten VCG fremd sind (z. B. Sicherung von Absatz- und Beschaffungsmärkten, Zugang zu Technologien sowie Forschungs- und Entwicklungskapazitäten, Flexibilisierung der Organisation) und (2) das *informelle Venture Capital* (s. Freear et al. (1994), S. 109-123; Harrison/Mason (1996), S. 3-26 und Wetzel/Freear (1996), S. 61-74), welches nicht börsenreifen Unternehmen von privaten Investoren ohne Einschaltung von Intermediären zur Verfügung gestellt wird.

2.2 Organisatorische Gestaltung von VC-Finanzierungen

Im folgenden werden unterschiedliche Organisationsformen von VC-Finanzierungen, die nur zum Teil VCG in die Finanzierung einbeziehen, und die sich daraus ergebenden Implikationen für die Beziehung zwischen Investoren und Kapitalnehmer bzw. VCG diskutiert (s. Abb. 2.2, vgl. Christen (1991), S. 46-52; Schröder (1992), S. 72-83 und Zemke (1995), S. 106-112).

Zunächst ist die *direkte Beteiligung* einzelner bzw. kleiner Gruppen von Investoren unmittelbar an nicht börsenreifen Unternehmen ohne Zwischenschaltung von Institutionen möglich (vgl. Nevermann/Falk (1986), S. 80-82). Hierbei kann es sich um eigenständige Beteiligungen oder durch von Banken, Beratern oder Maklern organisierte sogenannte „Quasi-Fonds" handeln, bei denen Dritte als Kapitalvermittler und Treuhänder auftreten, ohne selbst wirtschaftlich zwischen Kapitalgeber und -nehmer zu stehen. Im Rahmen von Quasi-Fonds ist auch eine Risikodiversifikation durch Beteiligung an mehreren Unternehmen realisierbar. Die Risikostreuung bei Quasi-Fonds ist jedoch entweder mit einem relativ hohen Kapitalbedarf oder einem relativ geringen Eigenkapitalanteil an dem kapitalnachfragenden Unternehmen – und damit einem begrenzten Einfluss auf dessen Entwicklung – verbunden (s. Christen (1991), S. 46-47). Direkte Beteiligungstransaktionen korrespondieren mit den zuvor beschriebenen Märkten für Corporate Venturing und informelles VC, die aber durch geringe Transparenz und häufig deutlich von der Renditeorientierung abweichender Ziele charakterisiert sind (s. Siegel et al. (1988), S. 235-236 und Sykes (1990), S. 40-42). Ein Grundproblem der direkten Beteiligung ist, dass die Kapitalgeber hierbei häufig nicht über die hinreichende persönliche und fachliche Kompetenz zur Betreuung und Beratung des Beteiligungsunternehmens aus der Rolle eines aktiven Investors verfügen, obwohl dies eine wesentliche Komponente der VC-Finanzierung darstellt (s. a. Fischer (1987), S. 11 und Klemm (1988), S. 42).

Demgegenüber steht die *indirekte Beteiligung* von Investoren an kapitalsuchenden Unternehmen, der auf dem deutschen VC-Markt eine deutlich größere Bedeutung zukommt, als der direkten Beteiligung (vgl. Klemm (1988), S. 43 und Zemke (1995), S. 107). Für die indirekte Beteiligung lassen sich projekt- und fondsorientierte Ansätze unterscheiden. Bei den *projektorientierten Ansätzen* werden Beteiligungsgesellschaften für einzelne nicht börsenreife Unternehmen gebildet. Hierbei erfolgt die Beteiligungszusage häufig vor der Kapitalakquisition durch die Beteiligungsgesellschaft, die damit ein Platzierungsrisiko übernimmt (vgl. a. Williamson (1988), S. 574). Denkbar sind kapitalistische Beteiligungsgesellschaften, z. B. in der Rechtsform einer AG oder GmbH, die auch als Holdinggesellschaften bezeichnet werden können. Daneben kommen mitunternehmerische Beteiligungsgesellschaften etwa in der Rechtsform der GmbH & Co. KG, der KG, der atypischen stillen Beteiligung oder der GbR in Frage, die im Gegensatz zu kapitalistischen Beteiligungsgesellschaften die Weiterleitung von Anfangsverlusten an die Investoren erlauben und daher häufig auch als Abschreibungsgesellschaften bezeichnet werden. Beide Arten von Beteiligungsgesellschaften werden nicht als VCG bezeichnet, da VCG trotz der möglichen Spezialisierung immer ein Portfolio von (Minderheits-)Beteiligungen anstreben. Wegen der Orientierung an Einzelbeteiligungen ist bei projektorientierten

11

Abb. 2.2: Organisationsformen der VC-Finanzierung

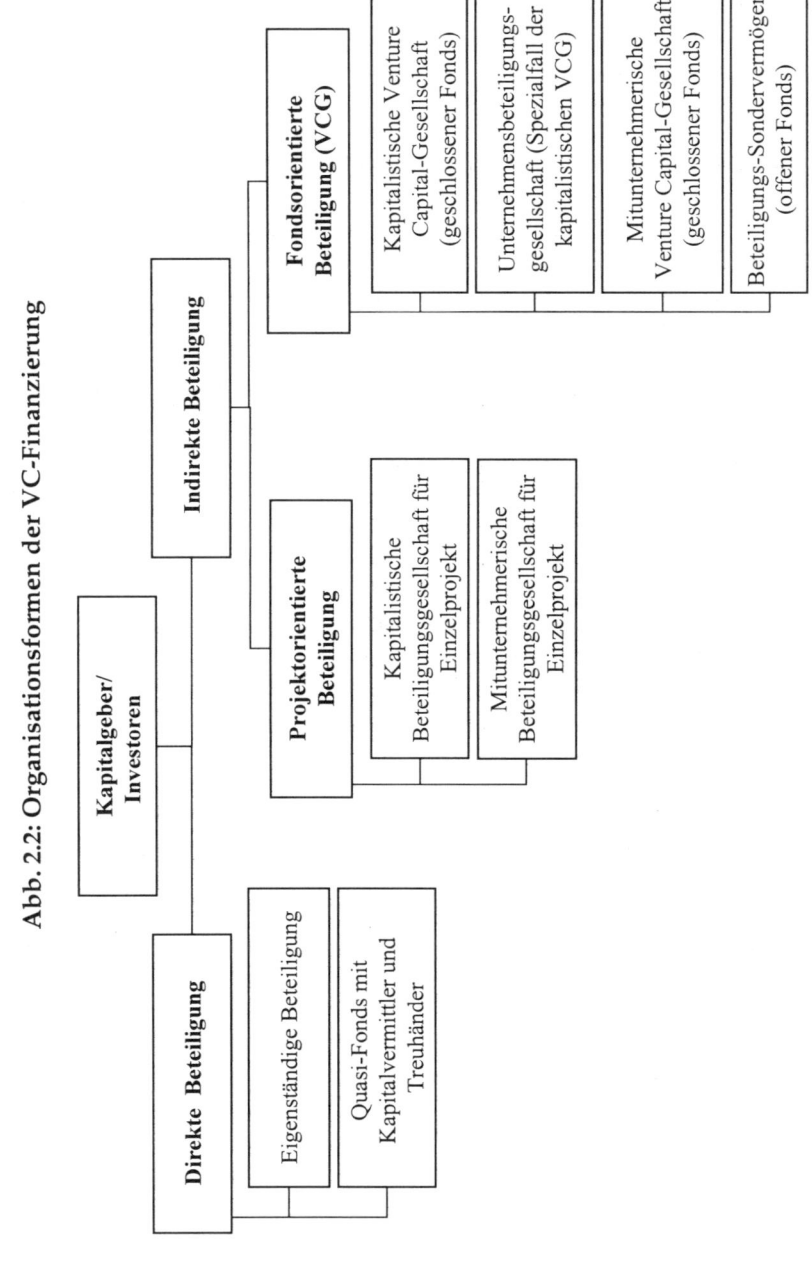

Quelle: In Anlehnung an Fischer (1987), S. 12.

Ansätzen keine Risikodiversifizierung durch die Beteiligungsgesellschaft möglich. Außerdem entstehen relativ hohe Transaktionskosten durch Bildung einer projektspezifischen Gesellschaft (s. Klemm (1988), S. 43 und Christen (1991), S. 47-48). Die projektorientierten Beteiligungsgesellschaften werden in dieser Untersuchung deshalb nicht vertiefend berücksichtigt.

Die *fondsorientierten Ansätze* zeichnen sich nun dadurch aus, dass dem Ausfallrisiko von VC-Finanzierungen durch Diversifizierung auf der Ebene der hierzu eingeschalteten VCG begegnet wird (vgl. a. Laub (1985), S. 13). Eine häufig anzutreffende Gestaltungsmöglichkeit ist hier eine *kapitalistische Venture Capital-Gesellschaft* in einer der für Kapitalgesellschaften möglichen Rechtsformen (s. a. Grisebach (1989), S. 122-139). Ein Spezialfall der kapitalistischen VCG ist die zuvor beschriebene *Unternehmensbeteiligungsgesellschaft*. Parallel hierzu kommen auch *mitunternehmerische Venture Capital-Gesellschaften* in Form von Personengesellschaften vor, mit den zuvor dargestellten steuerlichen Gestaltungsmöglichkeiten. Schließlich sind noch die *Beteiligungs-Sondervermögen* als eine spezialisierte Form des Investmentfonds denkbar, die sich von anderen VCG dadurch unterscheiden, dass es sich bei ihnen um offene Fonds mit vereinfachten Ein- und Austrittsmöglichkeiten für die Gesellschafter handelt. Anders als bei den projektorientierten Ansätzen, stehen bei Fonds die aufzunehmenden PU in der Regel nicht (vollständig) von vornherein fest. Im Extremfall spricht man von einem „Blind Pool" (s. Schmidtke (1985), S. 112.). Da der „Blind Pool" für den Anleger erhebliche Risiken hinsichtlich der Kapitalverwendung birgt, kann die Akquisition von Kapital in der Praxis dadurch erleichtert werden, dass einzelne wesentliche Beteiligungen bereits bei Gründung des Fonds festgelegt werden (vgl. Räbel (1986), S. 112 und Zemke (1995), S. 107).

Bei den fondsorientierten Ansätzen kann zwischen einem direkten Management des Fonds und einem indirekten Management durch Dritte im Rahmen eines Geschäftsbesorgungsvertrages unterschieden werden (vgl. Schröder (1992), S. 74-80 und Wupperfeld (1994), S. 19-20). In jedem Fall ist die Regelung der Geschäftspolitik des Fondsmanagements durch Vereinbarung von Anlagegrundsätzen üblich. In beiden Fällen können die Investoren das Fondsmanagement zusätzlich durch Mitarbeit in Gremien, z. B. Gesellschafterversammlung, Verwaltungs- oder Anlageausschuss und Beirat steuern (s. ausführlich Schröder (1992), S. 81-83). Prinzipiell können die Investoren das Fondsmanagement auch durch (Androhung der) Abberufung beeinflussen, indem sie bei direktem Management an der Bestellung der Geschäftsführung beteiligt sind und bei indirektem Management den Geschäftsbesorger wechseln können. Nun könnte man bei indirektem Management vermuten, dass die Fondsmanager vergleichsweise höhere Anreize zu riskanteren Investitionen hätten, da sie nur mittelbar vom Misserfolg der Fondsgesellschaft betroffen sind. Geht man allerdings davon aus, dass die Fondsmanager in einem überschaubaren Markt für eine hochspezialisierte Finanzdienstleistung stark auf ihre Reputation angewiesen sind, dann verliert das zuvor genannte Argument an Bedeutung, da sich der Ruf des Fondsmanagements auch bei indirektem Management durch Misserfolge beeinträchtigt wird und nicht, z. B. durch Umfirmierung oder Neugründung einer Managementgesellschaft, wirksam rehabilitiert werden kann. Daher wird in den folgenden Betrachtungen nicht zwischen VCG mit direktem und indirektem Management differenziert.

Bevor im Anschluss an die Definition von VC sowie der wesentlichen organisatorischen Erscheinungsformen dieser Finanzierungsform weitere Elemente der organisatorischen Gestaltung bzw. des institutionellen Designs von VC-Finanzierungen (s. ausführlich Zemke (1995), S. 89-272) – insbesondere das Instrumentarium des Beteiligungsmanagements – vorgestellt werden, gilt es zunächst, die wesentlichen Ziele der Teilnehmer auf dem VC-Markt und den gesamtwirtschaftlichen Nutzen dieser Finanzierungsform zu klären.

2.3 Ziele und Bedeutung von VC

2.3.1 Gesamtwirtschaftlicher Nutzen von VC

Ein gesamtwirtschaftlicher Nutzen aus der Bereitstellung von VC ergibt sich primär durch Beiträge zur (1) Schließung der Eigenkapitallücke junger und kleiner Unternehmen, (2) Förderung strukturpolitischer Ziele einer zunehmenden Besetzung wachsender Sektoren und hoher Innovationskraft sowie (3) Schaffung von zusätzlichen, häufig qualifizierten Arbeitsplätzen in personalintensiven jungen Unternehmen (vgl. Zeitel (1990), S. 24-42 und Bruhns (1992), S. 19-20, dagegen Kritik an der „Mittelstandshypothese" bei Schmidt (1996), S. 550-552.).

Traditionell wird argumentiert, dass in Deutschland eine erhebliche Lücke bei der Versorgung von Unternehmen mit Eigenkapital besteht (so z. B. Schalek (1988), S. 35-46, zur Kritik s. a. Bofinger (1990), S. 264-271 und zur Messproblematik Bieg (1989), S. 26-33). Abb. 2.3 zeigt, dass die Eigenkapitalquoten deutscher Unternehmen im historischen und internationalen Vergleich niedrig sind. Derartige internationale Vergleiche von Eigenkapitalquoten sind ohne Zweifel mit erheblichen Problemen behaftet (s. Loistl (1987), S. 252-262 und Kruschwitz (1989), S. 207-232). Es unterscheiden sich beispielsweise die genauen Definitionen des Eigenkapitals in der Bilanz (etwa bei der Behandlung von Rückstellungen und Rücklagen), die angewendeten Bewertungs- und Abschreibungsverfahren sowie auch die Größenstrukturen der Industrien in den einzelnen Ländern. Im vorgestellten Vergleich wurde diesem Problem ansatzweise bei der Auswahl der einbezogenen Nationen Rechnung getragen. So ist die mittlere Eigenkapitalquote in Deutschland von 25,3 % im Jahr 1971 auf 18,1 % im Jahr 1995 zurückgegangen. Vergleichswerte in den USA und in Kanada lagen 1995 mit 48,4 % bzw. 47,9 % rund bei dem ca. 2,7-fachen des deutschen Wertes. Den methodenbedingten Unsicherheiten steht zumindest der drastische Unterschied der Eigenkapitalquoten entgegen. Auch in europäischen Ländern übersteigen die mittleren Eigenkapitalquoten in der Regel das deutsche Niveau zumindest leicht. Beispiele sind Italien mit 23,5 % und Belgien mit 42,8 % im Jahre 1995. Unter den großen Industrienationen mit vergleichbarer nationaler Rechnungslegung zeigten sich lediglich in Japan Eigenkapitalquoten, die die 20 %-Schwelle nicht deutlich überschritten haben: Die Werte der Jahre 1985 bis 1995 bewegten sich hier zwischen 18,5 % und 20,5 %.

Als Gründe für einen Eigenkapitalmangel werden rückläufige Unternehmensgewinne – u. a. verursacht durch gestiegene Personalkosten und hohe, Eigenkapital stärker als Fremdkapital belastende Besteuerung – sowie eine in Deutschland geringe Neigung zur privaten Geldanlage

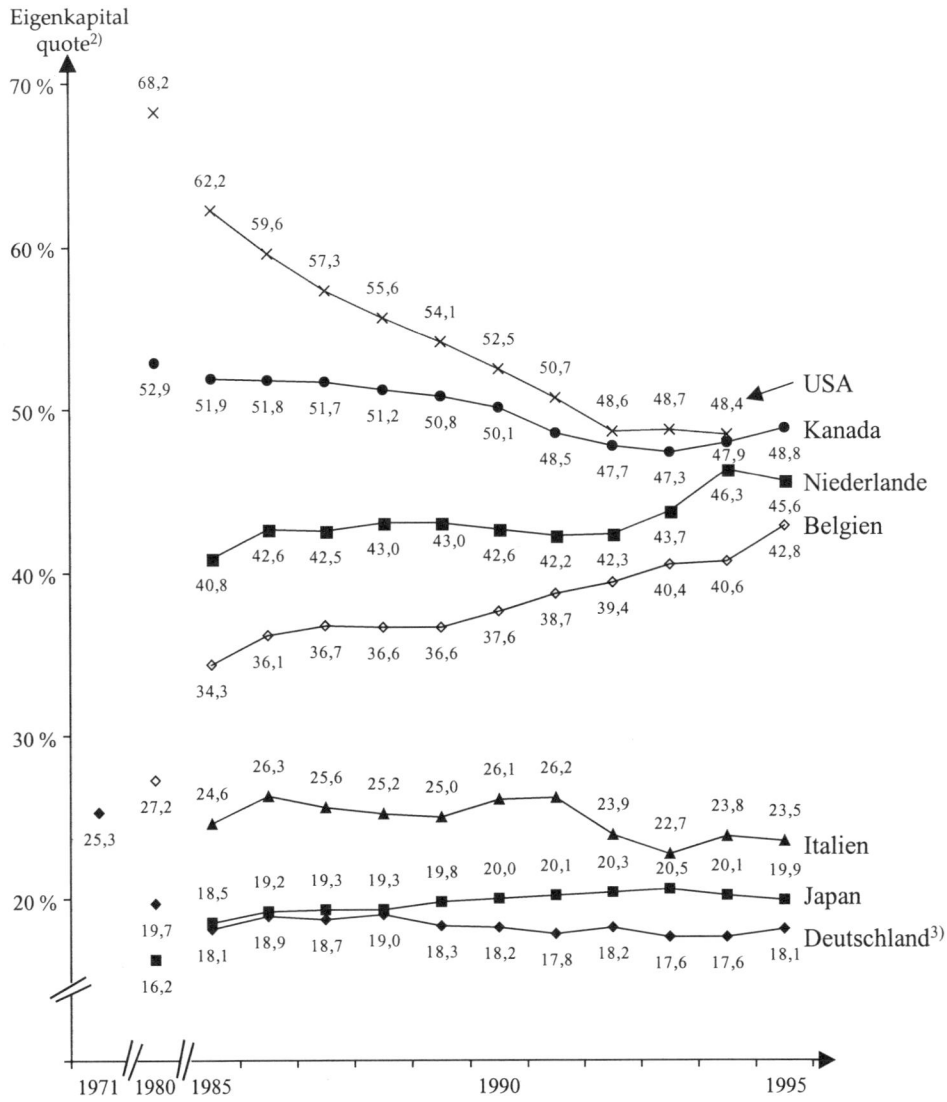

**Abb. 2.3: Eigenkapitalquoten in ausgewählten Industrienationen
– produzierendes Gewerbe, Handel und Verkehr –[1]**

Eigenkapital
quote[2]

70 % — 68,2 ×

62,2 × USA
59,6 × Kanada
57,3 × Niederlande
55,6 × Belgien
54,1 ×
60 % — 52,5 ×
52,9 ● 50,7 ×
51,9 51,8 51,7 51,2 50,8 50,1 48,6 48,7 48,4 × USA
50 % — ● ● ● ● ● ● 48,5 47,7 47,3 47,9 48,8 Kanada
40,8 42,6 42,5 43,0 43,0 42,6 42,2 42,3 43,7 46,3 45,6 Niederlande
■ ■ ■ ■ ■ ■ ■ ■ ■ 40,4 40,6 42,8 Belgien
34,3 36,1 36,7 36,6 36,6 37,6 38,7 39,4
40 % — ◇ ◇ ◇ ◇ ◇ ◇

24,6 26,3 25,6 25,2 25,0 26,1 26,2 23,9 22,7 23,8 23,5
◇ 27,2 ▲ ▲ ▲ ▲ ▲ ▲ ▲ ▲ ▲ ▲ ▲ Italien
30 % — 25,3 ◆ 20,5 20,1 19,9
18,5 19,2 19,3 19,3 19,8 20,0 20,1 20,3 Japan
19,7 ◆ ■ ■ ■ ■ ■ ■ ■ ■ ■ ■ Deutschland[3]
20 % — 18,1 18,9 18,7 19,0 18,3 18,2 17,8 18,2 17,6 17,6 18,1
16,2 ■

1971 1980 1985 1990 1995

1) Auswahlkriterien: Höhe der Bilanzsumme und Vergleichbarkeit der Eigenkapitalabgrenzung in der
   OECD-Statistik.
2) Eigenkapital in % der Bilanzsumme.
3) Nach Angaben der Deutschen Bundesbank. Internationale Vergleichbarkeit aufgrund der Möglichkeiten zur
   Bildung stiller Reserven eingeschränkt.

Quelle: Monatsberichte der Deutschen Bundesbank, OECD Financial Statistics.

15

in Aktien gesehen (vgl. Fritsch (1981), S. 31-49 und Brandt (1993), S. 12-16). Von den Kritikern der Theorie einer Eigenkapitallücke wird allerdings angeführt, dass die bewusste Nutzung des Leverage-Effektes der Fremdfinanzierung stärker als Mängel in der Eigenkapitalversorgung zum Rückgang der Eigenkapitalquoten beigetragen hat (s. Bofinger (1990), S. 264-265). Zu den Auswirkungen einer knappen Eigenkapitalversorgung zählen eingeschränkte Investitionsmöglichkeiten und – auch bei einer, wie von den Kritikern unterstellten, bewussten Absenkung der Eigenkapitalquoten – erhöhte Insolvenzrisiken (s. a. Müller-Stevens et al. (1993), S. 1-3). Dies gilt in besonderem Maße für nicht börsenreife, also in der Regel junge, kleine und innovative Unternehmen, für die im Vergleich zu etablierten Großunternehmen besondere Hemmnisse bei der externen Eigenfinanzierung bestehen.

Weiterhin wird argumentiert, dass VC den Strukturwandel (vgl. auch den Denkansatz der „Population Ecology", s. Hannan/Freeman (1977), S. 929-964 und Preisendörfer (1988), S. 24-29), die Innovationskraft und das Wirtschaftswachstum fördert, indem neue innovative und erfolgreiche Unternehmen geschaffen werden. Die Entwicklung gänzlich neuer Produkte und Technologien durch sprunghafte Innovation, im Gegensatz zur schrittweisen Weiterentwicklung bestehender Produkte, kann demnach von jungen, z. T. kleinen Unternehmen besonders gut vorangetrieben werden (vgl. Florida/Kenney (1988), S. 126-129 u. 135). In der Tat lässt sich für den deutschen Markt belegen, dass die Finanzierung der Markteinführung innovativer Produkte ein wesentliches Motiv der Nachfrage nach VC darstellt (Kaminski (1988a), S. 136-138). Zusätzlich eröffnet VC eine Möglichkeit zur stärkeren Besetzung wachsender Sektoren, also der Dienstleistungs- und Informationssektoren anstelle der primären und sekundären Wirtschaftssektoren. In Deutschland wird dieser mögliche Beitrag des VC zum Strukturwandel bislang allerdings nur teilweise genutzt. So entfielen 1998 auf die acht eher als innovativ einzustufenden Branchen Elektrotechnik, EDV, Nachrichtentechnik, Biotechnologie, Umwelttechnik, Handel, Verkehr und Finanzdienstleistungen lediglich 42,9 % des Portfoliovolumens bzw. 45,8 % der Beteiligungsanzahl deutscher VCG (vgl. BVK (1999), S. 81). Dennoch darf dieser Beitrag nicht unterschätzt werden, da der Bund, für den technologieorientierte innovative Unternehmen ein wichtiger Gegenstand der öffentlichen Risikokapital- und Gründungsförderung darstellen (s. Bachelier/Mayer (1990), S. 606-607; Kulicke (1993), S. 242-248 und Kulicke/Wupperfeld (1996)), in den Jahren 1995 - 1998 im Mittel zwar rund 670 Mio. DM p. a. für die Technologie- und Innovationsförderung (einschließlich des ERP-Sondervermögens und der Förderung kleiner und mittlerer Unternehmen 2,6 Mrd. DM p. a.) bereitgestellt hat (s. Deutscher Bundestag (1997a), S. 95-107 und 116-121), die VCG in diesem Zeitraum aber immerhin durchschnittlich 990 Mio. DM p. a. allein in die acht oben herausgegriffenen Branchen (2,2 Mrd. DM p. a. über alle Branchen) investiert haben (s. BVK (1999), S. 80 und entsprechende Jahresbände der Vorjahre). Anders als die öffentlichen Mittel, sind die Investitionen der VCG zudem in aller Regel nicht als verlorene Kostenzuschüsse, sondern als bleibendes, zyklisch mehrfach investierbares Eigenkapital anzusehen.

Aus Strukturwandel, Innovation und Wachstum ergeben sich zusätzlich positive Effekte für die Beschäftigungspolitik. Kleine und mittlere Unternehmen mit weniger als 50 Arbeitnehmern stellten bei der Arbeitsstättenzählung 1987 ca. 47,8 % der gesamten Arbeitsplätze des privaten

Sektors in Deutschland bereit (s. Statistisches Bundesamt (1991), S. 16-58). Darunter schaffen insbesondere diejenigen kleinen und jungen Unternehmen neue Arbeitsplätze, die innovativ und technologieorientiert sind (vgl. Albach/Hunsdiek (1987), S. 569-573 und Frank et al. (1995), S. 13-16). Zusätzlich lässt gerade die Entwicklung neuer Produkte und Technologien auch qualitative Verbesserungen der Beschäftigung erwarten. VC könnte den Trend zu kleineren innovativen Unternehmen und zur Selbständigkeit fördern (s. ifo/bifego et al. (1994), S. 39-43). Wenn VC Eigenkapitaldefizite von Unternehmen beseitigen kann, dann folgt daraus ein indirekter Beitrag zu Schaffung und Erhaltung von Arbeitsplätzen. Dabei sollte allerdings nicht übersehen werden, dass VC in Deutschland bislang kein Massengeschäft darstellt, welches die Beschäftigung in großem Umfang stützen könnte (vgl. Gröschel (1986), S. 199-202).

2.3.2 Ziele von Kapitalgebern der VCG

Kapitalgeber von VCG werden prinzipiell nach den grundlegenden Anlagezielen hoher Rentabilität, Sicherheit/Stabilität und Liquidität streben (vgl. Müller (1995), S. 134-160; Botschen et al. (1995), S. 500-503 und Sullivan/Miller (1990), S. 302-303). Das *Rentabilitätsziel* ist bei VC-Anlagen weniger auf die Erzielung laufender Dividenden bzw. Zinsen ausgerichtet, als vielmehr auf Kapitalgewinne, die bei der Veräußerung erfolgreicher Beteiligungen durch die VCG realisiert werden können (vgl. Schmidtke (1985), S. 48-50). Dem *Sicherheitsziel* lässt sich bei VC-Anlagen angesichts der hohen Ertrags- und Ausfallrisiken und der erheblichen Marktunvollkommenheiten hauptsächlich durch Diversifikation Rechnung tragen, womit es allerdings im Vergleich – z. B. zur Anlage in festverzinslichen Wertpapieren – nur sehr begrenzt umsetzbar ist (vgl. zur Portfoliotheorie Markowitz (1952), S. 77-91 sowie Gerke (1993b), Sp. 3263-3273) und die dort angeführte Literatur. Das *Liquiditätsziel* lässt sich bei VC-Anlagen hauptsächlich dann erreichen, wenn die betreffende VCG selbst börsennotiert ist. Andernfalls besteht in aller Regel weder ein funktionierender Markt für Beteiligungen an VCG, noch kann davon ausgegangen werden, dass über die Beleihung entsprechender Anteile durch Banken in größerem Umfang Liquidität gewonnen werden könnte. VC-Anlagen setzen also im Normalfall eine starke Betonung des Rentabilitätsziels gegenüber dem Stabilitäts- und besonders dem Liquiditätsinteresse des Anlegers voraus. Als Ausgleich werden daher höhere Renditen erwartet, als durch Anlagen in festverzinslichen Wertpapieren und auch in Aktien etablierter Unternehmen realisierbar sind.

Bei Privatanlegern sind Anlagepräferenzen, die mit dem VC-Modell kompatibel sind, bestenfalls bei Haushalten mit überdurchschnittlichem Einkommen zu erwarten (vgl. Ruda (1988), S. 237-244; Klemm (1988), S. 256-257 und Schröder (1992), S. 119). Da aber auch börsennotierte Aktien nur von einer Minderheit der privaten Haushalte in Deutschland gehalten werden (vgl. Brandt (1993), S. 12-15), ist die Akzeptanz von VC bei Privatanlegern sehr begrenzt.

Die vorgestellten Ziele gelten zunächst für alle Kapitalgeber der VCG, z. B. Kreditinstitute, Versicherungen, Privatanleger, Industrieunternehmen und Staat. Für drei Gruppen von Anlegern, nämlich für Kreditinstitute, vor allem aber für Industrieunternehmen und den Staat, existieren in Konkurrenz zur Rentabilität wichtige Spezialziele. Bei der nachfolgenden Betrachtung wird deutlich, dass die Ziele der Industrieunternehmen und des Staates sich sehr stark von denen der typischen VC-Finanzierung unterscheiden. Zuerst werden aber die Interessen der Banken und Sparkassen vertieft, die nicht zu vernachlässigen sind, da diese immerhin ca. 51 % des im deutschen VC-Markt eingesetzten Kapitals bereitstellen (s. BVK (1999), S. 77).

Für *Kreditinstitute* stellt VC einen Ansatz zur Erweiterung der Betreuungsmöglichkeiten von Firmenkunden dar (vgl. Schmidtke (1985), S. 107-109; Hierl (1986), S. 86-153 und Eilenberger (1991), S. 812). Banken können ihre Risiken durch Vergabe von VC parallel zum Kreditgeschäft mit bestehenden Kunden vermindern, indem sie die Eigenkapitalbasis ihrer Kunden verbessern und gleichzeitig erweiterte Informations-, Kontroll- und Mitspracherechte gewinnen. In spezifischen Unternehmenssituationen können Banken durch Beteiligungsfinanzierung Vorgehensweisen fördern, die ihren Interessen entsprechen, so z. B. anlässlich einer kritischen Nachfolgeentscheidung eine tragfähige MBO- bzw. MBI-Transaktion ermöglichen oder die Finanzierung im Vorfeld eines Börsengangs sicherstellen. Zusätzlich können Banken zur Verbesserung der eigenen Marktposition aus anfänglichen VC-Finanzierungen auch Folgegeschäft in traditionellen Sparten des Bankgeschäfts generieren (s. Stedler (1993), S. 348-349). Darüber hinaus kann für Banken ein Wissens- und Erfahrungszuwachs interessant sein, der vor allem besteht aus (1) einem direkteren Einblick in Technologiechancen und Wachstumsdynamik kleiner Unternehmen, (2) einem vertieften Verständnis der Anforderungen an Industriefinanzierungen als Basis für eigene Finanzinnovationen und (3) einer kompetenteren, entscheidungskräftigeren Infrastruktur zur Betreuung von Firmenkunden (vgl. May/Dahmann (1987), S. 357 und Körner (1994), S. 293). Im Ergebnis werden bei Kreditinstituten die grundlegenden Anlageziele, allen voran das Rentabilitätsziel, durch bankspezifische Geschäftsziele ergänzt.

Bei VC-Aktivitäten von *Industrieunternehmen* werden die grundlegenden Anlageziele in aller Regel nicht nur ergänzt, vielmehr erhalten die für Industrieunternehmen typischen strategischen Ziele einen Rang, der dem Renditeziel zumindest vergleichbar ist (s. Siegel et al. (1988), S. 235-236 und Sykes (1990), S. 40-42). Dies gilt jedenfalls dann, wenn Industrieunternehmen Corporate Venturing betreiben und nicht lediglich Mittel, z. B. Pensionsrückstellungen, anlegen wollen. Beim Corporate Venturing streben Unternehmen im allgemeinen nach (1) der Sicherung von Absatz- und Beschaffungsmärkten, (2) dem Zugang zu Technologien und Produkten, (3) dem Zugang zu kritischen Ressourcen, wie z. B. Forschungs- und Entwicklungskapazitäten, und/oder (4) der Ausgliederung und Verselbständigung von Unternehmensteilen (vgl. Schröder (1992), S. 121-122; Zahra (1993), S. 322-325 und Schween (1996), S. 78-89). Als vorteilhaft gilt ferner die Möglichkeit, besonders zügig in Bereiche vorstoßen zu können, die dem eigenen Kerngeschäft nicht eng verwandt sind, obwohl derartige Diversifikationsvorhaben häufig nicht erfolgserhöhend sind (vgl. Sorrentino/Williams (1995), S. 70-71; Jacobs (1992) und Nayyar (1992), S. 985-1000). Zudem können Unternehmen durch Corporate Venturing Flexibilisierungs- und Erneuerungsprozesse vorantreiben und z. B. aggressiver im Wettbewerb auftreten und größere Risiken tragen, als dies einer eingespielten Organisation ohne externe Impulse möglich wäre (s. Siemer (1991), S. 73-74; Venkataraman et al. (1992), S. 500-502 und Zahra (1993), S. 321). Somit kann der Einsatz von Corporate Venturing es Großunternehmen insgesamt erleichtern, Pionierstrategien in neuen Märkten umzusetzen (s. Miller et al.

(1989), S. 197-207). Besonders in derartigen Fällen tritt die Rentabilität des kapitalnehmenden Unternehmens zumeist vorübergehend im Vergleich zu Absatzmarktzielen in den Hintergrund.

Der *Staat* als VC-Investor verfolgt in der Regel keine Renditeziele, sondern betreibt Gründungs-, Technologie- oder Regionalförderung nach legislativen Regeln. Die dabei verfolgten Ziele entsprechen primär dem in Abschnitt 2.3.1 genannten und begründeten gesamtwirtschaftlichen VC-Nutzen. Der Staat wird also die Verbesserung der Eigenkapitalausstattung junger und kleiner Unternehmen, die Innovationskraft, die Präsenz in wachsenden Sektoren und die Schaffung von Arbeitsplätzen anstreben. Häufige Modifikationen von Förderinstrumenten und zahlreiche Pilotprojekte belegen aber auch, dass der Staat ständig auf der Suche nach seiner Rolle – und seinen Zielen – auf dem VC-Markt ist (s. Kulicke (1993), S. 5-8).

2.3.3   Ziele von VCG

Für VCG kann zwischen derivativen und originären Zielen unterschieden werden. *Derivative Ziele* lassen sich nach dem hier vertretenen Verständnis aus den Zielen der Investoren ableiten. Wenn eine VCG also die Rendite- und Sicherheitsinteressen der Investoren vertritt und dabei, soweit erforderlich, einen Interessenausgleich mit den Anforderungen der Kapitalnehmer schafft, verfolgt sie derivative Ziele. Ein Interessenausgleich ist erforderlich, um Transaktionen überhaupt erst zu ermöglichen. Da sich VCG i. d. R. mit signifikanten Minderheitsbeteiligungen bei ihren PU engagieren, dabei aber lediglich eine begrenzte Zahl von Beteiligungen in ihr Portfolio aufnehmen können, ist der Erfolg von VCG sehr eng mit der Entwicklung der Kapitalnehmer verknüpft. Zusätzlich verfolgen VCG im Idealfall drei, sich teilweise widersprechende *originäre Ziele,* nämlich (1) Marktziele bei der Akquisition von Kapital, (2) Effizienzziele beim Betrieb der VCG und (3) Vergütungsziele für die erbrachten Dienstleistungen.

Die dem Leitbild der „independent" VCG entsprechende Institution verfolgt *Marktziele* bei der Akquisition von Kapital von bestehenden oder neu aufzunehmenden Investoren (vgl. Silver (1985), S. 31-45; Schröder (1992), S. 122-125 und Zemke (1995), S. 81-88). In abgeschwächter Form ist dieses Ziel z. T. auch für die captiven VCG relevant, die z. B. als Tochtergesellschaft von Kreditinstituten im internen Wettbewerb um Mittel stehen. VCG können ihre Marktziele primär durch Marketing-/Vertriebsanstrengungen erreichen, die sich auf Reputation, speziell nachgewiesene Erfolge in der Vergangenheit, und eine Spezialisierung in der Anlagepolitik stützen.

VCG werden schließlich *Effizienzziele* beachten, um nicht einen unnötig großen Anteil der erwirtschafteten Erträge durch Kosten des Betriebs der VCG zu kompensieren. Die laufenden Verwaltungskosten von VCG werden in der Literatur zumeist mit 2 - 3 % des investierten Kapitals p. a. angegeben (vgl. z. B. Albach et al. (1986), S. 168-170; Bygrave/Timmons (1992), S. 10-12 u. 316-318 und Schröder (1992), S. 133-138). Das Effizienzziel ist mit dem Marktanteilsziel weitgehend verträglich, da die Kosten von VCG z. gr. T. als Fixkosten angesehen werden können (s. Silver (1985), S. 18-21 und Schröder (1992), S. 271). Demnach wird es primär großen VCG gelingen, effizient zu arbeiten.

In Widerspruch zu den Effizienzzielen stehen die *Vergütungsziele* der VCG. Die Vergütung setzt sich i. d. R. aus einer – häufig pauschalierten – Kostenerstattung, die auch die Personalkosten des Managements einschließt, und einer erfolgsabhängigen Vergütung bei PU-Veräußerung, die sich in der Praxis häufig auf 20 % des Kapitalgewinns beläuft, zusammen (s. Schröder (1992), S. 139-143 und Zemke (1995), S. 175-182). Bei der laufenden Vergütung besteht also zwischen den Gehaltsmaximierungsinteressen des Fondsmanagements und den Effizienzzielen ein Spannungsverhältnis. Gleiches gilt für die Vergütung bei der PU-Desinvestition.

2.3.4 Grundanforderungen von Kapitalnehmern

Kapitalnehmer werden bei der Inanspruchnahme von Venture Capital nach dem Abbau von finanziellen sowie auch von personell/organisatorischen Defiziten streben (vgl. Büschgen (1985), S. 222-223 und Klemm (1988), S. 71-76). Finanzielle Defizite, z. B. betriebliche Ressourcenknappheit, lösen beschränkte markt- und risikobezogene Diversifikationsmöglichkeiten und erhöhte Insolvenzrisiken aus, die es durch Eigenkapitalzufuhr und z. T. indirekt durch die verbesserten Möglichkeiten der Fremdfinanzierung zu beseitigen gilt. Personelle Defizite ergeben sich oft aus einer großen Abhängigkeit von einer Gründerpersönlichkeit, wobei ggf. bestehende Mängel im kaufmännisch-finanziellen Bereich durch die Zusammenarbeit mit einer VCG vermindert werden können (s. Klandt (1984), S. 49 u. 118-229).

Das Finanzierungsinteresse der Kapitalnehmer konkretisiert sich offensichtlich in dem Ziel, vergleichsweise günstige Finanzierungskonditionen zu erhalten (s. für viele Süchting (1995), S. 527-543). Zusätzlich werden in der Literatur eine Reihe weiterer operationaler Ziele bzw. Randbedingungen von Kapitalnehmern diskutiert:

- *Minderheitsbeteiligung:* Sofern der vorliegende Kapitalbedarf es ermöglicht, streben Kapitalnehmer in aller Regel Minderheitsbeteiligungen an (s. Arnold (1989), S. 271-277). Die Furcht vor dem Verlust der Selbständigkeit bzw. Unabhängigkeit, wird noch vor ökonomischen Erwägungen als Grund für diese Präferenz gesehen (s. Gerke et al. (1995), S. 25-31 und vgl. Kaminski (1988b), S. 70 sowie Wieselhuber/Spannagl (1988), S. 82-84 u. 161). Aus dem gleichen Grund bevorzugt die Mehrheit der Kapitalnehmer eine kleine Zahl ($\leq$ 5) von Beteiligungskapitalgebern, und zwar eher Privatpersonen oder Banken als staatliche Stellen.

- *Unbefristete Überlassung des Beteiligungskapitals:* Kapitalnehmer sind überwiegend an dauerhaftem Beteiligungskapital interessiert (s. Arnold (1989), S. 211-217). Dennoch besteht eine Präferenz für Kündigungsmöglichkeiten, sofern diese nicht ausschließlich vom Kapitalgeber ausgeübt werden können. Angestrebt werden Kündigungsrechte in Form vorzeitiger Rückkaufrechte (s. z. B. Meulen (1976), S. 107 und Hiemann (1979), S. 143). Kündigungsrechte sind regelmäßig an erhebliche Kündigungsfristen und z. T. an das Vorliegen vorab festgelegter Gründe gebunden.

- *Möglichkeit der Gewinnthesaurierung:* Kapitalnehmer bevorzugen Gewinnverteilungsregeln mit Einbehaltungskomponente (s. Arnold (1989), S. 207-210). In der Praxis werden Gewinnverteilungsregeln aber kaum vorab verbindlich festgelegt, sondern jeweils an die Ertragssituation angepasst. Typische Motive für die Thesaurierung sind der Finanzierungsbedarf des Unternehmens und das Interesse an günstiger Innenfinanzierung.

20

Diese Ziele sind grundsätzlich gut mit den Interessen der Kapitalgeber und der VCG in Einklang zu bringen. Minderheitsbeteiligungen mit bestimmendem Einfluss der Altgesellschafter bzw. eines MBO-/MBI-Teams gehören zu den Grundprinzipien der VC-Finanzierung. Die unbefristete Überlassung des Beteiligungskapitals schafft keine Probleme, da die Desinvestition im Normalfall durch Veräußerung des Geschäftsanteils und nicht durch Kündigung erfolgt. Eine weitgehende Thesaurierung anfallender Gewinne ist ebenfalls für die VC-Finanzierung, die primär auf Kapitalgewinne bei der Beteiligungsveräußerung abstellt, typisch. Kündigungsmöglichkeiten des Kapitalnehmers sind allerdings kritisch zu bewerten, da diese eine Option des Unternehmers auf Ausschluss der VCG vom zukünftigen Erfolg darstellt, die Unternehmer primär dann ausüben werden, wenn Erfolge bereits erkennbar sind (vgl. Mayer/Müller (1991)).

2.4 Aktivitäten von VCG: Phasenorientiertes Geschäftsmodell und Managementinstrumentarium

In diesem Abschnitt wird das phasenorientierte VC-Geschäftsmodell sowie das den VCG zur Verfügung stehende Managementinstrumentarium dargestellt. In diesem Geschäftsmodell spiegeln sich erfolgsrelevante Stellhebel des Managements von VCG wider. Das phasenorientierte Geschäftsmodell (vgl. Schröder (1992), S. 39-43 und Zemke (1995), S. 102-103), das in der Literatur auch als Wertkette bezeichnet wird, ist in Abb. 2.4 illustriert.

Abb. 2.4: Phasenorientiertes Geschäftsmodell von VCG

Kapital-akquisition	Beteiligungs-akquisition ("Deal Flow")	Beteiligungs-würdigkeits-prüfung	Beteiligungs-verhandlung	Manage-mentunter-stützung	Des-investition
• Kommunikation der Beteiligungspolitik in den Markt • Einwerbung von Kapital	• Beschaffung von Informationen über potentielle Portfoliounternehmen	• Abgleich mit Beteiligungskriterien • I. d. R. mehrstufiger Entscheidungsprozess	• Abstimmung der Konditionen mit Portfoliounternehmen • Ggf. Abschluss der Beteiligung	• Kontrollfunktionen primär im Interesse der Kapitalgeber • Beratungsfunktionen nach Bedarf	• Veräußerung von Beteiligungen, ggf. anteilig

Quelle: In Anlehnung an Schröder (1992), S. 40 und Zemke (1995), S. 103.

Bei der *Kapitalakquisition,* die zumindest von independent VCG durchgeführt wird, stehen die Kommunikation der Beteiligungspolitik in den Markt und die Einwerbung von Kapital im Vordergrund (vgl. Silver (1985), S. 31-45; Schröder (1992), S. 122-125 und Zemke (1995), S. 81-88). Mit der – häufig, aber nicht notwendigerweise – zeitlich anschließenden *Beteiligungsakquisition,* auch als „Deal Flow" bezeichnet, verschafft sich eine VCG, z. B. durch persönliche Kontakte, Verbände oder andere Netzwerke, Informationen über PU.

Durch die *Beteiligungswürdigkeitsprüfung* werden PU in zumeist mehrstufigen Prozessen mit explizit formulierten oder impliziten Beteiligungskriterien der VCG abgeglichen (vgl. Korsukéwitz (1975), S. 39-155; Pichotta (1990), S. 35-154 und Elkart (1995), S. 37-58). Im Rahmen der *Beteiligungsverhandlung* werden dann mit zuvor priorisierten PU und ggf. mit weiteren Beteiligten – z. B. anderen VCG, Kreditinstituten, industriellen Investoren oder MBO-/MBI-Team – die Beteiligungskonditionen abgestimmt, was im Erfolgsfall zum Abschluss der Beteiligung führt. Nach Kontrahierung der Beteiligung stellen VCG den PU i. d. R. unternehmerische Begleitung durch *Managementunterstützung* in Form von Kontroll-, vor allem aber Beratungsfunktionen zur Verfügung (vgl. Wupperfeld (1994), S. 115-137 und Kulicke/Wupperfeld (1996), S. 83-89 sowie zur Kontrolle Jensen (1993), S. 862-873 und Wenger (1995), Sp. 1409-1412). Das Ende des Engagements der VCG wird durch die als *Desinvestition* bezeichnete Veräußerung eines PU markiert, wobei allerdings auch Teildesinvestitionen möglich sind.

Nachfolgend werden diejenigen Phasen des Geschäftsmodells vertieft, die der Thematik dieses Werkes entsprechen. Da hier die einzelne VC-Finanzierung im Vordergrund steht, sind die Beteiligungswürdigkeitsprüfung und die nachgelagerten Phasen von Bedeutung. Dazu werden – als wesentliches Beteiligungskriterium – mögliche Finanzierungsphasen der eigentliche Prozess der Beteiligungswürdigkeitsprüfung, das Management des Beteiligungsportfolios und schließlich die Desinvestition herausgestellt.

2.4.1 Finanzierungsphasen

VCG können in verschiedenen Lebenszyklusphasen von Unternehmen eine Beteiligung eingehen. Obwohl sich die präzise Abgrenzung der Finanzierungsphasen im Zeitablauf und zwischen Verfassern merklich unterscheidet, hat sich für acht idealtypische Finanzierungsphasen heute im deutschen Sprachraum die angloamerikanische Terminologie durchgesetzt (s. Leopold (1993b), S. 356; Bovaird (1990), S. 29-32 und BVK (1999), S. 84):

- *Seed:* Vorbereitung einer Unternehmensgründung durch Finanzierung der Ausreifung und Umsetzung einer Idee in verwertbare Resultate. Der Schwerpunkt der Aktivitäten liegt hier in Forschungsinvestitionen und Produktentwicklung bei Unternehmen in Gründung (vgl. Rea (1989), S. 149-158 und Wupperfeld (1994)).
- *Start-up:* Beteiligung an einer Unternehmensgründung. Bei weitgehend abgeschlossener Produktentwicklung liegt der Schwerpunkt auf ersten Marketingschritten und der Produktionsvorbereitung von Unternehmen im Aufbau, die ihr Produkt bislang noch nicht verkauft haben (vgl. Doutriaux (1992), S. 305-308; Mullins/Cardozo (1993), S. 71-86 und zu einem feiner gegliederten Modell Leopold (1993b), S. 356).
- *Expansion:* Finanzierung von Produktionsbeginn oder Wachstumsschritten für ein Unternehmen am Break-even-point. Schwerpunkt ist die Verbesserung der Eigenkapitalquote bei der Produktions- und Absatzausweitung oder der Marktentwicklung.
- *Bridge:* Überbrückungsfinanzierung, bei der einem Unternehmen Kapital zur Vorbereitung eines Börsengangs oder zur Überwindung von Wachstumsschwellen vor Verkauf an einen industriellen Investor zur Verfügung gestellt wird.

- *MBO/MBI:* Finanzierung der Übernahme eines Unternehmens durch das vorhandene (MBO) bzw. ein externes (MBI) Management (vgl. Forst (1992), S. 5-20 und Frommann (1993), S. 444-446).
- *LBO:* Übernahme eines Unternehmens durch Eigenkapitalinvestoren, mit einer Kapitalbeteiligung des Managements von weniger als 10 %.
- *Replacement Capital:* Kauf von Anteilen eines Unternehmens von einem Altgesellschafter.
- *Turnaround:* Finanzierung eines Unternehmens, das sich nach einer Verlustphase/Sanierung im wirtschaftlichen Wiederaufstieg befindet.

Diejenigen Finanzierungsphasen, die sich klar in einen zeitlichen Ablauf einordnen lassen, sind in Abb. 2.5 zusammengefasst. Die Phasen Seed und Start-up werden häufig zusammenfassend als „Early Stage" bezeichnet. Bridge und MBO/MBI die kurzfristig eher alternative Finanzierungsphasen darstellen, werden „Late Stage" genannt. Die Phasen Leveraged Buy Out (LBO) und Replacement Capital wurden erst jüngst vom Bundesverband Deutscher Kapitalbeteiligungsgesellschaften berücksichtigt. Diese auf das Ausscheiden von Altgesellschaftern ausgerichteten Finanzierungsformen entsprechen nicht streng der Definition von VC, werden aber in der Praxis zunehmend von deutschen VCG angeboten. Die Turnaround-Finanzierung stellt einen Sonderfall dar, der sich ebenfalls nicht in einen zeitlichen Ablauf einordnen lässt.

Die Finanzierungsphasen verdeutlichen den idealtypischen Bedarf für Venture Capital, da die Eigenmittel von Unternehmensgründern den Finanzierungsbedarf häufig lediglich bis zur Start-up-Phase decken können. Ebenfalls in dieser Phase nimmt auch die Verfügbarkeit öffentlicher Fördermittel ab. Fremdfinanzierung durch Kreditinstitute wird aber in hinreichendem Umfang erst ab der Expansionsphase verfügbar, wenn Gewinne erzielt werden oder unmittelbar bevorstehen. Die Aufbringung von Eigenkapital über Wertpapierbörsen ist zeitlich erst wesentlich später möglich. Diese Lücke, beginnend in der Seed-Phase, kann Venture Capital nun füllen.

Ebenfalls erkennbar wird der Bedarf für Managementunterstützung anhand typischer Managementprobleme der einzelnen Phasen. In der Seed-Phase mangelt es häufig an einer wirtschaftlich tragfähigen Einschätzung der Produktidee und des Marktes sowie an kaufmännischer Professionalität. Beim Start-up stehen Gründer dem Misstrauen potentieller Kapitalgeber gegenüber und suchen nach weiteren Führungskräften zur Vervollständigung des Managementteams sowie nach operativem Personal. In der Expansionsphase stellen die Beschaffung von Fremdkapital und der Aufbau von Marktposition und Image typische Probleme dar. Gelangen Unternehmen in die Bridge-Phase, so sind sie häufig zunehmendem Wettbewerb durch nachfolgende Konkurrenten und organisatorischen Problemen bei der Bewältigung ihres Wachstums ausgesetzt. Bei MBO-/MBI-Transaktionen gelten schließlich die Finanzkraft und der Zusammenhalt des Managements als kritisch.

Die Spezialisierung auf Finanzierungsphasen fällt bei deutschen VCG ausgesprochen häufig zugunsten der Expansionsfinanzierung oder des MBO/MBI aus. So sind ca. 46 % des im deut-

Abb. 2.5: Finanzierungsphasen [1]

Finanzierungs-phase	Early Stage		Expansion Stage	Late Stage	
	Seed	Start-up	Expansion	Bridge	MBO/MBI[2]
Unter-nehmensphase	• Produkt-konzept • Marktanalyse • Grundlagen-entwicklung	• Unter-nehmens-gründung • Entwicklung bis zur Pro-duktionsreife • Marketing-konzept	• Produktions-beginn • Marktein-führung oder • Wachstums-finanzierung	• Vorbereitung eines – Börsen-gangs oder – Verkauf an industiellen Investor	• Übernahme durch vor-handenes (MBO) oder externes (MBI) Management
Gewinn-/Ver-lusterwartung des Portfolio-unternehmens	+ –				
Typische Finanzierungs-quellen	⊢-----Eigene Mittel--------▶ ⊢---Öffentl. Fördermittel----▶ ◀----------------------Venture Capital			◀-------Fremdfinanzierung-----⊣ ◀-------Börse-----⊣ -----------------⊣	
Typische Management-probleme	• Einschätzung von Produkt-idee und Markt • Professiona-lität	• Misstrauen der Kapital-geber • Suche nach Führungs-kräften und Personal	• Suche nach Fremdkapi-talgebern • Aufbau von Markposition und Image	• Verstärkung des Wettbe-werbs • Organisa-tionprobleme	• Finanzkraft des Manage-ments • Dynamik des Management-teams

1) LBO, Replacement Capital und Turnaround sind nicht dargestellt, da diese Phase nicht zwingend in den zeitlichen Ablauf eingeordnet werden können.
2) MBO/MBI kommt als Alternative zur Bridge-Finanzierung oder mit langer zeitlicher Verzögerung in Betracht.

Quelle: In Anlehnung an Laub (1985), S. 30; Schmidtke (1985), S. 50 und Klemm (1988), S. 41.

schen VC-Markt investierten Kapitals in Expansionsfinanzierungen und ca. 21 % des Kapitals in MBO/MBI-Finanzierungen gebunden (s. BVK (1999), S. 78). Diese starke Fokussierung ist allerdings bei Berücksichtigung internationaler VC-Märkte und der auch in den übrigen Finanzierungsphasen vorhandenen Geschäftsmöglichkeiten nicht unmittelbar einleuchtend.

2.4.2 Prüfung der Beteiligungswürdigkeit von und Beteiligungsverhandlung mit potentiellen Portfoliounternehmen (PU)

Bei der Prüfung der Beteiligungswürdigkeit von potentiellen PU streben VCG danach, (1) Engagements auszuwählen, die ihren Anlagegrundsätzen/Beteiligungskriterien entsprechen und für sich genommen ein möglichst gutes Rendite-/Risiko-Profil erwarten lassen und (2) portfoliobezogene Ziele umzusetzen, um unsystematische (= unternehmensspezifische) Risiken zu minimieren. Da junge und innovative Unternehmen mit besonders hohen unsystematischen Risiken – primär hinsichtlich der technischen Funktionsfähigkeit und Marktakzeptanz ihrer Produkte (s. Hielscher et al. (1982), S. 11-15) – behaftet sind, ist die Beachtung portfoliobezogener Ziele bei der Beteiligungsprüfung von zentraler Bedeutung. Hierzu werden, unter Berücksichtigung der in den Anlagegrundsätzen zumeist vorgesehenen Spezialisierung, vorzugsweise solche PU aufgenommen, deren unternehmensspezifische Risiken möglichst wenig korreliert sind (s. Diamond (1984), S. 400-404 und Hartmann-Wendels (1987), S. 27-28).

Ein wesentliches Kriterium bei der Prüfung einzelner PU stellt die erwartete Verzinsung des eingesetzten Kapitals dar. In Deutschland werden für renditeorientierte VCG seit langem Mindestverzinsungen von 15 - 25 % p. a. genannt, die die Verzinsung risikofreier Anlagen zuzüglich der Prämien für unsystematische Risiken, insbesondere (1) des Ausfall- und Ertragsrisikos, (2) der bestehenden Fähigkeitenlücken bzw. des daraus folgenden Beratungsbedarfs und (3) der begrenzten Fungibilität, widerspiegeln (s. Schröder (1992), S. 169-174).

Neben dem Rentabilitätskriterium werden in der Literatur zahlreiche weitere Investitionsanforderungen an potentielle PU diskutiert. Trotz unterschiedlich definierter Begriffe, lassen sich sechs auch in Deutschland häufig genannte Kriterien erkennen (vgl. Hall/Hofer (1993), S. 25-42 und Zacharakis/Meyer (1998), S. 57-76 sowie Sandberg et al. (1988), S. 10):

- *Managementkompetenz* in der Unternehmensführung und in wichtigen Einzeldisziplinen, vor allem Marketing, Technik, Produktion, Finanzen, möglichst nachgewiesen durch bisherige Erfolge und Referenzen.
- *Marktpotential,* insbesondere hinreichende Marktgröße, Aussicht auf hohes Marktwachstum und gute Vertrautheit des Unternehmens mit seinem Markt, im Idealfall bereits erwiesene Marktakzeptanz.
- *Produktdifferenzierung* durch innovative Produkte bzw. Technologien bei hinreichender wirtschaftlicher Tragfähigkeit, möglichst gesichert durch Schutzrechte, z. B. Patente oder Lizenzen.
- *Wettbewerbsposition* des Unternehmens ist geeignet, um den Unternehmenserfolg zu sichern, z. B. durch hohe Markteintrittsbarrieren für nachfolgende Unternehmen und geringes Substitutionsrisiko.
- *Geschäftsplan* ist hinsichtlich Analysetiefe/Stringenz, Vollständigkeit und Form hinreichend.
- *Zeithorizont,* in welchem das Unternehmen einen positiven Cash-flow und laufende Gewinnausschüttungen erwirtschaften kann, möglichst nicht länger als 5 Jahre.

Diese Kriterien werden in einem mehrstufigen Entscheidungsprozess abgeprüft. Abb. 2.6 illustriert einen idealtypischen Ablauf einer derartigen Prüfung in fünf Schritten, denen Richtwerte für Auswahlquoten in Prozent der zum jeweils nachfolgenden Schritt gelangenden Be-

Abb. 2.6: Idealtypischer Prozess der Beteiligungswürdigkeitsprüfung

Schritt	Typische Auswahlquote	Inhalte
1. Eingang eines Geschäftsplans/ Beteiligungsantrags		• Kontaktaufnahme unmittelbar durch potentielles Portfoliounternehmen oder vermittelt durch Dritte • Zuordnung zu einem Beteiligungsmanager, i. d. R. nach Branchenschwerpunkt
	- - 100 % - - -	
2. Vorprüfung der Eckdaten		• Kurzbewertung Management (Produkt, Markt, Umsatz, Rentabilität etc.) anhand des Geschäftsplans • Ggf. Anforderung zusätzlicher Unterlagen
	- - · 25 % - - -	
3. Hauptprüfung des Beteiligungs- nehmers		• Persönlicher Kontakt mit dem Unternehmer, i. d. R. Besuch vor Ort • Feinprüfung, häufig in Zusammenarbeit mit Externen (z. B. Referenzgeber, Verbände, Unternehmens- und Steuerberater, Universitäten) • Z. T. vorab Unterzeichnung eines "Letter of Intent"
	- - 8 % · - - -	

4. Beteiligungs- verhandlung		• Abgabe eines "Investment Proposals" durch die Beteiligungsgesellschaft
		• Verhandlung wichtiger Konditionenbestandteile
		  – Bewertung
		  – Beteiligungshöhe, Finanzierungsinstrumente
		  – Informations- und Kontrollrechte

	- - 3 % · - - -	
5. Abschluß der Be- teiligung und nach- folgende Aktivitäten		• Formaler Abschluß des Beteiligungsvertrages • Umsetzung des Vertrages (z. B. Gesellschaftsvertragsänderung, Fremdfinanzierungsvermittlung) • Beginn der Managementunterstützung

Quelle: Struktur in Anlehnung an Tyebjee/Bruno (1984), S. 1052-1054. Auswahlquoten Mittelwerte aus Fendel (1987), S. 162 u. Schröder (1992), S. 192.

teiligungsmöglichkeiten und wesentliche Prüfungsinhalte zugeordnet werden (s. Schröder (1992), S. 188-194 und Wright/Robbie (1996), S. 153-168 sowie für eine entscheidungstheoretische Perspektive Fendel (1987), S. 199). Die genannten Auswahlquoten sind dabei lediglich als praktische Anhaltspunkte zu verstehen, da es an einer wissenschaftlichen Ansprüchen genügenden Fundierung fehlt und auch die intertemporale Stabilität fragwürdig ist.

Der erste Schritt ist der *Eingang eines Geschäftsplans/Beteiligungsantrags* bei einer VCG entweder direkt durch ein interessiertes PU oder vermittelt z. B. durch eine andere VCG, ein Kreditinstitut oder eine Informationsbörse. Die erhaltenen Dokumente werden dann in der Regel einem Beteiligungsmanager zur Prüfung zugeordnet. In der *Vorprüfung* wird eine Kurzbewertung des Geschäftsplans anhand von Eckdaten, z. B. zum Produkt, dem Markt, den Umsatz- und Ertragsaussichten und zum Management durchgeführt. Soweit erforderlich, werden in dieser Phase zusätzliche Unterlagen angefordert. Im Rahmen der Vorprüfung werden bei typischen VCG größenordnungsmäßig 75 % der Geschäftspläne abgelehnt. Die übrigen Beteiligungsmöglichkeiten werden im Rahmen der *Hauptprüfung,* die in der Regel eine Zustimmung von Gremien der VCG (z. B. Anlageausschuss, Geschäftsführung, Beirat) vorbereitet, intensiver untersucht. Üblich ist hier ein persönlicher Kontakt mit dem Unternehmer und ggf. ein Besuch des potentiellen PU. Die Übereinstimmung mit dem Investitionskriterien wird häufig in Zusammenarbeit mit Externen durchgeführt, die beispielsweise Referenzen über das Unternehmen und sein Management geben, als Verbände Marktinformationen bereitstellen oder als Berater unternehmerische und steuerliche Analysen und Empfehlungen erarbeiten. Teilweise wird vor der Feinprüfung ein „Letter of Intent" ausgetauscht, in dem sich beide Parteien auf die Fortführung des Auswahlprozesses festlegen. Die Prüfung wird in der Praxis bei größeren Finanzierungen häufig in zusätzliche Stufen unterteilt. Zwischenergebnisse – z. B. zur Bewertung – werden dann z. T. in einem Vorvertrag („Termsheet") abgestimmt.

Nach der Feinprüfung werden mit ca. 8 % der potentiellen Beteiligungsunternehmen konkrete *Beteiligungsverhandlungen* geführt. Die Verhandlungen werden i. d. R. durch ein „Investment Proposal" der VCG initiiert. Auf dieser Grundlage werden wesentliche Konditionenbestandteile wie die Bewertung des Unternehmens, die Beteiligungshöhe, die einzusetzenden Finanzierungsinstrumente sowie Informations- und Kontrollrechte fixiert. Etwa 3 % der begutachteten Geschäftspläne münden dann im *Abschluss der Beteiligung* und den dazugehörigen nachfolgenden Aktivitäten. Hierzu wird zunächst ein formaler Beteiligungsvertrag geschlossen. Dieser wird dann, z. B. durch Schließung oder Modifikation des Gesellschaftsvertrages, durch Beitritt weiterer Gesellschafter (z. B. mehrerer VCG als Syndikat) und/oder der Vermittlung von Fremdfinanzierung umgesetzt. Anschließend beginnt auch die Managementunterstützung der VCG für das PU.

2.4.3 Managementunterstützung für PU

Wie bereits in Abschnitt 2.1 dargestellt, nehmen VCG parallel zur Finanzierungsfunktion unter den Gesichtspunkten (1) Steigerung des Wertes ihrer Beteiligungen und (2) Risikominimierung durchweg auch Beratungsfunktionen sowie Informations- und Kontrollfunktionen wahr. Die Gestaltung der Managementunterstützung ist für VCG von entscheidender Bedeutung, da sie die nichtmonetäre Komponente der VC-Finanzierung und – nachdem die Auswahl eines PU festliegt – die bedeutendste Möglichkeit zur laufenden aktiven Beeinflussung des Beteiligungserfolges darstellt (vgl. z. B. Fredriksen et al. (1990), S. 258-261). Daher wenden Beteiligungsmanager im Mittel den überwiegenden Teil ihrer Arbeitszeit für Managementunterstützung auf (vgl. Gorman/Sahlman (1989), S. 235-236 und MacMillan et al. (1988), S. 39-41).

Hinsichtlich der institutionellen Form der Beratungsunterstützung ist zunächst idealtypisch zu unterscheiden zwischen:

- der Mitarbeit von VCG in *PU-Gremien* (Beirat, Aufsichtsrat, Gesellschafterausschuss) als *Beratung im weiteren Sinn* einerseits und

- der in einem interaktiven Prozess im Arbeitsalltag realisierten, professionellen, ganzheitlichen und temporär begrenzten Unterstützung durch VCG-Mitarbeiter bei der Lösung betriebswirtschaftlicher Probleme des PU andererseits, die als *Beratung im engeren bzw. klassischen Sinn* (s. zum Begriff der Unternehmens- oder Managementberatung für viele Wohlgemuth (1995), S. 14 und Meurer (1993), S. 33-35) darauf ausgerichtet ist, Entscheidungen und Verhaltensweisen der Geschäftsleitung des PU zu beeinflussen.

Zur Beratungsunterstützung (i. w. S.) von PU durch Entsendung und Mitarbeit von VCG-Vertretern in PU-Gremien wird in der Praxis zumeist ein *Beirat* oder seltener ein *Aufsichtsrat* gebildet, in den neben Vertretern der VCG und der übrigen PU-Eigentümer häufig auch Repräsentanten von Banken einbezogen werden. Die Sitzungsfrequenz derartiger diskontinuierlich arbeitenden Gremien ist typischerweise so niedrig, dass sich VCG-Vertreter bei dieser Form der Beratung i. w. S. auf eine Minimierung des Totalverlustrisikos für ein PU zu beschränken haben und kaum Beratungsfunktionen i. e. S. zur Unterstützung der Wertsteigerung des PU übernehmen können. Fokus der Beratungsunterstützung von PU durch VCG in Gremien sind deshalb risikominimierende Informations- und Kontrollaktivitäten, die über die üblichen Verhaltensmuster von Minderheitsgesellschaftern hinausgehen. Als Gegenstand solcher Aktivitäten werden häufig genannt (s. Freyer (1981), S. 131-135 u. 231-235; Grisebach (1989), S. 216-232 und Bouillet-Cordonnier (1992), S. 91-101):

- *Kataloge zustimmungspflichtiger Geschäfte,* für die das PU die Genehmigung der VCG einholen muss, so z. B.
  - Abschluss von Gesellschafts- und Kooperationsverträgen,
  - Bestellung von Geschäftsführern und Prokuristen,
  - Veränderungen von Strategie und Produktprogramm,
  - Aufnahme von Krediten sowie ähnliche Finanzierungsgeschäfte,
  - Abschluss großer/langfristiger Miet-, Leasing- oder Pachtverträge sowie von Verträgen über Patente und andere Schutzrechte
  - Grundstücksgeschäfte und
  - Bestellung von Wirtschaftsprüfern und Steuerberatern.
- *Informationsrechte* der VCG, häufig bestehend aus regelmäßiger Berichterstattung mit Prüfungsrechten, z. B.
  - monatliche, viertel- oder halbjährliche Umsatzmeldungen und Berichte zur Bilanz sowie zur Gewinn- und Verlustrechnung,
  - Zwischenberichte über die Geschäftslage inkl. der Marktentwicklung, Auftragsbestand und der Personalsituation und
  - ereignisgetriebene Meldung wesentlicher Tatbestände, etwa Vertragsabschlüsse und -kündigungen sowie Investitionsvorhaben.

Derartige in Beteiligungsverträgen vereinbarte formale Informations- und Kontrollrechte waren bereits früh Gegenstand der VC-Literatur. Die Bedeutung dieses Betrachtungsgegenstandes nahm aber wieder ab, da in der Praxis weitgehend übereinstimmende Kataloge von Informations- und Kontrollrechten verwendet werden.

Die nahezu durchweg außerhalb von Gremien erfolgende Unterstützung von PU durch *Beratung i. e. S.* lässt sich in zwei Teilbereiche untergliedern (s. Sapienza et al. (1996), S. 439-469; Cable/Shane (1997), S. 142-176 und Sweeting/Wong (1997), S. 125-152):

- *Inhaltliche Beratung bei Fachfragen:* VCG können PU inhaltlich in Fachfragen beraten, wenn die Qualifikation des PU-Managements nicht ausreicht oder bei Entscheidungen großer Tragweite eine Abstimmung sinnvoll ist. Finanzierung, strategische Planung und Personal-/Organisationsfragen gelten als die häufigsten Inhalte der Betreuung von PU (s. Schröder (1992), S. 238-240 und Ehrlich et al. (1994), S. 75-76).

- *Methoden- und Prozessunterstützung:* VCG können PU bei Prozessen der Ideengenerierung und -realisierung unterstützen (vgl. z. B. Kilian (1991), S. 109-111 und Gersick (1994), S. 24-30), indem sie (1) Ideen auf Realisierbarkeit und Wirtschaftlichkeit prüfen, (2) sich an der Festlegung von Maßnahmenplänen zur Umsetzung von Innovationsvorhaben beteiligen und (3) Geschäftskontakte zur Verfügung stellen.

Eine dritte Sonderform der Beratung stellt die temporäre Übernahme operativer Linienaufgaben in einem PU durch einen VCG-Vertreter dar: Der VCG-Mitarbeiter bereitet hier nicht mehr nur wichtige Entscheidungen mit vor, sondern agiert als (Shadow-) „Manager auf Zeit", der auch im Tagesgeschäft für die Entscheidungsumsetzung und laufende Aufgabenbewältigung sorgt. In der Praxis scheint diese dritte Form der „Beratung" allerdings nur bei Finanzierungsthemen und in Krisensituationen zum Einsatz zu kommen (s. Bruno et al. (1987), S. 55-56; Gorman/Sahlman (1989), S. 237-241 und Funke (1992), S. 1110.).

2.4.4 Desinvestition von PU

Zur Desinvestition von PU stehen prinzipiell fünf verschiedene Wege (auch als „Exit-Kanäle" bezeichnet) zur Verfügung (vgl. Wöhe/Bilstein (1998), S. 141 und BVK (1999), S. 84):

- *Buy Back:* Verkauf der Unternehmensanteile an Mitgesellschafter des PU, i. d. R. Rückkauf der Beteiligung durch den bzw. die Altgesellschafter. Ein Problem dieses Exit-Kanals ist der bei den Erwerbern entstehende Finanzierungsbedarf.

- *Trade Sale:* Veräußerung der Beteiligung an einen industriellen Investor, der entweder auf dem Gebiet der Gesellschaft bereits tätig ist oder diversifizieren möchte. Gängige Gesellschaftsverträge setzen hier eine Zustimmung des PU zur Transaktion voraus (s. Schröder (1992), S. 257-260).

- *Secondary Purchase:* Verkauf der Beteiligung an einen Finanzinvestor bzw. eine andere VCG, die das PU in einer folgenden Finanzierungsphase betreut. I. d. R. ist eine Zustimmung des PU erforderlich.

- *Going Public:* Einführung des PU an der Börse ggf. nach Umwandlung in eine Aktiengesellschaft. Ein Going Public wird häufig mit einer Barkapitalerhöhung verbunden, die dem PU parallel zum Verkauf alter Aktien neues Eigenkapital zuführt (s. a. Gerke/Rapp (1993), S. 289-30; Oettingen (1995), Sp. 898-904 und Blättchen (1998), S. 19-23).

- *Liquidation/Kündigung:* Ausscheiden aus dem PU durch Liquidation oder Kündigung des Gesellschaftsvertrages. Abgesehen von der vereinzelten Kündigung stiller Beteiligungen oder Kommanditanteile zur Desinvestition handelt es sich um (Total-)Verluste.

Die ersten vier Desinvestitionsalternativen bewirken, dass der VCG das zuvor in einem PU gebundene Kapital in liquider Form zur Verfügung steht. Dabei muss eine Desinvestition nicht in jedem Fall alle von der VCG gehaltenen Anteile umfassen, sondern kann auch als Teildesinvestition angelegt sein. Betrachtet man die vier konstruktiven Desinvestitionskanäle, so wird im deutschen Markt größtenteils durch Trade Sale und Buy Back desinvestiert, wobei die Transaktionen für den Fall des Buy Back in der Regel kleiner sind. Die größten Veräußerungsvolumina lassen sich beim Going Public realisieren. Von untergeordneter Bedeutung ist der Desinvestitionskanal des Secondary Purchase (der Secondary Purchase wird vom BVK seit 1998 nicht mehr gesondert erfasst, s. BVK (1999), S. 84). Die drei typischen Desinvestitionswege werden im folgenden vertieft.

Buy Back-Transaktionen, bei denen Unternehmensanteile an Altgesellschafter zurückveräußert werden, stützen sich teilweise auf in Gesellschafts- bzw. Beteiligungsverträgen vereinbarte Vorkaufsrechte, die es Gesellschaftern z. B. erlauben, Trade Sale abzuwenden. Ein Grundproblem des Buy Back ist ein möglicher Finanzierungsengpass der erwerbenden Gesellschafter, die sich in den meisten Fällen an eine VCG gewandt haben, da ihr eigenes Vermögen zur Unternehmensfinanzierung nicht ausreichte. Geht man zusätzlich davon aus, dass die Unternehmer häufig einen hohen Anteil ihres Vermögens im eigenen Unternehmen gebunden haben, so wird die Bereitstellung weiterer Finanzmittel in größerem Umfang erschwert. Die Bewertung des Unternehmens stützt sich beim Buy Back häufig auf den Ertrags- oder Substanzwert, da als weiteres preisrelevantes Interesse bestenfalls das Unabhängigkeitsstreben des Unternehmers in Betracht kommt. Diese Bewertungsmethode wird auch dadurch unterstützt, dass ein Buy Back häufig als hochgradig fremdfinanziertes MBO mit sicherheitsorientierten Fremdkapitalgebern organisiert wird (vgl. zu Begriffen Forst (1993), S. 5-16 und Wright et al. (1992), S. 48-49). Aufgrund dieser Bewertungsgrenzen werden renditeorientierte VCG das Buy Back kaum favorisieren. Häufig kommt diese Transaktionsform allerdings bei öffentlich geförderten Kapitalbeteiligungsgesellschaften vor, bei denen stille Beteiligungen mit fester Laufzeit die Ablösung der Beteiligung durch Altgesellschafter vorsehen (s. Schröder (1992), S. 262).

Die Erwerber bei *Trade Sale*-Transaktionen sind Industrieunternehmen, die zumeist deutlich größer und etablierter als das PU sind, sich aber in der gleichen bzw. einer verwandten Branche betätigen. Ihre Preisfindung orientiert sich am strategischen Nutzen des PU und kann damit erheblich über den Ertrags- oder Substanzwert hinausgehen. In Grenzen lassen sich so auch Beteiligungen veräußern, die z. B. Marktanteile und Marken aufgebaut haben, aber bei selbständiger Fortführung mittelfristig keine attraktiven Renditen erwarten lassen. Vorteilhaft für die VCG ist weiterhin die im Vergleich zur Börseneinführung schnelle und kostengünstige Abwicklung aufgrund (1) relativ weniger Beteiligter, die sich weitgehend ohne regulatorischen

Einfluss einigen können und die Tatsache, dass (2) die PU den potentiellen Erwerbern in überschaubaren Märkten häufig bereits ohne aktive Such- und Vermittlungsmaßnahmen bekannt sind. Trade Sales, mit denen sich ein industrieller Investor neue Geschäftsfelder erschließt, sind für PU auch wegen der fortbestehenden Aussicht auf unternehmerische Eigenständigkeit attraktiv. Dieser Vorteil besteht dagegen kaum, wenn ein Investor lediglich einen Wettbewerber unter seine Kontrolle bringen will, um Marktanteile zu erwerben.

Beim *Going Public* werden PU-Anteile an einer Wertpapierbörse eingeführt. Die Börseneinführung gilt allgemein als der attraktivste Desinvestitionskanal, wobei aber nicht übersehen werden darf, dass dieser Weg nur für deutlich überdurchschnittlich erfolgreiche PU offen steht, die wohl auch durch Trade Sale zu guten Konditionen veräußert werden könnten. Charakteristisch ist dabei eine breite Eigentümerbasis und die Möglichkeit, das Eigenkapital einmalig und fortgesetzt in erheblichem Umfang zu erhöhen (vg. Schmidt (1984a), S. 297-308; Kau (1984), S. 63-72 und Blättchen (1998), S. 19-23). Für das PU bringt die Börseneinführung allerdings auch erhebliche Publizitätsanforderungen, Unsicherheiten (z. B. Identität der Anteilseigner, Gefahr feindlicher Übernahmen) und Kosten (z. B. Hauptversammlung, Aufsichtsrat) mit sich. Bei der Bewertung der PU-Anteile steht die Chance einer sonst nicht realisierbaren Liquiditätsprämie dem Risiko des sogenannten Underpricings von Neuemissionen gegenüber. Außerdem entstehen durch die Börseneinführung selbst hohe Kosten.

3. Finanzierungstheoretische Einordnung von VC

In diesem Kapitel wird VC zur Eigenfinanzierung nicht börsenreifer, darunter häufig junger, kleiner und/oder innovativer Unternehmen aus finanzierungstheoretischer Sicht beleuchtet. Dazu wird diskutiert, wie die neoklassische Finanzierungstheorie und die nachfolgenden institutionen- und informationsökonomischen Ansätze die Beteiligungsfinanzierung nicht börsenreifer Unternehmen durch VCG auffassen. Auf dieser Grundlage werden zwei kritische Fragen beantwortet: (1) Welche Begründung lässt sich für die Existenz von VC-Märkten anführen? (2) Welche Relevanz haben VCG als Intermediäre? Zusammenfassend soll schließlich dargestellt werden, welche Funktionen VCG aus finanzierungstheoretischer Sicht ausüben können.

Der *erste* Teilaspekt der finanzierungstheoretischen Relevanz von Venture Capital ist die Begründung der Existenz separater *VC-Märkte* und der herausgehobenen Bedeutung einer Beteiligungsfinanzierung nicht börsenreifer Unternehmen. Die Möglichkeiten und Grenzen des Ausweichens dieser Unternehmen auf die Fremdfinanzierung – als Alternative zur Beteiligungsfinanzierung – werden im Rahmen einer kurzen Diskussion theoretischer Erkenntnisse zur Kapitalstruktur (für einen Überblick s. Harris/Raviv (1991), S. 297-355) behandelt.

Der *zweite* wichtige Teilaspekt ist die Frage nach der Relevanz von *VCG* als Intermediäre. Hier gilt es festzustellen, ob VCG im Vergleich zu direkten Interaktionen einen Beitrag zur Bewältigung der spezifischen Anforderungen der Beteiligungsfinanzierung, z. B. Prüfung der Beteiligungswürdigkeit potentieller PU, Bereitstellung von Managementunterstützung, Monitoring und Steuerung, Risikomanagement/-diversifikation (s. Zemke (1995), S. 37-46), zu leisten vermögen, der die von ihnen verursachten Kosten erheblich übersteigt.

Beide Fragestellungen wurden von einzelnen finanzierungstheoretischen Ansätzen verschieden, z. T. widersprüchlich, beantwortet. Die hier relevanten finanzierungstheoretischen Konzepte sind in Tab. 3.1 im Überblick dargestellt. Ausgangspunkt ist die *neoklassische Finanzierungstheorie* nach Modigliani und Miller. Darauf aufbauend werden Erkenntnisse der Institutionen- und Informationsökonomie herangezogen, die Abweichungen realer Kapitalmärkte vom Idealbild des perfekten Marktes mit in die Betrachtung einbeziehen. Wichtigste Grundlage dieser Ansätze ist die *Property Rights-Theorie,* die Güter primär als ein Bündel von mit ihnen verbundenen Rechten interpretiert. Die *Agency-Theorie* nach Ross sowie Jensen und Meckling beschäftigt sich mit der für die Finanzintermediation typischen Delegation von Property Rights. Das sehr eng verwandte – und in unterschiedlichen Feldern genutzte – methodische Konstrukt der *asymmetrischen Informationsverteilung* bezieht sich auf solche Managementprobleme, bei denen Informationen asymmetrisch verteilt sind, ohne dass Anreiz- und Kontrollprobleme eines Delegationsempfängers (= Agenten) im Vordergrund stehen müssen. Der *Transaktionskostenansatz* betrachtet sodann die mit der Entstehung und Durchführung von (Finanz-)Kontrakten assoziierten Kosten. Die neuere *Vertragstheorie* macht schließlich deutlich, dass realtypische Verträge – so auch Beteiligungsverträge – zumeist unvollständig sind und daher laufende (Detail-) Nachverhandlungen sowie eine genaue Überwachung erforderlich machen.

Tab. 3.1: Neoklassische, institutionen- und informationsökonomische Perspektiven zum Kapitalmarkt

Theoretische Perspektive	Hauptaussagen	Wissenschaftl. Bewährungsgrad.	Praktische Relevanz	Wichtige Arbeiten
Neoklassische Finanzierungs-theorie	• Finanzierungsentscheidungen beeinflussen Marktwert des Unternehmens nicht • Investitionsentscheidungen unabhängig von Konsum-, Spar- u. Versicherungsentscheidungen	• Ausgangspunkt für weitere theoretische Ansätze • Annahmen vollständig widerlegt	Keine	Modigliani/Miller (1958) Hamada (1969) Stiglitz (1974)
Property Rights-Theorie	• Gütern sind Rechtsbündel (4 Einzelrechte) zugeordnet	• Wesentliche Grundlage der Agency-Theorie und Theorie der asymmetrischen Informationsverteilung	Erkenntnisse zur innovationsfreundlichen Organisationsgestaltung	Demsetz (1967) Cheung (1970) Alchian/Demsetz (1973)
Agency-Theorie	• Getrennte Maximierung der Interessen von Principal und Agent verursacht Konflikte und Agency-Kosten • Monitoring und Bonding reduziert Agency-Kosten	• Trotz hoher Relevanz werden langfristiges und altruistisches Handeln nicht berücksichtigt	Erkenntnisse zur Gestaltung von Delegationsverträgen	Ross (1973) Jensen/Meckling (1976) Grossman/Hart (1983)
Theorie der asymmetrischen Informationsverteilung	• Auf Märkten mit asymmetrischer Information wird auf durchschnittliche Produkteigenschaften abgestellt	• Bündel von Einzelansätzen nicht als geschlossene Theorie zusammengeführt	Erkenntnisse zur Informationsbereitstellung	Akerlof (1970) Leland/Pyle (1977) Campbell/Kracaw (1980)
Transaktions-kostenansatz	• Transaktionskosten verteuern Finanzbeziehungen und senken Vertragsabschlusswahrscheinlichkeit	• Geringer Spezifikationsgrad für Finanzintermediäre • Transaktionskosten kaum messbar	Verdeutlichung der Bedeutung von Transaktionskosten	Coase (1960) Benston/Smith (1976) Williamson (1985)
Vertragstheorie	• Nach der neueren Vertragstheorie sind reale Verträge zumeist unvollständig	• Geringer Spezifikationsgrad für Finanzintermediäre • Nachverhandlungskosten kaum messbar	Verdeutlichung der Bedeutung ständiger (Detail-)Nachverhandlungen sowie von Monitoring	Harris/Raviv (1979) Hart/Moore (1988) Innes (1990)

Ziel der folgenden Abschnitte ist es, Venture Capital als zweistufiges Principal-Agent-Problem zu beschreiben und die von VCG in der so charakterisierten Konstellation ausgeübten Transformations- und Managementfunktionen zu beleuchten. Die folgende Zusammenstellung soll dabei die in der Literatur üblichen Darstellungen (vgl. Schmidt (1985), S. 421-437; Hartmann-Wendels (1987), S. 16-30 und Mısırlı (1988)) durch ihre Breite weiterentwickeln.

3.1 Perspektive und Diskussion der neoklassischen Finanzierungstheorie

Das im realen Kapitalmarkt beobachtbare Phänomen der Beteiligungsfinanzierung nicht börsenreifer Unternehmen ist in der neoklassischen Finanzierungstheorie nicht unmittelbar erklärbar. Ausgehend vom Idealbild perfekter Kapitalmärkte mit vollständig informierten, rationalen Teilnehmern zeigen die Vertreter der neoklassischen Finanzierungstheorie (s. Modigliani/Miller (1958), S. 261-297; Hamada (1969), S. 13-31 und Stiglitz (1974), S. 851-866) – allen voran Modigliani und Miller in dem nach ihnen benannten Theorem – dann, dass Finanzierungsentscheidungen – insbesondere bezüglich der Eigenkapitalquote und der Dividendenpolitik – für den Marktwert eines Unternehmens bedeutungslos sind (s. Hamada (1969), S. 14-20; Stiglitz (1974), S. 851-866 und Fama (1978), S. 282-284). Als Bestimmungsgröße des Unternehmenswertes wird zunächst lediglich der Cash-flow, den ein Unternehmen bei seinen Aktivitäten mittels der dazu eingesetzten Ressourcen generiert, zugelassen. Somit betrachtet die neoklassische Finanzierungstheorie die realwirtschaftlichen Managemententscheidungen und die Finanzierungsentscheidungen eines Unternehmens als voneinander entkoppelt. Bei unmittelbarer Gültigkeit der neoklassischen Erkenntnisse könnten dann, zumindest unter Vernachlässigung von Besteuerungsunterschieden, auch junge Unternehmen ihre Eigenkapitalquote in weiten Grenzen frei wählen, so dass einer Beteiligungsfinanzierung keine herausgehobene Bedeutung zukäme und Finanzintermediäre hier keine ökonomisch sinnvolle Funktion ausüben könnten (anders z. B. Swift (1989), S. 325).

Neben dem Modigliani/Miller-Theorem gelten drei weitere Erkenntnisse der neoklassischen Finanzierungstheorie als überaus bedeutsam (s. Schmidt, R. H. (1988), S. 244): (1) Nach dem *Separationstheorem* sind die marktabhängigen Investitionsentscheidungen von präferenzabhängigen Konsum-, Spar- und Versicherungsentscheidungen unabhängig. (2) Die *Marktwertmaximierung* stellt das dominante Ziel für Unternehmenseigentümer dar. (3) Vollständige und vollkommene Märkte bewirken eine *Wohlfahrtssteigerung*.

Die neoklassische Finanzierungstheorie begründet ihre Erkenntnisse – speziell das Modigliani/Miller-Theorem – traditionell mit Hilfe der Arbitragetheorie, gemäß welcher für den Fall, dass Finanzierungsentscheidungen den Marktwert eines Unternehmens beeinflussen würden, Arbitragemöglichkeiten entstünden, die Arbitrageure sofort und ohne Aufwand in eigene Wohlfahrtszuwächse umsetzen können (s. Wilhelm (1985), S. 40-59 und auch Rudolph (1993), Sp. 2122-2123). Da die Existenz derartiger Arbitragemöglichkeiten bei perfekten Kapitalmärkten nicht mit dem dann bestehenden Marktgleichgewicht vereinbar wäre, kann man folgern, dass Finanzierungsentscheidungen den Unternehmenswert nicht beeinflussen. Hierzu müssen allerdings vier einschränkende Annahmen getroffen werden (vgl. Fama (1978), S. 273-274):

1. *Perfekter Kapitalmarkt:* Es existieren keine Transaktionskosten für Kapitalgeber und -nehmer, keine Insolvenzkosten, keine Steuern (s. a. Modigliani/Miller (1958), S. 272-276 und Modigliani/Miller (1963), S. 433-443) und keine Kosten der Ausübung von Informations- und Kontrollrechten.

2. *Freier Marktzugang:* Privatpersonen und Unternehmen haben gleichen, freien Zugang zum Kapitalmarkt. Wertpapiere und Kredite können von jedermann emittiert, gehandelt und gehalten werden.

3. *Homogene Erwartungen:* Jede vorhandene Information ist kostenfrei für alle Marktteilnehmer verfügbar und alle Marktteilnehmer ziehen korrekte Schlüsse aus den verfügbaren Informationen.

4. *Prognostizierbare Investitionsstrategie:* Die Regeln, nach denen Kapitalnachfrager derzeitige und zukünftige Investitionsentscheidungen treffen, liegen fest und sind von Finanzierungsentscheidungen unabhängig.

Diese Annahmen bieten nun zahlreiche Anhaltspunkte dafür, dass Finanzierungsentscheidungen in der Praxis nicht nur nicht irrelevant sind, sondern vielmehr den Marktwert von Unternehmen in erheblichem Maße beeinflussen. Die (un-)vollkommene Funktionsfähigkeit von Kapitalmärkten war daher besonders seit den sechziger Jahren ein wichtiger Forschungsgegenstand. Zahlreiche empirische Untersuchungen (s. Fama et al. (1969), S. 3-17 sowie Foster (1986), S. 373-420 und May (1991), S. 314-319) von Wertpapierbörsen belegen, dass Einzelereignisse, so z. B. Gewinnprognosen und -bekanntgaben und die Ankündigung von Kapitalveränderungen und Übernahmen, die Preisbildung von Wertpapieren zwar beeinflussen, die im Aktienmarkt beobachtbare Informationsverarbeitung aber das von einem informationseffizienten Markt zu erwartende Niveau verfehlt (s. Möller (1985), S. 500-518; Schmidt/May (1993), S. 61-88 und Möller (1995), Sp. 1148-1149).

Die moderne Kapitalmarkttheorie unterscheidet hierzu, in Abhängigkeit von den in Preisen von Finanzierungstiteln jeweils berücksichtigten Informationen, drei Stufen der Informationseffizienz von Kapitalmärkten (s. Krämer (1995), Sp. 1138; Rudolph (1993), Sp. 2123 sowie ausführlich Fama (1991), S. 383-417):

- Informationseffizienz im *strengen* Sinne liegt vor, wenn die Preise zu jedem Zeitpunkt alle *überhaupt verfügbaren* Informationen, auch die der Insider, berücksichtigen.
- Informationseffizienz im *mittelstrengen* Sinne liegt vor, wenn die Preise zu jedem Zeitpunkt alle *allgemein verfügbaren* Informationen, wie etwa Rechnungslegungsdaten und fundamentale Analysen, berücksichtigen.
- Informationseffizienz im *schwachen* Sinne liegt vor, wenn die Preise zu jedem Zeitpunkt alle Informationen über *vergangene Preisbewegungen,* insbesondere technische Analysen, berücksichtigen.

Die in den zuvor genannten Übersichten angeführten empirischen Untersuchungen belegen für reale Börsenmärkte insgesamt das Vorliegen der schwachen Informationseffizienz und das partielle Vorliegen der mittelstrengen Informationseffizienz. Sie deuten damit auf einen geringen Realitätsgehalt der Annahmen der neoklassischen Finanzierungstheorie.

Ein zusätzliches klassisches Argument für die Relevanz von Finanzierungsentscheidungen liegt in Besteuerungsunterschieden zwischen Eigen- und Fremdkapital. Für *Unternehmen* ergibt sich aus der Abzugsfähigkeit von Zinsen – nicht aber Dividenden – als Betriebsausgaben ein Vorteil in Form niedrigerer Körperschaft- oder Einkommensteuer (s. a. DeAngelo/Masulis (1980), S. 5-29). Im Gegensatz dazu werden aber bei *Investoren* in vielen Fällen Erträge aus Anleihen/Krediten höher besteuert als Beteiligungserträge, bei denen z. T. steuerfreie Kapitalgewinne eine wesentliche Ertragsquelle darstellen. Die Relevanz der Besteuerungsunterschiede auf der Investorenebene wird jedoch dadurch eingeschränkt, dass einige Arten von Investoren, z. B. Lebensversicherungen und Pensionskassen, von der Besteuerung befreit sind oder private Investoren z. T. aufgrund ihrer Einkommenshöhe relativ niedrigen (Grenz-)Steuersätzen unterliegen. Vertreter der neoklassischen Finanzierungstheorie argumentieren, dass unter diesen Umständen niedrig besteuerte Investoren primär in überwiegend fremdfinanzierte und hoch besteuerte Investoren in weitgehend eigenfinanzierte Unternehmen investieren würden und somit die Wirkung der Besteuerungsunterschiede ausgleichen (s. Miller (1977), S. 269). Dieses Argument ist aus heutiger Sicht allerdings zweifelhaft, wenn man annimmt, dass auch steuerbefreite institutionelle Investoren mit ihren Investitionsstrategien relevante Indexgrößen (zu Indizes wie z. B. DAX, Dow Jones, S&P 500 s. Janßen/Rudolph (1992), S. 8-33 und Perridon/Steiner (1999), S. 234-236) zu erreichen bzw. übertreffen suchen und sich insofern nicht primär von steuerlichen Erwägungen leiten lassen können. In der Summe kann man also davon ausgehen, dass die Fremdfinanzierung gegenüber der Eigenfinanzierung steuerlich vorteilhaft ist, da die Steuervorteile auf der Unternehmensebene nicht vollständig durch Besteuerung und Verhalten der Investoren kompensiert werden. Für Nachfrager von Venture Capital sind zudem die steuerlichen Vorteile der Fremdfinanzierung – zumindest in frühen Finanzierungsphasen, in denen Anlaufverluste üblich sind –, i. d. R. nicht von ausschlaggebender Bedeutung.

Ein weiteres Ardargument für den Einfluss von Finanzierungsentscheidungen auf den Unternehmenswert basiert auf Insolvenzkosten (s. z. B. Warner (1977), S. 337-347 und Cutler/Summers (1988), S. 157-172). Insolvenz tritt ein, wenn Verträge mit Gläubigern gebrochen oder nur schwer erfüllbar werden, und führt im Extremfall zum Konkurs des Schuldners. Im Insolvenzfall entstehen jeweils erhebliche Kosten, die unterteilt werden können in *direkte* Insolvenzkosten, z. B. für Insolvenzverwaltung, Rechtsberatung und die Inanspruchnahme von Gerichten, sowie *indirekte* Insolvenzkosten z. B. infolge von Finanzierungs- und Betriebsengpässen und verlangsamter Entscheidungsfindung. Dabei entstehen die indirekten Insolvenzkosten bei angespannter Liquiditätssituation regelmäßig bereits erheblich vor einem Konkurs, da sich bereits im Vorfeld Interessenkonflikte zwischen Eigentümern und Gläubigern verstärken (s. a. Jensen/Meckling (1976), S. 305-360; Galai/Masulis (1976), S. 53-81 und Myers (1977), S. 147-175). Das Insolvenzrisiko steigt naturgemäß mit zunehmender Fremdfinanzierung, weil aus dieser relativ starre Cash-flow-Anforderungen hervorgehen. Da aber Nachfrager von Venture Capital aufgrund hoher Unsicherheiten bezüglich der weiteren Geschäftsentwicklung häufig nicht in der Lage sind, hohen fixen Auszahlungsanforderungen nachzukommen, ist die Beteiligungsfinanzierung gerade für diese nicht börsenreifen Unternehmen besonders vorteilhaft.

Auch aus der auf empirische Arbeiten gestützten Diskussion zur neoklassischen Finanzierungstheorie ergeben sich weitere Argumente zugunsten einer Relevanz der Beteiligungsfinanzierung nicht börsenreifer, speziell junger Unternehmen: *Erstens* lässt sich zeigen, dass Unternehmen, die (a) in hohem Maße immaterielle Vermögensgegenstände besitzen – was besonders bei forschungs- und entwicklungsintensiven innovativen Unternehmen der Fall ist – und/oder (b) stark auf zukünftige Wachstumschancen ausgerichtet sind, in der Regel hohe Eigenkapitalquoten anstreben (vgl. Long/Malitz (1985), S. 56-58 und Kester (1986), S. 5-16. Eine transaktionskostentheoretische Begründung hierfür liefert Williamson (1988), S. 575-582). Als Begründung wird wiederum eine Minimierung des Insolvenzrisikos angeführt, woran diese Unternehmen gerade deshalb ein besonderes Interesse haben müssen, da immaterielle Vermögensgegenstände sowie Vorinvestitionen in Erwartung zukünftigen Wachstums im Insolvenzfall stärkere Werteinbußen erleiden als, z. B. Grundvermögen und marktgängige Produktionsmittel. *Zweitens* benötigen speziell junge Unternehmen aufgrund der für sie typischen Unsicherheiten hohe Finanzierungsspielräume, um z. B. attraktive Investitionsmöglichkeiten zeitnah wahrnehmen zu können. Wenn man davon ausgeht, dass der Erfolg auch junger Unternehmen mehr von real- als finanzwirtschaftlichen Entscheidungen abhängt, dann unterstreicht die Notwendigkeit eines finanziellen Spielraums das Streben nach hohen Eigenkapitalquoten (s. weiterführend Myers (1984), S. 575-592 und Myers/Majluf (1984), S. 187-221).

Zusammenfassend lässt sich also bereits im Rahmen der kritischen Analyse von Möglichkeiten und Grenzen des Modigliani/Miller-Theorems und seiner Weiterentwicklungen erkennen, dass der Beteiligungsfinanzierung junger Unternehmen eine besondere Bedeutung zukommt. Dabei muss die neoklassische Finanzierungstheorie aber (1) aufgrund empirischer Untersuchungen, die vor allem belegen, dass reale Finanzmärkte zumeist deutlich vom Idealbild der Informationseffizienz abweichen und (2) aufgrund der konzeptionellen Nichtberücksichtigung von Fragen der Motivation der Marktteilnehmer und der realen Informationsverteilung als überholt gelten. Nicht erklärt werden kann daher im Rahmen der neoklassischen Finanzierungstheorie, warum die Eigenkapitalbeschaffung für junge Unternehmen ein besonderes Problem darstellt und welchen Beitrag Intermediäre zur Lösung dieses Finanzierungsengpasses leisten können. Ebenfalls nicht erklärbar ist, weshalb eine Verbindung von Finanzierung und Managementunterstützung, die VCG regelmäßig durchführen, sinnvoll ist.

3.2   Perspektive der Institutionen- und Informationsökonomie

3.2.1   Property Rights-Theorie

Die Property Rights-Theorie (s. für viele Furubotn/Pejovich (1972), S. 1137-1162; Gerum (1992), Sp. 2116-2128 und Picot et al. (1996), S. 34-61 – deutsch teilweise als Theorie der Verfügungsrechte (vgl. Schüller (1983), S. VIII und Gerum (1992), Sp. 2119) bezeichnet – steht als Sammelbegriff für eine Gruppe analytischer Konzepte des rechtlich-institutionellen Denkens, die die Schaffung, Ausgestaltung und Zuordnung von Rechten zu erklären suchen. Die Property Rights-Theorie geht dabei erheblich über die finanzierungstheoretischen Fragen hinaus und lässt sich in Grenzen z. B. auch auf Produktion, Handel, Personalwesen, Organisation und Regulierung anwenden, jedoch können Finanzierungsvorgänge durchweg als Einrichtung/Übertragung von Property Rights interpretiert werden. Zusätzlich stellt die Property Rights-Theorie als Erweiterung der neoklassischen Mikroökonomik wichtige Grundlagen für die verwandten ökonomischen Ansätze zur Erklärung der Finanzintermediation (z. B. Agency-Theorie, asymmetrische Informationsverteilung, Transaktionskostenansatz, Vertragstheorie) bereit. In diesem Abschnitt wird daher die Property Rights-Theorie finanzierungstheoretisch, speziell aus Sicht der Beteiligungsfinanzierung und der Finanzintermediation, betrachtet.

Unter Property Rights werden dabei solche auf Konvention, Tradition, Rechtsnormen oder Verträgen beruhenden Verfügungsrechte verstanden, die die Gesellschaft akzeptiert bzw. erlaubt. Property Rights sind mit jedem Gut verbunden und ermöglichen Handlungsbeschränkungen mittels derer Individuen die Knappheit von Gütern bewältigen können (vgl. Demsetz (1967), S. 347 und Schüller (1983), S. VIII). Die Gütern anhaftenden Rechtsbündel lassen sich vollständig in vier Einzelrechte einteilen (s. Alchian/Demsetz (1973), S. 17; Gerum (1992), Sp. 2118 und Picot et al. (1996), S. 39): (1) das *Nutzungsrecht* an einem Gut, (2) das *Veränderungsrecht* an den formalen und materiellen Eigenschaften eines Gutes, (3) das *Ertragsrecht* aus der Nutzung eines Gutes und (4) das *Veräußerungsrecht* an einem Gut.

Die Property Rights-Theorie baut dabei auf neoklassischen Denkansätzen (s. Coase (1960), S. 1-44) auf, entwickelt diese aber in drei zentralen Punkten weiter: *Erstens* wird anstelle der Annahme vollkommener Information realistischerweise durchgehend unterstellt, dass die Anbahnung, Durchführung und Überwachung von Verträgen Kosten verursacht. *Zweitens* rücken die an Gütern bestehenden Property Rights anstelle des schlichten Eigentums oder Besitzes an diesen Gütern in den Mittelpunkt der Betrachtung, weshalb auch die Größen „Recht" und regelnde „Institutionen" (def. Schneider (1987), S. 4-5) zentrale Bedeutung erhalten. *Drittens* werden alle zu erklärenden Phänomene auf Handlungen von Individuen zurückgeführt, die als Ziel eine rationale eigene Nutzenmaximierung anstreben.

Nach Alchian und Demsetz (s. Alchian/Demsetz (1973), S. 16-17; vgl. a. Gerum (1992), Sp. 2117) beschäftigt sich die Property Rights-Theorie dabei mit drei Schlüsselfragen: (1) Welche *Struktur* besitzen Property Rights zu einem bestimmten Zeitpunkt? (2) Welche *Konsequenzen* ergeben sich aus der Struktur der Property Rights für die Interaktionen von Individuen? (3) Welche Art der *Entstehung* hat zu der jeweiligen Struktur der Property Rights geführt? Die Property Rights-Theorie leistet also einen Beitrag zur Erklärung, welche Property Rights existieren, wer über sie verfügen kann und wie sich die Property Rights verändern.

Diese Theorie ermöglicht zudem vergleichende Aussagen zur optimalen Gestaltung von Property Rights. Bei der Verteilung von Verfügungsrechten auf mehrere Individuen wird grundsätzlich die Entstehung von Ineffizienzen angenommen, da *erstens* die ökonomischen Konsequenzen aus den Handlungen von Individuen diese selbst jeweils nur zum Teil betreffen (= externe Effekte) und *zweitens* die Durchsetzbarkeit einzelner Rechte gegenüber Dritten eingeschränkt wird. Als optimal wird die Gestaltung von Property Rights bei Verteilung auf mehrere Institutionen dann angesehen, wenn die jeweiligen Handlungsfolgen internalisiert werden. Wesentliche Evaluierungskriterien für alternative Property Rights-Konstellationen sind die diesen anhaftenden Transaktionskosten und – für den Fall der Delegation von Property Rights – die Agency-Kosten. Problematisch an diesen Evaluierungskriterien ist allerdings, dass sie in der Regel nicht messbar sind.

Kritisch ist anzumerken, dass die Ausübung der Property Rights in der Praxis häufig nicht nur durch explizite vertragliche Regeln, sondern auch durch das faktische Verhalten der handelnden Personen beschränkt wird. Gerade bei der Beteiligungsfinanzierung junger, stark personenbezogener Unternehmen sind die Altgesellschafter in der Regel nicht indifferent bezüglich hinzukommender Mitgesellschafter, zumal Veränderungen im Gesellschafterkreis bei derartigen Unternehmen nur relativ selten vorkommen. Dadurch wird das Veräußerungsrecht, das auch einer VCG in aller Regel zusteht, oft dahingehend beschränkt, dass ein Kaufinteressent mit dem höchsten Kaufpreisgebot nicht als Vertragspartner angenommen werden muss (s. hierzu auch Bindseil (1994), S. 50-51).

Ausgangspunkt der Property Rights-Theorie war die Analyse der Unternehmensverfassung als ein System von Verträgen zur Steuerung von in Unternehmen agierenden Teams (vgl. Alchian/ Demsetz (1972), S. 777-783 und Gerum (1988), S. 25-27). Besonders für junge, innovative Unternehmen sind die Erkenntnisse zur innovationsfreundlichen Gestaltung von Organisation und Unternehmensverfassung relevant. Demnach gilt die Konzentration von Property Rights bei überschaubaren Organisationseinheiten (z. B. Projektgruppen), die sich durch problemabhängig modifizierbare Zusammensetzung, Flexibilität und Selbständigkeit auszeichnen, als innovationsfördernd (vgl. z. B. Picot/Schneider (1988), S. 103-104 u. 111-112 und Brynjolfsson (1994), S. 1649-1661). Die relativ hohe Innovationskraft kleiner abgrenzbarer Gruppen wird durch genauer definierbare (Ergebnis-) Verantwortlichkeiten erklärt, woraus einerseits unternehmerisches Verhalten, Erfolgsmotivation und Loyalität der Gruppenmitglieder sowie andererseits verbesserte Kontroll- und Steuerungsmöglichkeiten aufgrund erhöhter Informationstransparenz und verringerter Überwachungskosten resultieren. Einen Schritt weiter getragen wird diese Idee im Venture Management, wenn abgrenzbare Gruppen durch Ausgründung bzw. Spin-Off verselbständigt werden (vgl. Nathusius (1979b), S. 189-203 und Gaitanides/Wicher (1985), S. 414-415). Durch die Verselbständigung delegiert ein Unternehmen in noch weiterem Umfang Property Rights an die betreffende Gruppe, sichert sich aber in aller Regel gleichzeitig die Teilhabe an den intellektuellen und finanziellen Ergebnissen der Innovationstätigkeit durch Kooperations- und Ressourceneinbindungsverträge, z. B. in Form einer Einbeziehung in Finanzierung, Einkauf und Vertrieb des initiierenden Unternehmens.

Gerade bei einer VC-Finanzierung sind die Erkenntnisse der Property Rights-Theorie zu Kontrollproblemen relevant (s. z. B. Michaelis (1988), S. 129-142). Bei Kapitalbeteiligungen besitzen die Eigentümer zunächst alle Property Rights an einem von ihnen gehaltenen Unternehmen gemeinschaftlich (s. Michaelis (1988), S. 139-140). Obwohl sich zeigen lässt, dass sich die Effizienz von eigentümer- und managergeleiteten Unternehmen generell nicht signifikant unterscheidet (so Kaulmann (1987), S. 124-128 u. 162-210 und Willard et al. (1992), S. 187-189, dagegen aber Steinmann/Schreyögg (1984), S. 273-283), müssen externe Eigentümer in der Regel erhebliche (Kontroll-)Anstrengungen unternehmen, um das Verhalten der Manager mit den eigenen Interessen in Einklang zu halten. Dies gilt um so stärker für den bei VC-Finanzie-rungen typischen Fall von Minderheitsbeteiligungen, bei denen die einzelnen Kapitalgeber unterschiedliche Ziele (z. B. Renditeziel der VCG, Interesse an Zugang zu Technologien und Märkten eines industriellen Investors und Sicherheitsstreben des Gründers) verfolgen.

Der wohl wichtigste Beitrag der Property Rights-Theorie ist aber ihre Funktion als Basis für methodische Weiterentwicklungen. Auf der Property Rights-Theorie bauen vier für die Erklä-rung von Beteiligungsfinanzierung und Finanzintermediation bedeutsame Theorien auf (anders Perridon/Steiner (1999), S. 512-514 und Williamson (1985), S. 23-24). Nach abnehmender Spezialisierung geordnet handelt es sich dabei (vgl. Schmidt (1988), S. 250-25) um (1) die *Agency-Theorie*, (2) das Konstrukt der *asymmetrischen Informationsverteilung*, (3) die *Trans-aktionskostentheorie* und (4) die *Vertragstheorie*. Diese Theorien werden nachfolgend jeweils kurz auf ihre Relevanz zur Erklärung des Phänomens VC analysiert. Dabei wird zunächst die Agency-Theorie behandelt, da diese die Beziehungen zwischen Investor, VCG und PU recht genau wiederzugeben vermag. Anschließend werden solche Probleme der Informationsvertei-lung, die sich nicht auf Delegationssituationen zurückführen lassen, separat als „asymmetrische Informationsverteilung" behandelt. Schließlich werden die hier relevanten Erkenntnisse der Transaktionskostentheorie und der Vertragstheorie, die im Vergleich zu den beiden vorher ge-nannten Theorien weniger stark finanzierungsspezifisch ausgestaltet sind, zusammengefasst.

3.2.2 Agency-Theorie

Untersuchungsgegenstand der Agency-Theorie (s. Ross (1973), S. 134-139; Jensen/Meckling (1976), S. 305-360 und Grossman/Hart (1983), S. 7-45) sind die Anreiz- und Kontrollprobleme bei asymmetrischer Informationsverteilung („hidden information") und/oder nicht beobachtba-ren Handlungen („hidden action"), die sich bei Delegation von Property Rights von einem sog. *Principal* (z. B. Unternehmenseigentümer, Kapitalgeber) auf einen *Agenten* (z. B. Unterneh-men, Geschäftsführer, Handelsvertreter, Arbeitnehmer) ergeben. Die Agency-Theorie kann damit als auf das Delegationsproblem von Verfügungsrechten spezialisierter Zweig der Pro-perty Rights-Theorie aufgefasst werden.

Die Agency-Theorie geht davon aus, dass Principal und Agent ihren Nutzen individuell und unabhängig voneinander zu maximieren versuchen. Somit besteht die Gefahr, dass der näher am operativen Geschäft und am Absatzmarkt befindliche und damit in aller Regel besser in-formierte Agent primär sein Eigeninteresse vertritt und dabei dem Principal, der das Verhalten des Agenten nicht vollständig und unmittelbar kontrollieren kann, schadet. Die Agency-Theo-rie interpretiert ein Unternehmen daher eher als vielschichtige Interessengemeinschaft mit zahlreichen Verträgen zwischen den Mitgliedern, denn als Institution, in der die Interessen der Unternehmenseigentümer rational maximiert werden (s. Fama/Jensen (1983a), S. 311-321; Gerke (1995), Sp. 18 und Hart/Moore (1990), S. 1120-1125). Die Agency-Theorie stellt die Wirkung der Principal-Agent-Beziehung dar und sucht nach Möglichkeiten der Vertragsges-taltung zwischen beiden Parteien, die sicherstellen, dass das Verhalten des Agenten möglichst gut mit dem Interesse des Principals übereinstimmt. Damit widersprechen die Annahmen der Agency-Theorie denen der neoklassischen Finanzierungstheorie, die (1) von homogenen Erwartungen aller Marktteilnehmer anstelle von Informationsasymmetrien zwischen Principal und Agent und (2) von perfekten Kapitalmärkten ohne Kosten der Ausübung von Informations- und Kontrollrechten anstelle eines erheblichen Informations- und Kontrollaufwandes, aufgrund von Informationsasymmetrien und Interessenkonflikten ausgeht. Die Agency-Theorie unterscheidet sich durch die Annahme unvollkommener Kapitalmärkte auch von zahlreichen anderen Kapitalmarktmodellen, insbesondere dem Capital Asset Pricing Model (Sharpe (1964), S. 425-442), der Arbitrage Pricing Theory (Ross (1976), S. 341-360) und den Optionsbewertungsmodellen (Black/Scholes (1973), S. 637-654) – vgl. a. Hax/Neus (1995), Sp. 1166-1170.

Ein wesentliches Beurteilungskriterium für Principal-Agent-Beziehungen sind die mit dem Interessenkonflikt zwischen Principal und Agent assoziierten sogenannten *Agency-Kosten*. Als effizient wird dabei unter mehreren Alternativen dasjenige Delegationsmodell bezeichnet, bei dem die niedrigsten Agency-Kosten entstehen. Wesentliche Erscheinungsformen von Agency-Kosten – zwischen externen Eigenkapitalinvestoren und Managern – bei Kapitalbeteiligungen sind (vgl. Berglöf (1991), S. 48-51; Harris/Raviv (1991), S. 303 und Grossman/Hart (1982), S. 130-131) (1) übertriebene Darstellung von Qualifikation und Motivation des Agenten bzw. Kosten des Principal durch eine diesbezügliche Fehleinschätzung, (2) übertriebene/falsche Darstellung der Geschäftsentwicklung und (3) Überbetonung von (Umsatz-) Wachstumszielen aufgrund von Macht- und Vergütungsinteressen des Agenten (s. Murphy (1985), S. 11-42 und Jensen (1986), S. 323). Bei Fremdfinanzierungen (vgl. Jensen/Meckling (1976), S. 333-343 und Jensen (1988), S. 31-32) entstehen Agency-Kosten – zwischen Fremdkapitalgebern einerseits sowie Eigenkapitalinvestoren und Managern andererseits – primär aufgrund von (1) Anreizen zu risikoreicheren Investitionen aufgrund der z. T. asymmetrischen Verteilung von Ertrag und Insolvenzaufwand, (2) Kosten der Überwachung komplexer Kreditverträge, (3) Insolvenzkosten, deren Anfallwahrscheinlichkeit und erwartete Höhe mit der Fremdfinanzierung ansteigt (vgl. Grossman/Hart (1982), S. 130-131) sowie (4) einer möglichen Vernachlässigung von Wachstumsmöglichkeiten (vgl. Myers (1977), S. 149-155). Andererseits kann eine angemessene Fremdfinanzierung aber durchaus auch *direkt* zu einer Senkung der Agency-Kosten beitragen, indem durch einen geringeren Betrag an notwendigem Eigenkapital *erstens* ein überschaubarerer Gesellschafterkreis die Kontrolle des Agenten vereinfacht und *zweitens* der Eigenkapitalanteil des Agenten leichter vergrößert werden kann, so dass sich die Agency-Problematik insgesamt verringert.

Für den Principal nicht direkt beobacht- bzw. kontrollierbare Handlungen des Agenten, mit denen dieser seinen Informationsvorsprung unter Inkaufnahme von Agency-Kosten ausnutzt, werden als „*Moral Hazard*" bezeichnet. Verhält sich der Agent, nachdem sich der Principal gebunden hat und versunkene Kosten entstanden sind, unfair und verweigert offen die Erfüllung seiner Pflichten, so spricht man vom „*Holdup*" (s. Spremann (1990), S. 568-572).

Die bei Kapitalbeteiligungen – als Indiz für Interessenkonflikte – entstehenden Agency-Kosten durch Entnahme unentgeltlicher Vorteile lassen sich an einem klassischen Beispiel verdeutlichen (s. Jensen/Meckling (1976), S. 312-333 sowie Gerke (1995), Sp. 19-23). In Abb. 3.1 ist

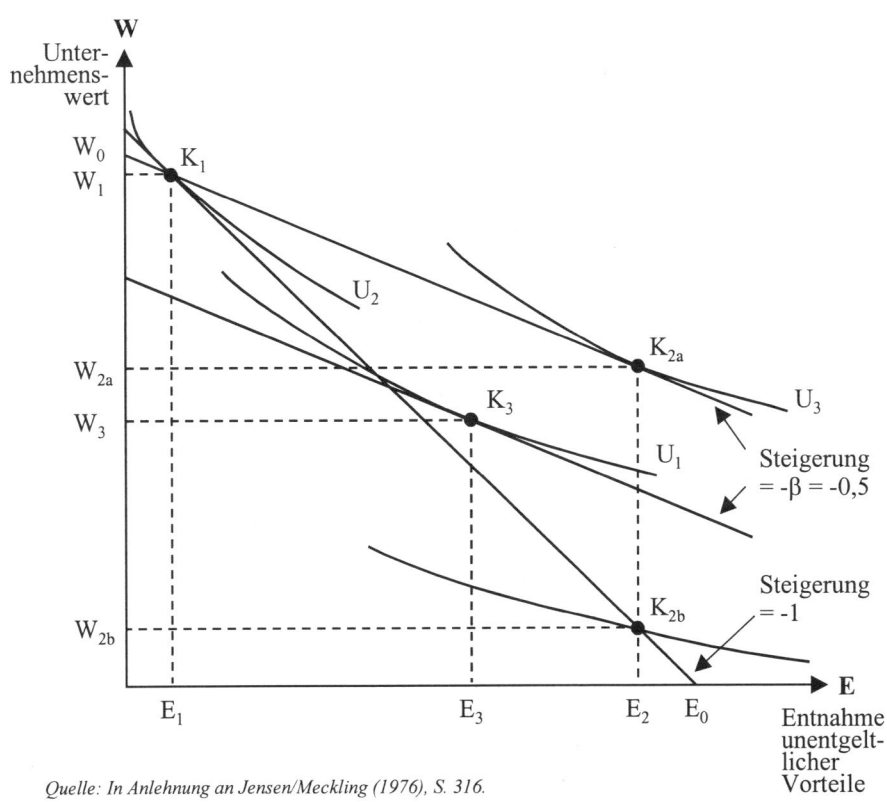

Quelle: In Anlehnung an Jensen/Meckling (1976), S. 316.

der Wert eines einzelnen Unternehmens in Abhängigkeit vom Gegenwartswert der vom Geschäftsführer entnommenen unentgeltlichen Vorteile aufgetragen. Für den Fall eines Inhaberunternehmens ohne Trennung von Eigentum und Kontrolle gleichen sich die unentgeltlichen Entnahmen und der Unternehmenswert unmittelbar aus, was durch die Substitutionsgerade W_0E_0 mit der Steigung -1 dargestellt wird. In Abhängigkeit von seiner persönlichen Nutzenindifferenzfunktion würde der geschäftsführende Alleingesellschafter im Beispiel die Kombination K_1 einer relativ geringen Entnahme unentgeltlicher Vorteile E_1 in Verbindung mit einem um den gleichen Betrag ($E_1 = W_0 - W_1$) geminderten Unternehmenswert W_1 wählen und das Nutzenniveau U_2 erzielen. Gründe für mäßige unentgeltliche Entnahmen können z. B. in der intellektuellen Neugier eines Entwicklers bei der Verfolgung eines wirtschaftlich nicht tragfähigen Projektes, dem Status- und Repräsentationsverhalten oder in der unvollständigen Besteuerung derartiger Entnahmen liegen.

Reduziert der geschäftsführende Gesellschafter seinen Eigenkapitalanteil durch Aufnahme eines nicht an der Geschäftsführung mitwirkenden externen Gesellschafters von 100 % auf β, so verändert sich für ihn die Substitutionsbeziehung zwischen der Entnahme unentgeltlicher

Vorteile und dem Unternehmenswert: Während der Geschäftsführer am Unternehmen(swert) nur noch mit dem Anteil β beteiligt ist, fließen ihm die unentgeltlichen Vorteile weiterhin ungeschmälert zu. Der gestiegene Anreiz zur Entnahme unentgeltlicher Vorteile führt folglich zu einer – aus Sicht des Geschäftsführers – flacheren Steigung der Substitutionsgeraden von -β. Zunächst könnte man davon ausgehen, dass die Substitutionsgerade weiter durch den vor der Anteilsveräußerung geltenden Kombinationspunkt K_1 verläuft und der Geschäftsführer in der Kombination K_{2a} seine unentgeltlichen Entnahmen erheblich auf E_2 steigert, um seinen Nutzen – zum Schaden des externen Gesellschafters – auf das Niveau U_3 zu verbessern. Ein derartiges Verhalten würde aber von einem rationalen externen Gesellschafter bei der Preisfindung berücksichtigt, so dass dieser für seinen Anteil von $(1 - \beta)$ am Eigenkapital nicht $(1 - \beta)$ x W_1, sondern nur $(1 - \beta)$ x W_{2b} zu zahlen bereit wäre und damit den Kombinationspunkt aus Unternehmenswert wieder auf die Substitutionsgerade W_0E_0 des Gesamtunternehmens zurückführt. Durch die Minderung des Unternehmenswertes stellt sich für die Geschäftsführer die Kombination K_{2b} mit einem erheblich verringerten Nutzenniveau U_0 ein, das allerdings außerhalb des Gleichgewichts liegt, da der Geschäftsführer seinen Nutzen nun durch eine Verringerung der Entnahme unentgeltlicher Vorteile erhöhen könnte.

Im Gleichgewichtsfall – wenn also die Interessen des Geschäftsführers und des Gesamtunternehmens zusammenfallen – liegt nun ein Tangentialpunkt der Nutzenindifferenzfunktion und einer Substitutionsgeraden des Geschäftsführers (Steigung -β) auf der Substitutionsgeraden W_0E_0 für das Gesamtunternehmen, was in Abb. 3.1 bei der Kombination K_3 der Fall ist. Im Vergleich zur Kombination K_{2b} ergibt sich im Gleichgewichtsfall (1) ein erheblich höherer Preis des veräußerten Eigenkapitalanteils von $(1 - \beta)$ x W_3 und (2) ein trotz der auf E_3 reduzierten unentgeltlichen Entnahmen auf U_1 gestiegenes Nutzenniveau des Geschäftsführers. Dennoch sind erhebliche Agency-Kosten entstanden, die sich an der Minderung des Unternehmenswertes um $W_1 - W_3$ und am Wohlfahrtsverlust für den Geschäftsführer von $U_2 - U_1$ messen lassen. Die Agency-Kosten sind aufgetreten, da der Geschäftsführer zur Maximierung seines eigenen Nutzens im Zuge der Aufnahme des externen Gesellschafters die Entnahme unentgeltlicher Vorteile erhöht hat, obwohl die Grenzrate der Nutzensubstitution zwischen unentgeltlichen Vorteilen und Unternehmenswertminderung für den Geschäftsführer mit wachsender Entnahme unentgeltlicher Vorteile fällt. Dieses Verhalten verstärkt sich mit zunehmendem externen Eigenkapitalanteil $(1 - \beta)$, was sich auch in einer flacheren Substitutionsgeraden für den Geschäftsführer ausdrückt. Der externe Gesellschafter stellt dem Vorgehen des Geschäftsführers eine geringere Bewertung des Eigenkapitals entgegen.

Grundsätzliche Möglichkeiten zur Verringerung der Agency-Kosten sind das Monitoring und das Bonding:

- Beim *Monitoring* wird das Verhalten des Agenten durch vertragliche Vereinbarungen enger an die Interessen des Principals gekoppelt. Im zuvor angeführten Beispiel der Kapitalbeteiligung kommen beispielsweise Budgetansätze in Frage (s. Kleine (1996), S. 478-480). Voraussetzung für ein effektives Monitoring sind jedoch Kontroll- und Sanktionsmechanismen, die eine Durchsetzung der vertraglichen Vereinbarungen erlauben. Bei der Ausübung der Kontrolle entstehen in der Regel erhebliche „*Monitoring Costs*", die einen Teil der Ersparnis von Agency-Kosten kompensieren.

- Beim *Bonding* belegen die Agenten durch eigene Maßnahmen und auf eigene Kosten, dass sie sich im Interesse des Principals verhalten. Bezogen auf die Entnahme unentgeltlicher Vorteile durch extravagante Büroausstattung, Fahrzeuge und Geschäftsreisen stellt z. B. ein vom Geschäftsführer bei externen Instanzen in Auftrag gegebener unternehmensübergreifender Vergleich der Verwaltungskosten eine Möglichkeit des Bonding dar (vgl. a. Deshmukh et al. (1983b), S. 873-882).

Agency-Kosten, die sich durch Monitoring und Bonding nicht abbauen lassen, bezeichnet man als „*Residual Loss*". Damit stellt der „Residual Loss" die dritte Kategorie von Agency-Kosten dar (vgl. a. Jensen/Meckling (1976), S. 308; Schmidt (1989), S. 497-499 und Fama/Jensen (1983b), S. 328-348).

Am Beispiel der Agency-Kosten durch Entnahme unentgeltlicher Vorteile lässt sich ebenfalls die Wirkung von Monitoring und Bonding illustrieren (s. Abb. 3.2). Ohne Maßnahmen zur Verringerung der Agency-Kosten wurde die Kombination K_3 aus Unternehmenswert W_3 und unentgeltlicher Entnahme E_3 erreicht. Die Auswirkungen von Monitoring und Bonding auf Unternehmenswert und Entnahme unentgeltlicher Vorteile sind in der Abbildung durch die Austauschfunktion F dargestellt. Diese verläuft unterhalb der Substitutionsgeraden W_0E_0 für das Gesamtunternehmen, da die „Monitoring Costs" einen Teil der durch die Reduzierung unentgeltlicher Entnahmen ermöglichten Unternehmenswertsteigerungen kompensieren. Beschränkt man durch Monitoring und Bonding die Entnahme unentgeltlicher Vorteile auf das Niveau E_4, so steigt der Unternehmenswert auf W_4 an. Dabei erzielt auch der Geschäftsführer in der Kombination K_4 mit U_1M nicht nur ein höheres Nutzenniveau als dies ohne Monitoring mit U_1 der Fall war, sondern sogar sein Nutzenmaximum, da ein Tangentialpunkt der Nutzen indifferenzfunktion auf die Austauschfunktion F fällt. Bei der dargestellten Lage der Funktionen, also vor allem unter der Voraussetzung, dass Monitoring- und Bondingkosten angemessen sind, ist das Monitoring und Bonding nicht nur für den externen Gesellschafter, sondern auch für den Geschäftsführer nützlich.

Die Agency-Theorie liefert weitere Anhaltspunkte gegen die Irrelevanz der Finanzierungsstruktur bei der Aufnahme externer Gesellschafter und damit auch für die Relevanz der Beteiligungsfinanzierung junger Unternehmen. Zusätzlich zu z. B. Unterschieden in der Besteuerung von Eigen- und Fremdkapital sowie Zugangsbeschränkungen an Kapitalmärkten wird nämlich die Existenz von Agency-Kosten sowohl für Eigen- als auch für Fremdkapitalfinanzierungen deutlich. In der Folge müssen Kapitalgeber und -nehmer daran interessiert sein, das Anwachsen der Agency-Kosten durch eine geeignete Finanzierungsstruktur zu minimieren.

Die Einschaltung von Finanzintermediären ist i. d. R. mit Agency-Problemen behaftet. Dabei handelt es sich um zweistufige Agency-Konstellationen, bei denen zunächst der Investor als Principal dem Intermediär als Agent gegenübersteht. In der zweiten Stufe handelt dann der Intermediär als Principal und der Kapitalnehmer als Agent (vgl. z. B. Diamond (1984), S. 398-

Abb. 3.2: Reduzierung von Agency-Effekten durch Monitoring und Bonding

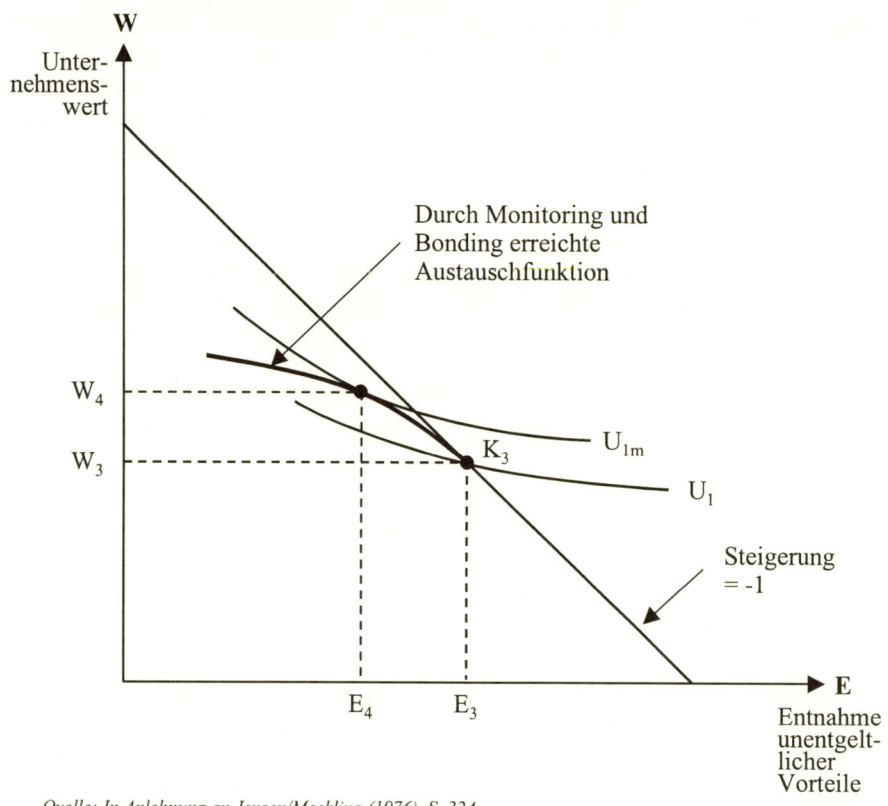

Quelle: In Anlehnung an Jensen/Meckling (1976), S. 324.

403 und Terberger (1987), S. 158-241). Vier wesentliche, prinzipiell auf beiden Agency-Ebenen vorkommende Probleme bei VC-Finanzierungen sind (s. Tab. 3.2 und vgl. Hartmann-Wendels (1987), S. 18-22; Spremann (1990), S. 567-572 und Zemke (1995), S. 49-59 u. 166-168) die bewusste oder unbewusste Täuschung des Principals durch den Agenten hinsichtlich (1) der Rendite- und Risikoerwartungen sowie der Realisierbarkeit des Projekts, (2) der erforderlichen Ressourcen und (3) der Qualifikation und der Motivation des Agenten und seiner Mitarbeiter sowie (4) die Entnahme unentgeltlicher Vorteile, was hier z. B. auch durch Verlagerung eigener Aufgaben auf externe Dritte und Geschäfte mit verbundenen Unternehmen geschehen kann. Als Hauptmotiv für eine unrealistisch günstige Darstellung der Rendite- und Risikoerwartungen, der Realisierbarkeit und des Ressourcenbedarfs wird die Einwerbung von möglichst hohen Beträgen an externem Eigenkapital, ggf. zu günstigen Konditionen für das PU gesehen, wobei eine Fehlprojektion des Ressourcenbedarfs auf der Ebene der VCG angesichts ihres Fondscharakters weniger wahrscheinlich ist. Bei nicht stichhaltigen Angaben zur Qualifikation und Motivation der beteiligten Personen muss unterschieden werden zwischen beab-

Tab. 3.2: Wichtige Agency-Effekte von VC-Finanzierungen

Art des Agency-Problems	Venture Capital-Gesellschaft als Agent		Portfoliounternehmen als Agent	
	Problem	Lösungsansätze	Problem	Lösungsansätze
Täuschung hinsichtlich Rendite- und Risikoerwartungen sowie der Realisierbarkeit des Projektes	• Venture Capital-Gesellschaft stellt Wirtschaftlichkeitserwartungen zu positiv dar, um mehr Kapital zu erhalten	• Prüfung durch Investoren • Teilweise erfolgsabhängige Vergütung • Beteiligung des VCG-Managements • Haftung/Garantien des Initiators • Festschreibung von Anlagegrundsätzen • Monitoring durch Investoren	• Portfoliounternehmen stellt Wirtschaftlichkeitserwartungen zu positiv dar, um mehr bzw. günstigeres Kapital zu erhalten	• Prüfung durch VCG • Teilweise erfolgsabhängige Vergütung • Haftung der Gründer • Monitoring durch VCG („corporate control")
Täuschung hinsichtlich der zur Realisierung erforderlichen Ressourcen	• Probleme in Analogie zu denen bei Portfoliounternehmen denkbar, aber unwahrscheinlich	• Begrenzung von Nachschusspflichten • S. o.	• Portfoliounternehmen suggeriert unrealistisch niedrigen Ressourcenbedarf, um VCG zur Investition zu motivieren	• Prüfung durch VCG • Kürzung der Vergütung • Überproportionale Beteiligung der Gründer an Nachschüssen • Monitoring durch VCG
Täuschung hinsichtlich der Qualifikation und Motivation der beteiligten Personen	• VCG überzeichnet Spezialisierungsvorteil und Qualifikationen • VCG vernachlässigt Aktivitäten	• Prüfung durch Investoren • Klare Definition des Tätigkeitsprofils • Einfluss auf Personalentscheidungen • Monitoring durch Investoren	• PU überzeichnet z. B. planerische, marktbezogene, administrative Qualifikationen • PU vernachlässigt Aktivitäten	• Prüfung durch VCG • Beratungsleistung der VCG zur Schließung von Lücken • Einfluss auf Personalentscheidungen • Monitoring durch VCG
Entnahme unentgeltlicher Vorteile	• VCG vergibt Kapital an favorisierte Portfoliounternehmen • VCG betreibt „perk consumption" durch Büroausstattung, Fahrzeuge, Reisen etc.	• Budgetierung der Geschäftsausgaben • Monitoring durch Investoren	• PU verfolgt interessante, aber nicht ertragsversprechende Projekte • PU betreibt „perk consumption"	• Einflussnahme auf wichtige Entscheidungen • Budgetierung der Geschäftsausgaben • Monitoring durch VCG

sichtiger zusätzlicher Kapitalakquisition, in diesem Fall liegt „Moral Hazard" vor, und beabsichtigter Leistungsreduzierung bzw. -verweigerung nach Vertragsabschluss, die auf „Holdup" hindeuten würde. Bei der Entnahme unentgeltlicher Vorteile ist schließlich einerseits denkbar, dass wirtschaftlich ungünstige Projekte verfolgt werden, indem z. B. der Manager einer VCG unter erleichterten Bedingungen Kapital an eine nahestehende Person vergibt oder der Manager eines PU ein technisch besonders interessantes Entwicklungsprojekt ohne erkennbare Marktchancen vorantreibt. Andererseits könnten VCG oder PU auch „Perk Consumption" in Form nicht voll betriebsnotwendigen Büroräumen, Firmenfahrzeugen und Reisen betreiben.

Hinsichtlich der empirischen Bewährung von Agency-Effekten darf nicht übersehen werden, dass sich die Messung von Agency-Kosten in der Realität problematisch gestaltet. So lässt sich aus einer Kostenposition – z. B. den Personalkosten – kaum zuverlässig derjenige Anteil der Kosten herauslösen, der Agency-Effekten zuzuordnen ist, also etwa zusätzliche Personalkosten aufgrund verringerter Motivation (Holdup). Immerhin konnte in empirischen Untersuchungen aber nachgewiesen werden, dass die unterschiedliche Interessenlage von Principal und Agent konkrete Folgen hat. Belegbar ist, dass mit zunehmendem Kapitalanteil der Manager operative Reaktionen auf Krisensituationen verringert oder zumindest verzögert werden. Dies gilt vor allem für Maßnahmen, die nicht *unmittelbar* den Cash-flow verbessern (z. B. Personalveränderungen im Management, Entlassungen, Betriebsschließungen – s. Ofek (1993), S. 5 u. 26 und Fama/Jensen (1983a), S. 306). In derartigen Fällen zählen die Manager selbst stärker zu den Betroffenen operativer Maßnahmen, da z. B. das eigene Beschäftigungsverhältnis berührt sein kann oder ungünstige Reaktionen von Mitarbeitern zu befürchten sind.

Konzeptionell problematisch ist bei der Agency-Theorie, dass simplistisch von Agenten ausgegangen wird, die primär durch die kurzfristige Maximierung ihrer Eigeninteressen motiviert sind. Damit sind im Rahmen der Agency-Theorie z. B. altruistische Handlungen von Einzelpersonen, die Existenz gemeinnütziger Organisationen oder ein „intelligenteres" und langfristiger angelegtes Verfolgen von Eigeninteressen des Agenten kaum zu erklären. Zwar wird z. T. argumentiert, dass auch wohltätiges Handeln letztlich reputationsorientiert aus eigennützigen Motiven (z. B. gesellschaftliche Positionierung, Selbstwertgefühl) vorgenommen wird (so z. B. bei Picot et al. (1996), S. 38); jedoch kann dieses Argument kaum vollständig überzeugen und stellt zudem keine Erklärungsansätze für ein „intelligentes" – also die Agency-Problematik bewusst berücksichtigendes – und langfristig orientiertes Vorgehen von Agenten bereit.

3.2.3 Asymmetrische Informationsverteilung

Eng mit der Agency-Theorie verbunden ist die Problematik der asymmetrischen Informationsverteilung zwischen Anbietern und Nachfragern von Kapital (s. Chan/Leland (1982), S. 499-511; Chan (1983), S. 1543-1560 und spezifisch für VC Trester (1998), S. 675-699). Hier werden unter der asymmetrischen Informationsverteilung diejenigen Probleme zusammengefasst, die nicht bereits von der auf Delegationssituationen spezialisierten Agency-Theorie abgedeckt sind. Damit können auch marktliche Transaktionen berücksichtigt werden, bei denen keine hierarchische Delegationsbeziehung besteht oder angestrebt wird. Allgemein können damit Probleme des (drohenden) Marktversagens aufgrund von Informationsasymmetrien – als typische Beispiele gelten Märkte für Versicherungen und Gebrauchtwagen – untersucht werden. Bezogen auf die Beteiligungsfinanzierung junger Unternehmen ist hier die Phase des Informationsaustausches zwischen PU und VCG vor dem Abschluss der Beteiligung, ggf. aber auch die Marktkommunikation vor der Börseneinführung, relevant.

In aller Regel verfügen kapitalnachfragende Unternehmen über privilegierte Informationen zu den von ihnen verfolgten Strategien und Projekten. Gründe für Informationsasymmetrien umfassen (1) die Kosten der Informationsaufbereitung und -übermittlung, (2) das Interesse von Unternehmen und anderen Informationsanbietern an einer Kontrolle der Verbreitung vertraulicher Informationen und (3) das Principal-Agent-Problem des „Moral Hazard", nach dem Agenten bestehende Informationsvorsprünge willkommen sind, da sie zum unmittelbaren eigenen Vorteil ausgenutzt werden können.

Ein mit asymmetrischer Informationsverteilung einhergehendes Grundproblem ist die sogenannte *Adverse Selection* (s. Akerlof (1970), S. 492-494). Demnach orientiert sich die Preisbildung auf Märkten mit asymmetrischer Informationsverteilung und heterogenen Gütern/Leistungen primär an durchschnittlichen Eigenschaften der angebotenen Güter. Bezogen auf den Markt für Kapitalbeteiligungen bedeutet dies, dass es Unternehmern mit überdurchschnittlich rentablen Projekten nur schwer oder gar nicht gelingen wird, Investoren von der hohen Rentabilität ihrer Projekte zu überzeugen. Wenn Investoren in dieser Situation mangels glaubwürdiger anderer Informationen – fälschlicherweise – eine durchschnittliche Projektrentabilität unterstellen, werden die Unternehmer versuchen, auf andere Segmente des Kapitalmarktes auszuweichen und z. B. ihren eigenen Eigenkapitaleinsatz erhöhen sowie ansonsten mehr Fremdkapital nachfragen. Hieraus resultiert dann das Phänomen der Adverse Selection, nach dem am Markt durch sukzessives Fernbleiben der Anbieter letztlich nur unterdurchschnittliche Projekte verbleiben. In der Konsequenz kann die Adverse Selection auch zum Zusammenbruch eines Marktes führen. Aus der Adverse Selection treten im Vergleich zur asymmetrischen Informationsverteilung Wohlfahrtsverluste ein (vgl. Schmidt (1988), S. 251-252).

In empirischen Untersuchungen werden die Kosten der Adverse Selection auf Finanzmärkten üblicherweise anhand der Marge zwischen Geld- und Briefkursen an Wertpapiermärkten, als Maß für die (Un-) Ausgeglichenheit der Interessen von Anbietern und Nachfragern, gemessen (s. Glosten/Harris (1988), S. 123-142; Madhavan/Smidt (1991), S. 99-134 und Brennan/Subrahmanyam (1995), S. 366-369). Ohne Weiterentwicklung der Operationalisierung der Adverse Selection-Kosten scheidet damit eine Übertragung der empirischen Arbeiten auf nicht börsenreife Unternehmen aus. Dies ist sehr ungünstig, da somit kaum geprüft werden kann, ob Adverse Selection-Effekte bei praxistypischen VC-Finanzierungen wirklich eine erhebliche Rolle spielen. Dies könnte gerade in jungen VC-Märkten mit relativ wenigen Marktteilnehmern durchaus bezweifelt werden. Dass die Kapitalanbieter fehlende Informationen durch „mittlere" Annahmen ersetzen und damit „überdurchschnittliche" Kapitalnachfrager zum Fernbleiben vom VC-Markt motivieren, ist zwar prinzipiell nachvollziehbar, setzt aber zwei nicht vollkommen realistische Annahmen voraus:

(1) Für *Kapitalnachfrager* müssen andere Optionen zur Deckung des Kapitalbedarfs existieren. Einem Ausweichen auf Fremdkapitalmärkte oder die Eigenfinanzierung aus persönlichen Mitteln des Gründers sind aber zumeist enge Grenzen gesetzt. Somit verbleibt oft nur die Alternative, ein Projekt gar nicht weiter zu verfolgen.

(2) Auch für *Kapitalanbieter* müssen andere Optionen zur Anlage ihres Kapitals existieren. Verringert sich die Kapitalnachfrage aufgrund der Adverse Selection, so sind drei konkrete Konsequenzen denkbar:

    a. Die VCG könnten Anlagemöglichkeiten bei unterdurchschnittlichen PU in hinreichendem Umfang vorfinden.

    b. Die VCG müssten auf gänzlich andere Anlageformen, z. B. Anlagen in festverzinslichen Wertpapieren, ausweichen.

    c. Die VCG könnten die Adverse Selection-Problematik erkennen und Informationsasymmetrien aktiv entgegenwirken.

Zumindest wenn man die VCG (und nicht deren Investoren) als Kapitalanbieter auffasst, ist aufgrund des hohen Spezialisierungsgrades dieser institutionalisierten Anbieter Fall b kaum realistisch, da VCG eher gänzlich aus dem Markt ausscheiden würden, als dauerhaft auf andere Anlageformen auszuweichen. Ebenso ist es mit hochspezialisierten VCG kaum wahrscheinlich, dass Fall a unentdeckt und über einen längeren Zeitraum ohne Gegenmaßnahmen (z. B. öffentliche Förderung, Informationsbörsen, rechtliche Publizitätsanforderungen) bleibt.

Zumindest sofern die Existenz von Märkten für die Beteiligungsfinanzierung junger Unternehmen überhaupt gerechtfertigt ist, darf also bezweifelt werden, dass Asymmetrien nicht durch mittelfristige Anpassungsreaktionen eingeschränkt werden, da sich die Marktteilnehmer dem Markt kaum insgesamt entziehen können. Damit unterscheidet sich der Markt für VC-Finanzierungen von Märkten, die praktikablere Möglichkeiten zur gänzlichen Vermeidung des jeweiligen Marktes offen lassen, so z. B. bei (1) Versicherungen, wo Nachfrager (abgesehen von der Versicherungspflicht) auf die Selbstversicherung und Anbieter (abgesehen von der Spartentrennungspflicht) auf andere Versicherungssparten ausweichen können oder (2) Gebrauchtwagen, wo Nachfrager auf den Kauf von Neufahrzeugen und Anbieter auf die fortgesetzte Nutzung ihres Fahrzeuges ausweichen können.

3.2.4 Transaktionskostenansatz

Unter Transaktionen (Transaktionskosten) werden allgemein die (Kosten der) Herausbildung, Zuordnung, Übertragung und Durchsetzung von Property Rights verstanden. Finanztransaktionen haften Kosten der Suche nach Kapitalanbietern- bzw. nachfragern, Informationskosten sowie Verhandlungs-, Vertragsabschluss- und -ausführungskosten in erheblicher Höhe an, die als spezifische Transaktionskosten dieser ökonomischen Aktivität angesehen werden können (vgl. z. B. Tietzel (1981), S. 211; Benston/Smith (1976), S. 217-220 und Williamson (1985), S. 15-42). Transaktionskosten, ggf. auch aus der Perspektive einzelner Vertragsparteien externe Kosten, verteuern also grundsätzlich Finanzbeziehungen. Zudem vermindern die vor dem Vertragsabschluss auftretenden Transaktionskosten die Kontrahierungschancen, da sich potentielle Vertragspartner angesichts dieser Kosten vom Markt abwenden könnten. Damit steht also auch der Transaktionskostenansatz im Widerspruch zur neoklassischen Finanzierungstheorie, die gerade von perfekten Kapitalmärkten ohne Transaktionskosten ausgeht.

Die Transaktionskosten unterscheiden sich von den Agency-Kosten dadurch, dass hier nicht (speziell) auf Interessen- und Motivationskonflikte zwischen den Vertragsparteien abgestellt wird. Im Transaktionskostenansatz wird darüber hinaus die vergleichsweise globale These vertreten, dass die mit ökonomischen Aktivitäten verbundenen Transaktionskosten sowohl die Existenz von Unternehmen als auch deren Organisationsstruktur erklären können (s. Michaelis (1985), S. 226-297; Williamson (1985), S. 35-41 und Gerum (1992), Sp. 2118).

Für grundsätzliche Fragen der *Finanzierung* kann der Transaktionskostenansatz z. B. Argumente gegen die Irrelevanz der Kapitalstruktur für den Unternehmenswert liefern. Geht man davon aus, dass Fremdfinanzierungen mit vergleichsweise straffen Regelungsmöglichkeiten für Kapitalgeber verbunden sind, während Eigenfinanzierungen erweiterte Handlungsspielräume für Investoren erlauben, dann kann gezeigt werden, dass Fremdfinanzierungen besonders bei vielseitig einsetzbarem Sachanlagevermögen und Eigenfinanzierungen vor allem bei einem hohen Anteil spezifischer/immaterieller Vermögensgegenstände zu minimalen Transaktionskosten führen (s. Williamson (1988), S. 579-582). Damit wird die Minimierung des Insolvenzrisikos (s. Abschnitt 3.1) als Argument der Diskussion zur neoklassischen Finanzierungstheorie dahingehend erweitert, dass die Eigenfinanzierung zu höheren Transaktionskosten – z. B. durch Leitungsgremien – führt, die primär dann gerechtfertigt sind, wenn besonders zweckspezifische Vermögensgegenstände genutzt werden müssen.

Der *Finanzintermediation* als hier relevanter Form der Finanzierungsaktivität haftet aus transaktionskostentheoretischer Perspektive zunächst der Nachteil an, dass durch die Einschaltung von Intermediären die Transaktionskette zwischen Kapitalanbietern und -nachfragern verlängert wird und daraus ceteris paribus zusätzliche Transaktionskosten resultieren (s. Hellwig (1991), S. 42). Ökonomisch sinnvoll ist die Finanzintermediation nach dem Transaktionskostenansatz also nur dann, wenn die Vorteile der Intermediation den Transaktionskostenzuwachs überkompensieren. Dabei ist allerdings zu berücksichtigen, dass die bei VC-Finanzierungen abgeschlossenen Verträge/Transaktionen äußerst vielschichtig sind. So lassen sich vor allem drei Beziehungsebenen unterscheiden (vgl. für einen Überblick Sahlman (1990), S. 489-514):

(1) Verträge zwischen *Investoren und VCG*, vor allem der Gesellschaftsvertrag der VCG, regeln die rechtliche Struktur des Intermediärs, die Intermediärsvergütung, Konditionen der Einzahlung und Rückzahlung von Kapital sowie laufende Ausschüttungen und Kontrollrechte.

(2) Verträge im *operativen Bereich der VCG* regeln z. B. die Arbeitsverhältnisse der Mitarbeiter unterhalb der Geschäftsführung und die Fremdvergabe von Aufgaben durch Geschäftsbesorgungsverträge.

(3) Verträge zwischen *VCG und PU*, vor allem der Gesellschaftsvertrag von PU, regeln die Struktur der einzelnen Beteiligungsverhältnisse und analog zu Punkt 1 die Einzahlung und Rückzahlung von Kapital, die laufenden Ausschüttungen und die Kontrollrechte.

Problematisch an der empirischen Anwendung des Transaktionskostenansatzes sind insbesondere zwei Punkte. *Erstens* wurden Transaktionskosten zwar z. B. für Güterströme, Organisationsmaßnahmen sowie den Abschluss und die Überwachung von Verträgen zumindest konzeptionell spezifiziert, für VC-Finanzierungen und andere Formen der Finanzintermediation fehlt es aber bislang an hinreichend konkreten Spezifikationen der Transaktionskosten, die der zuvor dargestellten Mehrschichtigkeit der Beziehungen bei VC-Finanzierungen Rechnung tragen können (für eine – allerdings nicht VC-spezifische – Ausnahme s. Benston/Smith (1976), S. 215-231). *Zweitens* darf auch daran gezweifelt werden, dass die denkbaren Transaktionskosten von VC-Finanzierungen bei Beteiligungswürdigkeitsprüfung, -abschluss, und -management sowie der Desinvestition von Beteiligungen auf Basis der praktisch verfügbaren Instrumente des Rechnungswesens und Controllings einschließlich der Prozesskostenrechnung detailliert gemessen werden können. Hinreichende Belege für eine Messbarkeit fehlen jedenfalls bislang in der empirischen Forschung zu VC. Insgesamt erscheint der Transaktionskostenansatz also zur gedanklichen Strukturierung von Problemen der VC-Finanzierungen geeignet, aber in der empirisch-quantitativen Forschung kaum einsetzbar.

3.2.5 Vertragstheorie

Die Vertragstheorie ist grundsätzlich eng mit dem Transaktionskostenansatz verwandt, da die Modalitäten und Folgen vertraglicher Beziehungen zentraler Gegenstand beider Theorien sind. Die Vertragstheorie stellt sich einerseits als wesentlich allgemeinerer Ansatz dar, da hier nicht (lediglich) auf den Kostenaspekt abgestellt wird. Andererseits bezieht der Transaktionskostenansatz aber stärker als die Vertragstheorie auch Transaktionen außerhalb von Verträgen – zumeist Informationsaktivitäten vor Vertragsabschluss – ein.

Vertrag im Sinne der ökonomischen Vertragstheorie ist eine bindende explizite oder implizite Vereinbarung über den Austausch von Gütern oder Leistungen (vgl. Wolff (1994), S. 42; Picot et al. (1996), S. 51-56 und Anderlini/Felli (1994), S. 1091-1103). Hier weniger relevant sind klassische Verträge, die sich auf den Austausch weitgehend standardisierter Güter/Leistungen beziehen, bei denen die Identität der Vertragspartner von untergeordneter Bedeutung ist und Leistung und Gegenleistung zeitlich zusammenfallen. Beteiligungsverträge zwischen VCG und PU sind vielmehr anzusehen als *neoklassische Verträge*, die sich über einen längeren Zeitraum erstrecken und/oder als *relationale Verträge,* die auf Dauer angelegt sind und auf persönliche Eigenschaften der Vertragspartner abstellen. Angesichts ihrer Komplexität stellen reale Beteiligungsverträge fast immer *unvollständige Verträge* dar, da nicht im vorhinein alle Maßnahmen und die Verteilung der Handlungsergebnisse in Abhängigkeit aller denkbaren künftigen Umweltzustände mit vertretbarem Aufwand festlegbar sind (s. Harris/Raviv (1979), S. 231-259; Hart/Moore (1988), S. 755-785 und Innes (1990), S. 45-67).

Bedeutsam für VC-Finanzierungen ist aus den Klassifikationsmerkmalen der Vertragstheorie vor allem der Aspekt der *unvollständigen Verträge*. Derartige Verträge bedürfen einer ständigen Nachverhandlung und erfordern zudem eine besonders intensive Überwachung, da nicht nur die Einhaltung des festgelegten Vertragsinhaltes nachgehalten, sondern auch das Auftreten relevanter Vertragslücken aufgedeckt werden muss (s. zu den ökonomischen Folgen der Unvollständigkeit von Verträgen Chung (1991), S. 1033-1041). Damit können unvollständige Verträge auch als ein besonderes Agency-Problem aufgefasst werden, bei denen die mittel- bis langfristige Komponente der Principal-Agent-Beziehung stärker betont wird.

In der Literatur wurden unterschiedliche Möglichkeiten dargestellt, um den Fortgang des Nachverhandlungsprozesses sicherzustellen. Hierzu gehören vorab zu treffende Festlegungen, vor allem in Form (1) der Spezifikation einer Standardlösung für den Fall, dass die Nachverhandlung scheitert oder entbehrlich wird und (2) der Konzentration der Verhandlungsmacht bei einer einzelnen Vertragspartei (s. Hermalin/Katz (1991), S. 1739-1752; Aghion et al. (1994), S. 262-265 und Nöldeke/Schmidt (1995), S. 166-176). Zur Sicherung derartiger Abreden bezüglich des Nachverhandlungsprozesses wird häufig die Stellung einer Kaution vorgeschlagen, was vielleicht auf Verträge über Güter und Leistungen, dagegen aber kaum auf Beteiligungsverträge anwendbar ist.

In Erweiterung der Agency-Theorie hebt der Ansatz der unvollständigen Verträge auch praxisnähere Möglichkeiten zur Steuerung von Agenten hervor (s. Hart/Holström (1987), S. 128-148; Sappington (1991), S. 49-61 und Hart (1995), S. 18-21). Zu nennen sind vor allem (1) sich im Rahmen von Folgeaufträgen wiederholende Principal-Agent-Beziehungen, bei denen das Interesse an der fortgesetzten Zusammenarbeit der zuvor kritisierten kurzfristigen Orientierung der traditionellen Agency-Theorie entgegenwirkt, (2) die stärkere Einbeziehung von Reputationseffekten, die ebenfalls das langfristige Interesse des Agenten betonen, und (3) der Einsatz mehrerer Agenten, so dass Wettbewerbskräfte zwischen Agenten eine einseitige Ausnutzung von Vertragslücken begrenzen. Zumindest die ersten beiden Möglichkeiten finden sich in ähnlicher Form auch bei VC-Finanzierungen und zwar in Form der gestaffelten Kapitalbereitstellung und der Reputationsförderung, die einem PU zugute kommt, das von einer VCG erfolgreich begleitet und veräußert wird. Analoge Effekte wirken zwischen Investor und VCG.

Ausgehend von der Erkenntnis, dass Eigenkapitalbeteiligungen unvollständige Verträge darstellen, gelangen die Vertreter der Vertragstheorie (so vor allem Hart (1995), S. 126-155) weiterhin zu dem Schluss, dass Unternehmen auch deshalb auf Fremdfinanzierung zurückgreifen, um den Gesellschaftern zu signalisieren, dass das Unternehmen durch Rückzahlungsverpflichtungen finanziell eingeschränkt ist und erhebliche Folgeinvestitionen nur unter Mitwirkung der Gesellschafter realisieren will und kann. Darüber hinaus wird festgestellt, dass nicht nur die prinzipielle Nutzung der Fremdfinanzierung, sondern auch die jeweilige Fristenstruktur als Steuerungs- und Signalisierungsinstrument eingesetzt werden. Damit werden zusätzliche Belege zur Relevanz der Finanzierungsstruktur für den Unternehmenswert geschaffen. Allerdings sind diese neueren Erkenntnisse der Vertragstheorie auf börsennotierte Unternehmen ausgerichtet und speziell auf die Frage, weshalb Unternehmen nicht ausschließlich Eigen- sondern *auch* Fremdfinanzierung in Anspruch nehmen (s. Hart (1995), S. 93-94). Weitere Gründe für die herausgehobene Bedeutung der Eigenfinanzierung nicht börsenreifer Unternehmen können daraus nicht unmittelbar abgeleitet werden.

Während die Vertragstheorie zwar Forschung und Praxis auf die Notwendigkeit und Folgen einer ständigen Nachverhandlung der praxistypischen unvollständigen Beteiligungsverträge aufmerksam machen kann, ähnelt die Theorie in ihrer Problematik vor allem dem Transaktionskostenansatz. Auch hier mangelt es an einer Spezifikation für intermediierte VC-Finanzierungen und an einer isolierten Messbarkeit der Nachverhandlungskosten als der wohl zentralen Variable dieser Theorie in bezug auf VC-Finanzierungen.

3.2.6 Zusammenfassende Bewertung der Relevanz der institutionen- und informations-ökonomischen Ansätze

Bei der Frage nach der Relevanz der institutionen- und informationsökonomischen Ansätze der Finanzierungstheorie für die Gestaltung von VC-Finanzierungen dürfen in Zusammenfassung der vorangegangenen Abschnitte drei wesentliche Kritikpunkte nicht übersehen werden:

(1)   Die modernen finanzierungstheoretischen Denkansätze gehen – als Gegenbewegung zur gleichgewichtsbetonten Neoklassik – durchweg von *hohen* Ineffizienzen und Marktunvollkommenheiten, also einem extrem ungünstigen Szenario, aus. In der Realität können durchaus günstigere Konstellationen existieren, was die Anwendbarkeit dieser finanzierungstheoretischen Ansätze einschränkt.

(2)   Unter den berücksichtigten Theorien wurden insbesondere im Rahmen des Transaktionskostenansatzes Fragen der (Beteiligungs-)Finanzierung kaum spezifisch berücksichtigt. Auch die übrigen Ansätze ermöglichen eher eine gedankliche Strukturierung von grundlegenden Finanzierungsproblemen als die Analyse konkreter praxisnaher Sachverhalte.

(3)   Zentrale Variablen der einzelnen Ansätze, z. B. Agency-Kosten, Kosten der Adverse Selection und Transaktionskosten, erweisen sich in der Realität häufig als schwer messbar (s. z. B. auch Kaulmann (1987), S. 158-162). Dies gilt um so stärker für Fragen der VC-Finanzierung, da hier auf nicht börsennotierte Unternehmen abgestellt werden muss.

Trotz dieser Limitierungen lassen sich einige Implikationen für VC-Finanzierungen aus institutionen- und informationsökonomischen Ansätzen ableiten, die unten vorgestellt werden.

3.3   Implikationen der institutionen- und informationsökonomischen Ansätze: VC als zweistufiges Principal-Agent-Problem

3.3.1   Einzelimplikationen der Agency-Theorie

Als Möglichkeit zur Verringerung der Agency-Problematik bietet sich ein Monitoring durch die Investoren bzw. die VCG nach Vertragsabschluss an. Abgesehen vom Risiko der Entnahme unentgeltlicher Vorteile, das sich erst im laufenden Geschäft konkretisiert, ist bei allen übrigen Agency-Problemen auch eine kritische Prüfung vor Vertragsabschluss erfolgversprechend.

Zwischen Investoren und VCG kommt zusätzlich eine Reihe von spezifischen Maßnahmen zum Abbau von Agency-Kosten in Betracht. Bezogen auf die unsichere Rendite-/Risikosituation sind dies (1) eine teilweise erfolgsabhängige Vergütung der VCG, deren Wirkungen vom

Ergebnis im Vergleich zu einem vorab festgelegten Maßstab abhängen, (2) eine Eigenkapital-beteiligung des VCG-Managements am Portfolio, (3) eine Haftung bzw. Garantien des Initiators (= institutioneller/führender Gesellschafter der VCG) für das Kapital bzw Mindestergebnis und (4) die vertragliche Festschreibung von detaillierten Anlagegrundsätzen. Derartige Maßnahmen würden ebenfalls die Agency-Kosten einer zu knappen Prognose des Ressourcenbedarfs durch die VCG senken, wofür zusätzlich ein Ausschluss bzw. eine Begrenzung von Nachschusspflichten durch den Gesellschaftsvertrag in Betracht gezogen werden kann. Gegen Unsicherheiten hinsichtlich Qualifikation und Motivation der Mitarbeiter der VCG können sich Investoren durch eine klare Definition des Tätigkeitenprofils und durch die Möglichkeit zur Einflussnahme auf bedeutende Personalentscheidungen schützen. Ein probates Mittel gegen die Entnahme unentgeltlicher Vorteile, zumindest in Form der „Perk Consumption", ist die vertragliche Fixierung des Kostenbudgets der VCG.

Analog lassen sich auch die Agency-Kosten zwischen VCG und PU durch eine Reihe von Einzelmaßnahmen reduzieren (s. a. Tab. 3.2 und vgl. Sahlman (1990), S. 506-514 und Schween (1996), S. 155-158):

- (Fix-)Gehälter für die PU-Manager können unterhalb der Erwartungen auf dem Arbeitsmarkt vereinbart werden, wobei der Nachteil bei erfolgreicher Entwicklung des PU überkompensiert wird. Damit werden die Interessen von VCG und PU-Management aneinander angenähert.

- Mängeln in Qualifikation und Motivation des PU-Managements kann einerseits durch aktive Beratungsleistungen in kritischen Bereichen (z. B. Planung/Strategie, Marketing, Finanzierung) und andererseits durch Einfluss auf wichtige Personalentscheidungen begegnet werden.

- Mehrheitsbeteiligungen der PU-Manager bzw. Gründer und Minderheitsbeteiligungen der VCG bringen die PU-Manager direkt und durch eingeschränkte Diversifikation des Privatvermögens (s. Signalling im nachfolgenden Abschnitt) stärker in die Rolle des Investors und unterstützen die Vereinheitlichung der Interessen.

- Sanktionsregelungen, z. B. (1) eine Kürzung der Vergütung des PU-Managements, (2) eine überproportionale Beteiligung der Gründer an Nachschüssen bzw. eine überproportionale Erhöhung des Kapitalanteils der nachfinanzierenden VCG („Earnout") oder (3) die Verpflichtung für (auf Betreiben der VCG) ausscheidender Manager zum Verkauf ihrer Anteile unter Marktwert können einer übertriebenen Darstellung von Rendite- und Risikoerwartungen, einer zu knappen Ressourcenplanung und anderen Agency-Effekten entgegenwirken.

- Durch bestimmte Kontrollrechte können Agency-Kosten z. T. gemindert werden, z. B. kann die Verfolgung von unrentablen Projekten durch Zustimmungsrechte und die von „Perk Consumption" durch Budgetierung der Geschäftsausgaben eingedämmt werden.

- Ein Reporting des PU an die VCG kann in kurzfristigen Zeitabständen vorgesehen werden, so dass verbleibende Agency-Effekte zumindest zeitnah erkannt werden können.

3.3.2 Einzelimplikationen der asymmetrischen Informationsverteilung

Als Folge der Adverse Selection für den Beteiligungskapitalmarkt wird primär eine Unterbewertungsgefahr bei der Erstfinanzierung von externem Eigenkapital gesehen, die dazu führt, dass Unternehmen die Innenfinanzierung gegenüber der Außenfinanzierung und die Fremdfinanzierung gegenüber der externen Eigenfinanzierung bevorzugen werden, um dem Misstrauen schlecht informierter Kapitalgeber weniger stark ausgesetzt zu sein (s. Ibbotson et al. (1988), S. 37-45; Aggarwal/Rivoli (1990), S. 45-57 und Megginson/Weiss (1991), S. 879-903). Dem entgegen steht aber auch ein Adverse Selection-Effekt bei der Fremdfinanzierung, wo mit wachsendem Risiko die Gefahr besteht, dass die erforderliche Risikoprämie von den Kapitalgebern überschätzt wird. Folglich werden Unternehmer, die vergleichsweise hohe Risiken eingehen, Fremdfinanzierungen meiden. Insgesamt bewirkt die Problematik der Adverse Selection, dass sich Marktteilnehmer intensiv darum bemühen, Informationsasymmetrien zu reduzieren, um die damit einhergehenden Wohlfahrtsverluste zu vermeiden.

Eine wesentliche Möglichkeit zum Abbau von Informationsasymmetrien ist das sogenannte *Signalling* (vgl. Leland/Pyle (1977), S. 372-377; Campbell/Kracaw (1980), S. 872-873 und Gerke (1993a), S. 636-640). Beim Signalling übermitteln Kapitalnachfrager oder andere Marktteilnehmer Informationen zu Rendite- und Risikoerwartungen von Investitionen an Kapitalanbieter, die diesen sonst nicht oder nur zu erheblich höheren Kosten zugänglich wären. Signalling und verwandte Maßnahmen zur Reduzierung von Informationsasymmetrien können dabei auf unterschiedlichen Wegen umgesetzt werden:

- *Signifikante Eigenkapitalinvestitionen des Unternehmers:* Ein Altgesellschafter eines Unternehmens kann trotz der Inanspruchnahme von Außenfinanzierung ein erhebliches Eigenkapitalengagement in seinem Unternehmen beibehalten bzw. noch erhöhen. Verzichtet er dabei auf eine optimale Diversifikation seines Portfolios und geht auf eigene Kosten systematische Risiken ein, so produziert er vertrauenerweckende Informationen. Gleichermaßen können die Initiatoren einer VCG (oder eines sonstigen Finanzintermediärs) verstärkt in ihre Gesellschaft bzw. die von ihr verwalteten Fonds investieren.

- *Dividenden- und Investitionspolitik eines Unternehmens:* Unternehmen können durch eine kapitalgeberfreundliche Dividendenpolitik bzw. durch die Veröffentlichung von Investitionsplänen das Vertrauen der Investoren in die fortgesetzte Ertragskraft des Unternehmens stärken (s. Ambarish et al. (1987), S. 324-338). Hierbei ist allerdings zu beachten, dass jungen Unternehmen das Instrument der Dividendenpolitik dann nicht offen steht, wenn diese Anlaufverluste ausweisen oder vorhandene Überschüsse voll zur Innenfinanzierung einsetzen müssen. Auch sonst sind diese Instrumente in der Literatur u. a. wegen ihrer materiellen Konsequenzen umstritten (s. z. B. Schmidt (1988), S. 254). Andererseits gelten auch nicht börsenreife Unternehmen in Deutschland als zu wenig auskunftsbereit, z. B. hinsichtlich der Investitionspolitik.

- *Delegation der Informationsaufbereitung und -übermittlung:* Unternehmen können dauerhaft am Markt präsente Institutionen mit guter Reputation mit der Aufbereitung und Übermittlung von Informationen beauftragen. In Frage kommen hierfür Finanzintermediäre, aber z. B. auch Wirtschaftsprüfungsgesellschaften oder Rating-Agenturen. Kapitalanbieter werden häufig auf die Qualität der von geeigneten Dritten bereitgestellten In-

formationen vertrauen, da diese Anbieter (1) auf die Informationsaufbereitung spezialisiert sind, (2) ihre Reputation zu erhalten streben und (3) u. U. für die Richtigkeit der Informationen haften.

- *Einschaltung von Informationsbörsen:* Organisierte Treffpunkte, die den systematischen
  Informationsaustausch zwischen Anbietern und Nachfragern von Kapital erleichtern, tragen ebenfalls zum Abbau von Informationsasymmetrien bei. Für nicht börsenreife Unternehmen werden sog. Informationsbörsen diskutiert (s. Gerke et al. (1992), S. 84-172
  und Harrison/Mason (1996), S. 15-20), die drei Hauptaufgaben übernehmen könnten: (1)
  Sammlung und Weitergabe von Informationen, (2) Vermittlung von Beteiligungen, (3)
  Festlegung von Ratings für Kapitalnachfrager. Derartige Informationsbörsen existieren
  z. B. in den USA, konnten aber in Deutschland bislang noch nicht etabliert werden.

Für den praxistypischen Fall der asymmetrischen Informationsverteilung zwischen Investoren
und Unternehmern lässt sich zeigen, dass (1) der Unternehmenswert auch *ohne* Berücksichtigung der Besteuerung von der Finanzierungsstruktur abhängt und (2) stärker risikobehaftete
Firmen auch *ohne* Berücksichtigung von Insolvenzkosten zu einer höheren Eigenkapitalquote
tendieren. Beide Argumente unterstreichen die Relevanz einer Beteiligungsfinanzierung junger
Unternehmen (s. Leland/Pyle (1977), S. 372-382 und Gerke (1993a), S. 625-636). Für die
Nützlichkeit von VCG als Finanzintermediäre spricht zusätzlich, dass diese – für die Beteiligungsunternehmen erkennbar – erhaltene Informationen zum Aufbau des eigenen Portfolios
verwenden, Dritte aber weitgehend von der direkten Nutzung der Informationen ausschließen.
Somit kann vermieden werden, dass die abgegebenen Informationen zu einem öffentlichen Gut
werden, das nicht den Informationsproduzenten den Gesamtnutzen seiner Information realisieren lässt, sondern auch für „Trittbrettfahrer" zugänglich wird (vgl. Gerke/Pfeufer (1995),
Sp. 731 und Leland/Pyle (1977), S. 383).

3.3.3 Einzelimplikationen des Transaktionskostenansatzes

In der Literatur werden Maßnahmen zur Reduzierung von Transaktionskosten diskutiert, die
überwiegend auch für VCG relevant sind (vgl. Benston/Smith (1976), S. 215-229 und Ger-
ke/Pfeufer (1995), Sp. 729-730):

- *Institutionalisierung der Suche:* VCG stellen institutionalisierte Treffpunkte auf dem
  Kapitalmarkt dar. Es lässt sich zeigen, dass die Vertragsabschlusswahrscheinlichkeit auf
  Finanzmärkten mit der Zahl der Anbieter und ihrer sinnvollen Verteilung auf die einzelnen Marktsegmente steigt (s. Gerke/Philipp (1985), S. 20-24). Da VCG das Angebot in
  ihrem Teilmarkt mit spezifischem Risiko-, Fristen- und Losgrößenprofil vergrößern, tragen sie zur Senkung von Suchkosten und zur Steigerung von Finanzierungschancen bei.

- *Bereitstellung von Informationen:* VCG erheben gezielt Informationen über potentielle
  PU und nutzen diese im Interesse einer Vielzahl von Investoren zum Aufbau ihres Portfolios. Darüber hinaus können VCG aufgrund langfristiger Geschäftsverbindungen, aner-
  kannter Diskretion und Vertrauenswürdigkeit sowie des systematischen Managements
  von Informationskanälen die Informationskosten im Vergleich zur direkten Informationsbeschaffung durch Investoren senken.

- *Spezialisierung:* VCG sind neben der Suche und Informationsbereitstellung auf Verhandlung, Vertragsabschluss und -ausführung spezialisiert. Sie verfügen über detaillierte Kenntnisse zur Gestaltung von Beteiligungsverhältnissen und über Personal und Systeme zum Management der laufenden Beteiligungen. Aufgrund von Skaleneffekten bewirkt die Spezialisierung eine Senkung der Durchschnittskosten pro Beteiligung.

- *Standardisierung:* VCG können erprobte Vertragsbedingungen standardisieren und dadurch sowohl die Verhandlungs- und Vertragsabschlusskosten senken, als auch Unsicherheiten hinsichtlich einer geeigneten Konditionengestaltung abbauen.

- *Losgrößenoptimierung:* VCG können die Fixkosten von Finanztransaktionen mit PU reduzieren, indem sie Anlagen für eine Vielzahl von Investoren tätigen. Allein wären diese Investoren u. U. aus Budget- oder Diversifikationsgründen nicht in der Lage, vergleichbare Transaktionen abzuwickeln. Andererseits sind VCG auf ihrer Passivseite häufig an einer überschaubaren Zahl großer Investoren interessiert, um die fixen Kosten (z. B. Werbung, Information) dieser Schnittstelle zu minimieren.

Somit bestehen also Anzeichen dafür, dass gut geführte VCG die Möglichkeit haben, die mit der Intermediation verbundenen Fixkosten zu kompensieren.

Implikationen der *Vertragstheorie* werden hier nicht weiter verfolgt, da dieser Ansatz für die Beteiligungsfinanzierung nicht börsenreifer Unternehmen bislang nahezu ausschließlich konzeptionelle Bedeutung erlangt hat.

3.3.4 Übergreifende Implikationen der Institutionen- und Informationsökonomie für VC-Finanzierungen

Nachdem Anzeichen für die Relevanz des VC-Marktes und von VCG zuvor aus den Einzelperspektiven der neoklassischen Finanzierungstheorie, des Property Rights-Ansatzes und speziell der Agency-Theorie, der asymmetrischen Informationsverteilung, des Transaktionskostenansatzes und auch der Vertragstheorie beleuchtet wurden, gilt es nun, die VC-Finanzierung zusammenfassend als zweistufiges Principal Agent-Problem zu spezifizieren.

Abb. 3.3 stellt anhand der zweistufigen Beziehung zwischen Investor, VCG und PU wesentliche institutionen- und informationsökonomische Probleme und geeignete Lösungsmöglichkeiten, die zuvor einzeln diskutiert wurden, zusammen. Dabei ist zunächst festzuhalten, dass die Informationsasymmetrien in der sogenannten originären Agency-Beziehung zwischen Kapitalgeber und PU durch die Tätigkeit von VCG als Intermediäre nicht ursächlich beseitigt, sondern vielmehr nur verlagert werden. Mit Beziehungen zwischen (1) dem Kapitalgeber und der VCG sowie (2) der VCG und den PU, die als derivative Agency-Beziehungen bezeichnet werden können, entstehen neue Schnittstellen, die ihrerseits von Informationsasymmetrien geprägt sind (vgl. Sahlman (1990), S. 489-493 u. 506-514 und Schween (1996), S. 160-164 sowie Zemke (1995), S. 50). Durch diese Konstellation werden bestenfalls einzelne Probleme ursächlich verbessert. So erlaubt die Einschaltung der VCG beispielsweise die Verringerung von Losgrößenproblemen bei der Beteiligungsfinanzierung und damit eine Verbesserung der Diversifika-

Abb. 3.3: Institutionen- und informationsökonomische Probleme und Lösungsansätze bei VC-Finanzierungen

Struktur	Probleme	Lösungsansätze
Investor/Kapitalgeber	**Originäre Agency-Beziehung** • Informationsasymmetrien hinsichtlich Rendite- und Risikoerwartungen, Realisierbarkeit und Ressourcenbedarf (A, I) • Informationsasymmetrien hinsichtlich Qualifikation und Motivation der beteiligten Personen (A, I) • Gefahr der Entnahme unentgeltlicher Vorteile (A) • Gefahr der Adverse Selection (I) • Such-, Verhandlungs-, Vertragsabschluss- und -ausführungskosten (T) • U. a. durch Losgrößeneffekte begrenzte Diversifikationsmöglichkeiten (T)	**Beziehung Investor – VCG** • Prüfung durch Investoren vor und Monitoring nach Vertragsabschluss (A, I) • Teilweise erfolgsabhängige Vergütung, budgetierte Geschäftsausgaben (A) • Beteiligung des VCG-Managements (A) • Klare Definition von Anlagegrundsätzen und Tätigkeitsprofil der VCG (A) • Performancemessung durch Externe (I)
Venture Capital-Gesellschaft	**Derivative Agency-Beziehungen** • Informationsasymmetrien bezüglich Projekt und Management analog zur originären Agency-Beziehung (A, I) • Begrenzte Gefahr der Entnahme unentgeltlicher Vorteile (A) • Begrenzte Gefahr der Adverse Selection (I) • Hohe Transaktionskosten durch VCG (I)	**Beziehung VCG – Portfoliounternehmen** • Hoher Spezialisierungsgrad der VCG, u. U. auf bestimmte Finanzierungsphasen, Branchen und Regionen (T, I, A) • Prüfung durch Investoren vor und Monitoring nach Vertragsabschluss (A, I) • Signifikante Beteiligung des Altgesellschafters (A, I) • Teilweise erfolgsabhängige Vergütung bei Budgetierung der Geschäftsausgaben (A) • Haftung der Gründer, u. U. in Kombination mit Fremdfinanzierung (A) • Aktive Managementunterstützung/Beratungsleistung durch die VCG (A, I) • Förderung von und Teilnahme an Informationsbörsen (I) • Weitgehende Standardisierung der Vertragsbeziehungen (T)
Portfoliounternehmen	• Informationsasymmetrien bezüglich Projekt und Management analog zur originären Agency-Beziehung (A, I) • I. d. R. Qualifikationslücken des PU-Managements bekannt (A, I) • Hohe Gefahr der Entnahme unentgeltlicher Vorteile (A) • Hohe Gefahr der Adverse Selection (I) • Hohe Transaktionskosten (T)	

Legende: A = Agency-Effekt, I = asymmetrische Informationsverteilung, T = Transaktionskosten

59

tionsmöglichkeiten besonders bei relativ kleinen Investitionsvolumen. Zudem kann davon ausgegangen werden, dass VCG aufgrund ihres Instrumentariums und ihrer Spezialisierung systematisch besser über einzelne Probleme von PU – insbesondere die Qualifikationslücken des Managements – informiert sein werden als Einzelinvestoren.

Da durch die Aktivität der VCG aber hohe, zumeist fixe (Transaktions-)Kosten entstehen, kann ein nachhaltiger Nutzen aus der Hinzuziehung einer VCG folglich nur dann resultieren, wenn die sich aus den derivativen Agency-Beziehungen ergebenden Agency-, Informations- und Transaktionskosten (abzüglich des unmittelbaren Nutzens, z. B. durch verbesserte Diversifikationsmöglichkeiten) erheblich geringer sind, als die entsprechenden Kosten der Finanzierung ohne Einschaltung einer VCG.

Unter den zuvor diskutierten Maßnahmen zur Gestaltung der Schnittstelle zwischen VCG und PU ist eine aktive *Managementunterstützung* durch die VCG besonders hervorzuheben, da (1) die VCG stark von der Qualität des PU-Managements abhängig ist, das häufig durch kleine Personenzahl und begrenzte unternehmerische Erfahrungen charakterisiert ist, und (2) der Erfolg des PU im allgemeinen von nur einem oder wenigen Projekten abhängt, wofür zudem erhebliche Unsicherheiten hinsichtlich des Ertragspotentials bestehen. Vor diesem Hintergrund entspricht es häufig den Interessen sowohl der VCG als auch des PU, vorhandenes Wissen der VCG – u. U. auch gegen Entgelt – im Rahmen der aktiven Managementunterstützung z. B. bei Strategie-, Finanzierungs-, Markt- und Personalentscheidungen zu nutzen. Daher lassen sich VCG bei der Kapitalvergabe in der Regel umfangreiche Kontrollrechte einräumen, z. B. in Form von Mitbestimmungsrechten für bestimmte Geschäfte (vgl. Göppl (1993), Sp. 4641-4647) und/oder der Übernahme von Management- und Beratungsfunktionen. Gerade diese Aktivitäten sind für einzelne Investoren häufig nicht realisierbar.

Ein wichtiger, die Gedanken der Principal-Agent-Theorie und der asymmetrischen Informationsverteilung überspannender Ansatz zur Verbesserung der Finanzierungsbeziehungen ist die *Kapitalrationierung* (s. Sahlman (1990), S. 506-507 und Schween (1996), S. 158-160). Dabei stellt die VCG ihrem PU die erforderlichen Finanzmittel nicht in einer Summe, sondern in gestaffelten Finanzierungsrunden zu Verfügung. Als Sanktionen gegen eine Verfehlung der Ziele oder gar eine mangelnde Kooperationsbereitschaft hat die VCG dann jeweils die Möglichkeit, die weitere Kapitalbereitstellung zu verweigern oder eine höhere Beteiligung am PU („Earnout") zu fordern. Aus der bewusst erzeugten Kapitalknappheit resultiert eine verstärkte gegenseitige Abhängigkeit, die die Ausnutzung von Spielräumen, die mit der Agentenrolle des PU verbunden sein können, unwahrscheinlicher macht und zudem sicherstellt, dass zumindest unmittelbar vor den Finanzierungsrunden beim PU eine hohe Motivation zur Bereitstellung von Informationen besteht. Zudem verkleinert die mit der gestaffelten Finanzierung verbundene Zahlungsweise die Unsicherheit des Kapitalgebers und damit die erforderliche Risikoprämie. Auch über die sanktionierende „Earnout"-Möglichkeit hinaus kann die Bewertung des PU in den Finanzierungsrunden jeweils flexibler den tatsächlichen Gegebenheiten angepasst werden, als dies bei einer einzelnen Finanzierung möglich wäre. Analog können auch Investoren ihre Kapitaleinlage bei der VCG in zeitlich gestaffelten Raten leisten.

60

3.4 Begründung für die Entstehung von VC-Märkten

Die vorangegangenen Betrachtungen haben eine Reihe von Argumenten für die Entstehung separater VC-Märkte zur Finanzierung nicht börsenreifer Unternehmen verdeutlicht. Insbesondere Unvollkommenheiten des Kapitalmarktes, Steuervorteile und die Verringerung des Insolvenzrisikos sprechen für die grundsätzliche Relevanz einer Eigenfinanzierung. Dies gilt verstärkt für nicht börsenreife, z. B. junge, kleine und innovative Unternehmen, deren Erfolg häufig (1) von nur relativ wenigen Projekten und Personen, (2) der Möglichkeit zur zügigen Nutzung von Investitionschancen und (3) von immateriellen und/oder stark zweckspezifischen Anlagegütern abhängt. Zudem sind die Beziehungen zwischen derartigen Unternehmen und ihren Investoren in aller Regel von hohen Informationsasymmetrien geprägt, da kaum historische Unternehmensinformationen und, besonders bei innovativen Unternehmen, häufig auch keine hinreichenden Erfahrungen zur Beurteilung der Ertragserwartungen vorhanden sind.

Geht man also von einer herausgehobenen Bedeutung der (externen) Eigenfinanzierung für nicht börsenreife Unternehmen aus, dann bleibt die Frage, ob diese Finanzierungsfunktion durch ein separates Segment des Kapitalmarktes erbracht werden muss. Für eine Differenzierung der Segmente für große etablierte Unternehmen einerseits und für risikokapitalsuchende Unternehmen andererseits sprechen Gründe des Anlegerschutzes und der Marktliquidität. Für ein Angebot von VC – zumindest in frühen Finanzierungsphasen – außerhalb von Wertpapierbörsen spricht auch die Bedeutung von Beratungsleistungen als Komponente der Finanzierung. Auch wenn Managementunterstützung separat zugekauft werden kann, ergibt sich aus der Verbindung von Finanzierung und Beratung der Vorteil, dass Finanzintermediäre die von ihnen bereitgestellten Beratungsleistungen häufig als eine Investition in den zukünftigen Marktwert ihres PU sehen werden, während externe Anbieter, die nicht signifikant an dem Unternehmen beteiligt sind, eine periodengleiche Vergütung ihrer Beratungsleistungen erwarten werden.

In späteren Finanzierungsphasen verlieren die für die Existenz separater VC-Märkte genannten Argumente jedoch schrittweise an Bedeutung, und es stellt sich die Frage, warum VCG ihre Beteiligungen – die dann immer noch als nicht börsenreif gelten – nicht bereits wesentlich frühzeitiger und leichter über Börsensegmente wie den Freiverkehr oder auch den Neuen Markt und den geregelten Markt veräußern können. Hier sind kaum noch stichhaltige finanzierungstheoretische Argumente für einen separaten VC-Markt erkennbar. Gründe dafür, dass die deutschen Wertpapierbörsen junge Unternehmen über viele Jahre erst in relativ fortgeschrittenen Entwicklungsstadien, nachdem die formalen Zulassungskriterien in der Regel bei weitem überschritten sind, annehmen, sind eher in einer risikoaversen Mentalität als in finanzierungstheoretischen Erkenntnissen zu suchen. Die Entwicklungen beim Neuen Markt deuten hier allerdings auf eine Tendenz zur Öffnung von Börsensegmenten für eine Gruppe relativ weit entwickelter Unternehmen, die traditionell als nicht börsenreif gelten.

3.5   Relevanz von VCG als Intermediäre

3.5.1   Qualitative Argumente zur Relevanz von VCG

Aufbauend auf der zuvor begründeten Existenz eines eigenständigen Marktsegments zur externen Eigenfinanzierung nicht börsenreifer Unternehmen stellt sich die Frage, ob VCG als Intermediäre auf diesem Markt eine ökonomisch sinnvolle Funktion ausüben können.

Begreift man die Aktivität von VCG als zweistufige Agency-Konfiguration im Umfeld unvollkommener Märkte, so gilt für die ökonomische Relevanz einzelner Intermediäre das in Abschnitt 3.3.4 vorgestellte Kriterium: Eine VCG ist dann nützlich, wenn die Agency-, Informations- und Transaktionskosten der zweistufigen Agency-Beziehung geringer sind, als die ohne Hinzuziehung der VCG anfallenden Kosten, wobei ggf. noch weitere durch die Intermediation entstehende Vorteile, insbesondere Diversifikations- und Losgrößeneffekte zu berücksichtigen sind. Somit kann also die Sinnhaftigkeit der Finanzintermediation auf VC-Märkten nicht insgesamt belegt werden. Im Umkehrschluss lässt lediglich die Existenz erfolgreicher VCG im Einzelfall vermuten, dass diese Gesellschaften die von den institutionen- und informationsökonomischen Ansätzen aufgezeigten Marktunvollkommenheiten besser bewältigen können, als dies Einzelinvestoren möglich wäre.

Trotz aller – die Nützlichkeit von Finanzintermediären unterstreichenden – Argumente, ist in der Praxis auch ein Trend zur „Disintermediation" zu beobachten (vgl. Gerke/Pfeufer (1995), Sp. 733-734). Im Rahmen der Disintermediation versuchen Unternehmen – ohne Einschaltung von Intermediären im engeren Sinne – direkte Finanzbeziehungen zwischen Kapitalanbietern und -nachfragern herzustellen. Ausprägungen der Disintermediation sind z. B. (1) Börseneinführungen am geregelten Markt ohne Begleitung durch ein Kreditinstitut, (2) Eigenemissionen von kurzfristigen Schuldverschreibungen („Commercial Paper") durch Großunternehmen. An derartigen Transaktionen sind in der Regel bestenfalls Intermediäre im weiteren Sinne beteiligt, die auf Provisionsbasis in Vermittlungs- und Beratungsfunktionen tätig sind, aber keine bilanzwirksamen Finanzbeziehungen eingehen. Allerdings bleibt festzuhalten, das Disintermediation beim Zugang zu organisierten Wertpapiermärkten, speziell für Schuldverschreibungen, grundsätzlich großen Teilnehmern am Kapitalmarkt vorbehalten bleibt. Als disintermediiert können auf dem VC-Markt die Corporate Venturing-Aktivitäten großer Industrieunternehmen interpretiert werden. Weiterhin ist der Markt für informelles VC, der sich primär auf die frühen Finanzierungsphasen Seed und Start-up bei Unternehmen mit relativ geringem Kapitalbedarf richtet, disintermediiert (vgl. u. a. Gerke et al. (1992), S. 84-172 und Harrison/Mason (1996), S. 15-20). Gegen eine umfassende Disintermediation des VC-Marktes sprechen zudem zwei weitere Argumente: *Erstens* handelt es sich bei der Tätigkeit von VCG durch die Verbindung von Finanzierungs- und Beratungsfunktionen um eine komplexe Dienstleistung. Die z. B. im Vergleich zur Emission kurzlaufender Anleihen hohe Komplexität steigert den Intermediationsbedarf. *Zweitens* unterliegen VCG nur geringen regulatorischen Anforderungen, insbesondere ist ihre Funktion nicht „privilegierten" Gesellschaften, z. B. Kreditinstituten, vorbehalten. Folglich scheidet hier auch die Substitution von Intermediären, die aufgrund rechtlicher Anforderungen besonders kostenintensiv sind, als Motiv der Disintermediation aus.

3.5.2 Formale Abbildung der Bedingungen für eine Relevanz von VCG

In der finanzierungstheoretischen Literatur zu VCG wurde bislang noch keine umfassende formale Darstellung der Relevanz und Funktionen vorgelegt, die sich durch eine konsistente Terminologie und insgesamt einheitliche Annahmen auszeichnet. Allerdings lassen sich die für die Relevanz von VCG notwendigen Bedingungen in Anlehnung an die von Chan (1983) entwickelte formale Betrachtung verdeutlichen (vgl. auch für die nachfolgenden Ausführungen Chan (1983), S. 1543-1560 und weiterführend Amit et al. (1998), S. 441-466).

Der Ausgangspunkt der formalen Betrachtung ist die – realitätsnahe – Annahme positiver Suchkosten in Form von (Transaktions-) Kosten, die bei Durchführung der Beteiligungswürdigkeitsprüfung bei VCG sowie informellen VC-Investoren anfallen. Im Rahmen der Beteiligungswürdigkeitsprüfung gilt es, die superioren Investitionsmöglichkeiten (= Projekte) aus der Gesamtheit superiorer und inferiorer Investitionsmöglichkeiten zu identifizieren. Suchkosten bergen die Gefahr einer Adverse Selection, da Kapitalgeber motiviert sind, ihre Suchaktivitäten unter Kostengesichtspunkten einzugrenzen und bei fehlenden Informationen generell das Vorliegen durchschnittlicher Eigenschaften zu unterstellen. Im Kern der Betrachtung steht nun die Annahme, dass informierte Investoren mit relativ geringen Suchkosten zu einer Verbesserung der Adverse Selection-Problematik beitragen können. Suchkosten dienen in der formalen Betrachtung lediglich als Beispiel. An ihre Stelle könnten auch andere Folgekosten von Marktunvollkommenheiten treten, hinsichtlich derer VCG im Idealfall Vorteile gegenüber weniger spezialisierten Investoren aufweisen.

Für die Betrachtung wird die Gesamtheit von N Investoren in zwei Gruppen eingeteilt (s. differenzierter Chan (1983), S. 1558):

$$\beta N \qquad \text{Investoren mit Suchkosten } \mu > 0$$

$$(1 - \beta) N \qquad \text{Investoren mit Suchkosten } \delta > \mu$$

Dabei werden die β Investoren mit positiven, aber relativ geringen Suchkosten als „informierte" oder „versierte" Investoren bezeichnet. Es wird angenommen, dass diese Eigenschaft bei spezialisierten Intermediären, also bei den VCG, aber auch bei versierten Einzelinvestoren zutrifft. Bei den übrigen $(1 - \beta)$ Investoren entstehen vergleichsweise höhere Suchkosten. Dieses Kostenniveau entsteht primär bei gelegentlich aktiven Einzelinvestoren, die ohne Einschaltung von Intermediären potentielle Beteiligungen prüfen.

Im Idealfall, bei dem Intermediäre die durch sie entstehenden Kosten über Spezialisierungsvorteile kompensieren können, stellt sich ein Gleichgewicht ein, wenn Einzelinvestoren mit niedrigen Suchkosten indifferent sind zwischen (a) der Hinzuziehung von Intermediären oder (b) zufälligen Investitionen im Bewusstsein, dass der Markt bereits von Intermediären mit vergleichbar niedrigen Suchkosten analysiert wird. Einzelinvestoren mit hohen Suchkosten maximieren ihren Nutzen durch Einschaltung von Intermediären (s. Chan (1983), S. 1958).

In dieser Gleichgewichtskonstellation entsteht den Investoren – und zwar auch den Einzelinvestoren mit niedrigen Suchkosten bei zufälligen Investitionen – folgender erwarteter Nutzen:

$$\overline{V} = V^* - d \qquad (3.1)$$

mit V^* Rendite superiorer, durch Suche identifizierbarer Projekte

       d   Intermediärsvergütung

In der untersuchten Gleichgewichtskonstellation werden alle Investitionen entweder zu niedrigen Suchkosten durch Intermediäre oder zufällig ohne Intermediäre vorgenommen. Der Anteil der Investoren γ, die Intermediäre einschalten, lässt sich darstellen als Summe des Anteils der versierten Investoren, die Intermediäre einschalten, an der Gesamtheit der Investoren und aus dem Anteil der Investoren mit hohen Suchkosten:

$$\gamma = \omega\beta + (1 - \beta) \qquad (3.2)$$

mit ω Anteil der versierten Investoren, die Intermediäre einschalten

Insgesamt kann auch der Anteil der superioren Projekte an den ausgewählten Projekten und damit der erwartete Nutzen als eine Funktion des Anteils der Investoren, die Intermediäre einschalten, verstanden werden:

$$\overline{V} = \lambda(\gamma)\, V^* + (1 - \lambda(\gamma))\, V(\gamma) \qquad (3.3)$$

mit $\lambda(\gamma)$ Anteil superiorer Projekte an den ausgewählten Projekten

       $V(\gamma)$ Rendite inferiorer Projekte

Diese Gleichung zeigt auf, dass Intermediäre den Nutzen von Investoren in geeigneten Fällen erhöhen können und somit einer Erklärung der Variablen γ eine hohe Bedeutung zukommt.

Auch die von allen Intermediären insgesamt erzielte Vergütung ist natürlich eine Funktion der Nutzungsintensität von Intermediären. Sie lässt sich darstellen als das Produkt γ d N. Unterstellt man vereinfachend, dass sich die gesamte Intermediärstätigkeit gleichmäßig auf alle Intermediäre verteilt, dann ergibt sich für jeden einzelnen Intermediär ein Umsatz (= total revenue) von:

$$TR(\gamma) = \frac{\gamma dN}{h^*} \qquad (3.4)$$

mit h^* Zahl der Intermediäre im Gleichgewichtsfall

Nimmt man ferner an, dass von den Intermediären M(γ) Projekte zu untersuchen sind, so ergibt sich bei einer gleichmäßigen Verteilung der Tätigkeiten für jeden Intermediär eine Zahl von n^* = M(γ) / h^* zu untersuchenden Projekte. Löst man diese Gleichung nach h^* auf und setzt sie in (3.4) ein, dann folgt:

$$TR(\gamma) = \frac{\gamma dn^* N}{M(\gamma)} \qquad (3.5)$$

Das Marktgleichgewicht, das keine abnormale Rendite für den Intermediär erlaubt, wird dann erreicht, wenn die Zahlungsbereitschaft pro untersuchtem Projekt F(γ) genau den Suchkosten μ der günstigeren Gruppe von Investoren bzw. den Suchkosten der Intermediäre entspricht. Die Suchkosten entsprechen dabei dem Umsatz des Intermediärs pro Projekt. Unter Einbeziehung von (3.5) ergibt sich die Gleichgewichtsbedingung:

$$F(\gamma) = \frac{TR(\gamma)}{n^*} = \frac{\gamma dN}{M(\gamma)} \stackrel{\wedge}{=} \mu \qquad (3.6)$$

Durch Auflösung von (3.6) nach γ kann gezeigt werden, welche Umstände – unter der Bedingung, dass Intermediäre die durch sie entstehenden Kosten über Spezialisierung kompensieren und dass ein Marktgleichgewicht besteht – dazu beitragen, dass Intermediäre auch von solchen Investoren genutzt werden, denen eine eigenständige Suche als Alternative offen steht:

$$\gamma = \frac{\mu M}{dN} \qquad (3.7)$$

Die Gleichung (3.7) kann so interpretiert werden, dass die Nutzungsintensität von Intermediären bei hohen Gesamt-Suchkosten (μ M) im Verhältnis zur potentiellen Gesamt-Intermediärsvergütung bei Einschaltung von Intermediären für *alle* Analysevorgänge (d N) zunimmt.

Dieses Ergebnis lässt sich prinzipiell auch auf andere Fragestellungen übertragen, in denen differenzierte Kosten bei verschiedenen Gruppen von Investoren vorliegen und in denen es geeigneten Intermediären gelingt, eine günstige Kostenposition zu erlangen. Denkbar sind z. B. den Suchkosten ähnliche Kosten des Vertragsabschlusses und des Desinvestments sowie auch die Monitoringkosten der laufenden Betreuung von Beteiligungen.

Zusammenfassend konnte bisher gezeigt werden, dass das – durch die neoklassische Finanzierungstheorie nicht hinreichend erklärbare – Phänomen der Existenz von Märkten zur Beteiligungsfinanzierung nicht börsenreifer Unternehmen, einschließlich der auf diesen Märkten üblichen Finanzintermediation durch VCG, anhand der Erkenntnisse der Property Rights-Theorie und den darauf aufbauenden Konzepten der Agency-Theorie, der asymmetrischen Informationsverteilung und des Transaktionskostenansatzes ökonomisch nachvollziehbar wird. Aufbauend auf dieser Grundlage sollen nachfolgend die finanzierungstheoretisch relevanten Funktionen der VCG dargestellt werden.

3.6 Funktionen von Intermediären auf dem VC-Markt

VCG üben – wie andere Finanzintermediäre auch – kosten- und risikominimierende *Transformationsfunktionen* auf dem Kapitalmarkt aus. Im Rahmen dieser Transformationsfunktionen gleichen sie die Interessen einerseits der Kapitalanbieter nach Rentabilität, Stabilität/Sicherheit und Liquidität und andererseits der Kapitalnachfrager nach niedrigen Finanzierungskosten, hinreichend langfristiger Kapitalbereitstellung und Flexibilität durch geeignete Wahl der Vertragspartner und der Vertragsgestaltung bei den Anlage- und Finanzierungsleistungen aus. Im allgemeinen werden vier Transformationsfunktionen unterschieden (vgl. Bitz (1989), S. 432-436; Vives (1991), S. 11 und Gerke/Pfeuffer (1995), Sp. 732-733):

1. *Risikotransformation* bestehend aus der Risikoselektion, Risikodiversifikation, Risikoallokation und der Haftungsfunktion:

    1.a *Risikoselektion:* VCG sind auf die Bewertung von Renditen und Risiken potentieller PU spezialisiert und können diese somit relativ treffsicher und zu geringen Transaktionskosten ausführen. Einer VCG gelingt es aufgrund ihrer Spezialisierung i. d. R. besser als Einzelinvestoren, geeignete Sicherungs- und Kontrollmaßnahmen bei der Auswahl und dem Management von PU umzusetzen.

    1.b *Risikodiversifikation:* VCG stellen jeweils mehreren PU, deren Beteiligungsrisiken nicht vollständig miteinander korrelierten, Kapital zur Verfügung. Daher sind Investoren nicht unmittelbar den Risiken einzelner Investitionsprojekte ausgesetzt, und das Ausfallrisiko des Portfolios insgesamt wird vermindert (s. a. Diamond (1984), S. 400-407; Hartmann-Wendels (1987), S. 27-28 und Gerke (1993b), Sp. 3263-3273). Zusammen mit der Losgrößentransformation (s. u.) können mehrere kleinere Investoren ihr gemeinsames Portfolio stärker diversifizieren, als dies bei getrenntem Vorgehen möglich wäre (s. a. May/Dahmann (1987), S. 353-354).

    1.c *Risikoallokation:* VCG verbessern die volkswirtschaftliche Kapitalallokation, da sie durch die Eigenkapitalbeteiligung die Kreditwürdigkeit der PU erhöhen.

    1.d *Haftungsfunktion:* Durch eine Streuung des Eigenkapitals der VCG wird das Ausfallrisiko ggf. auf mehrere Investoren (z. B. auch Initiator und Management der VCG) verteilt. Zusätzlich ist die Haftung der Investoren i. d. R. auf die bei der VCG geleistete Kapitaleinlage beschränkt, woraus sich jedoch – insbesondere im Vergleich zu Banken – nur eine schwache zusätzliche Haftungsfunktion ergibt, da Beteiligungsengagements in der Praxis ohnehin vorwiegend mit beschränkter Haftung für den Investor getätigt werden.

2. *Informationstransformation:* VCG übernehmen Aufgaben der Informationsbeschaffung und -aufbereitung bei der Suche und Beurteilung von PU sowie beim laufenden Management der Beteiligungen. An ihre Investoren geben die VCG primär aggregierte Informationen über das Portfolio und die Beteiligungsstrategie weiter, wobei vertrauliche Informationen der PU zum größten Teil geschützt werden können. Für die Investoren ist dann primär die Rendite- und Risikoerwartung in bezug auf die VCG relevant, so dass sie vorwiegend die VCG, nicht aber die einzelnen PU beurteilen werden.

3. *Losgrößentransformation:* VCG gleichen unter Nutzung von Skaleneffekten und Spezialisierungsvorteilen die Losgrößenanforderungen von Investoren und PU aneinander an.

Dabei können großen Kapitaleinlagen bei der VCG zahlreiche kleine Portfoliobeteiligungen gegenüberstehen (z. B. VCG als Tochter von Banken oder Versicherungen) oder umgekehrt (z. B. börsennotierte VCG mit hohem Streubesitz). Die Losgrößentransformation der VCG trägt somit zur Verringerung des Aufwandes für Suche und Konditionenverhandlung bei. Außerdem gleicht die VCG Liquiditätsspitzen und -lücken ohne Mitwirkung der Investoren z. B. durch Anlage- und Zwischenfinanzierungsmaßnahmen aus.

4. *Fristentransformation:* VCG können Beteiligungsportfolios über den Anlagehorizont einzelner Investoren bzw. die Beteiligungsdauer einzelner PU unter Angleichung der Laufzeitanforderungen aufrechterhalten. Somit können Investorengruppen und Beteiligungsstrategien langfristig institutionalisiert werden. Begrenzt wird die Fristentransformation allerdings auf der Beteiligungsseite durch Liquiditätsanforderungen und auf Investitionsseite durch die Fungibilität der VCG-Anteile. Für den Fall, dass die VCG selbst Fremdfinanzierung in Anspruch nimmt, ergibt sich aus der Fristentransformation u. U. auch ein Zinsänderungsrisiko (s. Deshmukh et al. (1983a), S. 141-147).

Unter den angeführten Transformationsfunktionen kommt bei VCG der Risikotransformation, speziell der Risikoselektion und -diversifikation die größte betriebswirtschaftliche Bedeutung zu, weil VCG auf die Prüfung von PU und den Aufbau eines diversifizierten Beteiligungsportfolios spezialisiert sind. Investoren werden demnach primär deshalb Kapital an VCG vergeben, um die Risikoselektion zu delegieren. Dies gilt insbesondere für die in Deutschland zahlreich vorkommenden captiven VCG, deren Kapitalgeber ebenfalls Finanzintermediäre sind. Bei diesen Gesellschaften kann unterstellt werden, dass die Losgrößen- und Fristentransformation bereits weitgehend von der Kapitalgeberseite abgedeckt wird (vgl. Bitz (1989), S. 435).

Die angeführten Transformationsfunktionen der VCG stellen deren Rolle beim Zustandekommen von Finanztransaktionen und bei der Kosten- und Risikominimierung in den Vordergrund. Zusätzlich erfüllen die VCG *Managementfunktionen* bei der unternehmerischen Begleitung der PU (s. Sapienza (1992), S. 22-23; Schröder (1992), S. 232-250 und Wupperfeld (1994), S. 115-137). Primärziel der Managementfunktionen ist die Steigerung des Marktwertes der PU. Beim Management des Beteiligungsportfolios werden zwar im Rahmen von Kontrollaktivitäten weiterhin auch Transformationsfunktionen – besonders die laufende Risikoselektion und Informationstransformation zur Risikominimierung – wahrgenommen (s. Roe (1990), S. 7-41; Jensen (1993), S. 862-873 und Wenger (1995), Sp. 1409-1412), im Kern handelt es sich dabei aber um die in Abschnitt 2.4.3 beschriebene inhaltliche Betreuung in Fachfragen, die prozessuale Unterstützung sowie ggf. die Übernahme operativer Funktionen.

4. Rahmenbedingungen des deutschen VC-Marktes

In diesem Kapitel wird zunächst in Abschnitt 4.1 herausgearbeitet, dass sich VC als eigenständiges Kapitalmarktsegment zur Bereitstellung von Eigenkapital für nicht börsenreife Unternehmen entwickelt hat, auf dem in der Regel VCG als Finanzintermediäre agieren. Darauf aufbauend werden in Abschnitt 4.2 die wichtigsten rechtlichen, steuerlichen und gesellschaftlichen Rahmenbedingungen für VC in Deutschland im Überblick dargestellt. Auf Basis theoretischer Überlegungen werden dabei jeweils Erkenntnisse und Empfehlungen für eine Gestaltung der Rahmenbedingungen, die dem Erfolg von VC-Finanzierungen zuträglich sind, abgeleitet.

4.1 VC als Segment des Eigenkapitalmarktes

Um die Beziehungen zwischen Anbietern und Nachfragern von Kapital effektiv zu strukturieren, müssen Kapitalmärkte (zum Kapitalmarktbegriff vgl. z. B. Christians (1993), Sp. 1363-1364 sowie Schalek (1988), S. 23-24 und Rudolph (1993), Sp. 2114-2115) vier Grundfunktionen erfüllen (s. Gerke/Rapp (1993), S. 288-289, ähnlich auch Weichert (1987), S. 9 und Gerke et al. (1995), S. 14-15): (1) die *Marktausgleichsfunktion* durch Zusammenführung von Kapitalangebot und -nachfrage der Marktteilnehmer unter Ausgleich der unterschiedlichen Anlage- und Finanzierungsinteressen, (2) die *Selektionsfunktion* zur Regelung von Mindeststandards für Marktorganisation (z. B. Aufsicht, Handelsüberwachung, Publizität) und Vertragsabschlüsse durch Konventionen oder Rechtsnormen, (3) die *Primärmarktfunktion*, auch als Emissionsfunktion bezeichnet, zum erstmaligen Verkauf von Finanzierungskontrakten an Investoren und (4) die *Sekundärmarktfunktion*, auch als Zirkulationsfunktion bezeichnet, zum Weiterverkauf der am Markt bestehenden Finanzierungskontrakte ohne Beeinträchtigung der Finanzierungsfunktion aus Sicht der Kapitalnehmer.

Ausgehend davon, dass es sich beim VC-Markt – der in Deutschland immerhin bereits seit den sechziger Jahren besteht – um eine dauerhafte Erscheinung handelt, kann die Existenz dieses spezialisierten Marktsegments als Indiz dafür gewertet werden, dass der VC-Markt die zuvor genannten Grundfunktionen des Kapitalmarktes für junge Unternehmen besser zu erfüllen in der Lage ist, als die übrigen Marktsegmente. Die theoretische Begründung für die Entstehung eines VC-Marktes und die von diesem Markt ausgefüllten spezifischen Funktionen war Gegenstand des vorangegangenen Kapitels. Hier gilt es, den realen VC-Markt genauer zu definieren.

4.1.1 Einordnung von VC als Eigenkapitalmarktsegment

Um eine Vielzahl unterschiedlicher Eigenkapital-Finanzierungskontrakte – darunter Beteiligungen an nicht börsenreifen Unternehmen – ohne übermäßige Transparenz- und Qualitätsnachteile handeln zu können, haben sich am deutschen Markt für Eigenkapital sechs grobe Segmente (s. Tab. 4.1) herausgebildet, in denen die Marktfunktionen in jeweils unterschiedlicher Art und Güte wahrgenommen werden (vgl. Kaufmann/Kokalj (1996), S. 21-40 und Potthoff/Stuhlfauth (1997), S. 4-6 sowie zur Regulierung der Marktsegmente auch Bindseil

Tab. 4.1: Segmente des deutschen Eigenkapitalmarktes

	Amtlicher Handel	Geregelter Markt	Neuer Markt	Geregelter Freiverkehr	Ungeregelter Freiverkehr	Venture Capital	Grauer Kapitalmarkt
Organisation	Durch Wertpapierbörsen					Außerhalb von Wertpapierbörsen	
Rechtsgrundlage	§§ 36-49 BörsZulV VerkProspG	§§ 71-77 Verkaufsprospektverordnung	Börsengesetz §§ 71-78[1]	§ 78	Kaum spezialisierte Rechtsgrundlagen. Anlegerschutz für Privatanleger z. T. aus Rechtsprechung		
Regulierung	Börsengeschäftsführung			Z. T. Händlervereinigungen		Nicht vorhanden	
Zulassungsantragsberechtigte	Kreditinstitute			Üblicherweise Kreditinstitute und geeignete Unternehmen (§ 78 BörsG)		Nicht relevant/keine formale Zulassung	
Emissionspublizität	Prospekt	Unternehmensbericht		Prüfung in Analogie zum Unternehmensbericht üblich		Prospekt üblich	
Laufende Publizität	Zwischenbericht, Ad-hoc-Publizität	Ad-hoc-Publizität	Jahresbericht, Quartalsbericht			Einbindung in Gremien üblich	Jahresbericht üblich
Mindest-Unternehmenshistorie	3 Jahre	1 Jahr	1 Jahr	Keine			
Mindestplazierungsvolumen	1,25 Mio. € Marktwert	0,25 Mio. € Nennwert	5 Mio. € Marktwert	0,5 Mio. €		0,1 Mio. €[2]	1,5 Mio. €
Mindestplazierungsquote	25 %	10 %	25 %	Keine			

1) Der Neue Markt ist privatrechtlich organisiert, die Zulassung entspricht dem geregelten Markt, die Notierungsaufnahme dem geregelten Freiverkehr.
2) Faktisch beobachtbare Mindest-Losgrößen (Marktkapitalisierung).

Quelle: In Anlehnung an Gerke/Rapp (1993), S. 294; vgl. Kaufmann/Kokalj (1996), S. 112-115. Zum Neuen Markt: Potthoff/Stuhlfauth (1997), S. 4-6 und Deutsche Börse (2000b).

(1994), S. 155-164). Die Segmente *amtlicher Handel, geregelter Markt* und *geregelter Frei-verkehr* werden auf der Rechtsgrundlage des Börsengesetzes durch Wertpapierbörsen organi-siert. Das Segment *Neuer Markt* ist unter Einbeziehung der Rechtsgrundlagen für den geregel-ten Markt und den geregelten Freiverkehr privatrechtlich organisiert. Demgegenüber sind die Segmente *ungeregelter Freiverkehr, Venture Capital* und *grauer Kapitalmarkt* nicht oder nur in geringem Umfang gesetzlich geregelt und werden – abgesehen vom z. T. an Wertpapierbör-sen angelehnten ungeregelten Freiverkehr – außerhalb von Wertpapierbörsen organisiert.

Diese Segmentierung ermöglicht abgestufte Ausprägungen von Anlegerschutz und Gütestem-peln hinsichtlich der Mindestqualität und -liquidität der gehandelten Finanzierungskontrakte (s. Koch/Schmidt (1981), S. 231-250 und Schmidt (1988), S. 41-42). Somit trägt die Segmen-tierung zu einer Vermeidung von Marktversagen und zu einer Reduzierung der Informations-unsicherheit der Investoren bei. Beispielsweise können Investoren bei Aktien, die in den etab-lierten Unternehmen vorbehaltenen Börsensegmenten gehandelt werden, davon ausgehen, dass ein im Vergleich zu Anteilen von nicht börsenreifen jungen Unternehmen relativ geringes Aus-fallrisiko durch Insolvenz besteht. Hierzu sind insbesondere die Zulassungsanforderungen (zu informellen Zulassungsanforderungen s. a. Oettingen (1990), S. 75-100; Oettingen (1995), Sp. 899-900 und Trobitz/Wilhelm (1998), S. 255) – und damit die Primärmarktfunktionen – der einzelnen Segmente unterschiedlich geregelt (s. ausführlich z. B. Baetge/Schlösser (1993), S. 226-244) Im folgenden wird nun betrachtet, inwieweit die einzelnen Segmente zur Finanzie-rung nicht börsenreifer Unternehmen in der Lage sind. Dieser Finanzierungsbedarf wird, um begriffliche Überschneidungen mit dem VC zu vermeiden, als Risikokapital bezeichnet.

4.1.1.1 Aufbringung von Risikokapital auf Wertpapierbörsen

In den mittels Wertpapierbörsen organisierten Segmenten des Kapitalmarktes können die Marktfunktionen (Marktausgleichs-, Selektions-, Primär- und Sekundärmarktfunktion) wei-testgehend praktisch realisiert werden. Wesentliche Gründe hierfür liegen im hohen Organisa-tionsgrad mit entsprechender Spezialisierung und Institutionalisierung der Marktteilnehmer, der Vereinfachung der Eigentumsübertragung bei einer zeitlichen und räumlichen Konzentrati-on des Handels sowie in der Homogenität der gehandelten Wertpapiere (vgl. Franke/Hax (1999), S. 58-63). Die Homogenisierung der gehandelten Finanzierungskontrakte durch Ver-briefung und Standardisierung von Titeln und Vertragsinhalten führt einerseits zu reduzierter Unsicherheit und geringeren Transaktionskosten (s. a. Schmidt (1988), S. 7-11), beschränkt aber andererseits für die Börsensegmente (inkl. ungeregelter Freiverkehr) den Zugang zu ex-ternem Eigenkapital auf Aktiengesellschaften sowie auf die in der Praxis seltene Finanzierung von Gesellschaften anderer Rechtsformen über Genussscheine (s. Rid-Niebler (1989), S. 64-79 und Zupancic (1989), S. 135-142 sowie allgemein zu rechtsformspezifischen Hemmnissen der externen Eigenfinanzierung a. Perridon/Steiner (1999), S. 350-354). Auch hierdurch werden Möglichkeiten zur Bereitstellung von Risikokapital begrenzt (s. a. Schmidt (1988), S. 42-44).

Zusätzlich werden in der Literatur zahlreiche, eine Beschaffung von Eigenkapital auf den Börsensegmenten des Kapitalmarktes erschwerende Argumente angeführt (s. für viele Schalek (1988), S. 163-174; Gerke et al. (1995), S. 93-98 und Jeschke (1995), S. 174-183): Da börsenfinanzierte Gesellschaften in aller Regel als Aktiengesellschaften geführt werden müssen, ergeben sich weitere *rechtsformspezifische Nachteile,* insbesondere die gegenüber der GmbH und den Personengesellschaften erhöhten Mitbestimmungspflichten und die durch Aufsichtsrat und Hauptversammlung verursachten Kosten (vgl. Schalek (1988), S. 163-165 und Jeschke (1995), S. 177-179). Gravierende rechtsformabhängige Unterschiede, die sich als Vor- oder auch Nachteil auswirken können, ergeben sich im Vergleich zu Personengesellschaften auch bei der Besteuerung (s. z. B. Weichert (1987), S. 75-116 und Gerke et al. (1995), S. 93). Weiterhin kommt es mit der Börseneinführung zu einem relativ starken *Rückgang des Einflusses* der Altgesellschafter, da diese nicht nur eine Kapitalbeteiligung veräußern, sondern – abgesehen vom Fall vinkulierter Namensaktien – auch die Kontrolle über sekundäre Transaktionen aufgeben. Durch die Börsenemission entstehen *Emissionskosten* (ca. 5-13% des Emissionsbetrages) und bei Erstemissionen zusätzlich die Gefahr des „Underpricings" (ca. 10 - 20 % des Emissionsbetrages) (s. Oettingen (1990), S. 46). Die Problematik der Emissionskosten trifft allerdings junge wie etablierte Unternehmen gleichermaßen. Außerdem wäre zu hinterfragen, ob den Emissionskosten nicht erheblich höhere Nutzenzuwächse durch den Organisationsgrad und die Transparenz der Wertpapierbörsen gegenüberstehen.

Neben diesen grundsätzlichen Hemmnissen schränken aber auch die Regularien der einzelnen Börsensegmente deren Finanzierungsfunktionen ein. Im amtlichen Handel, dem geregelten Markt und dem Neuen Markt können Zulassungsanträge von Kreditinstituten gestellt werden, während der Kreis der Zulassungsantragsberechtigten für die übrigen Segmente des Eigenkapitalmarktes rechtlich nicht vergleichbar eng eingegrenzt ist. Weiterhin ist im amtlichen Handel ein Unternehmensprospekt und in den beiden anderen Börsensegmenten ein Unternehmensbericht mit geregeltem Mindestinhalt und Haftung des Emissionsbegleiters für wissentlich oder grob fahrlässig falsche Informationen erforderlich. Die Anforderungen an Verkaufsprospekte für Wertpapiere im amtlichen Handel sind in der Börsenzulassungs-Verordnung vom 17.6.1996 und im Verkaufsprospektgesetz vom 17.6.1996 sowie für öffentlich angebotene Wertpapiere außerhalb des amtlichen Handels in der Verkaufsprospektverordnung vom 17.12.1990 geregelt. Zum amtlichen Handel werden nur relativ etablierte Unternehmen zugelassen, die seit mindestens 3 Jahren bestehen und ein Platzierungsvolumen von 1,25 Mio. € (Marktwert) erreichen. Für den geregelten Markt sind die Anforderungen auf 0,25 Mio. € (Nennwert) Platzierungsvolumen und de facto 1 Jahr Unternehmenshistorie festgelegt. Beim Neuen Markt wird dagegen sogar ein minimaler voraussichtlicher Marktwert von 5 Mio. € erwartet. Durch diese Regelung für den Neuen Markt dürften allerdings primär die ohnehin bestehenden Usancen des geregelten Marktes stärker kodifiziert werden. Damit wird allerdings die Finanzierung junger Unternehmen über Wertpapierbörsen schon aus formalen Gründen erschwert (zur weitergehenden Kritik am deutschen Aktienmarkt s. a. Loehr (1993), S. 129-130).

Trotz aller den Börsengang erschwerenden Hürden, hat sich in den Jahren 1998 und 1999 eine boomartige Zunahme der Erstemissionen an Wertpapierbörsen entwickelt, die vor allem vom jungen Unternehmen getragen wird, die zum Neuen Markt zugelassen wurden (s. Abb. 4.1). Insgesamt hat sich die Zahl der Erstemissionen 1998 und 1999 gegenüber jeweiligen Vorjahr auf das ca. 2,5fache gesteigert. Bei den 167 Erstemissionen des Jahres 1999 an der Frankfurter Wertpapierbörse wurde ein Marktwert von insgesamt ca. 13 Mrd. €, d. h. durchschnittlich ca. 75 Mio. € pro Emission erzielt. Von den Emittenten werden 131 (78 %) zur Notierung am Neuen Markt zugelassen.

Abb. 4.1: Börsen-Erstemissionen an der Frankfurter Wertpapierbörse

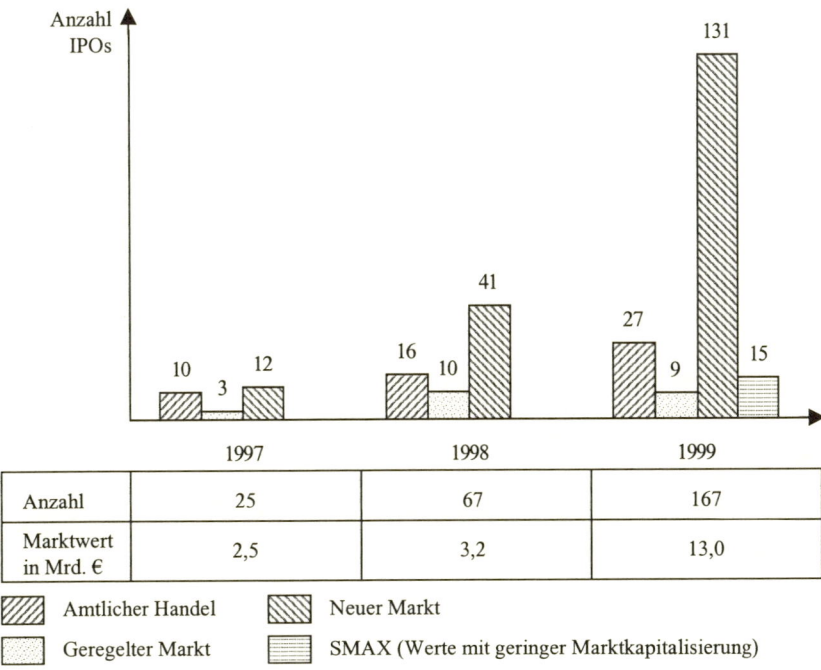

	1997	1998	1999
Anzahl	25	67	167
Marktwert in Mrd. €	2,5	3,2	13,0

Amtlicher Handel   Neuer Markt
Geregelter Markt   SMAX (Werte mit geringer Marktkapitalisierung)

Quelle: Deutsche Börse (2000a), S. 21.

Bemerkenswert ist, dass für die Zulassung zum Neuen Markt relativ hohe Anforderungen gestellt werden, um die Qualität der dort gehandelten Titel zu gewährleisten. Neben dem bereits in Tab. 4.1 dargestellen Quartalsbericht müssen im Neuen Markt (1) mindestens zwei Betreuer (= „Designated Sponsor") für jede Aktie Geld- und Brieflimits stellen und somit die Marktliquidität erhöhen, (2) Jahresabschlüsse nach den „International Accounting Standards" (IAS) oder „US Generally Accepted Accounting Principles" (US-GAAP) erstellt und Emissionspublizität auch in englischer Sprache gewährleistet werden und (3) Unternehmensinformationen auch über elektronische Medien verbreitet werden (s. Potthoff/Stuhlfauth (1997), S. 4-6; Francioni/Gutschlag (1998), S. 27-66; Benz/Kiwitz (1999), S. 47-68 und Deutsche Börse (2000b), S. 27, 31 u. 34). Es kann also davon ausgegangen werden, dass der Neue Markt die bisherigen Gütekategorien der deutschen Wertpapierbörsen um eine zusätzliche Abstufung erweitern wird, ohne sich dabei allerdings primär durch formale Merkmale zu differenzieren. Aufgrund der dabei nach wie vor zu erwartenden hohen Risikoaversion sind Tendenzen zur Substituierung des in Deutschland bestehenden VC-Markts durch den Neuen Markt unwahrscheinlich. Vielmehr stellt der Neue Markt eine zusätzliche Veräußerungsmöglichkeit für VCG dar.

Die Funktion als Desinvestitionsweg für junge Unternehmen nach einer VC-Finanzierung scheint der Neue Markt auch im europäischen Vergleich sehr gut zu erfüllen (s. Tab. 4.2). In Anlehnung an die seit 1971 bestehende US-amerikanische Börse NASDAQ (= „National Association of Securities Dealers Quotation") wurde 1996 in Brüssel die EASDAQ, eine auf Telekommunikations-, IT-, Software- und Biotechnologiewerte spezialisierte private Börse gegründet. Mit stärkerem Fokus auf junge Unternehmen – und als Reaktion einer in Europa etablierten Börse – wurde im Februar 1996 von der Pariser Wertpapierbörse der „Le Nouveau Marche" gegründet. In kurzer Folge entstanden danach im März 1997 der Neue Markt sowie in den Niederlanden der „EURO.NM Amsterdam" und im April 1997 in Brüssel der „EURO.NM Belgium". 1999 kam in Italien der „Nuovo Mercato" hinzu. Diese kontinentaleuropäischen Märkte arbeiten in der Dachorganisation „EURO.NM" zusammen. Gemessen an der Zahl der notierten Unternehmen am Jahresende 1999 waren der Neue Markt mit 184 Unternehmen und der Nouveau Marche mit 111 klar vor den übrigen Börsen für Wachstumsunternehmen positioniert. Noch deutlicher wird der Vorsprung des neuen Marktes, wenn man auf die Marktkapitalisierung oder die Marktrendite abstellt (s. Tab. 4.2). Mit einer durchschnittlichen Marktkapitalisierung pro Unternehmen von ca. 605 Mio. € wurden am Neuen Markt offenbar bereits größere Unternehmen zugelassen und/oder nach der Erstemission höhere Wertzuwächse realisiert als an den anderen Börsen. Der letztere Erklärungsansatz wird über die Marktrendite am Neuen Markt von durchschnittlich 113,4 % p. a. für die Jahre 1998 und 1999 anschaulich belegt. Diese Rendite übertrifft die anderen Märkte signifikant, deutet aber auch auf mögliche Übertreibungen des Kapitalmarktes hin.

Parallel zum Neuen Markt hat die Deutsche Börse für Unternehmen mit kleinerer Marktkapitalisierung, die im amtlichen Handel oder geregelten Markt notiert sind, das Qualitätssegment SMAX definiert. In diesem Segment gehandelte Unternehmen verpflichten sich ebenfalls zu Erstellung von Quartalsberichten, zur Erstellung von Jahresabschlüssen IAS oder US-GAAP und müssen mindestens einen Betreuer stellen. Mit 15 Erstemissionen im Jahr 1999 (s. Abb. 4.1) hat SMAX allerdings noch keine dem Neuen Markt vergleichbare Bedeutung erlangt. Außerdem haben einige Regionalbörsen ebenfalls besondere Segmente eingeführt.

Im geregelten Freiverkehr ohne entsprechende formale Restriktionen war das beobachtbare Angebot von Risikokapital traditionell sehr beschränkt, da sich Investoren und Kreditinstitute hier stark zurückhalten (s. Schmidt (1988), S. 38-39). Der ungeregelte Freiverkehr dient traditionell primär dem Handel mit Auslandsaktien, Investmentfonds und solchen inländischen Aktien, die lediglich an anderen inländischen Börsenplätzen zum amtlichen Handel, geregelten Markt oder geregelten Freiverkehr zugelassen sind, dagegen aber nur in untergeordnetem Umfang dem Handel mit Anteilen junger Unternehmen. Als Hemmnisse gegen eine Aufbringung

Tab. 4.2: Neue Aktienmärkte im europäischen Vergleich

Land	Deutschland	Frankreich	Niederlande	Belgien	Italien
Name	Neuer Markt	Le Nouveau Marche	EURO.NM Amsterdam	EURO.NM Belgium	Nuovo Mercato
Gründung	03/1997	02/1996	03/1997	04/1997	1999
Anzahl Unternehmen	184	111	13	13	6
Marktkapitalisierung Mrd. €	111,3	15,0	1,1	0,4	7,0
Durchschnittl. Marktrendite 1998 – 1999, % p.a.	113,4 %	72,5 %	45,9 %	2,1 %	–

Quelle: Marktstatistiken EURO.NM, Deutsche Börse. Stand: Jahresende 1999.

von Risikokapital in größerem Umfang im ungeregelten Freiverkehr gelten die undeutlichen Rechtsgrundlagen, der geringe Anlegerschutz und negative Erfahrungen bei Erstemissionen (vgl. a. Stedler (1987), S. 111). Neue Impulse sind hier von privatrechtlich organisierten und zumeist internetbasierten Handelsplattformen (z. B. www.publity.de) zu erwarten, die eine Notierung junger Unternehmen anbieten, die die Zulassungsvoraussetzungen und nachgelagerten Anforderungen des Neuen Marktes (noch) nicht erfüllen. Ob derartige Handelsplattformen das Vertrauen der Marktteilnehmer gewinnen und sich dauerhaft etablieren können, ist allerdings derzeit noch nicht fundiert zu beurteilen.

4.1.1.2 Aufbringung von Risikokapital auf dem VC-Markt

Der Venture Capital-Markt zielt auf die Finanzierung nicht börsenreifer Unternehmen ab. In diesem weitgehend unregulierten Segment existieren praktisch keine formellen Zulassungs- und Publizitätsanforderungen. Als Regulierungsansätze in Teilsegmenten des Venture Capital-Marktes können allerdings das Gesetz über Unternehmensbeteiligungsgesellschaften (UBGG) (vgl. Drukarczyk (1991), S. 529-531 und Ehlermann/Schüppen (1998), S. 1513-1522) und die öffentliche Förderung, z. B. durch ERP-Programme, angesehen werden (vgl. Bruhns (1992), S. 42-64 und ifo/bifego/et al. (1994), S. 47-48). Aufgrund des geringeren Organisationsgrades können hier die einzelnen Marktfunktionen auch nur weniger stringent umgesetzt werden. Die Marktausgleichs-, Selektions- und Primärmarktfunktionen werden im Einzelfall von intermediierenden Venture Capital-Gesellschaften oder auch durch direktes Zusammentreffen der Marktteilnehmer wahrgenommen. Die Sekundärmarktfunktion kann in diesem Marktsegment vor allem durch Börsenemission oder Verkauf an industrielle Investoren ausgefüllt werden. Zur Börsenemission vgl. kritisch Lucas (1994), S. 347-349. Zum Ausweichen auf ausländische Börsenmärkte vgl. Böndel/Dürand (1995), S. 78-79 und Rettenberg (1996), S. 44.

4.1.1.3 Aufbringung von Risikokapital auf dem grauen Kapitalmarkt

Der graue Kapitalmarkt gilt als gering organisiertes Marktsegment mit erheblicher Unsicherheit und hohen Betrugsrisiken, auf dem primär Anteile an Immobilien-, Schiffs- und Leasinggesellschaften in Form sogenannter Publikumspersonengesellschaften gehandelt werden (s. a. Schmidt (1991), S. 1395-1414). Hier stehen in der Regel Steuerreduzierungs- und –verlagerungseffekte für Privatinvestoren im Vordergrund. In diesem Marktsegment sind demnach nicht primär Finanzierungen unternehmerischer Vorhaben, sondern eher Arbitragegeschäfte unter Nutzung der Besteuerungsunterschiede zwischen natürlichen Personen und Unternehmen zu beobachten (s. Spannagel (1983), S. 186-202). Daher wird der graue Kapitalmarkt zur Finanzierung nicht börsenreifer Unternehmen nicht näher betrachtet. Eine Ausnahme bilden z. B. die Aktivitäten der Glasauer Unternehmensbeteiligungen (GUB)-Gruppe, die VC-Fonds als Publikumspersonengesellschaften am grauen Kapitalmarkt platziert.

4.1.1.4 Hemmnisse der Eigenfinanzierung nicht börsenreifer Unternehmen

Neben den zuvor dargestellten marktsegmentspezifischen Anforderungen werden als weiteres wesentliches Hemmnis für externe Eigenfinanzierung junger Unternehmen hohe *Informationsasymmetrien* zwischen kapitalnachfragenden Unternehmen und potentiellen (Beteiligungs-)Kapitalgebern gesehen (vgl. Chan (1983), S. 1548-1551; Hartmann-Wendels (1987), S. 17). Hauptursachen dieser Informationsasymmetrien sind (1) die bei jungen Unternehmen bestenfalls in geringem Umfang vorhandenen historischen Unternehmensinformationen (z. B. Jahresabschlussdaten, Referenzen des Managements), (2) die hohen Unsicherheiten bei der Abschätzung des Ertragspotentials aufgrund oftmals nicht vorliegender Erfahrungen mit gleichartigen oder ähnlichen Projekten, besonders bei innovativen und/oder noch in der Entwicklung befindlichen Produkten und (3) die für kleine Unternehmen – in Abhängigkeit der Schwellenwerte des § 267 HGB – geringen Publizitätsanforderungen. In der Folge werden junge Unternehmen am Kapitalmarkt insbesondere dann strukturell benachteiligt, wenn nicht sichergestellt wird, dass die Informationsasymmetrien aufgehoben oder zumindest soweit verringert werden, dass objektiv rentable Projekte von potentiellen Investoren auch als solche erkannt werden. Kann dieses Problem nicht zufriedenstellend gelöst werden, so ergeben sich bei der Finanzierung junger Unternehmen Ineffizienzen des Kapitalmarktes bis hin zum Marktversagen.

Parallel zu den diskutierten Nachteilen nicht börsenreifer, speziell junger Unternehmen bei der Beschaffung von externem Eigenkapital muss davon ausgegangen werden, dass auch die Aufbringung von Fremdkapital für diese Unternehmen mit Schwierigkeiten verbunden ist. Als Hauptgrund hierfür gelten mangelnde Sicherheiten sowie losgrößenabhängige Bankkonditionen (vgl. Gerke (1993a), S. 620-621), aufgrund derer es Großunternehmen in der Praxis zumeist gelingt, Fremdkapital von Kreditinstituten zu günstigeren Konditionen zu erhalten, als dies für mittlere und kleine Unternehmen möglich ist. Losgrößenabhängige Bankkonditionen entstehen, da die mit der Kreditwürdigkeitsprüfung von zahlreichen Unternehmen mit kleinem Fremdkapitalbedarf verbundenen Aufwendungen und Unsicherheiten in der Regel nicht durch den Vorteil einer im Vergleich zu wenigen Großkrediten verbesserten Diversifikation des Kreditportfolios ausgeglichen werden können. Zudem haben Großunternehmen teilweise direkten

Zugang zu Geld- und Kapitalmärkten (z. B. durch Eigenemission von Geldmarktpapieren und Anleihen), was deren Verhandlungsposition gegenüber Kreditinstituten selbst dann stärkt, wenn sie im Einzelfall nicht von der direkten Marktzugangsmöglichkeit Gebrauch machen. Aufgrund des intensiven Wettbewerbs unter den Kreditinstituten werden die Nachteile nicht börsenreifer Unternehmen auf dem Fremdkapitalmarkt aber als im Vergleich zur Situation auf dem Markt für externes Eigenkapital als weniger problematisch eingeschätzt.

Geht man auf Basis der angeführten Überlegungen davon aus, dass nicht börsenreife Unternehmen externes Eigenkapital primär am VC-Markt beschaffen können, muss geklärt werden, wie dieses Kapitalmarktsegment strukturiert ist und welche Marktteilnehmer in den einzelnen Segmenten aktiv sind.

4.1.2 VC-Markt: Segmentierung und Teilnehmer

Der Venture Capital-Markt, der als Segment des Marktes für externes Eigenkapital aufgefasst wird, lässt sich wiederum in Untersegmente einteilen, die sich primär durch die jeweils vorkommenden Marktteilnehmer, speziell die Finanzintermediäre, unterscheiden.

Als *Finanzintermediäre* können Institutionen bezeichnet werden, die im Rahmen von Finanzbeziehungen in eigenständige Vertragsverhältnisse mit Investoren einerseits und Eigen- und Fremdkapitalnehmern andererseits eintreten (vgl. Draper/Hoag (1978), S. 595-596; Scholtens (1993), S. 112-140 und Gerke/Pfeufer (1995), Sp. 728). Dazu nehmen die Intermediäre Zahlungsmittel der Kapitalanbieter entgegen (= Anlageleistung) und stellen diese den Kapitalnachfragern zur Verfügung (= Finanzierungsleistung). Somit werden durch die Intermediation direkte Finanzbeziehungen zwischen Kapitalanbietern und -nachfragern durch indirekte Finanzbeziehungen ersetzt. Bedeutende Arten von Finanzintermediären sind Kreditinstitute, (Lebens-) Versicherungen, Kapitalanlagegesellschaften, Pensionsfonds, Bausparkassen, Leasing- und Factoringgesellschaften und selbstverständlich VCG (vgl. für viele Gerke/Philipp (1985), S. 34-35; Bitz (1989), S. 430-431 und Gerke/Pfeufer (1995), Sp. 728). Weiterhin lassen sich *echte Intermediäre,* die jeweils mit mehreren Kapitalnachfragern und -anbietern zusammenarbeiten, von *unechten Intermediären* unterscheiden, die als Tochtergesellschaften eines Investors von einem einzelnen Kapitalanbieter abhängen.

Nach dem hier vertretenen Verständnis lassen sich vier wesentliche Segmente des Venture Capital-Marktes voneinander abgrenzen (s. Tab. 4.3): (1) der Markt der Unternehmensbeteiligungsgesellschaften, (2) der Markt der übrigen Venture Capital-Gesellschaften, (3) der Markt für Corporate Venturing und (4) der informelle Venture Capital-Markt.

Im Marktsegment der *Unternehmensbeteiligungsgesellschaften* sind die Intermediäre durch das Gesetz über Unternehmensbeteiligungsgesellschaften (UBGG) reguliert. Hierdurch handelt es sich um das Segment des deutschen Venture Capital-Marktes mit dem höchsten Organisationsgrad, da durch Anlagegrundsätze und -grenzen sichergestellt ist, dass Unternehmensbeteiligungsgesellschaften entweder als echte Intermediäre auftreten, die nicht vollständig einem ein

Tab. 4.3: Segmente des VC-Marktes

	Markt der Unternehmens-beteiligungs-gesellschaften	Markt der übrigen Venture Capital-Gesellschaften	Markt für Corporate Venturing	Informeller Venture Capital-Markt
Intermediäre	• Unternehmens-beteiligungs-gesellschaften	• Universal-beteiligungs-gesellschaften • Öffentlich geför-derte Kapital-beteiligungs-gesellschaften	• I. d. R. keine Intermediäre • Ggf. spezialisier-te Corporate Venturing-Gesellschaften	• I. d. R. keine Intermediäre • Ggf. Kapital-vermittler und Treuhänder
Zahl der an einer Transaktion beteiligten Investoren (ggf. indirekt)	Investorenmehrheiten oder Einzelinvestoren		I. d. R. Einzelinvestoren	
Investiertes Beteiligungs-volumen in Deutschland 1998	~ 1,5 Mrd. DM	~ 9,0 Mrd. DM, davon ~ 1,7 Mrd. DM öffentlich gefördert	< 900 Mio. DM	< 450 Mio. DM

Quelle: Beteiligungsvolumen nach BVK (1999), S. 23, eigene Analysen.

zelnen Investor zuzurechnen sind (= offene UBG) oder zumindest in Unternehmen mit einer natürlichen Person als Gesellschafter-Geschäftsführer investieren (= integrierte UBG).

Im Marktsegment der *übrigen Venture Capital-Gesellschaften* agieren Universalbeteiligungs-gesellschaften und öffentlich geförderte Kapitalbeteiligungsgesellschaften als Intermediäre. Dieses Marktsegment ist nicht durch spezifische Rechtsvorschriften reguliert. Bei den hier vorkommenden Intermediären handelt es sich nur zum Teil um echte Intermediäre, die aktiv Kapital von mehreren Investoren einwerben. Zusätzlich treten zahlreiche unechte Intermediäre auf, also (1) Tochtergesellschaften einzelner Unternehmen, z. B. Banken oder Versicherungen, die lediglich das Kapital ihres festgelegten Eigentümerkreises investieren oder (2) Intermediäre in Staatsbesitz, z. B. die Mittelständischen Beteiligungsgesellschaften der Bundesländer.

Beim *Corporate Venturing* investieren Industrieunternehmen aktiv Risikokapital in nicht bör-senreife bzw. junge Unternehmen. Dies geschieht nicht unmittelbar und ausschließlich aus fi-nanziellen Motiven, da man derartige Aktivitäten andernfalls dem Markt der übrigen VCG zuordnen würde. Industrieunternehmen versuchen sich durch Corporate Venturing häufig vielmehr den Zugang zu Schlüsselressourcen, z. B. neuen Technologien und Vertriebskanälen, zu sichern. Hierzu werden in der Regel unechte Intermediäre, also Corporate Venturing-Toch-tergesellschaften, eingesetzt. Transaktionen können aber auch ohne Hinzuziehung von Inter-mediären direkt zwischen Investor und Kapitalnehmer durchgeführt werden.

Von *informellem Venture Capital* spricht man, wenn Venture Capital von (Einzel-)Investoren außerhalb der standardisierten Venture Capital-Märkte vergeben wird. Dementsprechend werden hier in aller Regel auch keine Intermediäre herangezogen. Als Ausnahme kommt lediglich die Konstruktion des primär steuerlich motivierten Quasi-Fonds (vgl. Fischer (1987), S. 11-12 u. 22-23) in Betracht, bei dem in der Regel Banken als Kapitalvermittler und Treuhänder für Einzelpersonen oder kleine Gruppen von Fondsinvestoren auftreten. Hierbei handelt es sich um das Marktsegment mit dem vergleichsweise geringsten Organisationsgrad.

Aufbauend auf diesem Verständnis des VC-Marktes als Segment des Eigenkapitalmarktes, werden nun die wichtigsten in diesem Segment geltenden Rahmenbedingungen beschrieben.

4.2 Rechtliche, steuerliche und gesellschaftliche Rahmenbedingungen für VC in Deutschland

Wesentliche rechtliche Rahmenbedingungen für Venture Capital werden in Deutschland durch das Gesetz über Unternehmensbeteiligungsgesellschaften sowie prinzipiell auch über die im Gesetz über Kapitalanlagegesellschaften geregelten Beteiligungs-Sondervermögen gesetzt, da hierdurch Typen von Intermediären definiert werden. Dieser Definition kommt auch eine Signalwirkung für die formal kaum regulierten Teilmärkte zu. Wesentlich sind ferner die besonderen Regeln über eigenkapitalersetzende Gesellschafterdarlehen, da diesen – bei VC-Finanzierungen häufig genutzten – Darlehen z. T. eine erhöhte Haftungsfunktion zukommt. Von Bedeutung sind auch die Steuerregeln für VCG, die nicht als Unternehmensbeteiligungsgesellschaft oder Beteiligungs-Sondervermögen privilegiert sind. Schließlich werden in diesem Abschnitt auch wesentliche gesellschaftliche Rahmenbedingungen angeschnitten, die für VC-Finanzierungen und VCG relevant sind.

Eine Kenntnis der bestehenden Rahmenbedingungen ist ein wichtiger Bestandteil der eigenen Untersuchung, damit (a) ein tiefgreifendes Verständnis für zu erwartende Erfolgszusammenhänge bei VC-Finanzierungen geschaffen und (b) geeignete Vorschläge zur Weiterentwicklung der Rahmenbedingungen abgeleitet werden können. Diesbezügliche Gestaltungsvorschläge sollen sowohl die zu gewinnenden Erkenntnisse zu Erfolgsbestimmungsgrößen spezifisch berücksichtigen als auch den ansonsten literaturgestützten und empirischen Methodenfächer um theoretische Überlegungen erweitern.

4.2.1 Gesetz über Unternehmensbeteiligungsgesellschaften (UBGG)

Das Gesetz über Unternehmensbeteiligungsgesellschaften (UBGG) schafft den Rahmen für eine Gruppe von VCG (s. Tab. 4.3), die sogenannten Unternehmensbeteiligungsgesellschaften (UBG), die einer spezifischen gesetzlichen Ordnung und behördlichen Aufsicht unterworfen sind (s. z. B. Kürten (1990), S. 6-37; Drukarczyk (1991), S. 529-531 und Köhler (1992), S. 39-43). Das UBGG wurde in erster Linie eingeführt, um die Eigenkapitalfinanzierung von kleinen und mittleren Unternehmen, die keinen direkten Zugang zu den organisierten Kapitalmärkten besitzen, zu verbessern (s. Deutscher Bundestag (1985), S. 1 u. 12.). Das UBGG stammt vom

17. Dezember 1986. Es wurde durch das zweite Finanzmarktförderungsgesetz vom 5.10.1994 dereguliert und durch das dritte Finanzmarktförderungsgesetz vom 24.3.1998 grundlegend novelliert (s. Deutscher Bundestag (1994), S. 4 und Deutscher Bundestag (1997b), S. 3).

Die Anerkennung einer VCG als Unternehmensbeteiligungsgesellschaft ist an eine Reihe von Voraussetzungen gebunden, erschließt aber andererseits einen Vorzug bei der Gewerbesteuer und Bezeichnungsschutz (s. Abb. 4.2).

Unternehmensbeteiligungsgesellschaften dürfen in der Rechtsform der Aktiengesellschaft, Gesellschaft mit beschränkter Haftung, Kommanditgesellschaft oder Kommanditgesellschaft auf Aktien betrieben werden. Zudem ist der satzungsgemäße Unternehmensgegenstand einer UBG im Gesetz festgelegt. Hierdurch wird sichergestellt, dass (1) die Zielsetzung einer Verbesserung der Eigenkapitalfinanzierung kleiner und mittlerer Unternehmen auch tatsächlich verfolgt wird und (2) zum Schutz der Aktionäre weder Vorstand noch Aufsichtsrat auf die Anerkennung als Unternehmensbeteiligungsgesellschaft verzichten können (s. Deutscher Bundestag (1985), S. 17). Im Rahmen der *Anlagegrenzen* (§ 4) wird zunächst die Risikostreuung der UBG festgelegt, indem die Anschaffungskosten jeder Beteiligung zum Erwerbszeitpunkt maximal 30 % der UBG-Bilanzsumme betragen dürfen. Weiterhin wird die Beteiligung an börsennotierten Unternehmen dadurch begrenzt, dass solche Beteiligungen nur erworben werden dürfen, sofern die Summe aus Anschaffungskosten und Buchwerten aller börsennotierten Beteiligungen 30 % der UBG-Bilanzsumme nicht überschreitet. Beteiligungen an börsennotierten Unternehmen mit einer Bilanzsumme von mehr als 500 Mio. DM dürfen überhaupt nicht erworben werden. Ebenfalls auf insgesamt 30 % der UBG-Bilanzsumme ist der Erwerb von Beteiligungen an Unternehmen außerhalb des europäischen Wirtschaftsraums begrenzt. Außerdem wird die Beteiligungsdauer grundsätzlich auf 12 Jahre beschränkt. Ausnahmeregelungen bestehen für länger gehaltene Beteiligungen mit einem Buchwert von zusammen bis zu 30 % der UBG-Bilanzsumme. Die Darlehensgewährung an Portfoliounternehmen ist in jedem Einzelfall auf die dreifachen Anschaffungskosten und insgesamt auf 30 % der UBG-Bilanzsumme limitiert.

Mit der UBGG-Novelle durch das dritte Finanzmarktförderungsgesetz, wurden zwei Typen von UBG definiert und mit abgestuften Spezialnormen belegt. *Offene UBG* (§ 7 Abs. 1) verfügen über einen breiten Gesellschafterkreis, bei dem kein Gesellschafter mehr als 40 % des Kapitals oder der Stimmrechte hält. Diese Regeln über den Gesellschafterkreis sind innerhalb von 5 Jahren nach Anerkennung der UBG zu erfüllen. Hierdurch wird die vor der Novelle vorhandene Pflicht zum öffentlichen Angebot von Aktien der UBG in stark abgemilderter Form nachgebildet. Auch durch die neue Regelung soll verhindert werden, dass Holdinggesellschaften die Privilegien der UBG nutzen. Offene UBG sollen Minderheitsbeteiligungen erwerben (§ 4 Abs. 3). Eine vorübergehende Mehrheitsbeteiligung kann bei nicht börsennotierten PU – z. B. für Anschubinvestitionen oder zur Behebung wirtschaftlicher Schwierigkeiten – einmalig eingegangen werden, muss aber innerhalb von 8 Jahren zurückgeführt werden. *Integrierte UBG* unterliegen dagegen keinen Beschränkungen zum Gesellschafterkreis. Bei integrierten UBG wird Missbrauch durch Holdinggesellschaften dadurch verhindert, dass nur Beteiligungen an Unter-

**Abb. 4.2: Wichtige Regelungen des Gesetzes über Unternehmens-
beteiligungsgesellschaften (UBGG)**

Voraussetzungen zur Anerkennung als Unternehmensbeteiligungsgesellschaft (UBG)

- Rechtsform AG, GmbH, KG oder KGaA (§ 2 Abs. 1)
- Festgelegter Unternehmensgegenstand (§ 2 Abs. 2)
- Sitz und Geschäftsleitung im Inland (§ 2 Abs. 3)
- Grund- und Stammkapital mindestens 2 Mio. DM (§ 2 Abs. 4)
- Anlagegrenzen nach Anschaffungskosten/Buchwert in Prozent der Bilanzsumme der UBG
  - Beteiligung an einem Unternehmen max. 30 % (§ 4 Abs. 1)
  - Beteiligung an allen börsenorientierten Unternehmen zusammen max. 30 % (§ 4 Abs. 2)
  - Beteiligung an allen Unternehmen außerhalb EU/EWR zusammen max. 30 % (§ 4 Abs. 5)
  - Alle länger als 12 Jahre gehaltenen Beteiligungen zusammen max. 30 % (§ 4 Abs. 6)
- Begrenzte Darlehensgewährung bis zu den dreifachen Anschaffungskosten einer Beteiligung im Einzelfall bzw. bis zu max. 30 % der Bilanzsumme der UBG (§ 4 Abs. 7)

Spezialnormen für offene UBG

- Breiter Gesellschaftskreis der UBG, kein Gesellschafter > 40 % des Kapitals oder der Stimmrechte, Übergangsfrist von 5 Jahren (§ 7 Abs. 1)
- Anteilserwerb von max. 49 % der Stimmrechte (Übergangsfrist von 8 Jahren nach einmaliger Überschreitung) (§ 4 Abs. 3)

Spezialnormen für integrierte UBG

- Nur Beteiligung an Unternehmen mit einer natürlichen Person als Gesellschafter-Geschäftsführer (§ 4 Abs. 4 Satz 1)
- Anteilserwerb von max. 49 % der Stimmrechte. Übergangsfrist von 1 Jahr nach Erwerb (§ 4 Abs. 4 Satz 2)

Statusspezifische Vorzüge der Unternehmensbeteiligungsgesellschaft

- Befreiung von der Gewerbesteuer für die UBG (§ 3 Nr. 23 GewStG) und ggf. Eigentümer, die mindestens 10 % der UBG-Anteile halten (§§ 9 Nr. 2 a und 12 Abs. 3 Nr. 2 a GewStG)
- Bezeichnungsschutz (§ 20)

---

nehmen mit einer natürlichen Person als Gesellschafter-Geschäftsführer erworben werden dürfen (§ 4 Abs. 4 Satz 1). Außerdem muss der Gesellschafter-Geschäftsführer über mindestens 10 % der Stimmrechte des PU verfügen. Auch integrierte UBG sollen Minderheitsbeteiligungen erwerben (§ 4 Abs. 4 Satz 2). Im Gegensatz zu offenen UBG müssen bei ihnen aber temporäre Mehrheitsbeteiligungen innerhalb eines Jahres zurückgeführt werden.

Im Gegenzug erhalten UBG zwei statusspezifische Vorzüge. *Erstens* sind UBG von der Gewerbesteuer befreit (§ 3 Nr. 23 GewStG). Ebenso sind Eigentümer, die mindestens 10 % der UBG-Anteile halten, von der anteiligen Gewerbesteuer befreit (§ 9 Nr. 2 a und § 12 Abs. 3 Nr. 2 a GewStG). Damit wird sichergestellt, dass das Schachtelprivileg der Gewerbesteuer faktisch gewährt wird, obwohl es sich bei der UBG um eine steuerbefreite Kapitalgesellschaft handelt. Allerdings erhöht sich die Gewerbesteuerbelastung bei typisch stillen Beteiligungen, da nach § 8 Nr. 3 GewStG die Gewinnanteile der UBG dem Gewerbeertrag des Beteiligungsunternehmens zugerechnet werden (vgl. insgesamt Bilstein (1989), S. 68-69). Durch diese Steuervergünstigung werden Nachteile einer indirekten Beteiligung an nicht börsenreifen Unternehmen zu einem kleinen Teil abgebaut. *Zweitens* genießen UBG Bezeichnungsschutz (§ 20), um einer Irreführung des Publikums entgegenzuwirken (s. Deutscher Bundestag (1985), S. 28). Der

Steuervorteil entfällt allerdings mit einem eventuellen Erlöschen der Anerkennung auch rück-
wirkend, soweit er die UBG direkt betrifft. Kritisch anzumerken ist, dass (1) die Möglichkeit
zur Verrechnung von Verlusten mit anderen Einkunftsquellen/-arten durch die Kapitalgeber
und (2) die Steuerfreiheit bestimmter Veräußerungsgewinne (s. u.) nicht hergestellt werden.

Die Frage, ob die statusspezifischen Vorzüge die umfangreichen Anforderungen, die an UBG
gestellt werden, aufwiegen können, ist eine Kernfrage der betriebswirtschaftlichen Diskussion
zur Relevanz von UBG (s. Marsch-Barner (1990), S. 297-313; Köhler (1992), S. 40-42 und
Ehlermann/Schüppen (1998), S. 1522). Dabei ist zunächst zu berücksichtigen, dass das UBGG
vor der Einführung des zweiten Finanzmarktförderungsgesetzes erheblich restriktivere Vorschriften vorsah. Unternehmensbeteiligungsgesellschaften waren ursprünglich verpflichtet, ihre
eigenen Aktien nach Ablauf einer Frist öffentlich anzubieten. Dementsprechend konnten UBG
nur als Aktiengesellschaft geführt werden. Außerdem haben sich die ursprünglich definierten
Anlage- und Refinanzierungsspielräume als zu eng erwiesen. Wesentliche – 1994 umgesetzte –
Deregulierungsmaßnahmen waren daher (s. Deutscher Bundestag (1994), S. 4):

- Zulassung von Beteiligungen der UBG an Unternehmen in anderen Mitgliedstaaten der
  EU und der übrigen Staaten des EWR sowie – unter bestimmten Voraussetzungen – aus
  Drittstaaten.

- Zulassung von Beteiligungen der UBG an börsennotierten Unternehmen, an denen die
  UBG beteiligt ist oder höchstens 5 Jahre vor dem Erwerb beteiligt war, im Rahmen der
  „Nachpflege".

- Liberalisierung von Anlagegrenzen

  – Anhebung der Maximalgrenze einzelner Beteiligungen auf 20 % der UBG-Bilanz-
    summe anstelle des UBG-Eigenkapitals. Ausrichtung auf die UBG-Bilanzsumme
    auch bei Grenzen für die Vergabe von Darlehen und für den Erwerb von Schuld-
    verschreibungen.

  – Erleichterung befristeter Mehrheitsbeteiligungen.

  – Wegfall der Beschränkung des Aktienerwerbs.

  – Anhebung des Spielraums für Darlehensgewährung auf die dreifachen PU-An-
    schaffungskosten anstelle des PU-Buchwertes.

- Flexibilisierung der Refinanzierungsmöglichkeiten der UBG durch Erlaubnis der Bege-
  bung von Schuldverschreibungen, Erweiterung des Rahmens für Kredite und Schuldverschreibungen auf 50 % des Eigenkapitals (zuvor 30 %) und Wegfall der Auflage, dass
  bei der Kreditaufnahme 80 % des Eigenkapitals in Beteiligungen angelegt sein müssen.

- Verzicht auf die Pflicht zur Offenlegung der Gewinnanteile einzelner Beteiligungen im
  Falle der Börseneinführung der UBG, statt dessen Angaben über die Erträge der letzten 3
  Geschäftsjahre aus sämtlichen Beteiligungen zusammengefasst.

Obwohl mit der Deregulierung des UBGG 1994 wesentliche Kritikpunkte der in Wissenschaft
und Praxis vorausgegangenen Diskussion adressiert wurden, blieb eine Reihe von Problemen
bestehen. Adressiert wurden die Kritikpunkte insbesondere durch (1) den Bezug auf die Bilanzsumme anstelle des Eigenkapitals in den Anlagegrenzen, (2) die erweiterten Möglichkeiten

zur vorübergehenden Mehrheitsübernahme, die z. B. MBO- und MBI-Transaktionen erleichtert, (3) die Erweiterung der Kreditaufnahme und (4) die Erleichterungen bei der Publizität von Ergebnissen einzelner Beteiligungen (vgl. Kürten (1990), S. 237-238; Marsch-Barner (1990), S. 297-313 und Köhler (1992), S. 40-42). Allerdings wurde als Alternative zur Beschränkung auf die Rechtsform der Aktiengesellschaft für UBG bereits im ursprünglichen Gesetzgebungsverfahren vom Bundesrat vorgeschlagen, GmbH-UBG zuzulassen, „die sich auch über die Ausgabe von Genussscheinen refinanzieren können" (s. Deutscher Bundestag (1985), S. 34). Fraglich war und ist weiterhin, ob das Mindestgrundkapital von 2 Mio. DM ein hinreichend diversifiziertes Portfolio und einen rentablen Geschäftsbetrieb zulässt (vgl. Deutscher Bundestag (1985), S. 35; Marsch-Barner (1990), S. 297-298 und Drukarczyk (1991), S. 530-531). Auch die Höhe der Angebotspflicht von 70 % der Aktien der UBG wurde kritisch beurteilt (s. o. V. (1996), S. 4). Berücksichtigt man allerdings, dass auch UBG bis zu 50 % ihres Grundkapitals als Vorzugsaktien ohne Stimmrecht ausgeben dürfen (§ 139 Abs. 2 AktG), so konnte ein Initiator einer UBG, der diese Möglichkeit voll ausschöpft, alle Vorzugsaktien und 40 % der Stammaktien öffentlich anbieten und dabei den Anforderungen des § 9 UBGG voll nachkommen, obwohl er dauerhaft über 60 % der Stimmrechte verfügt (vgl. Bilstein (1989), S. 59; Marsch-Barner (1990), S. 311-312 und Drukarczyk (1991), S. 531). Diskutiert wurde ebenfalls, ob die Mindestanzahl von 10 PU einen im Vergleich zu Aktienfonds oder Beteiligungs-Sondervermögen hinreichenden Anlegerschutz durch Risikodiversifikation sicherstellt (Gerke/ Schöner (1988), S. 206-211). Schließlich verbleiben auch steuerliche Nachteile einer indirekten Beteiligung über UBG im Vergleich zur Direktinvestition (s. ausführlich Kürten (1990), S. 239-263). So können Verluste bei mitunternehmerischer Direktbeteiligung auch bei beschränkter Haftung (§ 15 a EStG) dem Investor zugewiesen und von diesem mit anderen Gewinnen verrechnet, zurück- bzw. vorgetragen werden (§ 10 d EStG). Diese Möglichkeit entfällt durch Zwischenschaltung der UBG, da diese als Kapitalgesellschaft Verluste nicht den Investoren zuweisen kann. Weiterhin bleiben Gewinne aus der Veräußerung von Anteilen an Kapitalgesellschaften, sofern es sich nicht um wesentliche Beteiligungen oder Spekulationsgeschäfte handelt, bei Privatanlegern steuerfrei (§§ 17 und 23 EStG), während diese bei UBG der Körperschaftsteuer unterliegen (vgl. Gerke/Schöner (1988), S. 199). Unter den Kritikpunkten ist insbesondere der Besteuerungsaspekt wesentlich, da eigene Gestaltungs- und Anpassungsmaßnahmen der UBG hier keine Abhilfe schaffen können.

Die durch die Aktivität der UBG erzielten Ergebnisse wurden vor der Deregulierung des UBGG 1994 sehr kritisch beurteilt (s. Kürten (1990), S. 277-280; Marsch-Barner (1990), S. 313 und Köhler (1992), S. 39-40). Problematisch war vor allem, dass in den ersten 9 Jahren nach Inkrafttreten des UBGG lediglich 14 UBG anerkannt wurden, von denen damals nur die Deutsche Beteiligungs AG (DBAG) börsennotiert war (vgl. Karsch (1993), S. 27). Demgegenüber haben seit der Deregulierung mehrere UBG auf die Anerkennung verzichtet (z. B. AGU Aktiengesellschaft für Unternehmensbeteiligungen) bzw. wurden aufgelöst (z. B. UBW Unternehmensbeteiligungsgesellschaft Baden-Württemberg AG). Immerhin stellten UBG aber 1994 ca. 6,5 % des von den im Bundesverband deutscher Kapitalbeteiligungsgesellschaften (BVK) organisierten VCG investierten Kapitals bereit und konnten nach den öffentlich geförderten KBG den zweitgrößten Zuwachs im Jahresvergleich erzielen (s. BVK (1995), S. 120).

Um die mit dem UBGG beabsichtigte gezielte Privilegierung von VC-Intermediären zügig voranzutreiben, lagen nach der Deregulierung 1994 zwei Punkte für eine weitere Novellierung nahe (s. Schefczyk (2000), S. 63-64):

1. Ausdehnung der Privilegien des UBG auf VCG anderer Rechtsformen (GmbH und GmbH & Co. KG), da somit die Beteiligungsfinanzierung auf breiterer Basis erleichtert werden kann. Hierzu muss nicht – wie im UBGG geschehen – zwingend darauf abgestellt werden, dass sich die VCG mittelfristig selbst über die Börse finanziert und daher als AG zu führen ist. Mitnahmeeffekte der gewährten Privilegien durch Holdinggesellschaften können z. B. auch durch die Regeln zur Portfoliodiversifizierung und zum Gesellschafterkreis verhindert werden.

2. Behebung von steuerlichen Nachteilen, insbesondere bei Gewinnen aus der Veräußerung von Beteiligungen, und zwar durch

    –   Freistellung von Ausschüttungen entsprechender Gewinne von der Körperschaftsteuer, so dass die Einschaltung einer VCG als Intermediär im Vergleich zur Direktbeteiligung – z. B. bei Privatanlegern – keine steuerlichen Nachteile mehr mit sich bringt oder

    –   Abbau der steuerlichen Begünstigung einzelner Anlageformen insbesondere durch Beseitigung *aller* Ausnahmen bei der Besteuerung von Kapitalgewinnen sowie durch die Abschaffung von Sonderabschreibungen und anderer Steuervergünstigungen (vgl. Kaufmann/Kokalj (1996), S. 81-83).

Mit der Novellierung des UBGG durch das dritte Finanzmarktförderungsgesetz wurde 1998 der erste dieser Punkte konsequent umgesetzt. Insgesamt wurden folgende wesentlichen Novellierungsmaßnahmen verwirklicht (s. Deutscher Bundestag (1997b), S. 3):

•   Steuerliche Entlastung der UBG durch Verkürzung der Haltefrist für ein Portfoliounternehmen nach einer steuerneutralen Übertragung von Veräußerungsgewinnen von sechs Jahren auf ein Jahr.

•   Verzicht auf den Zwang zum öffentlichen Angebot von Aktien der UBG und Zulassung der GmbH, KG und KGaA als Rechtsform für eine UBG. Ersatz durch Festlegung eines breiten Gesellschafterkreises (= offene UBG) oder Einschränkung auf PU mit natürlicher Person als Gesellschafter-Geschäftsführer (= integrierte UBG).

•   Liberalisierung von Anlagegrenzen, vor allem

    –   Anhebung der Maximalgrenze einzelner Beteiligungen auf 30 % der UBG-Bilanzsumme (§ 4 Abs. 1).

    –   Erweiterte Zulassung von Beteiligungen der UBG an kleinen börsennotierten Unternehmen (§ 4 Abs. 2).

    –   Wegfall des Mindestbestandes von 10 Portfoliounternehmen.

•   Flexibilisierung der Refinanzierungsmöglichkeiten der UBG durch betragsmäßig unbegrenzte Erlaubnis von Genussrechten und Schuldverschreibungen. Begibt eine UBG Schuldverschreibungen, so darf sie selbst nur nachrangige Darlehen an ihre Portfoliounternehmen ausreichen.

Mit der Novellierung wurden weitgehend inhaltlich konsistente und praxisgerechte Rahmenbedingungen geschaffen, von denen positive Impulse für den VC-Markt erwartet werden konnten (vgl. Ehlermann/Schüppen (1998), S. 1522). Im Zuge der Novellierung kam es zur Anerkennung zahlreicher neuer UBG, z. B. der zwischenzeitlich börsennotierten TFG Venture Capital KGaA & Co AG. Durch die Verkürzung der für eine steuerneutrale Übertragung von Veräußerungsgewinnen auf neue PU erforderlichen Haltefrist auf ein Jahr und durch Zulassung von Personengesellschaften als UBG, mit entsprechenden Möglichkeiten zur Zuweisung von Anlaufverlusten an die Gesellschafter der UBG, wurden sogar die steuerlichen Rahmenbedingungen positiv im Sinne des VC-Marktes entwickelt. Die Verlustzuweisungsmöglichkeiten von KG-UBG werden am Markt bereits genutzt, so z. B. durch die von der GUB Unternehmensbeteiligungen AG in Schwäbisch-Hall verwalteten KG-Fonds.

Diese Linie der Weiterentwicklung der UBG-Rahmenbedingungen im Sinne des VC-Marktes, wurde im März 1999 durch das Steuerentlastungsgesetz 1999/2000/2002 durchbrochen. Dort wurde die Möglichkeit der steuerneutralen Übertragung von Veräußerungsgewinnen von UGB auf Folgetransaktionen (§ 6 b EStG alte Fassung) aufgehoben. Als Begründung gibt der Gesetzentwurf die frühzeitige „Verhinderung von missbräuchlichen Gestaltungen" an (s. Deutscher Bundestag (1999), S. 175). Diese Argumentation kann inhaltlich nicht überzeugen, da der Missbrauch einer UBG als konzerninterne Holdinggesellschaft durch das UBGG systematisch verhindert wird. Die Nutzung einer *offenen UBG* als konzerninterne Holding scheidet durch das Erfordernis eines breiten Gesellschafterkreises (§ 7 Abs. 1 UBGG) praktisch aus. Durch Bezugnahme auf die Regelungen des Wertpapierhandelsgesetzes zur Zurechnung von Stimmrechten (§ 22 WpHG) und die entsprechende Anwendung auf die Zurechnung von Kapitalanteilen, werden Umgehungskonstruktionen zumindest stark erschwert. Die Nutzung einer *integrierten UBG* als konzerninterne Holding ist ebenfalls kaum möglich, da die PU über eine natürliche Person als Gesellschafter-Geschäftsführer mit mindestens 10 % der Stimmrechte verfügen müssen. Möglich – aber in keiner Weise als Missbrauch einzustufen – ist natürlich die Nutzung einer integrierten UBG als Holdinggesellschaft für konzernexterne PU.

Aufgrund dieser Änderung des Einkommensteuergesetzes verbleiben den UBG als statusspezifische Vorteile nur noch die Befreiung von der Gewerbesteuer und der Bezeichnungsschutz. Damit ist zunehmend fraglich, ob die an die Anerkennung einer VCG als UBG geknüpften Restriktionen durch diese Vorteile noch kompensiert werden können. Angesichts der geringen – seit Einführung des Steuerentlastungsgesetzes 1999/2000/2002 verstrichenen – Zeitspanne, liegen fundierte empirische Befunde hierzu noch nicht vor. Auf theoretischer Basis ist aber davon auszugehen, dass die Gewerbesteuervermeidung für VCG auch auf andere Weise, z. B. durch Domizilierung der VCG in steuergünstigeren Drittländern, erreicht werden kann. Für den Fall, dass sich diese Auffassung im Markt durchsetzen sollte, würde auch der Bezeichnungsschutz an Bedeutung verlieren, da der Begriff „Unternehmensbeteiligungsgesellschaft" dann nicht mehr gleichermaßen positiv besetzt wäre.

4.2.2 Beteiligungs-Sondervermögen im Gesetz über Kapitalanlagegesellschaften

Neben den UBG wurden als zweite Gruppe besonderer VCG die Beteiligungs-Sondervermögen definiert. Diese Intermediäre sind als eine Form von Investmentfonds 1986 durch das zweite Vermögensbeteiligungsgesetz in das Gesetz über Kapitalanlagegesellschaften (KAGG) aufgenommen worden (s. Deutscher Bundestag (1986), S. 15-18 u. 20-22). Die Beteiligungs-bewertung wurde allerdings erst durch Verordnung vom 14. Dezember 1988 (BGBl. I, S. 2237) geregelt. Mit dieser Regelung beabsichtigte der Gesetzgeber Verbesserungen der Vermögens-bildung der Arbeitnehmer und der Mitarbeiterbeteiligung. Beteiligungs-Sondervermögen werden wie die übrigen Investmentfonds von einer Kapitalanlagegesellschaft unter Hinzuziehung einer Depotbank verwaltet (§§ 1, 12 und 25 g). Prinzipiell können laufend Anteilscheine herausgegeben und zum Inventarwert wieder zurückgenommen werden (§ 25 h) (s. a. Bilstein (1989), S. 67-68 und Sögtrop (1992), S. 86). Die ursprünglich in § 43 a KAGG verankerte Steuerbefreiung für Veräußerungsgewinne von Beteiligungs-Sondervermögen wurde durch das Steuerentlastungsgesetz 1999/2000/2002 aufgehoben.

Beteiligungs-Sondervermögen dürfen das eingelegte Geld in Wertpapieren, Schuldscheindarlehen und Beteiligungen als typischer stiller Gesellschafter anlegen (§§ 25 a und b). Dabei dürfen Beteiligungs-Sondervermögen sich nur an solchen Unternehmen still beteiligen, (1) deren Sitz und Geschäftsleitung sich im Inland befinden, (2) die keine im Inland börsennotierten oder in einen organisierten Markt einbezogenen Aktien ausgegeben haben und (3) die einer besonderen Abschlussprüfung unterzogen wurden (§ 25 b Abs. 1 Nr. 2 b). Wesentliche Anlagegrenzen werden ausgedrückt als Anteil am Wert des Sondervermögens, wonach (1) an einem Unternehmen nur stille Beteiligungen bis zur Höhe von 5 %, (2) stille Beteiligungen insgesamt nur bis zur Höhe von 30 % und (3) Schuldverschreibungen und Schuldscheindarlehen insgesamt nur bis zur Höhe von 30 % erworben werden dürfen (§ 25 b Abs. 2 bis 4). Dabei ist insbesondere die Begrenzung des Anteils stiller Beteiligungen auf 30 % bemerkenswert, nach der ein Beteiligungs-Sondervermögen zu immerhin mindestens 70 % (!) aus Wertpapieren, Schuldscheindarlehen oder liquiden Mitteln bestehen muss, die zur Verwirklichung des Beteiligungs-charakters kaum beitragen können. Die Regelung, nach der die stillen Beteiligungen nach eine Übergangsfrist von 8 Jahren nach Bildung des Sondervermögens mindestens 10 % des Wertes des Sondervermögens ausmachen und mindestens 10 PU umfassen müssen (§ 25 e alte Fassung) wurde durch das dritte Finanzmarktförderungsgesetz aufgehoben.

Der Mindestinhalt von Beteiligungsverträgen, die die Kapitalanlagegesellschaft für stille Beteiligungen abzuschließen hat, umfasst (1) die Beteiligungsdauer, (2) die Fälligkeit von Erträgen und Rückzahlungsbetrag, (3) Voraussetzungen und Modalitäten der Abtretung der Beteiligung ohne Zustimmung des PU auf dem Wege der expliziten rechtsgeschäftlichen Abtretung durch das Sondervermögen sowie für den Sonderfall der Abwicklung des Sondervermögens, (4) Verpflichtung des PU, den Jahresabschluss nach den Vorschriften für große Kapitalgesellschaften aufzustellen und die besondere Abschlussprüfung zur Bewertung durch das Sondervermögen durchführen zu lassen und (5) erforderliche Informations-, Kontroll- und Zustimmungsrechte (§ 25 c) (vgl. Sögtrop (1992), S. 84-85). Nach Abschluss des Beteiligungsvertrages ist jede stille Beteiligung laufend unter Anwendung eines Ertragswertverfahrens zu bewerten (§ 25 d). Die Depotbank treffen besondere Überwachungspflichten hinsichtlich der Bewertung der stillen Beteiligungen und zu Verfügungen über Beteiligungen (§ 25 g).

Da Beteiligungs-Sondervermögen auch 11 Jahre nach Schaffung der ersten gesetzlichen Grundlagen nicht gebildet wurden (s. Deutscher Bundestag (1997b), S. 64), darf die gesetzliche Regelung dieser Gruppe von Intermediären zumindest bis zur Einführung des dritten Finanzmarktförderungsgesetzes als verfehlt bezeichnet werden. Da Beteiligungs-Sondervermögen auch nach den Korrekturen durch das dritte Finanzmarktförderungsgesetz nicht geschaffen wurden, kann die Kritik an dieser Form von VCG bislang nicht als widerlegt gelten. Gerade im Vergleich mit den UBG weisen die Beteiligungs-Sondervermögen praktisch keine Vorteile auf (s. Bilstein (1989), S. 70). Dies gilt umso mehr, seit durch das Steuerentlastungsgesetz 1999/2000/2002 auch die Steuerfreiheit von Veräußerungsgewinnen, die an Privatanleger ausgeschüttet werden, beseitigt wurde. Aus Sicht der *Kapitalgeber* ist insbesondere die Begrenzung des Anteils stiller Beteiligungen auf 30 % des Wertes des Sondervermögens problematisch. Anforderungen an eine hinreichende Liquidität zur laufenden Rücknahme von Anteilscheinen, können eine derartig knappe Anlagegrenze kaum rechtfertigen. Eine Risikodiversifikation wird bereits durch die Begrenzung einzelner Beteiligungen auf einen Anteil von 5 % am Wert des Sondervermögens erreicht. Eine weitergehende Diversifizierung mittels anderer Anlageformen, insbesondere von Wertpapieren, könnte leicht auf der Ebene der Anleger durchgeführt werden. Durch die starke Verwässerung der Beteiligungsanlage würde es eventuellen Anlegern zudem erschwert, das tatsächliche Rendite-/Risikoprofil der Beteiligungen zu erkennen, da dieses durch die Wertpapieranlagen überschattet werden würde. Auch für die *Kapitalnehmer* ist mit der Eingrenzung der beteiligungsnahen Anlagemöglichkeiten auf typische stille Beteiligungen der Nachteil verbunden, dass kein echtes Eigenkapital, sondern bestenfalls ein Eigenkapitalsurrogat bereitgestellt werden kann, das nicht in vollem Umfang an Gewinn und Verlust teilnimmt (s. Gerke/Schöner (1988), S. 204).

Problematisch an Beteiligungs-Sondervermögen ist weiterhin der mit der laufenden Bewertung der stillen Beteiligungen verbundene Aufwand, vor allem in Form (1) zusätzlicher Anforderungen an den Jahresabschluss der PU, (2) der Abschlussprüfung sowie (3) der Überwachungspflichten der Depotbank. Bei der Bewertung der Beteiligungen wird das spezifizierte Ertragswertverfahren kritisiert, bei dem die Festlegung des Diskontierungszinssatzes, insbesondere bei risikoreichen Beteiligungen und relativ langem Zeithorizont, für den Wirtschaftsprüfer eine hohe Hürde darstellt (vgl. Gerke/Schöner (1988), S. 201-206 und Bilstein (1989), S. 63-67). Daher gilt das Bewertungsverfahren als einer Bewertung durch den Markt, unterlegen.

Zur sinnvollen Weiterentwicklung der Rahmenbedingungen ergeben sich hieraus zwei Handlungsempfehlungen für den Gesetzgeber:

1. Die bestehenden Regelungen zu Beteiligungs-Sondervermögen sollten aus Vereinfachungsgründen aus dem Gesetz über Kapitalanlagegesellschaften entfernt werden, da diese von der Praxis nicht angenommen wurden und auch für die Zukunft keine Akzeptanz zu erwarten ist.

2.   Als neuer Intermediär könnte – in Anlehnung an die Regelungen zu Grundstücks-Son-
      dervermögen – eine Art von Investmentfonds erwogen werden, der sein Portfolio (nahe-
      zu) vollständig in Beteiligungen an nicht börsennotierten VCG anlegen kann. Somit
      könnte für breitere Anlegerkreise die Möglichkeit zur Teilnahme am VC-Markt erleich-
      tert werden und dabei – wie bei Investmentfonds – die Auswahl der Finanzierungstitel
      und die risikomindernde Diversifizierung an das Fondsmanagement delegiert werden.

4.2.3   Regelungen über eigenkapitalersetzende Gesellschafterdarlehen

Kapitalgeber und -nehmer können grundsätzlich frei vereinbaren, ob es sich bei gewährten
Mitteln um Eigen- oder Fremdkapital handeln soll. Fremdkapital kann allerdings materiell dem
haftenden Eigenkapital zugerechnet werden, wenn dies entweder *dispositiv* durch einzel- oder
gesellschaftsvertragliche Vereinbarung festgelegt oder *zwingend* durch das Recht geboten ist
(s. Michel (1992), S. 40-105 und Hildebrand (1994), S. 1-79). Zu einer zwingenden Gleich-
stellung von Fremdkapital mit haftendem Eigenkapital kommt es, wenn (1) es sich um Gesellschafterdarlehen handelt, also ein Zusammenhang zwischen Kredit und Mitgliedschaft besteht
und (2) das Darlehen Eigenkapital ersetzt, wenn also „die Gesellschafter als ordentliche Kaufleute Eigenkapital zugeführt hätten". Die wichtigsten Regeln ergeben sich aus §§ 32 a, 32 b, 30
und 31 GmbHG, §§ 129 a und 172 a HGB sowie aus der Insolvenzordnung. Eine Ausnahmeregelung (= „Sanierungsprivileg") besteht für Darlehensgeber, die in einer Krise der Gesellschaft
Geschäftsanteile zur Überwindung der Krise erwerben. Das Sanierungsprivileg wurde mit dem
Gesetz zur Kontrolle und Transparenz im Unternehmensbereich vom 5.3.1998 in § 32 a
GmbHG eingefügt. Die wesentliche Folge von eigenkapitalersetzenden Gesellschafterdarlehen
außerhalb des Sanierungsprivileges ist, dass im Insolvenzfall kein Anspruch auf Rückgewähr
des Darlehns geltend gemacht werden kann. Dem (vermeintlichen) Darlehensgeber gehen dann
sowohl die vereinbarte Sicherheit, als auch die Möglichkeit der Befriedigung im Rahmen einer
Konkursquote verloren.

Für VC-Finanzierungen werden die Regelungen über eigenkapitalersetzende Gesellschafterdarlehen primär dann relevant, wenn (1) VCG gleichzeitig Eigenkapital und Darlehen vergeben, um das PU bzw. den zu erwartenden Cash-flow zu steuern oder (2) die VCG Eigenkapital
vergibt und ein wesentlicher Eigentümer der VCG gleichzeitig Darlehen an das PU ausreicht.
Letzterer Fall ist für VCG von Kreditinstituten und Versicherungen typisch und ist daher für
UBG auch als Ausnahmeregelung in § 24 UBGG berücksichtigt.

Die bei Gesellschafterdarlehen ggf. entstehende Haftung wird im VC-Markt seit längerem kritisiert (s. BVK (1994), S. 80-81 und (1995), S. 121). Dabei wird argumentiert, dass durch die
derzeit geltende Regelung (1) die Gründung und der Betrieb von VCG und (2) die Kreditbe-
schaffung junger Unternehmen erschwert werden. Diese Argumente fanden – zumindest für
Sanierungsfälle und für die Eigentümer von Unternehmensbeteiligungsgesellschaften – z. T.
auch *politisches* Gehör (s. Deutscher Bundestag (1994), S. 123-124; Deutscher Bundestag
(1997b), S. 145 und Deutscher Bundestag (1998), S. 18) und waren Anlass für das zuvor dargestellte Sanierungsprivileg. Trotz der nachvollziehbaren Interessenlage der Banken und Ver-

sicherungen, die ihre Haftung wirksam zu beschränken versuchen, überzeugen die vorgetragenen Argumente *inhaltlich* nicht in vollem Umfang.

Die darlehensgebenden Gesellschafter erscheinen durch die wörtliche Regelung in § 32 a Abs. 1 GmbHG, nach der die Gesellschafterdarlehen nur dann wie Eigenkapital haften, wenn ordentliche Kaufleute Eigenkapital anstelle von Darlehen zugeführt hätten, hinreichend geschützt. Motivierend für die eigentliche Regel sowie auch für die Erweiterung durch die Rechtsprechung war die Berücksichtigung der Interessen von Gläubigern, die nicht selbst Gesellschafter des betreffenden PU sind und daher auch nicht über privilegierte Informationen verfügen. Ob die Aufweichung der gesetzlichen Regelung durch das Sanierungsprivileg für die Kapitalnehmer und die Wirtschaft insgesamt nützlich ist, erscheint fraglich. Es besteht nämlich die Gefahr, dass Kreditinstitute – im Extremfall grundbuchlich – gesichertes Quasi-Eigenkapital vergeben und aufgrund der nachhaltigen Besicherung im Krisenfall keine wirkliche Eigenfinanzierung zustande kommt.

Da der Fremdfinanzierung von PU eine hohe Bedeutung auch im Rahmen der eigentlichen VC-Transaktion außerhalb des Krisenfalls zukommt, sollte der Gesetzgeber eindeutige Regelungen zu Gesellschafterdarlehen schaffen, die die Interessen der direkt betroffenen Kapitalgeber und -nehmer aber auch der außenstehenden Gläubiger angemessen berücksichtigen. Aus betriebswirtschaftlicher Sicht bieten sich zwei Reformpunkte an:

1. Weitgehende Integration aller Regelungen zu Gesellschafterdarlehen in möglichst wenige Gesetze, z. B. in das HGB. Die Aufteilung der gesetzlichen Regelungen auf zahlreiche Einzelgesetze (GmbHG, UBGG) führt zu einer für die Praxis intransparenten Situation.

2. Wirtschaftlich sinnvollere Staffelung der Sanktionen bei eigenkapitalersetzenden Gesellschafterdarlehen, z. B. in Form einer weitreichenden Einschränkung der Möglichkeiten zur *Besicherung* von Gesellschafterdarlehen, so dass in Krisenzeiten stehengelassene Gesellschafterdarlehen zu nachrangigen Darlehen werden, um besichertes Quasi-Eigenkapital effektiv auszuschließen.

4.2.4 Grundlagen und Besonderheiten der Besteuerung von VC

Zum Verständnis der Besteuerung von VC-Finanzierungen und der Auswirkungen auf die Akzeptanz von VC durch Anleger, werden anschließend besonders relevante Aspekte des deutschen Steuerrechts kurz dargestellt (vgl. historisch Weichert (1986), S. 89-105 sowie Gerke et al. (1995), S. 68-92). Grundsätzlich gilt die hierzulande stattfindende Besteuerung von Risikokapital als im internationalen Vergleich ungünstig, da hohe Steuersätze nicht voll durch eine relativ schmale Bemessungsgrundlage kompensiert werden (so bereits Weichert (1986), S. 90-92). So stellte der deutsche Körperschaftsteuersatz von 58 % bzw. 45 % 1998 einen Maximalwert in Europa dar. Steuersätze von 35 % oder weniger galten z. B. in Dänemark, Finnland, Griechenland, Großbritannien, Luxemburg, den Niederlanden, Norwegen, Schweden, der Schweiz und Spanien (s. Bundesministerium der Finanzen (1994), S. 27 und Wissenschaftlicher Beirat beim Bundesministerium der Finanzen (1998), S. 14).

Geht man davon aus, dass PU in frühen Finanzierungsphasen in der Regel erhebliche Anlaufverluste erzielen, so kommt der Berücksichtigung dieser Verluste bei der *Einkommen- bzw. Körperschaftsteuer* eine hohe Bedeutung zu (s. a. Nevermann/Falk (1986), S. 122-129). Grundsätzlich können anfallende Verluste beschränkt mit Gewinnen aus anderen Einkunftsarten verrechnet oder beschränkt auf andere Veranlagungszeiträume zurück- oder vorgetragen werden (§ 10 d EStG, § 8 Abs. 4 KStG). Das deutsche Steuersystem erlaubt die Zuweisung von Verlusten eines PU an die Anleger – die eher als die PU selbst die Verrechnungsmöglichkeiten zeitnah nutzen können – aber lediglich für den Fall unbeschränkter Haftung bzw. in eingeschränkter Form für Kommanditeinlagen (§ 15 a EStG). Ggf. ergibt sich für den VC-Markt aus der Verlustzuweisung eine erhöhte Risikobereitschaft der Anleger und somit eine Verbesserung von Volumen und Konditionen des Kapitalangebots (vgl. Swoboda/Zechner (1985), S. 404-405). Treffen die Voraussetzungen zur Verlustzuweisung an Kapitalgeber hingegen nicht zu, so kann das PU entstehende Verluste lediglich selbst auf andere Veranlagungszeiträume zurück- oder vortragen. Für den Regelfall, dass PU zunächst für einige Jahre Verluste erwirtschaften und – im Erfolgsfall – später Gewinne erzielen, folgt hieraus weiterhin (1) eine zeitliche Verzögerung der Verlustverrechnung mit entsprechenden Zinsnachteilen im Vergleich zur sofortigen Verlustverrechnung und (2) das Risiko des Untergangs eines Verlustvortrags für den Fall der Liquidation des PU. Diese Konstellation wirkt der Risikobereitschaft und dem Anlageinteresse der Kapitalgeber entgegen.

Weiterhin relevant ist die Besteuerung von Kapitalgewinnen, die bei der Veräußerung von Beteiligungen entstehen (s. a. Theisen (1993), S. 89-98). Für natürliche Personen, die sich nicht gewerblich an Unternehmen beteiligen (= Beteiligung an Kapitalgesellschaften mit einem Anteil von weniger als 10 % oder an nur vermögensverwaltenden Personengesellschaften), bleiben Kapitalgewinne – aber auch Kapitalverluste – steuerlich außer Betracht, sofern es sich nicht um Spekulationsgeschäfte i. S. von § 23 EStG handelt. Eine wesentliche Voraussetzung hierzu ist, dass die Beteiligung für mehr als ein Jahr gehalten wird, was bei VC-Finanzierungen in der Regel der Fall ist. Untypisch für VC-Finanzierungen sind allerdings nicht gewerbliche Beteiligungen. Denkbar ist hier bestenfalls informelles VC, das in Beteiligungen an Kapitalgesellschaften unterhalb von 10 % oder das Co-Venturing mehrerer VCG angelegt wird. Die dann ermäßigte Besteuerung des Kapitalgewinns kann die Risikobereitschaft der Anleger und das Volumen des verfügbaren Kapitals vergrößern (s. aber auch Swoboda/Zechner (1985), S. 406-407). Wird eine Beteiligung dagegen gewerblich gehalten – wie dies bei VCG und Direktinvestitionen bei gewerbetreibenden Personengesellschaften und wesentlichen Beteiligungen an Kapitalgesellschaften der Fall ist –, so unterliegen Veräußerungsgewinne bzw. -verluste grundsätzlich der Einkommen- bzw. Körperschaftsteuer (§§ 16 und 17 EStG). Bei der Einkommensteuer (= für natürliche Personen) ergibt sich hierbei für Steuerpflichtige, die nicht der Spitzenbesteuerung unterliegen außerdem ein ermäßigter Steuersatz nach § 34 EStG.

Unabhängig von der Rechtsform wird bei PU und ggf. VCG *Gewerbeertragsteuer* erhoben (§§ 7-9 GewStG). Verluste können bei der Gewerbeertragsteuer analog zur Einkommen-/Körperschaftsteuer vorgetragen werden (§ 10 a GewStG). Für die Gewerbesteuer existiert ebenfalls ein Schachtelprivileg zur Vermeidung der Doppelbesteuerung für den Fall der wesentlichen Beteiligung an einer Kapitalgesellschaft und der Mitunternehmerschaft bei Personenge-sellschaften. Das Schachtelprivileg ergibt sich für die Gewerbeertragsteuer aus § 9 Nr. 2 - 2 b GewStG. Von der Gewerbesteuer befreit sind UBG und Mittelständische Beteiligungsgesell-schaften des öffentlichen Sektors (§ 3 Nr. 23 u. 24 GewStG). Bei stillen Beteiligungen kann dies allerdings eine höhere Besteuerung des Kapitalnehmers zur Folge haben (s. § 8 Nr. 3 GewStG und Bilstein (1989), S. 68-69).

Zu erheblichen Steuerbelastungen kann es weiterhin beim Rechtsformwechsel von PU kom-men, der auch als *Umwandlung* bezeichnet wird (s. ausführlich Oettingen (1990), S. 343-453). Im Lebenszyklusverlauf werden PU häufig von Personen- in Kapitalgesellschaften umgewan-delt. Die Umwandlung einer Personengesellschaft in eine GmbH ist in den §§ 46 - 49 UmwG und in eine AG (bzw. KGaA) in den §§ 40 - 45 UmwG geregelt. Die steuerlichen Folgen, vor allem die Problematik der Aufdeckung stiller Reserven, ergeben sich aus §§ 20 - 23 und 25 UmwStG. Bei der Umwandlung hat die neue Kapitalgesellschaft in der Regel ein Wahlrecht zur Bewertung des übernommenen Betriebsvermögens (§ 20 Abs. 2 UmwStG). Es kommen (a) die Fortführung der bisherigen steuerlichen Buchwerte, (b) die Übernahme zu einem höheren Wert, höchstens jedoch zum Teilwert (i. d. R. = Wiederbeschaffungswert), und (c) Zwischen-werte der vorgenannten Alternativen in Frage. Der Teilwert ist der Betrag, den ein Erwerber des ganzen Betriebs im Rahmen des Gesamtkaufpreises für das einzelne Wirtschaftsgut anset-zen würde; dabei ist davon auszugehen, dass der Erwerber den Betrieb fortführt (§ 6 Abs. 1 Nr. 1 Satz 3 EStG). Mit der Fortführung der bisherigen steuerlichen Buchwerte werden auch alle stillen Reserven auf die neue Kapitalgesellschaft übertragen, so dass sich aus der Umwandlung keine Ertragsteuerbelastung ergibt. Durch einen Wertansatz oberhalb der bisherigen Buchwerte kommt es zu einem Übertragungsgewinn in Höhe der aufgedeckten stillen Reserven abzüglich eventueller Einbringungskosten, der wie ein Veräußerungsgewinn besteuert wird (s. Oettingen (1990), S 360-361). Andererseits erlaubt die Übertragung zu Werten oberhalb der Buchwerte aber auch höhere Abschreibungen, niedrige spätere Veräußerungsgewinne und die Neurege-lung weiterer Bilanzierungs- und Bewertungsfragen (z. B. Nutzungsdauern und Abschrei-bungsverfahren). Bei der Übertragung von Grundstücken fällt zusätzlich Grunderwerbsteuer an, die als zusätzliche Anschaffungskosten zu aktivieren ist.

Für VC-Finanzierungen ist nun die Wahl des Umwandlungszeitpunktes von Bedeutung. Da in der Vergangenheit die Belastung von natürlichen Personen mit Einkommensteuer z. T. erheb-lich höher war als die Körperschaftsteuerbelastung für thesaurierte Gewinne, wurden PU häu-fig in der Verlustphase als Personengesellschaft geführt und bei Erreichen der Gewinnschwelle in eine Kapitalgesellschaft umgewandelt. Die Tarifbegrenzung der Einkommensteuer bei ge-werblichen Einkünften auf 45 % (§ 32 c EStG) hat diesen Besteuerungsunterschied abgemil-dert. Es verbleiben aber dennoch Besteuerungsnachteile der Personengesellschaften – z. B. bei der Behandlung von Pensionsrückstellungen für geschäftsführende Gesellschafter und ggf. der Kirchensteuer. Folglich ist davon auszugehen, dass die Umwandlung von Personen- in Kapi-talgesellschaften bei VC-Finanzierungen heute weniger als in der Vergangenheit von steuerli-chen Erwägungen geleitet wird.

4.2.5 Gesellschaftliche Rahmenbedingungen für VC

Unter gesellschaftlichen Rahmenbedingungen wird hier primär die Akzeptanz (potentieller) Anleger und Kapitalnehmer für VC-Finanzierungen verstanden. Zu den gesellschaftlichen Rahmenbedingungen wird ebenfalls die Akzeptanz- und Kooperationsbereitschaft anderer Institutionen, z. B. der Universitäten, und auch die außerhalb der eigentlichen Anleger und Kapitalnehmer vorhandene Risikobereitschaft sowie die Einstellung zu Unternehmensgründungen gezählt. In der Literatur werden die so definierten gesellschaftlichen Rahmenbedingungen für VC in Deutschland im allgemeinen als ungünstig beurteilt (s. exemplarisch Wupperfeld (1994), S. 47-48 und Albach (1997), S. 446-447 sowie positiver Frick et al. (1998), S. 305-307). Belegt wird diese Schlussfolgerung häufig mit einem Vergleich zur Situation in den USA. Demnach gelten die unternehmerische Mentalität und die Risikobereitschaft in Deutschland als wenig ausgeprägt, das wirtschaftliche Klima als kaum gründungs- und innovationsfreundlich, die Einstellung breiter Anlegerkreise zur Beteiligungsfinanzierung als skeptisch, die Managementqualifikation zahlreicher Firmengründer als unzureichend, potentielle Führungskräfte als zu konsum- und freizeitorientiert und Universitäten als nicht hinreichend kooperationsbereit mit jungen Unternehmen. Außerdem vermindern das relativ hohe Lohnniveau und das ausgeprägte soziale Netz die Anreize zu Eigeninitiative und Selbständigkeit in Deutschland. Besonders kleinere Unternehmen gelten als ausgesprochen publizitätsscheu und von Überfremdungsbefürchtungen geleitet (vgl. a. Kaufmann/Kokalj (1996), S. 71-72).

In ihrer Stichhaltigkeit lassen die vorgebrachten Aussagen allerdings überwiegend zu wünschen übrig. Eindeutig belegt werden konnten bislang primär (1) die bis in die neunziger Jahre ausgeprägte Präferenz deutscher Anleger für risikoarme Geldanlagemöglichkeiten (s. Schröder (1992), S. 119; Brandt (1993), S. 12-15 und Böndel/Dürand (1995), S. 83) und (2) die Tendenz deutscher Unternehmer zur Ablehnung einer Einflussnahme durch Dritte (s. Wieselhuber/ Spannagl (1988), S. 82-84 u. 161; Arnold (1989), S. 271-277 und Gerke et al. (1995), S. 25-31). Die übrigen Charakteristika sind zwar zumeist konsensfähig, aber nur in Ansätzen mit wissenschaftlicher Rigidität erforscht (vgl. hierzu Wupperfeld (1994), S. 47-48).

Kritisch anzumerken ist mit Blick auf deutsche Universitäten, dass es erst in jüngster Zeit vermehrt zu systematischen Anstrengungen zur Förderung von Unternehmensgründungen im universitären Umfeld gekommen ist. Um hier positive Impulse zu geben, hat das Bundesministerium für Bildung, Wissenschaft, Forschung und Technologie im Dezember 1997 den Wettbewerb „EXIST – Existenzgründer aus Hochschulen" geschaffen, bei dem Hochschulen gemeinsam mit externen Partnern im Rahmen von geförderten Projekten – zunächst bis Ende 2001 – vier Leitziele verfolgen sollen (s. BMBF (1998), S. 6):

(1) Dauerhafte Etablierung einer „Culture of Entrepreneurship" in Lehre, Forschung und Verwaltung an den Hochschulen.

(2) Konsequente Übersetzung wissenschaftlicher Forschungsergebnisse in wirtschaftliche Wertschöpfung.

(3)　Zielgerichtete Förderung des großen Potentials an Geschäftsideen und Gründerpersön-lichkeiten an Hochschulen.

(4)　Deutliche Steigerung der Anzahl technologieorientierter Unternehmensgründungen und innovativer Dienstleistungen.

Spezialisierte Einrichtungen zur Förderung der Frühentwicklung junger Unternehmen, die in Deutschland als „Technologie- und Gründerzentren" (TGZ) (s. z. B. Lennardt (1984), S. 137-156 und Sternberg (1995), S. 201-224) bezeichnet werden, konnten bislang nur eine begrenzte Akzeptanz bei Gründern erzielen und daher auch zur regionalwirtschaftlichen Entwicklung relativ wenig beitragen (vgl. Sturm (1994), S. 61; Pleschak et al. (1994), S. 191-207 und Stern-berg et al. (1996), S. 193-194 u. 202-204). In den USA „Inkubatoren" genannte Einrichtungen zielen im Unterschied zu einem Teil der deutschen Technologie- und Gründerzentren in der Regel nicht auf eine dauerhafte Ansiedlung der jungen Unternehmen, sondern wesentlich kla-rer auf eine Unterstützung in der Frühphase, was der Praktikabilität und dem Erfolg dieser Ein-richtungen förderlich ist (s. Merrifield (1987), S. 277-284; Feeser/Willard (1990b), S. 429-442 und Spitzer/Ford (1990), S. 311-320). Für die sinnvolle Weiterentwicklung von Technologie- und Gründerzentren in Deutschland – auch für die überregionale Koordinierung von TGZ – drängen sich fünf Handlungsempfehlungen auf (vgl. Sternberg et al. (1996), S. 205-214):

(1)　Ausrichtung der TGZ auf die *Schaffung* wachstumsstarker *junger Unternehmen.* Keine Fokussierung auf kurzfristige Beschäftigungseffekte.

(2)　Ausrichtung des TGZ auf eine oder wenige *Branchen,* damit sich eine sinnvolle *Zusam-menarbeit* zwischen den jungen Unternehmen im TGZ entwickeln kann und das TGZ *spezifische* Infrastrukturen (z. B. Vernetzung, Laborkapazitäten) bereithalten kann.

(3)　Ansiedlung des TGZ im *Umfeld* von (a) Hochschulen oder außeruniversitären For-schungseinrichtungen, (b) für den Branchenfokus des einschlägigen etablierten Wirt-schaftsunternehmen und (c) mit Ansiedlungsmöglichkeiten für junge Unternehmen nach Austritt aus dem TGZ.

(4)　*Vernetzung* des TGZ mit anderen Angeboten zur Gründungsförderung und mit einem Dienstleistungsumfeld (z. B. Gründungs-, Rechts- und Steuerberatung). Keine Fokussie-rung auf (geringe) Mietpreisunterschiede oder auf Dienstleistungen, die zentral im TGZ erstellt werden.

(4)　Betrieb des TGZ anhand eines *Lebenszyklusmodells* mit klaren Kriterien sowohl für die Auswahl/Aufnahme als auch für den Austritt von jungen Unternehmen. Systematische Begrenzung der Verweildauer im TGZ.

5. Förderung und Entwicklung von VC in Deutschland

In Abschnitt 5.1 wird zunächst die finanzielle Förderung von VC beschrieben. Ergänzend folgt in Abschnitt 5.2 ein kurzer Exkurs zu einem zentralen US-amerikanischen Förderinstrument. Zur Begründung der hohen praktischen Relevanz von VC erfolgt dann in Abschnitt 5.3 eine Analyse der Größe und Struktur des VC-Marktes in Deutschland. Den Abschluss bildet ein Vergleich von Merkmalen des deutschen und anderer primär europäischer VC-Märkte in Abschnitt 5.4. Abgesehen von den Abschnitten 5.2 und 5.4 beschränkt sich die eigene Analyse auf den deutschen VC-Markt.

5.1 Finanzielle Förderung von VC in Deutschland

Zum besseren Verständnis der finanziellen Förderung von Venture Capital in Deutschland gilt es zunächst, wichtige an (a) nicht börsenreife Unternehmen und (b) Unternehmensgründer gerichtete Förderprogramme vorzustellen. Zusätzlich soll aufgezeigt werden, welche Besonderheiten bei der Förderung in den neuen Bundesländern gelten und welchen Beitrag den Förderprogrammen insgesamt zugeordnet werden kann.

5.1.1 Wesentliche Förderprogramme im Überblick

Bund und Länder bieten nicht börsenreifen Unternehmen zahlreiche Förderprogramme an, deren Systematik hier vorgestellt werden soll. Dazu werden drei Ebenen von Förderprogrammen unterschieden: (1) Indirekte Förderung über Refinanzierung/Risikoentlastung von Beteiligungsgebern, die Kapital für junge Unternehmen bereitstellen, (2) direkte Finanzierungshilfen für nicht börsenreife Unternehmen und (3) öffentliche Fördermaßnahmen für Existenzgründer. Für alle drei Ebenen werden zunächst wesentliche Förderprogramme kurz vorgestellt.

Mit der indirekten Förderung über *Beteiligungsgeber* senkt der Staat die Refinanzierungskosten und/oder das Risiko von VCG, die jungen Unternehmen Kapital bereitstellen. VCG sollen somit motiviert werden, zusätzliche Finanzierungen zu tätigen, die ohne die Förderung nicht zustande gekommen wären. Adressaten sind dabei sowohl renditeorientierte VCG des privaten Sektors wie auch förderorientierte VCG des öffentlichen Sektors. Mit der letzteren Variante werden in der Regel VCG der Bundesländer vom Bund gefördert.

Tab. 5.1 stellt wichtige bundesweit verfügbare indirekte Fördermaßnahmen zusammen. Dabei sprechen das „ERP-Beteiligungsprogramm" und das „KfW-Risiko-kapitalprogramm" jeweils ein breites Spektrum von kleinen und mittleren Unternehmen an, während das „KfW/BMBF-Technologiebeteiligungsprogramm (BTU)" und das „ERP-Innova-tionsprogramm – Beteiligungsvariante" auf junge, technologisch innovative Unternehmen beschränkt sind.

Mit dem *ERP-Beteiligungsprogramm* wird eine günstige Refinanzierung von förderorientierten VCG bewirkt, die ihrerseits kleinen und mittleren Unternehmen stille Beteiligungen mit einer

Tab. 5.1: Indirekte Fördermaßnahmen über Beteiligungsgeber

Förderprogramm	Berechtigte	Konditionen
1. ERP-Beteiligungs-programm **(ca. 95 Mio. € Darlehn 1998)**	• Kleine und mittlere Unternehmen (Umsatz < 50 Mio. € p.a.) mit folgenden Vorhaben: Kooperation, Innovation, Rationalisierung oder Strukturwandel • Über eine KBG, die keinen wesentlichen Einfluss auf die Geschäftsführung nimmt	a) Beteiligung • Zumeist stille Beteiligung • Maximalverzinsung ø 12 % p.a. • Dauer bis zu 10 Jahren (NBL: 15 Jahre) b) Refinanzierung • Max. 75 % (NBL: 85 %) der Beteiligungssumme bzw. 0,5 Mio. € (NBL: 1 Mio. €) • Zins derzeit 5,00 % p. a. • Endfällige Tilgung
2. KfW/BMBF-Technologiebe-teiligungspro-gramm (BTU) **(ca. 119 Mio. € Refinanzirungs-kredite in 1998)**	• Kleine, junge TOU, d. h.: max. 5 Jahre alt, 50 Mitarbeiter und 7 Mio. € Umsatz • Vorhaben: Forschungs- und Entwicklungsarbeiten, Anpassungsentwicklungen oder Investitionen zur Markteinführung. Das Vorhaben muss zu neuen Produkten, Verfahren oder Dienstleistungen • Beteiligungsgeber max. 49 % Anteil am TOU	a) Refinanzierung über KfW • Max. 70 % der Beteiligungssumme bzw. 1,4 Mio. € • Zins derzeit 8,33 % p. a. • Laufzeit 10 Jahre, endfällige Tilgung b) Haftungsfreistellung • 100 % für Refinanzierungskredit
3. ERP-Innovations-programm – Bteiligungsvari-ante	• innovative KMU mit Umsatz < 125 Mio. € • Vorhaben: Entwicklung bzw. Markteinführung von Produkten, Verfahren oder Dienstleistungen, soweit dies eine Neuheit für das geförderte Unternehmen ist	a) Beteiligung • Laufzeit 10 Jahre • Kündigungsrecht für Beteiligungsnehmer b) Refinanzierungskredit • Max. 75 % (NBL: 85 %) der Beteiligungssumme bzw. 5 Mio. € • Zins derzeit 6,7 % p. a. • Laufzeit 10 Jahre, endfällige Tilgung c) Haftungsfreistellung • 60 % für Refinanzierungskredit
4. KfW-Risiko-kapitalpro-gramm	• Beteiligung an KMU mit Umsatz < 500 Mio. € • Vorhaben alte Bundesländer: Erschließung neuer Geschäftsfelder, Nachfolgeregelungen, Bridge bis IPO • Vorhaben neue Bundesländer: alle Maßnahmen an der Betriebsstätte	a) Beteiligung • Bis 5 Mio. € b) Risikoübernahme • Für bis zu 40 % (NBL: 50 %) der Beteiligung • Dauer max. 10 Jahre • Umsatzabhängige Risikoprovision von 0,45 % - 2,2 % p.a.

Quelle: Deutsche Ausgleichsbank (2000), Kreditanstalt für Wiederaufbau (2000), Bundesministerium für Wirtschaft (2000).

Maximalverzinsung von 12 % p. a. bereitstellen. Diese festgelegte Maximalverzinsung kommt einerseits den finanzierten Unternehmen zugute, schließt aber andererseits renditeorientierte VCG – und die Möglichkeit zur Bereitstellung umfangreicher nicht-finanzieller Managementunterstützung – von der Förderung aus. Die förderorientierten VCG können im Rahmen des Programms bis zu 0,5 Mio. € (NBL: 1,0 Mio. €) ihrer Beteiligung günstig refinanzieren.

Das *KfW/BMBF Technologiebeteiligungsprogramm (BTU)* beinhaltet neben einer günstigen Refinanzierungsmöglichkeit eine Risikoentlastung. Die Beteiligung der geförderten VCG am jeweiligen jungen Unternehmen ist kaum reguliert, so dass dieses Programm auch von renditeorientierten VCG genutzt werden kann. Im Rahmen des Programms können bis zu 1,4 Mio. € einer Beteiligung durch einen Kredit mit 10 Jahren Laufzeit refinanziert werden. Die Kreditzinsen liegen zwar mit z. Zt. 8,33 % p. a. oberhalb der Zinsen für Bundesanleihen, allerdings beinhaltet das Programm auch eine Haftungsfreistellung der VCG in voller Kredithöhe.

Die *Beteiligungsvariante* des *ERP-Innovationsprogramms* verquickt die Ansätze der zuvor dargestellten Programme. Die Beteiligung an einem kleinen Unternehmen ist hier durch begrenzte Laufzeit und Kündigungsrecht für den Beteiligungsnehmer – nicht aber durch eine Maximalverzinsung – wieder im Sinne förderorientierter VCG reguliert. Mit einer Obergrenze von 5 Mio. € können hier allerdings wesentlich größere Beträge refinanziert werden. Zu einem Zinssatz der zwischen denen der beiden vorgenannten Programme liegt, erhält die förderorientierte VCG eine Haftungsfreistellung in Höhe von 60 % des Refinanzierungskredits.

Das *KfW-Risikokapitalprogramm* stellt ausschließlich eine Risikoentlastung für VCG dar, ohne gleichzeitig eine Refinanzierungsmöglichkeit anzubieten. Die Risikoübernahme kann für Beteiligungen bis 5 Mio. € beantragt werden und steht gleichermaßen für öffentliche wie private VCG zur Verfügung. Das Risiko kann bis zur Höhe von 40 % (NBL: 50 %) der Beteiligung gegen eine umsatzabhängige Provision von 0,45 % bis 2,2 % (geringerer Prozentsatz für kleinere Unternehmen) des Beteiligungsbetrages auf die KfW übertragen werden.

Die direkten Finanzierungshilfen für nicht börsenreife Unternehmen sind in Tab. 5.2 zusammengestellt. Im Rahmen des „Beteiligungsprogramms für kleine Technologieunternehmen (BTU)" und des „DtA-Technologiebeteiligungsprogramms" wird Eigenkapital bereitgestellt. Bei den drei weiteren Fördermaßnahmen handelt es sich um Darlehensprogramme.

Das *Beteiligungsprogramm für kleine Technologieunternehmen (BTU)* stellt ein sogenanntes Koinvestormodell dar, bei dem sich die Technologie-Beteiligungs-Gesellschaft (tbg) der Deutschen Ausgleichsbank parallel zu einer privaten VCG, die die Rolle des „Lead Investor" einnimmt, beteiligt. Von der tbg erhält das junge Unternehmen eine stille Beteiligung bis 1,5 Mio. € mit einem festen Entgelt von 7 % p. a. zuzüglich Gewinnbeteiligung. Gleichzeitig erhält die private VCG für 5 Jahre eine Ausfallbürgschaft bis 50 % der Beteiligungssumme.

Das *DtA-Technologiebeteiligungsprogramm* ergänzt das BTU-Programm. Schon in der Vorgründungsphase können bis zu 0,125 Mio. € bereitgestellt werden. Anschließend kann eine

Tab. 5.2: Finanzierungshilfen für nicht-börsenreife Unternehmen

Förderprogramm	Berechtigte	Konditionen
1. Beteiligungs-programm für kleine Techno-logieunterneh-men (BTU)	• Kleine, junge TOU, d. h.: max. 5 Jahre alt, 50 Mitarbeiter und 7 Mio. Umsatz • Vorhaben: vorwettbewerbliche Entwicklung bis zum Zeitpunkt der Aufnahme der kommerziellen Produktion und Investitionen zur Markteinführung	a) Beteiligung durch tbg • stille Beteilig. f. max. 10 Jahre, max. 1,5 Mio. € • parallel Beteiligung eines lead investor in mind. Gleicher Höhe • Entgelt 7 % p.a. + Gewinnbeteiligung b) Risikoübernahme für Beteiligung des privaten Investors durch tbg • Ausfallbürgschaft für max. 50 % der Beteiligung innerhalb von 5 Jahren
2. DtA-Technologie-beteiligungs-programm	a) Vorgründungsphase: Erstellung eines Businessplans, Organisationsaufbau, Gründung, erste FuE-Tätigkeiten b) Nach der Gründung: s. 1. c) Bridge to IPO: Vorbereitung des Verkaufs der Beteiligung, Börseneinführung, Anteilsrückkauf, Anteilsverkauf an andere Unternehmen, Auszahlung der Beteiligungspartner, Verkauf der Beteiligung über die Börse	a) Vorgründungsphase: • Offen Beteiligung von max. 125.000 € • Dauer bis zu 10 Jahren b) nach der Gründung • Aufstockung der BTU-Beteiligung auf max. 2,5 Mio. € • Entgelt: 8,5 % p.a. + Gewinnbeteiligung c) Bridge to IPO: • Stille und/oder offene Beteiligung • Höchstbetrag: 5 Mio. €
3. ERP-Innovations-programm – Kreditvariante **(0,82 Mrd. € Darlehen 1998)**	• Gewerbliche Unternehmen und Freiberufler mit Umsatz <125 Mio.€ für FuE-Vorhaben • Gewerbliche Unternehmen und Freiberufler mit Umsatz <40 Mio. € und weniger als 250 Beschäftigten für Markteinführungsvorhaben	• Darlehen, z. Zt. 5,25 % Zins p.a. (NBL: 4,75 %) • Bis 10 Jahre Laufzeit bei 2 tilgungsfreien Jahren • Höchstbetrag a) FuE: 5 Mio. €, b) Markteinführung: 1 Mio. € (NBL: 2,5 Mio.) und max. 50% (NBL: 80 %) der Kosten • Haftungsfreistellung von 40-60 % des Darlehensbetrages
4. ERP-Regional-programm a) **(0,41 Mrd. € Darlehen 1998)**	• KMU und Freiberufler in strukturschwachen Gebieten	• Darlehen, z. Zt. 5,75% p.a. • Bis 10 Jahre Laufzeit (bei Bauvorhaben bis 15 Jahre), davon max. 2 Jahre tilgungsfrei • Höchstbetrag: 0,5 Mio. €

5. KfW-Mittel-standspro-gramm (7,2 Mrd. € Darlehen 1998)	• Gewerbliche Unternehmen bis 0,5 Mrd. € Jahresumsatz mit Investitionsvorhaben (inkl. Kaufpreisfinanzierung bei MBO/MBI)	• Tilgungsdarlehen
		  - Laufzeit 10 Jahre (bei Bauvorh. 20 Jahre)
		  - Tilgungsfrei für 2 Jahre (3 Jahre)
		  - Zins von 5 % (5,6 %) p.a.
		• Endfälliges Darlehen
		  - Laufzeit 12 Jahre (bei Bauvorh. 20 Jahre)
		  - Zins von 5,6 % (6,4 %) p.a.
		• Höchstbetrag
		  - Max. 5 Mio. € bei Unternehmen mit mehr als 50 Mio. Umsatz
		  - Bei Unternehmen bis zu 50 Mio. € Umsatz 75 %, sonst 2/3 der Investitionssumme
		• Haftungsfreistellung für Kredite bis zu 2 Mio. € in den NBL
		• Auszahlung 96 %

a) Das ERP-Regionalprogramm wird nur in den alten Bundesländern angeboten.

Quelle: Deutsche Ausgleichsbank (2000), Kreditanstalt für Wiederaufbau (2000), Bundesministerium für Wirtschaft (2000).

BTU-Beteiligung auf bis zu 2,5 Mio. € aufgestockt werden, wobei dann ein festes Entgelt von 8,5 % p. a. zuzüglich Gewinnbeteiligung gefordert wird. Für anschließende Bridge-Finanzierungen können Beteiligungen bis 5 Mio. € angeboten werden.

Die Darlehensprogramme von ERP bzw. KfW stellen Fremdkapital zu günstigen Konditionen und teilweise mit Haftungsfreistellung bereit. Im Rahmen des *ERP-Innovationsprogramms* werden zinsgünstige Darlehen für F&E-Vorhaben bis 5 Mio. € und für Markteinführungsvorhaben bis 1 Mio. € (NBL: 2,5 Mio. €) und Haftungsfreistellung von 40 - 60 % des Darlehensbetrages vergeben. Das *ERP-Regionalprogramm* stellt Unternehmen in strukturschwachen Gebieten der alten Bundesländer Darlehen bis zu 0,5 Mio. € zur Verfügung. Das *KfW-Mittelstandsprogramm* fördert kleine und mittlere Unternehmen mit Darlehen bis 5 Mio. €, in den neuen Bundesländern teilweise mit Haftungsfreistellung.

Die beschriebenen Förderprogramme werden ergänzt durch Maßnahmen der Bundesländer. Im Vordergrund stehen dabei Programme auf der Grundlage des Gesetzes über die Gemeinschaftsaufgabe „Verbesserung der regionalen Wirtschaftsstruktur" (GA-Mittel). In diesem Rahmen werden in strukturschwachen Fördergebieten nicht rückzahlbare Zuschüsse gewährt, die sich größtenteils an den getätigten Investitionen orientieren. In der Praxis sind GA-Mittel vor allem in den neuen Bundesländern von erheblicher Bedeutung.

Zusätzlich werden die öffentlich geförderten Kapitalbeteiligungsgesellschaften auf Landesebene in der Regel durch ergänzende zinsvergünstigte Darlehen und Bürgschaften gefördert (s. a. Bruhns (1992), S. 48-54 und Kulicke/Wupperfeld (1996), S. 269-270). Außerdem existieren neben den beschriebenen Subventionen auf Bundesebene zahlreiche Förderprogramme, die nicht spezifisch auf nicht börsenreife junge Unternehmen zugeschnitten sind, obwohl sie auch diesen Unternehmen offen stehen. Eine Förderung von Kleinunternehmen mit einem Einheitswert (Gewerbekapital) von nicht mehr als 240.000 DM (500.000 DM) stellen die Möglichkeiten zur Sonder- und Ansparabschreibung nach § 7 g EStG dar.

Tab. 5.3 gibt einen Überblick der Programme zur Förderung von Existenzgründern. Das *Eigenkapitalhilfe-Programm* (EKH) des Bundes stellt Gründern langfristige, eigenkapitalähnliche Darlehen zur Verfügung, deren Zinssatz für eine Anfangsphase subventioniert wird und die für 10 Jahre tilgungsfrei gestellt sind (s. ausführlich Hunsdiek/May-Strobl (1987), S. 26-53 und Schmude (1994), S. 39-76). Der Höchstbetrag von 0,5 Mio. € kann bei Privatisierungen in den neuen Bundesländern auf 1 Mio. € aufgestockt werden. Parallel dazu bietet das *ERP-Existenzgründungsprogramm* eigenkapitalersetzende Darlehen mit einer Laufzeit von 10 Jahren, in den neuen Bundesländern und/oder bei Bauvorhaben auch mit längeren Laufzeiten, mit Beträgen von bis zu 0,5 Mio. € (neue Bundesländer 1 Mio. €) an. Weitere Darlehen bis zu einer Laufzeit von 10 Jahren und einem Betrag von 2 Mio. € sind bezogen auf einzelne Investitionen zur Gründung oder in den acht folgenden Jahren aus dem *DtA-Existenzgründungsprogramm* erhältlich. Diese Darlehen werden an die Gründer bzw. nach Gründung direkt an die Unterneh-

Tab. 5.3: Ausgewählte öffentliche Fördermaßnahmen für Existenzgründer

Förderprogramm	Antragsberechtigte	Konditionen
1. Eigenkapitalhilfe-programm[1] **(ca. 1,05 Mrd. Euro Kredit-zusagen 1997)**	• Qualifizierte natürliche Personen, die nachhaltig tragfähige Vollexistenz anstreben • Über Hausbank und Deutsche Ausgleichsbank	• Langfristiges, eigenkapitalähnliches Darlehen • Zinsen: 2 Jahre zinsfrei; Folgejahre: 3 %, 4 % und 5 % Zins p. a., danach Marktzins • 10 Jahre tilgungsfrei • Höchstbetrag: 0,5 Mio. Euro, max. 85 % der Investitionen; NBL-Privatisierungen bis 1 Mio. Euro;
2. ERP-Existenz-gründungspro-gramm[1] **(ca. 1,7 Mrd. Euro Darlehen 1997)**	• Natürliche Personen, die nachhaltig tragfähige Vollexistenz anstreben • Über Hausbank und Deutsche Ausgleichsbank	• Darlehen, z. Zt. 4,75 % Zins p. a. (NBL: 5,25 %) • Bis 10 (15) Jahre Laufzeit (bei Bauvorhaben 15 (20) Jahre), davon 3 (5) Jahre tilgungsfrei (in Klammern: NBL) • Höchstbetrag: 0,5 Mio. Euro (NBL: 1 Mio. Euro), max. 50 % (NBL: 75 %) der Investitionen

3. DtA-Existenz-gründungspro-gramm
 	
(ca. 1,6 Mrd. Euro Darlehen 1997)
	• Natürliche Personen und kleine und mittlere Unternehmen für
	  – Existenzgründung
	  – Investitionen innerhalb von 8 Jahren nach Gründung
	  – Innovation innerhalb von 8 Jahren nach Gründung
	  – Privatisierung
	• Über Hausbank und Deutsche Ausgleichsbank
		• Darlehen, z. Zt. 5,25 % (5,5 %) Zins p. a.
		• Bis 10 (20) Jahre Laufzeit, davon 2 (3) Jahre tilgungsfrei (in Klammern: Typ 2)
		• Höchstbetrag: 2 Mio. Euro, max. 75 % der Investitionen (kann um 25.000 Euro pro neugeschaffener Arbeitsplatz aufgestockt werden)

4. Existenzgrün-dungsberatung (ca. 3.336 Bera-tungen 1998)	• Natürliche Personen, die nachhaltig tragfähige Vollexistenz anstreben • Über branchenspezifische Leitstellen	• Zuschuss in Höhe von 50 % der Beratungskosten, max. 1.250 Euro für Gründungsberatung
5. DtA-Startgeld	• Natürliche Personen und kleine Unternehmen • Über Hausbank bei der Deutschen Ausgleichsbank	• Darlehen, z. Zt. 6,85 % • bis 10 Jahre Laufzeit, davon 2 Jahre tilgungsfrei • Höchstbetrag 50.000 Euro • Auszahlung 96 %

1) Gesamtförderhöhe ist auf 66,6 % (75 % NBL) beschränkt.

Quelle: Deutsche Ausgleichsbank (2000), Kreditanstalt für Wiederaufbau (2000), Bundesministerium für Wirtschaft (2000).

men vergeben. Schließlich verbessert die Förderung von *Existenzgründungsberatung* die Verfügbarkeit punktueller Managementunterstützung für junge Unternehmen (zu Beratungsbedarf und -angebot s. a. Hebig (1989), S. 17-39). Hier werden Beratungskosten bei der Gründung zu 50 % gefördert und zwar maximal mit einem Betrag von 1.250 €.

Das *DtA-Startgeld* stellt bei verringertem Antragsaufwand Kleindarlehen für die Unternehmensgründung – auch für Kleingewerbetreibende und Freiberufler – bis zu 50.000 € bereit.

5.1.2 Besonderheiten der Förderung in den neuen Bundesländern

Naturgemäß sind die Förderbedingungen in den neuen Bundesländern (z. T. einschl. Westberlin) vergleichsweise großzügiger ausgestaltet als im übrigen Bundesgebiet. Bei den zuvor diskutierten Förderprogrammen äußert sich dies teilweise in erweiterten Höchstbeträgen (z. B. ERP-Beteiligungsprogramm, ERP-Existenzgründungsprogramm). Darüber hinaus existieren auf Bundesebene drei spezielle Förderprogramme, die in Tab. 5.4 dargestellt sind.

Im Rahmen des *ERP-Aufbauprogramms* erhalten kleinere und mittlere gewerbliche Unternehmen, aber auch Angehörige freier Berufe, Darlehen bis zu 0,5 Mio. € und zusätzliche Haftungsfreistellungen. Dieses Programm stellt ein erweitertes Gegenstück zum ERP-Regionalprogramm für strukturschwache Regionen in den alten Ländern dar.

Das Programm *FUTOUR* bezuschusst zunächst die Konzeptionierungsphase von Innovationsvorhaben junger Unternehmen mit bis zu 25.000 €. Anschließend kann die Forschungs- und Entwicklungsphase mit bis zum 400.000 € (max. jeweils 70 % der Aufwendungen) bezuschusst und durch eine ergänzende stille Beteiligung gefördert werden.

Eine indirekte eigenkapitalnahe Fördermaßnahme stellt der *KfW-Beteiligungsfonds (Ost)* dar. Aus diesem Fonds können sich Eigenkapitalgeber, z. B. VCG, in Form von Darlehen bis zu 5 Mio. € mit 50 % Haftungsfreistellung refinanzieren. Der Beteiligungsfonds wurde 1996 bis 1998 von der KfW und der DtA aufgrund von § 7 a des Fördergebietsgesetzes angesammelt. Bei einer Bindungsdauer von 10 Jahren und niedriger Nominalverzinsung konnten private Anleger 12 % des Darlehensbetrages von der Einkommensteuerschuld abziehen.

5.1.3 Erkenntnisse zum Erfolg der Förderprogramme

Zur kritischen Würdigung des Erfolges der Förderprogramme wird im folgenden kurz diskutiert, ob (1) die Gewichtung von Gründer- und Unternehmensförderung sowie Eigen- und Fremdkapitalangebot nachvollziehbar ist, (2) die angebotenen Fördermaßnahmen geeignet sind, das Verhalten der Unternehmer günstig zu beeinflussen, (3) der Vergabemechanismus sinnvoll erscheint und ob (4) die Programme als wirtschaftlich erfolgreich eingestuft werden können. Anzumerken ist hierbei grundsätzlich, dass die öffentliche Förderung als zu komplex und intransparent eingeschätzt wird (so auch Bundesministerium für Wirtschaft (1995), S. 1-2).

Tab. 5.4: Förderprogramme für die neuen Länder

Förderprogramm	Antragsberechtigte	Konditionen
ERP-Aufbaupro-gramm **(1,03 Euro Kreditzusagen 1998)**	• Kleinere und mittlere gewerbl. Unternehmen und Angehörige freier Berufe • Über Hausbank bei der Kreditanstalt für Wiederaufbau	• Darlehen, zur Zeit 5,25% Zins p. a. • Bis 15 Jahre Laufzeit (bei Bauvorhaben bis 20 Jahre), dann max. 5 Jahre tilgungsfrei • Höchstbetrag 0,5 Mio. Euro bzw. 3/4 der Investitionskosten • Haftungsfreistellung für Kredite bis 2 Mio. Euro: 50 %
Förderung und Unterstützung von technologieorien-tierten Unterneh-mensgründungen (FUTOUR)	• Natürliche Personen und kleine gewerbliche Unternehmen nicht älter als 3 Jahre • Über VDI/VDE-Technologie-zentrum oder Forschungszentrum Jülich	• Phase I: Konzeptionierung – Zuschuss bis zu 70%, max. 25.000 Euro • Phase II: FuE – Zuschuss bis zu 70%, max. 400.000 Euro – in Kombination mit stiller Beteili-gung bis max. 90%
KFW-Beteiligungsfonds Ost **(99,7 Mio. Euro Kreditzusagen 1997)**	• Beteiligungsgeber, die sich an kleinen und mittleren Unternehmen in den neuen Bundesländern beteiligen • Bei der KFW	• endfälliges Darlehen mit Haf-tungsfreistellung von 50 %, zur Zeit 6,85% Zins p. a. • Bis zu 10 Jahren Laufzeit • Max. 5 Mio. Euro

Quelle: Deutsche Ausgleichsbank (2000), Kreditanstalt für Wiederaufbau (2000), Bundesministerium für Wirtschaft (2000).

Zur Gewichtung der Förderprogramme ist zunächst festzustellen, dass die Förderung der Gründer im Vergleich zu Finanzierungshilfen für Unternehmen in Deutschland einen relativ hohen Stellenwert einnimmt. So bezogen sich 1997 ca. 52,5 % der ERP-Kreditzusagen für kleine und mittlere Unternehmen von 10,6 Mrd. DM auf das Eigenkapital- und das Existenz-gründungsprogramm. 29,6 % der Mittel betrafen das Regional- und das Aufbauprogramm, 14,0 % das neu vom ERP-Sondervermögen angebotene Innovationsprogramm, 1,9 % das Ar-beitsplätzeprogramm und nur 1,4 % Kapitalbeteiligungen und 0,6 % Darlehen an Bürgschafts-banken (s. Bundesministerium für Wirtschaft (2000)). Bei Zinszuschüssen aus dem Bundes-haushalt 1997 bildeten 1,2 Mrd. DM für das Eigenkapitalhilfe-Programm den Schwerpunkt (s. Deutscher Bundestag (1997a), S. 117-118). Die Förderung ist zu einem überproportionalen Anteil in die neuen Bundesländer (ERP 1997: 43,3 %) geflossen.

Hinsichtlich des *Einflusses* der Förderprogramme auf die Strategien der Unternehmer kann befürchtet werden, dass sich Fördermaßnahmen häufig nachteilig auf das Verhalten der Unter-nehmer auswirken. Als Gründe kommen z. B. in Betracht: (1) ein langsamer Vergabeprozess, der die unternehmerische Aktivität hemmt und/oder Gefahren von Finanzierungsengpässen auslöst, (2) eine übermäßige Orientierung an den Vergabekriterien der Förderprogramme, etwa

durch vom Markt nicht geforderte Innovativität, nicht risikogerechte Schaffung von Arbeitsplätzen, oder per Saldo hinderliches Ausweichen in strukturschwache Gebiete bzw. in Technologiezentren und (3) eine Finanzierung zu monetär günstigen Konditionen, wobei übersehen
wird, dass nur wenig Managementunterstützung angeboten wird (vgl. Nathusius (1986),
S. 672-682). Eine vielversprechende Möglichkeit zum Abbau dieser Nachteile stellen Koin-
vestormodelle (z. B. BTU-Programm) dar.

Positiv fällt am *Vergabemechanismus* der Förderprogramme auf, dass durchweg private Banken oder VCG in die Kapitalvergabe einbezogen werden. Hierdurch kann sichergestellt werden, dass die Entscheidungsfindung nicht lediglich zentral und durch öffentliche Institutionen
durchgeführt wird, sondern vielmehr auch durch i. d. R. regional nah zum Kapitalnehmer befindliche private Institutionen, die großes Interesse an der erfolgreichen Entwicklung des Kapitalnehmers haben und über eine vergleichsweise gute Informationsbasis verfügen. Dennoch
wird Kritik an den Auswahlmechanismen geübt, die als zu schematisch-formalistisch gelten
und dabei vor allem zu wenig auf persönliche Eigenschaften der Unternehmer bzw. Gründer
abstellen (s. ifo/bifego et al. (1994), S. 127-128).

Empirische Untersuchungen zum Erfolg des *Eigenkapitalhilfe-Programms* zeigen – auf den
ersten Blick positiv – nur geringe Ausfallquoten der geförderten von langfristig ca. 9,3 % im
Vergleich zu ca. 16 % bei nicht geförderten Gründungen. Es sollte nicht angenommen werden,
dass die Eigenkapitalhilfe vornehmlich solchen Gründungen zu Kapital verhilft, die ohne Subventionen auf Dauer am Markt nicht überlebensfähig sind (vgl. ifo/bifego et al. (1994), S. 87-
92). Kritisch ist aber auch angesichts der niedrigen Ausfallquoten die Frage, ob nicht relativ
risikoarme Gründungen überfördert werden, während riskante, aber erfolgversprechende Projekte durch das Prüfungsraster fallen. Immerhin unterscheiden sich absoluter Umsatz und Umsatz pro Mitarbeiter bei geförderten und nicht geförderten Gründungen innerhalb der ersten
sieben Jahre kaum (vgl. ifo/bifego et al. (1994), S. 65-81).

Den Modellversuchen *„Förderung technologieorientierter Unternehmensgründungen"* (TOU)
und *„Beteiligungskapital für junge Technologieunternehmen"* (BJTU), die als Vorläufer für
das zuvor dargestellte Programm „Beteiligungskapital für kleine Technologieunternehmen"
(BTU) dienten, wurde durchweg ein hoher Erfolg bescheinigt (s. Bundesminister für Forschung und Technologie (1989), S. 8-18; Kulicke (1993), S. 176-184 und Kulicke/Wupperfeld
(1996), S. 216-226). Obwohl die Ausfallquote von ca. 14 % bei TOU zunächst deutlich über
dem Niveau des Eigenkapitalhilfe-Programms lag (vgl. aber auch Kulicke (1993), S. 162-165),
darf nicht übersehen werden, dass mit diesem Programm eben keine Handwerksunternehmen
und freiberuflichen Gründungen gefördert wurden, die häufig zwar risikoärmer, aber dafür
auch hinsichtlich ihrer Innovativität und Arbeitsnachfrage gesamtwirtschaftlich weniger nutz-
bringend sind als Technologieunternehmen. Messbar waren bei den TOU-geförderten Unternehmen im fünften Geschäftsjahr nach Gründung im Mittel Umsätze (Mitarbeiterzahlen) von
ca. 3,6 Mio. DM (17,5 MA), während diese bei Empfängern der Eigenkapitalhilfe bei ca. 1,5
Mio. DM (7,0 MA) lagen (s. Kulicke (1993), S. 145-152; ifo/bifego et al. (1994), S. 67-69 und
Kulicke/Wupperfeld (1996), S. 204-205).

Aus einer kritischen Bewertung der öffentlichen Förderung ergeben sich primär vier Ansätze zu einer Weiterentwicklung der Rahmenbedingungen:

1. Da *Gründerförderung* nach Art der Eigenkapitalhilfe weitgehend ohne Prüfung der individuellen Bedürftigkeit auch solchen (mitnahmeorientierten) Unternehmern zugute kommt, die nur geringe gesamtwirtschaftliche Wirkungen (z. B. Innovation, Schaffung von Arbeitsplätzen) auslösen, sollte dieser Förderzweig bei angespannter öffentlicher Haushaltslage möglichst zurückgefahren werden (s. a. Hunsdiek/May-Strobl (1987), S. 215-219, Kurz et al. (1990), S. 75-76 und Nowak (1991), S. 105-109 u. 224-226).

Dagegen ist die *Finanzierungsförderung von Unternehmen* stärker als die Gründerförderung auf gesamtwirtschaftlich fruchtbare Bereiche konzentriert und ermöglicht zudem eine laufende, fördernde und steuernde Zusammenarbeit mit dem Management des betreffenden Unternehmens. Für eine konstruktive Weiterentwicklung bieten sich drei Maßnahmen (Nr. 2 - 4) an (s. a. Bruhns (1992), S. 117; Kulicke (1993), S. 257-258 und Nachtkamp (1986), S. 42-57):

2. Die auszahlungswirksame Finanzierungsförderung sollte stärker auf kapitalintensive Unternehmen sowie auf die Erstellung immaterieller Wirtschaftsgüter (Forschung & Entwicklung, Software) konzentriert werden, wenn ein primärer Kapitalbedarf evident ist und nicht z. B. der bei Übernahmen vergütete Firmenwert im Vordergrund steht.

3. Unternehmen mit überschaubarem Kapitaleinsatz (z. B. in Handwerk und freien Berufen) sollten primär durch Bürgschaften zur Sicherung von Krediten privater Banken unterstützt werden. Durch eine Bürgschaftsförderung, die die Folgen eines wirtschaftlichen Fehlschlags mindert, könnte eine hinreichende Kapitalversorgung sichergestellt werden, wobei die öffentliche Hand nur im Fall wirtschaftlicher Schieflagen eintreten müsste, aber die Bezuschussung florierender Kleinunternehmen ohne großes Wachstumspotential vermeiden könnte.

4. In die Finanzierungsförderung von Unternehmen sollten durchweg renditeorientierte private VCG mit einbezogen werden, damit sichergestellt werden kann, dass

    –   bei der Beteiligungswürdigkeitsprüfung Aspekte des Marktes und des Managements des PU, die sich nur schwer in formale Richtlinien kleiden lassen, hinreichend berücksichtigt werden,

    –   Unternehmen gefördert werden, von denen erwartet werden kann, dass sie zumindest *nach* Berücksichtigung der Finanzierungsförderung rentabel arbeiten und damit tragfähig sind, und

    –   neben der monetären Komponente der VC-Finanzierung auch die Komponente der Managementunterstützung, die von Fördervehikeln kaum geleistet werden kann, effektiv umgesetzt wird.

Nach kritischer Betrachtung der einzelnen Facetten der Rahmenbedingungen des deutschen VC-Marktes gilt es nun einen kurzen Vergleich zu einem zentralen US-amerikanischen Programm zur indirekten Förderung über spezialisierte Beteiligungsgesellschaft herzustellen.

5.2 Finanzielle Förderung in den USA durch das SBIC-Programm

Ein interessantes Beispiel für eine indirekte Beteiligungsförderung ist das in den USA auf Bundesebene von der Small Business Administration (SBA) durchgeführte Small Business Investment Company-(SBIC-)Programm. Das bereits 1958 gesetzlich geregelte Programm soll jungen Unternehmen Kapital durch Small Business Investment Coprporations (SBICs) zu führen. SBICs sind privat geführte VCG, die sich im Gegenzug für öffentliche Lizensierung und Regulierung durch die SBA in begrenztem Umfang eine staatliche Garantie für ihre Refinanzierung erhalten. Durch diese Garantie können sich SBICs zu Zinssätzen refinanzieren, die mit Staatsanleihen vergleichbar sind. Die Regulierung ähnelt teilweise den Anforderungen, die in Deutschland an UBG gestellt werden.

Die Grundstruktur des SBIC-Programms stellt sich entsprechend Abb. 5.1 grob wie folgt dar (s. a. Posner (1996), S. 170-184 sowie die Informationsschriften der SBA und der National Association of Small Business Investment Corporations (NASBIC)):

Abb. 5.1: Struktur des SBIC-Programms

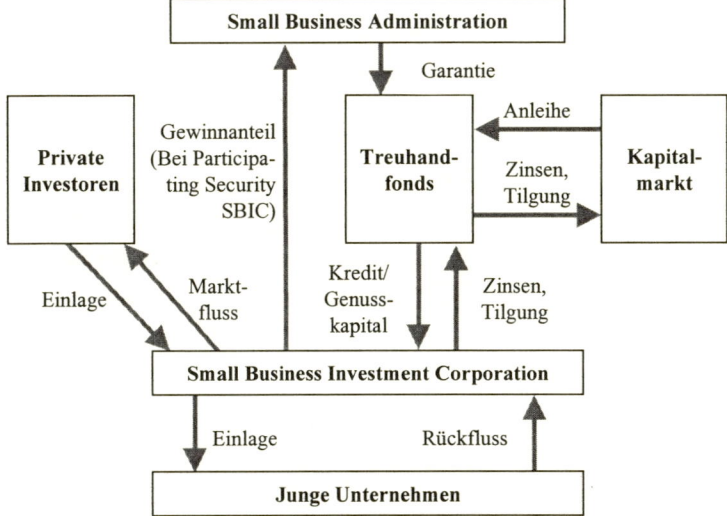

Quelle: In Anlehnung an NASBIC

(1) *Junge Unternehmen* erhalten von SBICs Eigenkapital (72 % der Mittelverwendung des Jahres 1999), Quasi-Eigenkapital – i. d. R. Wandelanleihen – (21 %) oder Kredite (7 %).

(2) *SBICs* werden von privaten Eigentümern und – sofern kein Kreditinstitut wesentlich an der SBIC beteiligt ist –von einem durch die SBA verbürgten Treuhandfonds finanziert:

– Das Eigenkapital einer SBIC („leveragable capital") in Höhe von mindestens 5 - 10 Mio. US$ muß von privaten Investoren aufgebracht werden. Eine begrenzte Beteiligung von Gebietskörperschaften und Pensionsfonds ist zulässig.

– Fremdkapital aus dem Treuhandfonds wird den SBIC in Abhängigkeit von der Höhe des Eigenkapitals zugeführt (bis 300 % des Eigenkapitals, mit zunehmendem Eigenkapital fallend gestaffelt, max. 90 Mio. US$).

– Ein Teil der SBICs refinanzieren sich über Genußscheine (bis 200 % des Eigenkapitals, max. 90 Mio. US$), bei denen die SBIC eine Gewinnbeteiligung erst leisten muß wenn sie diese aus erhaltenen Dividenden oder Beteiligungsveräußerungen decken kann. Die SBA finanziert die Zinsen für den Treuhandfonds vor und erhält im Gegenzug eine zusätzliche Gewinnbeteiligung.

(3) Der *Treuhandfonds* begibt Anleihen mit fünf- und zehnjähriger Laufzeit, die am Kapitalmarkt mit einem Zinsaufschlag von ca. 0,7 % gegenüber Staatsanleihen gehandelt werden. Die SBA verbürgt Rückzahlung und Zinsen der Anleihen.

Die SBICs sind bei ihren Beteiligungen an jungen Unternehmen in der Regel auf Minderheitsbeteiligungen beschränkt und müssen dem PU während der ersten 5 Beteiligungsjahre eine Rückkaufoption anbieten. Im Gegenzug erhalten die SBICs Steuervorteile.

Am Markt sind vier Typen von SBICs aktiv, die sich hinsichtlich ihrer Refinanzierung, Eigentümerstruktur und Finanzierungsziele unterscheiden:

(1) *Participating Security SBICs* nutzen als Genußscheine zur Refinanzierung, um die Kongruenz zwischen Rückflüssen und Finanzierungskosten zu optimieren.

(2) *Debenture SBICs* setzen Fremdkaptial zur Refinanzierung ein. Sie entsprechen dem klassischen Typ von SBIC, der 1958 gesetzlich definiert wurde.

(3) *Bank SBICs* sind Debenture SBICs, deren Eigenkapital zu mindestens 10 % von Kreditinstiuten gehalten wird. Bank SBICs erhalten keine staatlich garantierte Refinanzierung.

(4) *Specialized SBICs* investieren in Unternehmen, die von sozial oder ökonomisch benachteiligten Unternehmern geführt werden.

Tab. 5.5 stellt für die einzelnen SBIC-Typen die Anzahl der Finanzierungen, die Finanzierungsbeträge und die Eigenkapitalrenditen zusammen. Zunächst fällt auf, dass die 318 SBIC 1999 mehr als 3.000 Finanzierungen mit einem Gesamtvolumen von ca. 4,2 Mrd. US$ getätigt haben. Wie im nachfolgenden Abschnitt noch gezeigt wird, ähnelt dieses Volumen in der Größenordnung dem gesamten deutschen VC-Markt. Die nach Anzahl größte Gruppe der traditionellen Debenture SBICs tätigte auch die meisten Finanzierungen, mit einem mittleren Volumen von ca. 0,6 Mio. US$. Allerdings stellen die Bank SBICs – ohne staatlich garantierte Refinanzierung – ca. 68 % des Finanzierungsvolumens bereit und tätigen darüber hinaus größere Transaktionen mit einem durchschnittlichen Volumen von ca. 3,6 Mio. US$. Dieses Verhalten liegt darin begründet, dass US-amerikanische Kreditinstitute durch den Regulierungsrahmen nur sehr eingeschränkt in der Lage sind, Beteiligungen an Nichtbanken zu erwerben. Dieser Teil des SBIC-Programms stellt keine finanzielle staatliche Fördermaßnahme, sondern eine Regulierungserleichterung für Banken dar. Auch hinsichtlich der erzielten Renditen heben sich die Bank SBICs mit 21,4 % deutlich von allen anderen SBIC-Typen ab. Specialized SBICs verfolgen teilweise fördernde Ziele, so dass hier eine geringere Rendite nachvollziehbar ist. Bis

Typ	Anzahl SBICs 1998	Anzahl Finanzierungen 1999	Finanzierungs-betrag Mio. US$ 1999	Eigenkapital-Rendite 1998
Participating Security SBIC	69	857	652,5	7,9 %
Debenture SBIC	92	1.115	638,0	10,3 %
Bank SBIC	84	798	2.871,3	21,4 %
Specialized SBIC	73	326	59,1	5,5 %
Summe	**318**	**3.096**	**4.220,9**	**18,9 %**

Quelle: SBA.

1995 wurden Specialized SBICs daher auch mit zusätzlichen Vergünstigungen bei der Refinanzierung gefördert. Bei den Participating Securities SBICs könnte die geringere Rendite eine Konsequenz der recht kurzen Zeitspanne seit erstmaliger Nutzung 1995 sein, die Beteiligungs-veräußerungen erschwert.

Die US-amerikanischen Erfahrungen deuten auf mehrere Gestaltungsmerkmale hin, die mit hoher Wahrscheinlichkeit auch die deutsche Förderlandschaft positiv beeinflussen dürften:

(1) Die hohen Förderquoten – Fremdkapital, das durch die staatliche Garantie zinsvergüns-tigt ist, wird bis zur ca. 2fachen Höhe des Eigenkapitals der SBIC bereitgestellt – hat sich in Kombination mit der strikten Regulierung der SBIC bewährt. Der deutsche Gesetz-geber könnte diese Erfahrungen aufgreifen, um z. B. einen neuen Typ von Unternehmens-beteiligungsgesellschaft mit SBIC-ähnlicher Förderung zu schaffen.

(2) Bei der Refinanzierung von VCG sollten nicht nur Kredite und Bürgschaften angeboten werden, sondern auch genußrechtsartige Beteiligungstitel, die es – vor allem jungen – VCG ermöglichen, die Belastung aus Zinsen bzw. Gewinnbeteiligungen auf den Zeit-punkt des Kapitalrückflusses aus der Veräußerung von Beteiligungen zu verschieben.

(3) Auch unter Berücksichtigung der unterschiedlich großen Volkswirtschaften und trotz aller Kritik renditeorientierter VCG ist das Potential der sinnvollen indirekten Beteili-gungsförderung in Deutschland wahrscheinlich noch nicht ausgeschöpft. Gleiches gilt für die Zahl der privaten VCG, die in die Allokation der Fördermittel einbezogen sind. Posi-tiv zu vermerken ist dabei auch, dass die SBICs 1999 ca. 53 % ihrer Finanzierungen bei jungen Unternehmen getätigt haben, die noch nicht älter als 3 Jahre waren.

In den nächsten Abschnitten soll nun dargestellt werden, welche Marktstrukturen im VC-Markt in Deutschland insgesamt entstanden sind und welche Marktgröße erreicht wurde.

5.3 Entwicklung, Marktgröße und Struktur des VC-Marktes in Deutschland

In den sechziger Jahren, der Frühphase des deutschen VC-Marktes, entstanden kleine KBG privater Investoren, allen voran (1) die „Indufina-Frankfurt Industrie- und Finanzbeteiligungsgesellschaft mbH & Co. KG", die 1960 von einzelnen Privatinvestoren unter Mitwirkung des Bankhauses S. G. Warburg gegründet wurde, (2) die „BONA-Kapitalbeteiligungs-GmbH", die 1965 von 4 Kommanditisten gegründet wurde und in der Folge – z. T. über Treuhänder – weitere Kommanditisten aufnahm und (3) die „Privatinvest Verwaltungsgesellschaft privater Kapitalinteressen mbH + Co. KG", die 1966 von einer Privatbank für ca. 40 Kommanditisten initiiert wurde. Zusammen konnten diese Gesellschaften in den sechziger Jahren gut 16 Mio. DM Kapital akquirieren und anlegen. Durch private Kreditinstitute wurden zwischen 1965 und 1969 vier vergleichsweise große KBG gegründet, nämlich (1) die „Allgemeine Kapitalunion GmbH & Co. KG (AKU)", gegründet 1965 von mehreren Banken geführt vom Bankhaus Gebrüder Bethmann, (2) die „Beteiligungsgesellschaft für Industrie und Handel GmbH", die im gleichen Jahr von der Bayerischen Staatsbank und der Effectenbank Warburg geschaffen wurde, (3) die „Deutsche Beteiligungsgesellschaft mbH (DBG)", gegründet 1965 von 8 Kreditinstituten geführt von der Deutschen Bank und (4) die „Beteiligungsgesellschaft für die deutsche Wirtschaft mbH" (BdW), gegründet 1969 von 3 Kreditinstituten unter Leitung der Dresdner Bank. Diese KBG gingen primär stille Beteiligungen bei etablierten mittelständischen Unternehmen ein, deren Eigenkapitalbasis die Banken verbessern wollten (s. Feldbausch (1971), S. 81-88; Laub (1985), S. 104-120 und Mayer/Müller (1991), S. 11-12).

Ende der sechziger Jahre begann auch das Engagement der Landesbanken und Sparkassen. Frühe Gesellschaften waren die „Kapital-Beteiligungsgesellschaft mbH", die 1969 von der Investitions- und Handelsbank, einer Tochter der WestLB, und anderer Banken gegründet wurde, sowie die ebenfalls 1969 von der WestLB gegründete „Rheinisch-Westfälische Kapitalbeteiligungsgesellschaft mbH (RW KBG)". Danach kam es in diesem Segment trotz rechtlicher Restriktionen des Betätigungsfeldes von Sparkassen zu einer raschen Zunahme der Zahl der Gesellschaften (s. Feldbausch (1971), S. 84-85; Bode/Lüthje (1985), S. 272-275 und Körner (1994), S. 293-296). Ebenfalls in den siebziger Jahren begann die Gründung öffentlich geförderter Kapitalbeteiligungsgesellschaften mit Schwerpunkt bei den Mittelständischen Beteiligungsgesellschaften der Länder. Zum Ende der siebziger Jahre hatte der deutsche VC-Markt ein Portfolio von mehr als 500 Mio. DM aufgebaut, wovon ca. 20 % von öffentlich geförderten Kapitalbeteiligungsgesellschaften stammte (vgl. BVK (1993), S. 22).

Eine historisch wichtige Station der Entwicklung war die „Deutsche Wagnisfinanzierungs-Gesellschaft mbH (WFG)", die am 9. Juni 1975 nach mehrjähriger politischer Diskussion von 27 Kreditinstituten gegründet wurde (s. ausführlich Laub (1985), S. 108-114 und Mayer/Müller (1991), S. 1-2 und 20-40). Trotz privatwirtschaftlicher Trägerschaft wurde die WFG durch einen Risikobeteiligungsvertrag vom Bund gefördert, der von der Gründung bis zur Einstellung der Akquisitionstätigkeit am 30. September 1984 in Kraft war. Die Nachfolge dieser sogenannten WFG-alt hat 1984 die von ihren fünf größten Gesellschaftern gegründete „WFG Deutsche Gesellschaft für Wagniskapital mbH & Co. KG von 1984" übernommen, die auch als

WFG-neu bezeichnet wird. Die WFG-neu wurde 1988 von der „Deutschen Beteiligungsgesellschaft mbH (DBG)" übernommen. Ab 1988 und bis zur Auflösung der WFG-alt im Jahr 1991 hat die DBG Haftung und Geschäftsbesorgung für diese Gesellschaft übernommen. Das Portfolio der WFG bestand aus mittelständischen Unternehmen, wobei zunächst – anders als bei den genannten KBG der Banken – in junge Unternehmen investiert, der Anteil von Neugründungen aus Risikoüberlegungen im Zeitablauf aber zurückgefahren wurde. Die Aktivitäten der WFG werden primär als Beitrag zur Stimulierung des deutschen VC-Marktes und Lernphase für das Engagement der Kreditinstitute verstanden (s. Mayer/Müller (1991), S. 54-60).

Hohe Zuwachsraten bei einer Marktgröße von mehr als 2 Mrd. DM investiertem Kapital konnte der deutsche VC-Markt in der zweiten Hälfte der achtziger Jahre verzeichnen (s. Kokalj/Albach (1987), S. 362-364 und Kokalj (1989), S. 18-31). Die Marktentwicklung ab 1988 ist in Abb. 5.2 dargestellt. Zwischen 1988 und 1998 ist demnach das Gesamtportfolio der deutschen VCG von 2,1 Mrd. DM um durchschnittlich 17,5 % pro Jahr auf 10,5 Mrd. gewachsen. Dabei hat sich die Wachstumsrate seit 1993 auf 14,2 % p. a. ermäßigt. Das Wachstum der jüngeren Vergangenheit wir getragen von einem starken Wachstumsschub zwischen 1996 und 1998 mit einer Rate von 26,1 % p. a. Zum investierten Kapital kommt ein Kapitalvorrat von zuletzt ca. 8,1 Mrd. DM oder 43,5 % des insgesamt verfügbaren Kapitals von 18,6 Mrd. DM. Der Umfang dieser „Kriegskasse" der VCG deutet an, dass der deutsche Markt derzeit nicht von einer Kapitalknappheit geprägt ist. Der VC-Markt hat seit 1991 jährlich mehr als eine Mrd. DM an Bruttoinvestitionen getätigt und die Milliardengrenze mit Investitionen von 2,6 Mrd. DM 1997 und 3,8 Mrd. DM 1998 nachhaltig überschritten. Bedenkt man, dass das Volumen der Erstemissionen an deutschen Wertpapierbörsen zwischen 1991 und 1995 ca. 14 Mrd. DM betragen hat (s. Heusinger (1995), S. 3), so erscheinen die Bruttoinvestitionen des VC-Marktes von 5,9 Mrd. DM im gleichen Zeitraum als finanzierungspraktisch sehr relevant, da sie immerhin 42,1 % des Erstemissionsvolumens der Börsen entsprechen. Der Markt gliederte sich 1998 in knapp 4.000 PU, wobei diese Zahl seit 1988 „nur" mit durchschnittlich 9,1 % p. a. angestiegen ist, da sich das mittlere Beteiligungsvolumen im gleichen Zeitraum von 1,3 Mio. DM auf 2,7 Mio. DM erhöht hat. Dass die privaten VCG dabei im Mittel mit 3,9 Mio. DM erheblich größere Einzelanlagen tätigen als die öffentlichen VCG mit durchschnittlich 0,6 Mio. DM, lässt sich auch daran erkennen, dass die privaten Gesellschaften 1998 einen Marktanteil von 42 % der PU nach Anzahl aber 87 % des Portfolios in DM hielten.

Der VC-Markt lässt sich im Sinne von Abb. 5.3 als Trichterkonstruktion auffassen, in dem gut 130 Kapitalbeteiligungsgesellschaften als Intermediäre aktiv sind. Von diesen Gesellschaften sind ca. 62 % als Universalbeteiligungsgesellschaften primär im privaten Sektor, 26 % als Beteiligungsgesellschaften der Sparkassen/Landesbanken, 2 % als öffentliche Co-Investmentgesellschaften und 10 % als Mittelständische Beteiligungsgesellschaften klassifizierbar. Das verfügbare Kapital stammt zu 51 % von Kreditinstituten, zu 15 % von Pensionsfonds, zu 14 % von Versicherungen, zu 8 % aus der Industrie, zu 8 % von Privatpersonen und zu 5 % vom Staat sowie aus sonstigen Quellen. Da das Kapital der Kreditinstitute und Versicherungen in Deutschland überwiegend durch captive VCG investiert wird, ist der Anteil dieser Gesell-

Abb. 5.2: VC-Markt Deutschland[1] 1988 - 1998

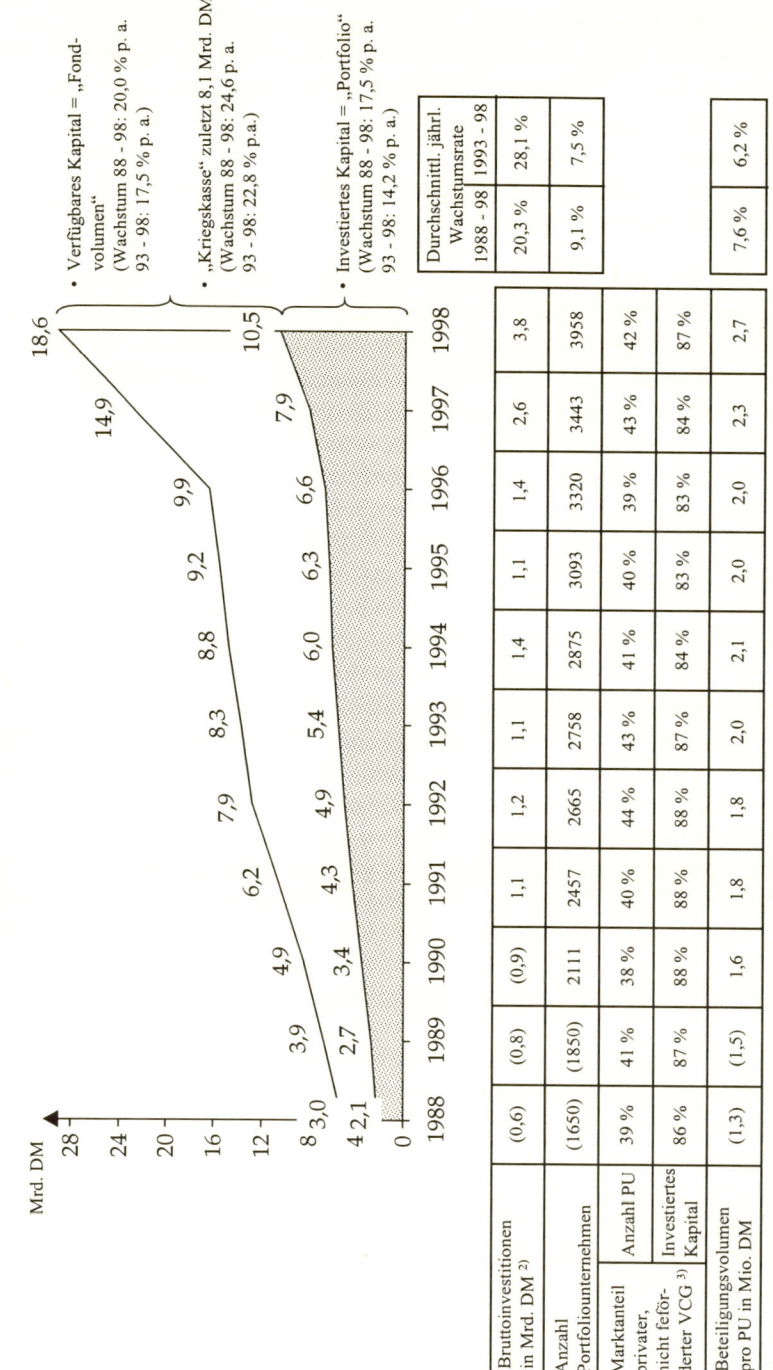

- Verfügbares Kapital = „Fondvolumen"
  (Wachstum 88 - 98: 20,0 % p. a.
  93 - 98: 17,5 % p. a.)

- „Kriegskasse" zuletzt 8,1 Mrd. DM
  (Wachstum 88 - 98: 24,6 p. a.
  93 - 98: 22,8 % p.a.)

- Investiertes Kapital = „Portfolio"
  (Wachstum 88 - 98: 17,5 % p. a.
  93 - 98: 14,2 % p. a.)

	1988	1989	1990	1991	1992	1993	1994	1995	1996	1997	1998	Durchschnittl. jährl. Wachstumsrate 1988 - 98	1993 - 98
Bruttoinvestitionen in Mrd. DM[2]	(0,6)	(0,8)	(0,9)	1,1	1,2	1,1	1,4	1,1	1,4	2,6	3,8	20,3 %	28,1 %
Anzahl Portfoliounternehmen	(1650)	(1850)	2111	2457	2665	2758	2875	3093	3320	3443	3958	9,1 %	7,5 %
Marktanteil privater, nicht geförderter VCG[3] — Anzahl PU	39 %	41 %	38 %	40 %	44 %	43 %	41 %	40 %	39 %	43 %	42 %		
Investiertes Kapital	86 %	87 %	88 %	88 %	88 %	87 %	84 %	83 %	83 %	84 %	87 %		
Beteiligungsvolumen pro PU in Mio. DM	(1,3)	(1,5)	1,6	1,8	1,8	2,0	2,1	2,0	2,0	2,3	2,7	7,6 %	6,2 %

1) Soweit vom Bundesverband Deutscher Kapitalbeteiligungsgesellschaften erfaßt. Nach Schätzungen ca. 85 % des Gesamtmarktes. Bei Angaben in Klammern oder gestrichelt wurden Angaben der BVK-Mitglieder konservativ auf den später vom BVK erfaßten Markt erfaßt.
2) Bruttoinvestitionen messen das jährliche Akquisitionsvolumen. Nettoinvestitionen ergeben sich aus den Bruttoinvestitionen abzüglich getätigter Desinvestitionen. In der Graphik entsprechen die Nettoinvestitionen der Veränderung des investierten Kapitals.
3) Angaben nur für BVK-Mitglieder. Für den Gesamtmarkt ergeben sich auf Basis eigener Berechnungen andere Werte.
Quelle: BVK-Statistiken und Jahrbücher 1991 - 1998, eigene Berechnungen.

Abb. 5.2: Struktur des deutschen VC-Marktes[1] – 1998

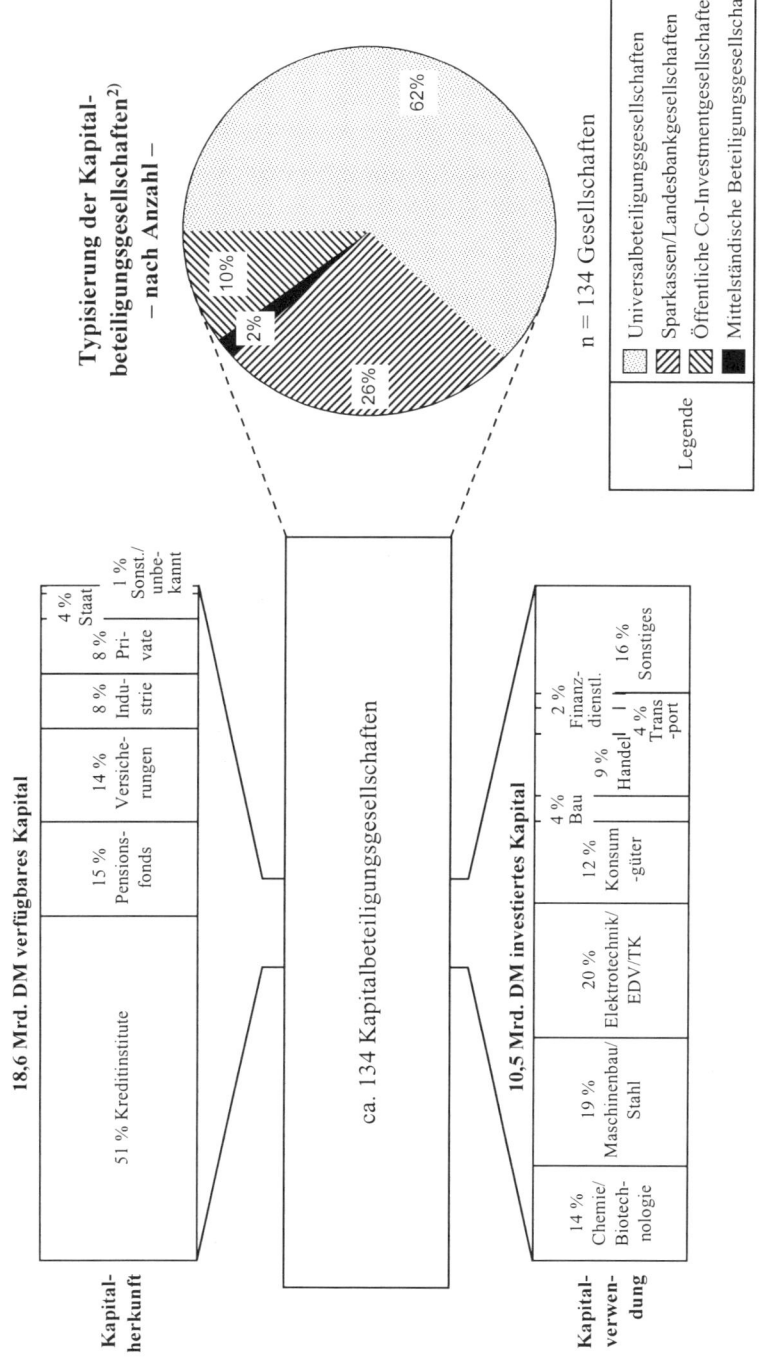

Typisierung der Kapital-beteiligungsgesellschaften[2]
– nach Anzahl –

n = 134 Gesellschaften

Legende	
	Universalbeteiligungsgesellschaften
	Sparkassen/Landesbankgesellschaften
	Öffentliche Co-Investmentgesellschaften
	Mittelständische Beteiligungsgesellschaften

62%
26%
10%
2%

18,6 Mrd. DM verfügbares Kapital

Kapital-herkunft

51 % Kreditinstitute | 15 % Pensions-fonds | 14 % Versiche-rungen | 8 % Indu-strie | 8 % Pri-vate | 4 % Staat | 1 % Sonst./ unbe- kannt

ca. 134 Kapitalbeteiligungsgesellschaften

10,5 Mrd. DM investiertes Kapital

Kapital-verwen-dung

14 % Chemie/ Biotech-nologie | 19 % Maschinenbau/ Stahl | 20 % Elektrotechnik/ EDV/TK | 12 % Konsum -güter | 4 % Bau | 9 % Handel | 4 % Trans -port | 2 % Finanz-dienstl. | 1 % | 16 % Sonstiges

1) Soweit von BVK erfaßt. Nach Schätzungen ca. 85 % des Gesamtmarktes.
2) Nach dem Mitgliederverzeichnis des BVK mit eigenen Ergänzungen.
Quelle: BVK-Statistik 1998, eigene Berechnungen, BVK-Directory 1999.

schaften entsprechend hoch. Interessant ist weiterhin der im Vergleich zum Marktanteil geringe Prozentsatz des staatlichen Kapitals, der sich daraus erklärt, dass öffentlich rechtliche Kreditinstitute, speziell Sparkassen aber auch Landesbanken, häufig in geförderte Finanzierungen einbezogen werden. Bei den Kapitalnehmern stellt der Bereich Elektrotechnik/EDV/Telekommunikation mit 20 % mittlerweile die größte Branchengruppe vor Maschinenbau/Stahl mit 19 % dar, was auch als Anzeichen dafür gewertet werden kann, dass die Finanzierung besonders innovativer Unternehmen im deutschen VC-Markt stärker in den Vordergrund gerückt ist. Als ebenfalls eher innovativ können PU der Branchencluster Chemie/Biotechnologie (14 %), Handel (9 %), Transport (4 %) und Finanzdienstleistungen (2 %) eingestuft werden.

Für ein zumindest bis 1996 konservatives Investitionsverhalten der deutschen VCG spricht die in Tab. 5.6 dargestellte Verteilung der Finanzierungsphasen. Demnach dominierte zwischen 1992 und 1996 mit 54,3 % des Investitionsvolumens die Expansionsphase. In den Jahren 1997 und 1998 ist der Anteil der Expansionsfinanzierungen dagegen auf 37,3 % zurückgegangen. Innerhalb der späten Finanzierungsphasen haben gleichzeitig Bridge-Finanzierungen von 4,6 % auf 12,7 % zugenommen. Da diese Zunahme zeitlich mit der Schaffung des Neuen Marktes zusammenfällt, ist zu vermuten, dass sich deutsche VCG nun mit Bridge-Finanzierungen stärker auf diesen attraktiven Desinvestitionskanal ausrichten. Wenn sich als Folge der 1997 und 1998 getätigten Transaktionen in den Folgejahren eine auf hohem Niveau stabile Emissionstätigkeit unter Mitwirkung von VCG entwickelt, würde dies einen außerordentlich erfreulichen Trend zur Förderung der Entrepreneurship-Kultur in Deutschland widerspiegeln. Innerhalb der späten Finanzierungsphasen haben außerdem die MBO/MBI-Finanzierungen von 26,3 % auf 27,7 % der Investitionen zugenommen. Auch bei den riskanteren frühen Frühphasenfinanzierungen Seed und Start-up ist es seit 1997 zu einer starken Belebung gekommen. Diese Phasen fielen zwischen 1992 und 1996 – zumindest gemessen am Volumen der Investitionen – mit Anteilen von 2,7 % bzw. 8,3 % kaum ins Gewicht. In den Jahren 1997 und 1998 ist der Anteil dieser Phasen auf immerhin 5,6 % bzw. 14,8 % angewachsen.

Eine Berücksichtigung der Zahl der getätigten Transaktionen zeigt, dass die Bridge-Finanzierungen mit einem mittleren Volumen zuletzt ca. 15 Mio. DM (1992-96: 5,8 Mio. DM), gefolgt von den MBO-/MBI mit 8,5 Mio. DM pro Anlagefall (1992-1996: 4,3 Mio. DM), in der Regel zu den größten Transaktionsarten zählen. Gerade bei diesen wachsenden Segmenten der Spätphasenfinanzierungen hat im Zeitablauf das mittlere Volumen je Transaktion stark zugenommen. Das Wachstum dieser Segmente in den Jahren 1997 und 1998 wird demnach zumindest nicht ausschließlich von einer Zunahme der Zahl der Transaktionen, sondern auch von einem Volumenzuwachs getragen. Relativ klein sind erwartungsgemäß die Frühphasenfinanzierungen mit ca. 1,3 Mio. DM bei Seed und Start-up-Finanzierungen. Auch hier sind die mittleren Transaktionsgrößen, die zwischen 1992 und 1996 noch bei 0,5 bzw. 0,6 Mio. DM für Seed und Start-up-Finanzierungen lagen, deutlich angestiegen. Als Auslöser für diese Entwicklung kann ein vermehrtes Engagement renditeorientierter VCG – die im Vergleich zu VCG des öffentlichen Sektors zu größeren Transaktionen neigen – in diesem Segment vermutet werden. Gemessen am Anteil der Investitionen von 1,9 % sowie auch an der mittleren Transaktionsgröße

112

Tab. 5.6: Verteilung der Finanzierungsphasen im deutschen VC-Markt

Finanzierungs-phasen	Summen (Gesamtmarkt)							
	Investitionen in Mio. DM		Anteil		Anzahl Transaktionen		Volumen in Mio. DM	
	1992-96	1997-98	1992-96	1997-98	1992-96	1997-98	1992-96	1997-98
Seed	158	356	2,7 %	5,6 %	340	271	0,5	1,3
Start-up	492	943	8,3 %	14,8 %	768	718	0,6	1,3
Expansion	3.230	2.381	54,3 %	37,3 %	1.549	946	2,1	2,5
Bridge	275	809	4,6 %	12,7 %	47	54	5,8	15,0
MBO / MBI[1]	1.566	1.768	26,3 %	27,7 %	361	207	4,3	8,5
Turnaround	225	122	3,8 %	1,9 %	56	42	4,0	2,9
Summe	5.946	6.379	100,0 %	100,0 %	3.121	2.356	1,9	2,9

Ohne Angabe	352 (5,6 %)	150 (2,3 %)			298 (8,7 %)	118 (5,0 %)		

1) Enthält die im Jahr 1998 neu gebildeten Phasen "Replacement Capital" und "Leveraged Buy-Out" (LBO).

Quelle: BVK-Statistiken 1992-1998, eigene Berechnungen.

von 2,9 Mio. DM haben sich Turnaround-Finanzierungen, die auch aus systematischer Sicht eher ein Rand-/Nischengeschäft für VCG darstellen, rückläufig entwickelt.

Tab. 5.7 gibt Aufschluss über das typische VC-Desinvestitionsprofil. Mit Liquidationen in Höhe von ca. 640 Mio. DM im Zeitraum von 1992 - 1996 und von ca. 457 Mio. DM 1997 und 1998, musste jährlich ca. 2 % des investierten Kapitals zum Totalverlust erklärt werden. Insgesamt konnten 1992 bis 1996 ca. 3,4 Mrd. DM und in den Jahren 1997 und 1998 2,2 Mrd. DM desinvestiert werden. Dies entspricht – über beide Zeitfenster stabil – einem Anteil von jährlich ca. 12 % des Portfolios. Nach Abzug der Liquidationen konnte der Markt also pro Jahr ca. 10 % des investierten Kapitals erfolgreich veräußern. Gemessen am Kapital dominierte dabei bis 1996 mit 43,0 % der Buy Back, gefolgt vom Trade Sale mit 38,5 %. Der hohe Anteil von Buy Back kann als problematisch angesehen werden, da diese Transaktionen mit durchschnittlich 1,3 Mio. DM nur relativ geringe Rückflüsse und häufig auch geringe Renditen für die VCG erlauben. Relativiert wird diese Erkenntnis allerdings dadurch, dass das Buy Back bei stillen Beteiligungen der öffentlich geförderten KBG besonders häufig vorkommt und somit zum Teil als bewusste Förderkomponente und nicht als Indiz für einen geringen Erfolg privater VCG angesehen werden muss. Zudem ist der Umfang der Buy Back-Transaktionen im Zeitablauf zurückgegangen. In den Jahren 1997 und 1998 stellten Buy Back-Transaktionen nur noch 38,5 % des Volumens und Trade Sale-Transaktionen dafür 46,7 % des Volumens dar. Außerdem haben sich auch die mittleren Transaktionsgrößen im Zeitablauf erhöht und zwar beim Buy Back von 1,3 auf 1,7 Mio. DM sowie beim Trade Sale von 2,8 auf 4,9 Mio. DM. Beim

Tab. 5.7: Verteilung der Desinvestitionswege im deutschen VC-Markt

Desinvestitions-kanal		Summen (Gesamtmarkt)									
		Desinvestitions-volumen in Mio. DM		Anteil		Anteil zuorden-barer Verkäufe		Transaktionen		Volumen je Transaktion in Mio. DM	
		1992-96	1997-98	1992-96	1997-98	1992-96	1997-98	1992-96	1997-98	1992-96	1997-98
V e r k a u f	**Buy Back**	882	645	25,9 %	29,1 %	43,0 %	38,5 %	700	378	1,3	1,7
	Trade Sale	790	782	23,2 %	35,3 %	38,5 %	46,7 %	284	160	2,8	4,9
	Secondary Purchase1)	112	62	3,3 %	2,8 %	5,5 %	3,7 %	63	26	1,8	2,4
	Going Public	265	187	7,8 %	8,4 %	13,0 %	11,1 %	60	50	4,4	3,7
	Ohne Angabe	714	85	21,0 %	3,8 %	–	–	289	35	2,5	2,4
Liquidation2)		640	457	18,8 %	20,6 %	–	–	586	272	1,1	1,7
Summe 3)		3.403	2.218	100,0 %	100,0 %	100,0 %	100,0 %	1.982	921	1,7	2,4

1) Secondary Purchase wird ab 1998 von BVK nicht mehr separat erfaßt.
2) Liquidatonen entsprechen ca. 2 % des Portfolios p. a.
3) Deinvestitionsvolumen entspricht ca. 12 % des Portfolios p. a.

Quelle: BVK-Statistiken 1992-1998, eigene Berechnungen.

Desinvestitionskanal Going Public überrascht, dass der Anteil in den Jahren 1997 und 1998 um knapp 2 %-Punkte auf 11,1 % zurückgegangen ist und sich parallel auch die mittleren Transaktionsgrößen von 4,4 auf 3,7 Mio. DM geschrumpft sind. Als Erklärung kommt erstens in Betracht, dass neben dem Going Public auch der Trade Sale als Desinvestitionskanal in seiner Attraktivität stark zugenommen hat und es hier zu Substitutionen kommt. Zweitens wird sich die Nutzung des Neuen Marktes durch deutsche VCG erst im Zeitablauf stabilisieren, was auch mit der jüngst beobachteten Zunahme an Bridge-Finanzierungen (s. Tab. 5.6) kompatibel wäre.

5.4 Deutscher VC-Markt im internationalen Vergleich

In diesem Abschnitt wird der deutsche VC-Markt im Vergleich mit Märkten in Europa und den USA betrachtet, um (1) Indikatoren für die erreichte Marktgröße und den Entwicklungsstand zu gewinnen und (2) aufzuzeigen, inwieweit sich Marktstrukturen unterscheiden und damit die internationale Übertragbarkeit von Forschungsergebnissen erschweren (s. weiterführend Posner (1996), S. 101-246; Pfirrmann et al. (1997), S. 21-75 und Manigart (1994), S. 530-540).

Abb. 5.4 zeigt zunächst eine Aufteilung des in Westeuropa 1998 von VCG in PU angelegten Kapitals von rund 40,6 Mrd. ECU (= ca. 80 Mrd. DM). Dabei fällt auf, dass die Rolle Großbritanniens als Finanzzentrum nicht lediglich auf Wertpapiermärkte beschränkt ist, sondern auch mit einem Anteil von 48 % am europäischen VC-Markt manifestiert wird. Zu berücksichtigen ist allerdings, dass z. B. ein Teil des von deutschen VCG vergebenen Kapitals letztlich aus britischen Quellen stammt (z. B. die Beteiligung von Advent International an TVM, 3i

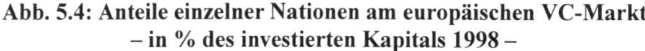

Abb. 5.4: Anteile einzelner Nationen am europäischen VC-Markt
– in % des investierten Kapitals 1998 –

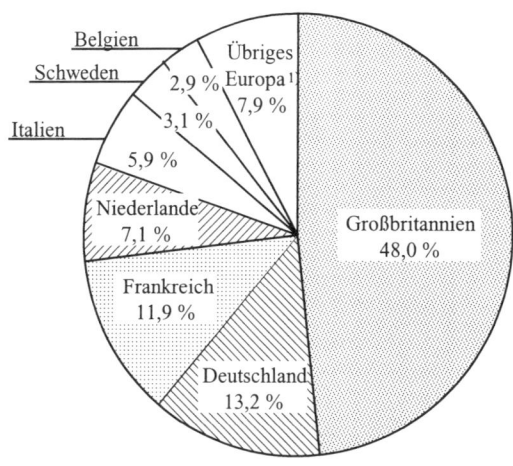

Belgien
Schweden
Italien
Übriges Europa[1]
2,9 %
7,9 %
3,1 %
5,9 %
Niederlande
7,1 %
Frankreich
11,9 %
Deutschland
13,2 %
Großbritannien
48,0 %

100 % = 40,6 Mrd. ECU [2]

1) Darunter: Spanien (2,4 %), Norwegen (1,3 %), Schweiz (0,8 %), Irland (0,8 %), Dänemark (0,7 %)
   und Portugal (0,6 %).
2) 1 ECU = 0,676 £; 1,969 DM; 6,601 FF; 1,121 $.
Quelle: EVCA (1999), S. 44.

Deutschland und Electra Fleming), so dass eine hohe nationale Marktgröße hier nicht auf ein gleichermaßen hohes inländisches Anlagevolumen hindeutet. An zweiter Stelle mit 13,2 % liegt der deutsche VC-Markt. An dritter Stelle mit einem Anteil von 11,9 % folgt der französische Markt. Nimmt man den niederländischen Markt mit 7,1 % hinzu, so wird deutlich, dass die vier größten europäischen VC-Märkte zusammen ca. 80,2 % des Gesamtmarktes repräsentieren, während kein anderer nationaler Markt einen Anteil von 6 % erreicht.

Abb. 5.5 zeigt für den US-amerikanischen und die vier größten europäischen VC-Märkte eine relative Marktgröße im Verhältnis zum Bruttoinlandsprodukt. Demnach entsprach 1998 das Portfolio der deutschen VCG 2,8 ‰ des Bruttoinlandsprodukts, wovon immerhin 1,0 ‰ im Kalenderjahr 1998 in Beteiligungen investiert wurde. Mit dieser relativen Marktgröße stellt der deutsche Markt allerdings das Schlusslicht im hier angestellten internationalen Vergleich dar. Damit der deutsche VC-Markt eine den anderen nationalen Märkten entsprechende gesamtwirtschaftliche Funktion erfüllen kann, müssten weitere Wachstumsschritte absolviert werden. So erscheint der US-amerikanische Markt noch immer ca. 2,2 (2,0) mal größer, wenn man auf die Bruttoinvestitionen (das Portfolio) im Verhältnis zum Bruttoinlandsprodukt abstellt. Der britische Markt ist als Maßstab für Marktentwicklungsziele in Deutschland sicherlich kaum geeignet, da (1) dem Markt eine deutliche Funktion als „Finanzzentrum" und „Kapitalexporteur" zukommt und (2) auch die ungünstige Entwicklung des britischen Bruttoinlandsprodukts

Abb. 5.5: Marktgrößen im Vergleich zum Bruttoinlandsprodukt
– in ‰ des Bruttoinlandproduktes 1998 –

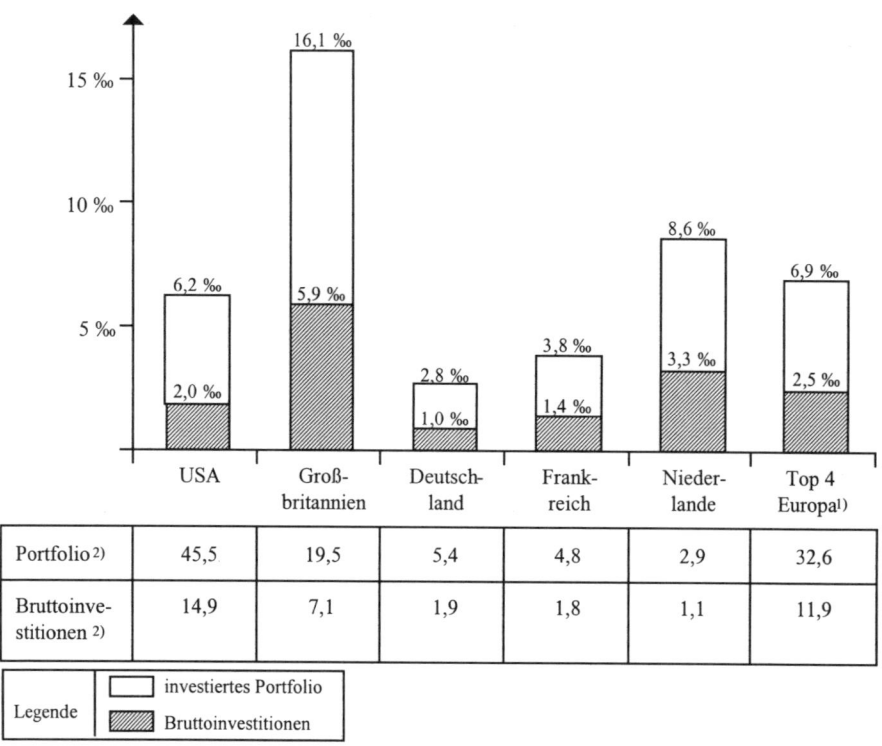

	USA	Groß-britannien	Deutsch-land	Frank-reich	Nieder-lande	Top 4 Europa[1]
Portfolio[2]	45,5	19,5	5,4	4,8	2,9	32,6
Bruttoinve-stitionen [2]	14,9	7,1	1,9	1,8	1,1	11,9

Legende: ☐ investiertes Portfolio ▨ Bruttoinvestitionen

1) Aggregierter Wert für Großbritannien, Deutschland, Frankreich, Niederlande.
2) Angaben in Mrd. ECU 1998.

Quelle: NVCA (1999), S. 2 u. 19; EVCA (1999), S. 44; OECD Main Economic Indicators; US-Portfolio geschätzt.

zu den hohen Werten beiträgt. Als Vergleichsmaßstab wurde dabei ein aggregierter Wert aus den vier großen europäischen VC-Märkten gebildet. Gemessen an den Bruttoinvestitionen und am Portfolio ist dieses Konstrukt relativ zum Bruttoinlandsprodukt ca. 2,5 mal größer als der deutsche Markt allein.

Der Marktgrößenvergleich zeigt zusätzlich, dass dem US-amerikanischen Markt – gemessen am Portfolio – international erhebliches Gewicht zukommt. So beläuft sich das US-Portfolio auf rund 45,5 Mrd. ECU im Vergleich zu 32,6 Mrd. ECU für die vier größten nationalen europäischen VC-Märkte zusammen. Auch gemessen an den Bruttoinvestitionen, können die vier großen europäischen Märkte mit einem Volumen von 11,9 Mrd. ECU nicht das US-amerikanische Niveau von 14,9 Mrd. ECU erreichen. Neben möglichen Definitionsunterschieden kommt hierin vor allem zum Ausdruck, dass im US-amerikanischen Markt – aufgrund der noch immer überlegenen Desinvestitionsmöglichkeiten – ein zügigerer Kapitalumschlag stattfindet.

Die Verteilung der Finanzierungsphasen als Aspekt der Struktur der VC-Märkte in Deutschland, Europa und den USA wird in Abb. 5.6 gegenübergestellt. Vergleicht man die Angaben für den deutschen und europäischen Markt, so wird deutlich, dass in anderen europäischen Ländern MBO-/MBI-Transaktionen noch wesentlich bedeutsamer sind als hierzulande. Aufgrund der hohen Dichte öffentlich geförderter VCG in Deutschland und der Zurückhaltung dieser Gesellschaften bei der MBO-/MBI-Finanzierung ist allerdings zu erwarten, dass der Anteil derartiger Finanzierungen bei renditeorientierten VCG auch in Deutschland erheblich oberhalb der Marke von 32,7 % liegt. Stellt man auf die USA als Vergleichspartner ab, so fällt zunächst der mit 28,9 % – bereits bei monetärer Gewichtung – deutlich größere Anteil von Frühphasenfinanzierungen auf. Der US-amerikanische Markt entspricht also stärker als der europäische Markt dem klassischen Leitbild der VC-Finanzierung (so auch Schween (1996), S. 41). Ebenfalls in größerem Umfang, nämlich zu 55,9 % gegenüber 30,5 % bzw. 30,0 %, werden in den USA Expansionsfinanzierungen vorgenommen, worin sich die vergleichsweise besseren Möglichkeiten zur Börseneinführung junger Unternehmen widerspiegeln. Als in den USA untypisch stellen sich dagegen MBO-/MBI-Finanzierungen in späteren Finanzierungsphasen dar. Hier können wiederum (a) die für junge Unternehmen leistungsfähigeren Wertpapierbörsen und (b) der geringere Anteil mittelständischer Unternehmen als Hauptursachen vermutet werden.

Abb. 5.6: Anteile der Finanzierungsphasen im internationalen Vergleich
– in % der Bruttoinvestitionen –

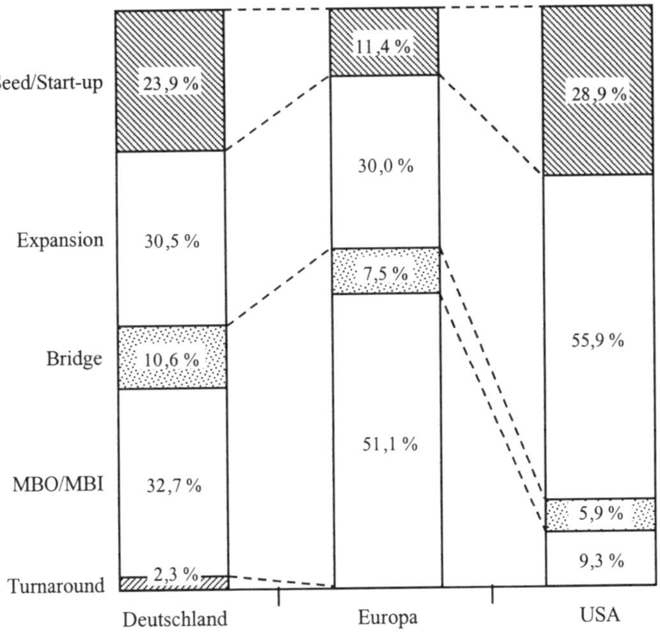

Quelle: BVK (1999), S. 24; EVCA (1999), S. 31; NVCA (1999), 22.

Zusammenfassend zeigen die internationalen Vergleiche, dass der deutsche VC-Markt zumindest relativ zum Bruttoinlandsprodukt als relativ klein bezeichnet werden muss. Wenn der deutsche Markt zügig eine auf Basis der Vergleiche zu erwartende Größe erreichen soll, sind sowohl Verbesserungen der Rahmenbedingungen, als auch Anstrengungen auf einzelwirtschaftlicher Ebene erforderlich. Außerdem wird deutlich, dass Forschungsergebnisse aus den USA nicht generell unmittelbar auf deutsche Verhältnisse übertragbar sind. Sowohl der inzwischen auf erhebliches Niveau angewachsene gesamteuropäische als auch der deutsche Markt unterscheiden sich hinsichtlich der Finanzierungsphasen erheblich vom US-amerikanischen Markt. Hierzulande häufigeren MBO-/MBI-Finanzierungen stehen in den USA deutlich mehr Frühphasen- und Expansionsfinanzierungen gegenüber.

6. Theoretisch und empirisch fundierte Erfolgsfaktoren zu VC

In diesem Kapitel werden Einflussgrößen vorgestellt, von denen – auf theoretischer und empirischer Basis – angenommen werden kann, dass sie wichtige Voraussetzungen für erfolgreiche VC-Finanzierungen darstellen. Dazu wird in Abschnitt 6.1 zunächst eine Systematisierung des entsprechenden Literaturfeldes vorgestellt. Anschließend wir in Abschnitt 6.2 – vor allem für wissenschaftlich interessierte Leser – der aktuelle empirisch orientierte Forschungsstand vermittelt. Besonderes Augenmerk wird in Abschnitt 6.3 auf die Messung des Erfolges von VC-Finanzierungen gelegt. Darauf aufbauend werden schließlich normative Implikationen für erfolgversprechende VC-Finanzierungen (Abschnitt 6.4), die Erfolgsmessung (Abschnitt 6.5) und die Gestaltung der Rahmenbedingungen (Abschnitt 6.6) vorgestellt.

6.1 Grundüberlegungen und Systematisierung des Literaturfeldes

Das Literaturfeld soll hier vor allem mit Blick auf Zusammenhänge zwischen Erfolgsbestimmungsgrößen und Erfolg bei renditeorientierten VC-Transaktionen systematisiert werden, um Gestaltungsempfehlungen für diesen „Normalfall" von VC-Finanzierungen abzuleiten. Dabei wird zwar die Perspektive der VCG bei Investitionsaktivitäten und Beteiligungsmanagement etwas stärker betont als die Perspektive der Kapitalnehmer, letztlich sollten beide Seiten aber gleichermaßen nach einer Steigerung des Wertes des jungen Unternehmens streben. In diesem Zusammenhang muss die Literaturanalyse insbesondere auf vier Fragen eingehen:

(1)   Wie kann der Erfolg von VC-Investitionen charakterisiert werden?

(2)   Wie erfolgreich sind renditeorientierte VCG in Deutschland auf der Ebene einzelner Beteiligungen?

(3)   Welche Merkmale vermögen den Erfolg der abgeschlossenen Beteiligungen zu erklären?

(4)   Welche realwirtschaftlichen Implikationen lassen sich aus den Befunden veröffentlichter Untersuchungen ableiten?

Damit wird im Rahmen dieser Literaturanalyse sowohl die Gewinnung messmethodischer und deskriptiver Grundlagenerkenntnisse (Fragen 1, 2 und z. T. 3), als auch die eigentliche Aufdeckung von Erfolgszusammenhängen und Implikationen für das Management von VCG sowie von jungen Unternehmen in der Situation einer VC-Finanzierung (Fragen 3 und 4) verfolgt.

Abb. 6.1 illustriert die dazu sinnvollerweise zu wählende Anlage der Literaturanalyse. Dort wird zwischen drei möglichen Erfolgsebenen unterschieden:

(1)   Auf der Ebene der *Investoren* wird das VCG-Gesamtportfolio betrachtet, an dem die Investoren Anteile erwerben. Für Fragen der VC-Finanzierung junger Unternehmen ist diese Betrachtungsebene nicht hinreichend detailliert. Die Erforschung von Entscheidungsmöglichkeiten bei der Strukturierung des Gesamtportfolios ist erst angebracht, wenn die Erfolgsimplikationen auf der Ebene einzelner Investitionen hinreichend untersucht sind.

Abb. 6.1: Anlage der Literaturanalyse

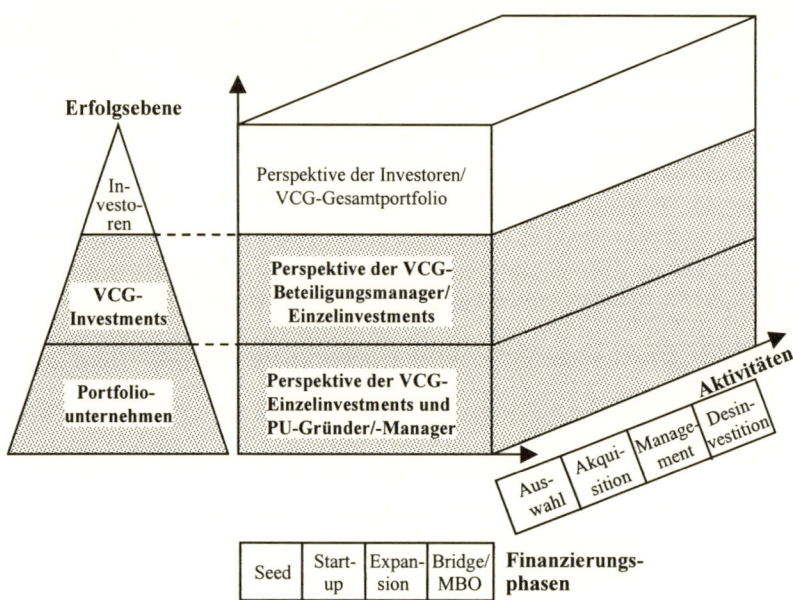

(2) Auf der Ebene von *VCG-Investments* wird der Blickwinkel von Beteiligungsmanagern im Tagesgeschäft eingenommen, die über den Abschluss einzelner Beteiligungen entscheiden sowie einzelne PU betreuen. Da Erfolgsfacetten dieser Ebene auf die Zeitdauer der Beteiligung und den auf die VCG entfallenden Erfolgsanteil ausgerichtet sind, empfiehlt sich diese Ebene im Zusammenhang der VC-Finanzierung junger Unternehmen.

(3) Auf der Ebene der Portfoliounternehmen wird die wirtschaftliche Entwicklung des Portfoliounternehmens als Ganzes betrachtet. Damit werden die Perspektiven der VCG und der PU-Gründer/Manager vermengt. Diese Ebene ähnelt dem Ansatz der Entrepreneurshipforschung, die für das hier untersuchte Themenfeld partiell relevant ist, aber die spezifischen Aspekte der VC-Finanzierung nicht hinreichend betont.

In dieser Literaturanalyse wird demnach sowohl auf den Erfolg der einzelnen Investments der VCG, also der mit PU eingegangenen Beteiligungsverhältnisse (= mittlere Erfolgsebene) als auch auf den Erfolg von Portfoliounternehmen insgesamt (= untere Erfolgsebene) abgestellt. Dabei betont diese Untersuchung aber nicht den Gesamterfolg der PU, sondern denjenigen Anteil des Erfolges, der die VC-Finanzierung betrifft. Damit können auch Aspekte wie z. B. der Abschluss- und Veräußerungszeitpunkt der Beteiligung sowie die Bewertung der Beteiligung berücksichtigt werden. Um die auf einzelne VC-Finanzierungen bezogenen „Stellhebel" des Erfolges im Detail untersuchen zu können, muss zudem die Erfolgsebene der VCG-Investments gegenüber dem Erfolg der VCG insgesamt bevorzugt werden. Dabei werden zwar zwangsläufig Aspekte wie z. B. unterschiedliche Portfoliostrategien, Managementkosten oder (Fremd-)Finanzierungsformen vernachlässigt, diese sind aber im Vergleich zu Merkmalen des PU sowie der Auswahl und dem Management der Beteiligungen leichter theoretisch zu er-

120

schließen. Für Analogieschlüsse aus den Erkenntnissen von Untersuchungen anderer Finanz-intermediäre bietet sich zudem die Literatur zu Wertpapier-Investmentfonds an (s. z. B. Möhl-mann (1993), S. 123-183 und Steiner/Wittrock (1994), S. 601-608 sowie die dort genannte Literatur). Die horizontalen Dimensionen von Abb. 6.1 deuten an, dass die eigene Literatur-analyse ein breites Spektrum von Finanzierungsphasen und Aktivitäten im Rahmen der VC-Finanzierung berücksichtigt.

Zur Systematisierung des Literaturfeldes für die in der Anlage skizzierten Literaturanalyse dient die in Abb. 6.2 dargestellte Matrix. In diese Matrix wurden jüngere Quellen und häufiger zitierte ältere Quellen aufgenommen, soweit diese für VC-Finanzierungen und die Erklärung ihres Erfolges direkt bedeutsam sind oder zumindest zur Verdeutlichung von Forschungs-schwerpunkten und -defiziten der Vergangenheit beitragen. Hierfür wurden die in Deutschland erschienenen einschlägigen Dissertationen sowie sechs deutschsprachige Fachzeitschriften, nämlich die *Zeitschrift für Betriebswirtschaft*, die *Zeitschrift für betriebswirtschaftliche For-schung*, *Die Betriebswirtschaft* und *Betriebswirtschaftliche Forschung und Praxis* sowie die Praxiszeitschriften *Die Bank* und *Sparkasse*, ausgewertet. Hinsichtlich der englischsprachigen Quellen wurden ebenfalls sechs Fachzeitschriften, und zwar *Journal of Business Venturing*, *Journal of Finance*, *Journal of Financial Economics*, *American Economic Review*, *Strategic Management Journal* und *Academy of Management Journal*, ausgewertet. Zudem wurden für englischsprachige Quellen die Datenbank ABI/INFORM sowie die einschlägigen Jahrgänge 1985 bis 1991 des Konferenzbandes Frontiers of Entrepreneurship Research berücksichtigt. Zahlreiche weitere Veröffentlichungen konnten durch Lektüre des so gewonnenen Anfangsbe-standes an relevanter Literatur erschlossen werden. Dabei wurden lediglich solche Quellen berücksichtigt, die primär einzelwirtschaftlich relevante Aussagen anstreben. Nicht einbezogen wurden finanzierungstheoretische Untersuchungen, reine Literaturanalysen, Lehrbücher und hier nicht nutzbare Praktikerliteratur. Um eine straffe und übersichtliche Darstellung bereitzu-stellen, gibt Abb. 6.2 allerdings nur die Systematik und Anhaltspunkte zur Besetzungsdichte der einzelnen Literaturzellen wieder, während eine ausführliche Einordnung der verwendeten Quellen in die Literaturmatrix in Anhang 1 abgedruckt ist. Für neuere Literaturanalysen s. a. zu Venture Capital Wright/Robbie (1998), S. 521-570 und zur Gründungsforschung Wippler (1998), S. 21-102 und 267-283.

In der horizontalen Dimension der Literaturmatrix werden fünf Kategorien unterschieden:

- *Spalte A* fasst Untersuchungen zusammen, deren Forschungsgegenstand Einzelpersonen sind, in der Regel also entweder Gründer bzw. Manager junger Unternehmen oder Kapi-talgeber in Gestalt von Investoren der VCG oder aber Personen, die informelles VC be-reitstellen. Derartige Untersuchungen können wertvolle Anregungen und Hinweise für die VC-Finanzierung junger Unternehmen liefern. Für das hier behandelte Thema ist aber eine Beschränkung oder Konzentration auf Aspekte von Einzelpersonen nicht zielfüh-rend. Vielmehr sollen Erfolgsdeterminanten von VC-Investitionen einbezogen werden.

- *Spalte B* bezieht sich auf Untersuchungen zu Einzelgesellschaften, die zumeist im Kon-text der Gründungsforschung stehen und nur in Einzelfällen spezifisch auf VC-Finanzie-

Abb. 6.2: Systematisierung des Literaturfeldes

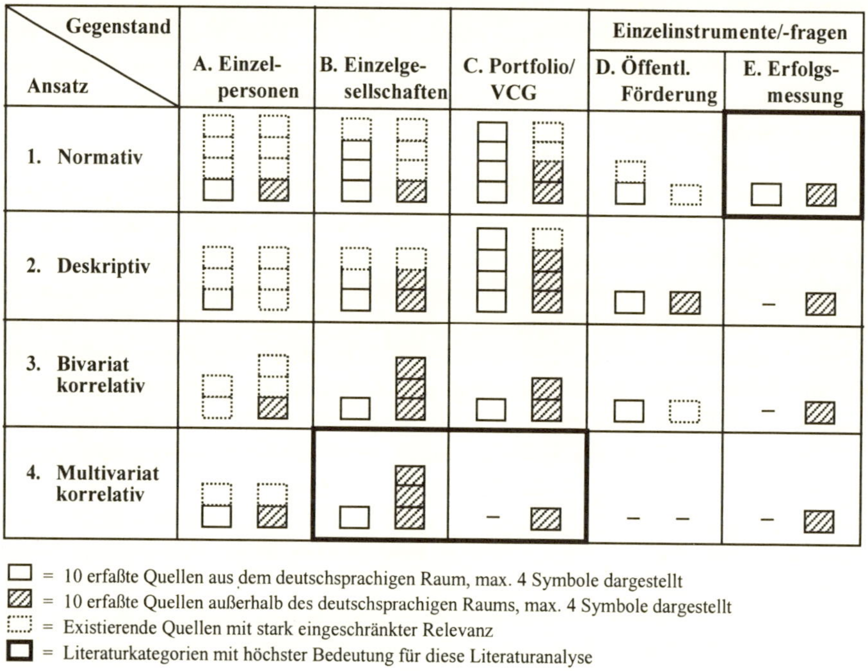

Gegenstand / Ansatz	A. Einzel-personen	B. Einzelge-sellschaften	C. Portfolio/ VCG	Einzelinstrumente/-fragen	
				D. Öffentl. Förderung	E. Erfolgs-messung
1. Normativ	▢▢▢▢ ▢ ▨	▢▢▢ ▢▢▨	▢▢▢▢ ▨	▢ ⬚	▢ ▨
2. Deskriptiv	▢▢ ▢	▢▢ ▢▨	▢▢▢ ▢▨	▢ ▨	– ▨
3. Bivariat korrelativ	▢ ▢▨	▢ ▨	▢ ▨	▢ ⬚	– ▨
4. Multivariat korrelativ	▢ ▢▨	▢ ▨	– ▨	– –	– ▨

▢ = 10 erfaßte Quellen aus dem deutschsprachigen Raum, max. 4 Symbole dargestellt
▨ = 10 erfaßte Quellen außerhalb des deutschsprachigen Raums, max. 4 Symbole dargestellt
⬚ = Existierende Quellen mit stark eingeschränkter Relevanz
▢ = Literaturkategorien mit höchster Bedeutung für diese Literaturanalyse

rungen eingehen. Diese Literaturkategorie ist für das vorliegende Werk von hoher Bedeutung, da primär auf die Charakteristika der von VCG gehaltenen PU (= Einzelgesellschaften) abgestellt wird.

- *Kategorie C* fasst Untersuchungen zusammen, die sich auf ein ganzes Portfolio von Einzelgesellschaften bzw. auf Venture Capital-Gesellschaften beziehen. Auch dieser Literaturtyp ist hier sehr relevant, da wesentliche Erkenntnisse zu den Rahmen- und Marktbedingungen, der organisatorischen Gestaltung und den erzielten Ergebnissen von VCG bereitgestellt werden.

- *Kategorie D* bezieht sich auf die öffentliche Förderung junger Unternehmen und VCG. Auf Basis dieser Literatur gilt es, Unterschiede zwischen den renditeorientierten VCG und den förderorientierten VCG herauszuarbeiten sowie Aspekte und Verbesserungspotentiale der Rahmenbedingungen des deutschen VC-Marktes zu erkennen.

- *Spalte E* fasst schließlich eine Gruppe von Veröffentlichungen zusammen, die sich explizit mit der Messung des Erfolges von PU und VCG beschäftigen. Diese Studien adressieren – wenn auch lückenhaft – ein wesentliches und hier relevantes Forschungsproblem.

In der vertikalen Literaturdimension wurden vier Kategorien gebildet:

- *Normative* Untersuchungen (Nr. 1) gewinnen Erkenntnisse primär auf Basis praktischer Einzelfallerfahrungen, theoretischer Überlegungen, Analysen der Forschungsergebnisse einer Mehrzahl vorangegangener Untersuchungen, der Analyse rechtlicher und wirtschaftlicher Rahmenbedingungen oder durch Übertragung von Ergebnissen verwandter Disziplinen. In diesem Rahmen ist es allerdings regelmäßig nicht möglich, Annahmen, Hypothesen und Ergebnisse anhand praktischer Erfahrungen zu validieren.
- *Deskriptive* Untersuchungen (Nr. 2) beschreiben zumeist realwirtschaftliche Zustände (z. B. das Verhalten von Investoren und VCG oder die typischen Entwicklungspfade von Unternehmen). Dazu werden teilweise Informationen durch Befragungen erhoben. Die Mehrzahl der deskriptiven Untersuchungen verdeutlicht ihre Erkenntnisse durch verbale Beschreibung oder z. B. Häufigkeitsstatistiken und Balkendiagramme.
- *Bivariat korrelative* Arbeiten (Nr. 3) setzen darüber hinaus schließende statistische Analyseinstrumente (z. B. bivariate Korrelationsanalysen, Hypothesentests) zur Informationsauswertung ein. Dabei werden z. T. bereits multivariate Analyseverfahren (z. B. Clusteranalyse) für deskriptive *nicht* aber für schließende Zwecke herangezogen. Allen diesen Studien ist aber gemeinsam, dass sie nicht die relative Bedeutung mehrerer Einflussgrößen für eine zu erklärende Variable(ngruppe) simultan zu belegen vermögen.
- *Multivariat korrelative* Untersuchungen (Nr. 4) setzen überwiegend Regressionsanalysen zur Auswertung großzahliger Erhebungen ein. Hierbei können die simultanen Wirkungen mehrerer Einflussgrößen gut verglichen werden. Außerdem besteht die Möglichkeit, den Einfluss nicht vom Management beeinflussbarer Kontrollvariablen zu charakterisieren.

Im Normalfall stellen die vier vertikalen Literaturkategorien hierarchisch jeweils auch Erkenntnisse der in der Matrix übergeordneten Kategorie bereit, so gehen von deskriptiven Arbeiten häufig auch normative Empfehlungen aus und von multivariat korrelativen Untersuchungen sind deskriptive Grundlagenerkenntnisse und normative Ergebnisse zu erwarten. Die Einordnung jeder Quelle in genau ein Feld der Literaturmatrix bereitet in Einzelfällen allerdings Schwierigkeiten. In der horizontalen Dimension wurden Untersuchungen im Zweifel nach ihrem inhaltlichen Schwerpunkt zugeordnet. So treffen z. B. einige Studien zu Einzelgesellschaften am Rande auch Aussagen zur Erfolgsmessung, konnten aber nicht in die Spalte E eingeordnet werden, da diese Aussagen nicht den inhaltlichen Untersuchungs*schwerpunkt* bilden. Hinsichtlich des vertikal aufgetragenen Untersuchungsansatzes wurde eine Zuordnung zu einer Kategorie mit der höchsten zutreffenden Ziffer vorgenommen. Diese Regel wurde durchbrochen, wenn z. B. vereinzelte bivariat korrelative Analysen in einer ansonsten deskriptiven Monographie nur vernachlässigbar wenig Raum einnehmen oder in einer primär bivariat korrelativ angelegten Untersuchung lediglich ein Randproblem mit multivariat schließender Statistik angegangen wird.

Für die VC-Finanzierung junger Unternehmen sind primär drei Felder der Literaturmatrix relevant. Dies sind zum einen die multivariat korrelativen Studien von Einzelgesellschaften und von Portfolios bzw. VCG (Felder B4 und C4), da multivariate Untersuchungen – wie oben dargestellt – in der Regel aufschlussreicher sind, als rein normative, deskriptive oder bivariat korrelative Studien. Die umliegenden Literaturfelder können hierzu ergänzende Erkenntnisse liefern, weichen aber entweder im Untersuchungsansatz ab oder betonen den Untersuchungsgegenstand Einzelpersonen vergleichsweise stark. Die Erkenntnisse des Forschungszweiges zur öffentlichen Förderung sind hier nur parenthetisch relevant, da sie primär zur Erhellung der Rahmenbedingungen beitragen können. Die für den Kapitalnehmer relevanten Fragestellungen lassen sich eher durch Vergleich der zum jeweiligen Zeitpunkt und in der jeweiligen Region angebotenen Förderprogramme/-richtlinien beantworten. Von Bedeutung sind wiederum Studien zur Erfolgsmessung und darunter primär normative Quellen (Feld E1). Die außerhalb des deutschen Sprachraumes in kleiner Zahl durchgeführten deskriptiven und korrelativen Untersuchungen (Felder E2 + E3) sind lediglich am Rande bedeutsam, da die Erfolgsmessung hier nicht den Kern der Literaturanalyse darstellt. Erkenntnisse zur Erfolgsmessung sind hier vor allem relevant um (a) erfolgsanalytische Studien zu VC nachvollziehen und bewerten zu können, (b) die Möglichkeiten und Probleme bei der Messung des Erfolges von VC-Finanzierungen im Einzelfall zu erkennen und (c) Anregungen zur Vereinbarung von Zielen zwischen VCG und PU sowie dem diesbezüglichen Controlling zu geben.

Vergleicht man die im deutschsprachigen Raum verfolgten Forschungsrichtungen mit denen internationaler Untersuchungen, so fällt auf, dass sich hierzulande ein wesentlich höherer Anteil der Veröffentlichungen auf normative Ansätze beschränkt und dass nur wenige korrelative Untersuchungen vorgelegt wurden. Gründe für die geringe Neigung zu komplexeren empirischen Untersuchungen sind zweifelsohne im noch immer vergleichsweise frühen Entwicklungsstadium des deutschen VC-Marktes und in der begrenzten Auskunftsbereitschaft der – überwiegend captiven – deutschen VCG zu suchen. Überraschend ist allerdings, dass auch dort, wo umfangreiches Datenmaterial vorliegt, also besonders in der Begleitforschung zu öffentlichen Pilot- und Förderprojekten, offenbar methodisch weniger anspruchsvolle Untersuchungsansätze bevorzugt werden, die Ergebnisse zwar übersichtlich grafisch aufbereitet, aber die Möglichkeiten der Statistik zur Erhärtung von Erkenntnissen bei weitem nicht ausgeschöpft werden. Schwerpunkt bei der Mehrzahl der normativen Arbeiten ist die kritische Betrachtung der Rahmenbedingungen des deutschen VC-Marktes. Demgegenüber wird den trotz aller Umfeldrestriktionen „verbleibenden" Möglichkeiten der Manager von VCG und PU zur Gestaltung erfolgversprechender Strategien vergleichsweise wenig Raum gewidmet. Zukünftige Literatur sollte also stärker die positiven Gestaltungsspielräume der Manager ausleuchten, als weiterhin primär über Defizite der Rahmenbedingungen zu berichten, die in Forschung und Praxis als hinreichend bekannt vorausgesetzt werden dürfen.

6.2   Übersicht zum Forschungsstand

6.2.1   Forschungsstand zur Erfolgsmessung

Erfolgsmessungen sind notwendige Voraussetzungen für die später näher betrachteten erfolgsanalytischen Studien. Daher stellt die Erfolgsmessung auch ein hier relevantes Einzelthema der VC-Forschung dar. Unterschiede im Vergleich zur Erfolgsmessung bei etablierten Unternehmen ergeben sich vor allem daraus, dass junge Unternehmen in den ersten Perioden nach

Gründung im Regelfall Verluste erwirtschaften. Daher können auf Einzelperioden bezogene Jahresabschlusskennzahlen (z. B. Umsatz-, Gesamtkapital- oder Eigenkapitalrendite) in vielen Fällen den Erfolg junger Unternehmen nicht hinreichend abbilden. Zur Vermeidung dieser Problematik wird häufig auf Markterfolgskennzahlen sowie auf Wachstumsmaße und andere Erfolgskriterien, die longitudinale Messansätze berücksichtigen, zurückgegriffen.

Betrachtet man multivariat korrelative Arbeiten zu PU (s. Tab. 6.1), so lassen sich zum einen A-priori-Erfolgsschätzungen (vor allem Tyebjee/Bruno (1984), S. 1057-1058) von Ex-post-Erfolgsmessungen unterscheiden. Da hier nicht primär auf den Prozess der Beteiligungswürdigkeitsprüfung im Vordergrund steht, stellen die folgenden Ausführungen auf Ex-post-Erfolgsmaße ab, die einen höheren Informationsgehalt erwarten lassen. Die verwendeten Ex-post-Erfolgsmaße können in sieben – nicht vollständig überschneidungsfreie – Gruppen, nämlich (1) *Jahresabschlusskennzahlen* (z. B. Umsatz-, Gesamtkapital- und Eigenkapitalrendite, Gewinn, Umsatz, Kosten), (2) *Markterfolgsindikatoren,* vor allem den Marktanteil, (3) *Wachstumsmaße,* besonders das Umsatzwachstum, (4) *Beteiligungsrentabilitätsmaße,* also die Kapitalverzinsung aus Sicht der VCG, (5) *Hybridmaße,* z. B. das Marktwert/Buchwert-Verhältnis, (6) *Subjektive Erfolgskriterien* in Form der erzielten Rendite im Vergleich zum Geschäftsplan bzw. zur Branche und (7) die *Insolvenzvermeidung* als absolutes Kriterium, eingeteilt werden. Einen guten Überblick hierzu bietet Sahlman (1988), S. 29-33 (s. a. Räbel (1986), S. 266-277). Hinzu kommen Kompositmaße, die durch Faktoranalysen oder fest definierte Linearkombination der oben genannten Kriterien gewonnen werden können. Prinzipiell diskutiert, allerdings (noch) nicht über das theoretische Stadium hinausgekommen, ist die Betrachtung von Beteiligungen mit Hilfe der Optionspreistheorie, bei der verschiedene mit der Beteiligung verbundene Optionen (z. B. Option zur Aufgabe der Beteiligung mit beschränkter Haftung, Option der Teilnahme an Kapitalerhöhungen, Option aus Vorkaufsrechten) a priori bewertet werden.

Parallel zu den angewandten Untersuchungen existiert eine kleine Zahl von Veröffentlichungen, die sich unmittelbar mit der Erfolgsmessung von PU und VCG beschäftigt (s. Spalte E in Abb. 6.2). Ein Teil dieser Literatur untersucht die Messung des Erfolges von (independent) *Venture Capital-Gesellschaften.* So berichtet Christen (1991) über die in den USA etwa seit 1989 branchenübliche „Internal Rate of Return" (IRR), bei welcher der interne Zinsfuss der Zahlungsströme zwischen Investor und VCG mit einem Verfahren der dynamischen Investitionsrechnung ermittelt wird (s. Christen (1991), S. 121-128). Als von US-amerikanischen Praktikern in der Vergangenheit favorisiertes Verfahren wird zudem der „Ratio of Distributions to Paid-In Capital" vorgestellt, bei dem das Verhältnis aus kumulierten tatsächlichen Ausschüttungen dem in den VC-Fonds eingezahlten Kapital gegenübergestellt wird (s. Schilit (1994), S. 72-73; Kennedy (1992), S. 17-19 und Moreland/Reyes (1992), S. 44-48). Letzterer Maßstab kann allerdings kaum überzeugen, da der Zeitpunkt der Ausschüttung keine Berücksichtigung findet. Für börsennotierte VCG wurde außerdem die im Börsenwert enthaltene Prämie (bzw. der Abschlag) gegenüber dem Inventarwert der VCG als Erfolgsmaß betrachtet (s. insbesondere Kleiman/Shulman (1992), S. 202.). Zudem werden in der Literatur Übersichten der von US-amerikanischen VCG erzielten Renditen bereitgestellt (s. vor allem Bygrave et al. (1989),

S. 93-105; Christen (1991), S. 128-137; Bygrave (1992), S. 438-461; NVCA (1999), S. 67 sowie Kulicke/Muller (1994), S. 20-32 und die dort genannte Literatur).

Die Aussagekraft mehrerer Erfolgsmessansätze für einzelne *Portfoliounternehmen* wurde in Studien verglichen (vor allem Brush/Vanderwerf (1992), S. 157-170). Dabei wurden neben verschiedenen Erfolgsmaßen (Umsatz, Umsatzwachstum, Mitarbeiterzahl und -wachstum, Nachsteuergewinn, Umsatz- und Gesamtkapitalrendite) auch unterschiedliche Informationsquellen, nämlich externe Berichte, Einschätzungen von Wettbewerbern sowie von PU-Managern selbst herangezogen. Im Ergebnis können auch in den USA verlässliche Erfolgsschätzungen – abgesehen von Umsatzangaben – lediglich durch direkte Befragung von Insidern bei PU oder einer VCG als Eigentümer gewonnen werden. Chandler und Hanks bringen in einer Studie aus dem Jahr 1993 Belege dafür bei, dass subjektiven Erfolgsmaßen z. T. Kongruenz mit objektiven Kriterien zukommt (s. Chandler/Hanks (1993), S. 404-405). Demnach bieten sich vergleichsweise leicht erhebbare subjektive Erfolgsschätzungen zumindest als Ergänzung in Fällen an, für die objektive Erfolgsmaße nicht zu erhalten sind.

In Europa haben sich Bemühungen zur Standardisierung der Erfolgsmessansätze für VCG und PU durch Verbände erst später konkretisiert. So wurde die IRR erst 1994 von der European Venture Capital Association als Standard publiziert und 1995 in einer Veröffentlichung des BVK ins Deutsche übertragen (s. EVCA (1994) und Schober (1995), S. 76-90). Diese Zeitverschiebung zeigt auch auf, dass es sich bei der VC-Erfolgsmessung in Europa und besonders in Deutschland zwar um ein aktuelles Thema handelt, dass aber von einer breiten Umsetzung der vorgeschlagenen Standards in der Praxis bislang kaum ausgegangen werden kann.

Noch kaum entwickelt sind Ansätze zur Berücksichtigung von Risikoaspekten auf der Ebene von PU. In der deutschen Forschung hat erstmals Räbel (1986) im Rahmen einer Diskussion der von VCG durchgeführten Projektbewertung darauf hingewiesen, dass sich risikogerechte Kalkulationszinssätze prinzipiell auf Basis des Capital Asset Pricing Model (CAPM) und verwandter Ansätze errechnen ließen (s. Räbel (1986), S. 248-277). Räbel legt zwar keinen operationalen Vorschlag zur Risikomessung vor, zeigt aber immerhin wesentliche Probleme bei der Anwendung des CAPM auf, vor allem die schlechte Verfügbarkeit von aussagekräftigen Schätzwerten für Beta-Faktoren und die Instabilität des Beteiligungsrisikos im Zeitablauf. Zudem wurde die Risikobeurteilung einzelner Beteiligungen vor allem im Kontext der Beteiligungs-Sondervermögen problematisiert (s. Gerke/Schöner (1988), S. 187-212). Anhaltspunkte für die spezifischen Risiken und Ausfallwahrscheinlichkeiten in Abhängigkeit von der Finanzierungsphase liegen ebenfalls vor (s. hierzu vor allem Ruhnka/Young (1987), S. 171-181 und zu phasenspezifischen Renditeanforderungen Ruhnka/Young (1991), S. 123-132).

Bezogen auf VCG als Ganzes wird eine breitere Palette von Risikomaßen vorgestellt. Hier kommen (1) der Buchwert der liquidierten Beteiligungen in Prozent des Gesamtportfolios sowie bei börsennotierten VCG, (2) in Analogie zu Investmentfonds die Standardabweichung von Renditen mehrerer – zumeist kurzer – Betrachtungsperioden und (3) Beta-Faktoren in Frage (einen Überblick bieten Chiampou/Kallett (1989), S. 6-8 und Kleiman/Shulman (1992), S.

126

201-207). Problematisch ist aber, dass die Risiken durchweg stark von der Lebenszyklusposition der VCG abhängen. Auch die sich aus den Präferenzen für bestimmte Finanzierungsphasen ergebenden Unterschiede vereiteln zumindest allzu direkte Vergleiche der Risiken von VCG.

Insgesamt bleibt festzuhalten, dass hinsichtlich der Erfolgs- und Risikomessung von VC sowohl auf der Ebene von VCG als auch für einzelne PU noch erheblicher Forschungsbedarf besteht. In Wissenschaft und Praxis konnten sich – in Deutschland stärker als in den USA – bislang noch keine allgemein anerkannten Standards etablieren.

6.2.2 Multivariate Studien zu Einzelgesellschaften und Portfolios/VCG

Die wichtigsten Quellen der Felder B4 und C4 aus Abb. 6.2 sind in Tab. 6.1 zusammengestellt. Bei den 21 Untersuchungen handelt es sich um eine Untermenge der in Anhang 1, Tab. A1.4 dargestellten multivariat korrelativen Studien zu Einzelgesellschaften und Portfolios/VCG. In Tab. 6.1 nicht betrachtet wurden Studien von Einzelunternehmen außerhalb des Kontextes der VC-Finanzierung. Ferner wurden auch Studien ausgesondert, die sich mit hier nicht im Zentrum stehenden Aspekten von VC-Finanzierungen, vor allem des Einflusses von VCG und E-missionsbegleitern auf die Entwicklung und Preisbildung der Börsenemissionen und der Bestimmungsgrößen des den Intermediären zugänglichen Kapitalangebotes, beschäftigen.

Da im engeren Sinne multivariat korrelative Untersuchungen zu VC-Finanzierungen in Deutschland bislang kaum veröffentlicht wurden, beschäftigen sich die 21 Studien in Tab. 6.1 vorwiegend mit US-amerikanischen VC-Finanzierungen (Ausnahmen bilden die Untersuchung von Schefczyk (2000) für Deutschland, Rah et al. (1994), S. 509-524, die VC in Korea und Fredriksen et al. (1997), S. 503-511, die in Schweden analysieren). Aspekte des Erfolges von Portfoliounternehmen stehen im Mittelpunkt der in der Tabelle oben aufgeführten 17 Untersuchungen. Demgegenüber stellen die am Tabellenende aufgeführten Untersuchungen von Smart, Sapienza, Fredriksen et al. und Sapienza/Timmons auf die Beziehung zwischen VCG und PU ab. Auffällig ist weiterhin, dass auch in den USA nur relativ kleine Stichproben gewonnen werden konnten, obwohl durch Mentalitätsunterschiede und einen höheren Anteil von independent VCG (s. z. B. Henderson (1989), S. 65-67), die im Wettbewerb um Kapital stehen, eigentlich eine vergleichsweise große Offenheit zu erwarten wäre. Abgesehen von der auf Corporate Venturing fokussierten Untersuchung von Sykes, liegen den übrigen 20 Untersuchungen 15 verschiedene Datensätze zugrunde, aus denen zwischen 34 und 934 PU von 2 bis 135 VCG in multivariate Analysen einbezogen werden konnten. Relativ großzahlig sind vor allem die Datensätze, die bereits börsennotierte PU enthalten. In den sechs diesem Typ entsprechenden Stichproben (Nr. 2-7) sind zwischen 150 und 934 PU, im Mittel 429 PU, enthalten. Teilweise werden als Kontrollgruppe zusätzlich junge Unternehmen ohne VC-Finanzierung betrachtet. In den Stichproben mit noch nicht börsennotierten Unternehmen sind dagegen maximal 151 PU von 67 VCG berücksichtigt. 4 der 8 Datensätze, für die ein entsprechender Quotient bestimmt werden kann, beinhalten zudem im Mittel weniger als 3 PU pro befragter VCG. Betrachtet man das höchste in jeder Untersuchung bei multivariaten Analysen für Erfolgsmaße dokumentierte Bestimmtheitsmaß, so ergeben sich Werte zwischen 0,02 und 0,81. Im Mittel wird immerhin etwa die Hälfte der Erfolgsvarianz durch eine kleine Zahl von Bestimmungsgrößen erklärt.

Tab. 6.1: Multivariat korrelative Literatur zu VC-Finanzierungen

Nr.	Verfasser	Industrie-fokus	Situativ-inhaltlicher Fokus	Stichprobe	Erfolgsmaß/ erklärte Variable	Erfolgsfaktoren/ Einflussgrößen	Be-stimmt-heits-maß
I. Studien von Einzelunternehmen mit VC-Finanzierung							
1.	Schefczyk 2000	–	–	103 PU von 12 VCG	IRR, subjektiver Erfolg, Insolvenz	- Managementqualifikation - Zusammenarbeit VCG-PU - Gesellschafterstellung der VCG	80 % (Lisrel)
2.	Stuart et al. 1999	Biotechno-logie	–	301 PU	Marktwert bei Erst-emission (IPO)	- Reputation der VCG - Reputation der Investment-bank - Produktkategorie	81,0 %
3.	Gompers/ Lerner 1998	–	Anteilsverkauf bei börsennotier-ten PU	259 PU von 135 VCG	Abnormale Rendite nach Anteilsver-kauf	Stabilität steigt mit - Reputation des Emissionsfüh-rers - Zeitabstand seit IPO - Anteil börsennotierter Aktien	2,2 %
4.	Brav/ Gompers 1997	–	Erstemission (IPO)	934 IPOs mit VCG 3407 IPOs ohne VCG	Marktrendite	- VCG-Beteiligung - Hohes Emissionsvolumen	
5.	Gompers 1996	–	Erstemission (IPO)	433 PU nach Börsenein-führung	Erstnotizren-dite (= „un-derpricing")	- Reputation des Emissionsfüh-rers - Alter des PU - (geringes) Emissionsvolumen	36,5 %
6.	Lin 1996	–	Erstemission (IPO)	497 PU mit VCG-Beteiligung, 2137 Unter-nehmen ohne VC, nach Börsengang	Erstnotizren-dite Emitenten-marge (= „under-pricing")	- Emissionsvolumen - Reputation des Emissionsfüh-rers - VCG-Beteiligung	59,0 %
7.	Lerner 1994	Biotechno-logie	Erstemission (IPO)	150 IPOs	Entscheidung für oder gegen IPO	- Fehlen von Trade Sa-le/Merger-Angeboten - Hohe Zahl von Patenten - Geringes Alter des PU	36,6 %
8.	Rah et al. 1994	–	–	109 PU von 20 VCG multivariat analysiert, Stichpr. Insg. 184 PU	IRR	- Managementfähigkeiten - Marktattraktivität - Überlegenheit von Produkt und Technologie	36,6%
9.	Keeley/ Roure 1990	–	–	36 PU von 2 VCG primär Start-up	IRR	- Vollständigkeit Manage-mentteam - Geringe Käuferkonzentration - Kurze Produktentwicklungs-zeit	60,8%
10.	Roure/ Keeley 1990a	–	–	36 PU von 2 VCG primär Start-up	IRR	- Vollständigkeit des Manage-mentteams - Geringe Käuferkonzentration (nichtlinear) - Hohe Produktüberlegenheit	68,0%
11.	Roure/ Keeley 1990b	–	–	36 PU von 2 VCG primär Start-up	IRR	- Kurze Produktentwicklungs-zeit - Geringe Käuferkonzentration - Vollständigkeit Manage-mentteam	66,0%
12.	Dubini 1989	–	–	151 PU von 67 VCG	Return on Investment, Gewinn Um-satz(wachst.)	- Zugehörigkeit zu Strategie-clustern - Clusterabhängige Manage-menteigenschaften	

128

Nr.	Verfasser	Industrie-fokus	Situativ-inhaltlicher Fokus	Stichprobe	Erfolgsmaß/ erklärte Variable	Erfolgsfaktoren/ Einflussgrößen	Be-stimmt-heits-maß
	I. Studien von Einzelunternehmen mit VC-Finanzierung (Fortsetzung)						
13.	Keeley/ Roure 1989	–	–	34 PU von 2 VCG	IRR	- Vollständigkeit Manage-mentteam - Hohe Produktüberlegenheit - Industrie in Wachstumsphase	55,0%
14.	MacMillan et al. 1988	–	Interaktion zw. VCG und PU	62 PU von 2 VCG	Return on Investment, Gewinn, Um-satz(wachst.)	- Abhängig von der Interakti-onsintensität, z. B. Vermitt-lung professioneller Unter-stützung, Überwachung	
15.	MacMillan et al. 1987	–	Erfolg/Kriterien in der Beteili-gungswür-digkeits-prüfung	150 PU von 67 VCG	Return on Investment, Kosten, Umsatz, Marktanteil	- „Familiarity" mit dem Mana-gement - Anfänglich kein Wettbewerb - PU schafft neuen Markt	15,0%
16.	Sykes 1986	–	Corporate Ven-ture Capital	37 Invest-ments von Exxon, davon 19 als interne Geschäftsfel-der	Markt-wert/Buch-wert	- Erfahrung Marketing/Vertrieb - Geschäftsführungserfahrung	65,4%
17.	Tyebjee/ Bruno 1984	–	-	90 PU von 41 VCG	Erwartetes Risiko Erwartete Rendite	- Gute Managementfähigkeiten - Hohe Marktattraktivität-Hohe Produktdifferenzierung	33,0%
	II. Studien von Portfolios/VCG						
18.	Smart 1999	–	Auswahl von PU-Managern	86 PU von 48 VCG	Qualität der Managerauswahl	- Lebenslauforientierte Inter views - Fallstudien-Interviews - Kleine VC-Göße	83 %
19.	Fredriksen et al. 1997	–	–	59 PU	Nutzen der VCG-PU-Beziehung	- Hohe Motivation des PU-Managements - Hoher wirtschaftlicher Erfolg - Kontrolle und Kapital durch VCG	50,0%
20.	Sapienza 1992 u. div. Veröffentl. 1989-93	–	–	51 PU von 22 VCG	Nutzen der VCG-PU-Beziehung, subjektiver Erfolg	- Hoher Innovationsgrad - Häufige Interaktionen VCG/PU - Offene Interaktionen VCG/PU	51,0%
21.	Sapienza/ Timmons 1989	–	–	51 PU von 22 VCG	Einfluss von 8 unabhängi-gen Variab-len auf 8 VCG-Funktionen	- Mit der Finanzierungsphase nehmen Rekrutierungs-, Net-working- und Finanzbera-tungsfunktionen ab	

Den historischen Ausgangspunkt der multivariaten Untersuchung von PU bilden Tyebjee/Bru-no (1984), S. 1051-1066, die sich mit Bestimmungsgrößen der von VCG im Rahmen der Be-teiligungswürdigkeitsprüfung im Einzelfall *erwarteten* Performance von PU beschäftigt. Hier-für wurde der Erfolg subjektiv auf einer vierstufigen Skala eingeschätzt; das Risiko wurde als erwartete Wahrscheinlichkeit eines wirtschaftlichen Fehlschlags operationalisiert. Wesentliche Ergebnisse sind eine risikomindernde Wirkung guter Managementfähigkeiten beim PU sowie eine positive Beeinflussung der erwarteten Rendite durch eine hohe Marktattraktivität und aus-geprägte Produktdifferenzierung. Überraschend ist hierbei, dass für Managementfähigkeiten zwar eine signifikante Assoziation mit dem Beteiligungsrisiko, nicht aber mit der Beteiligungs-rendite festgestellt werden konnte. Die Risikominderung bestätigt zwar Ergebnisse der Insol-venzforschung, der fehlende Zusammenhang zur Rendite widerspricht aber der Mehrzahl der übrigen VC-Untersuchungen (s. a. Amit et al. (1990), S. 102-104; Opitz (1990), S. 134-136 und Wupperfeld/Kulicke (1993), S. 25-26). Genau diesen Punkt unterstreicht auch die Unter-suchung von Sykes aus dem Jahr 1986, die sich mit dem Erfolg von Corporate Venturing-Aktivitäten der Firma Exxon beschäftigt (s. Sykes (1986), S. 275-293). Ein ebenfalls subjektiv, nun aber ex post geschätztes Erfolgsmaß orientiert sich am Marktwert/Buchwert-Verhältnis der einzelnen PU bzw. Geschäftsfelder. Als wesentliche Erfolgsbestimmungsgrößen werden hier die Managementerfahrung in den Funktionen Marketing und Vertrieb sowie die Erfahrung in Geschäftsführungspositionen identifiziert.

Ein neuer Studientyp, der VCG ex post zum Erfolg von PU befragt und dann Zusammenhänge mit den Entscheidungskriterien der VCG zum Zeitpunkt der Erstinvestition untersucht, wurde von MacMillan et al. (1987) präsentiert. Als Erfolgskriterium diente vor allem der Return on Investment, wobei parallel Kosten, Umsatz und Marktanteil, herangezogen wurden (s. Mac-Millan et al. (1987), S. 124-125 u. 136). Diese Erfolgskriterien wurden jeweils mittels einer fünfstufigen Ordinalskala operationalisiert. Als erfolgsrelevant konnten vor allem (1) der Infor-mationsstand der VCG bezüglich des Managements des PU, (2) die Erwartung, dass innerhalb von 2 Jahren nach Abschluss der Beteiligung kein signifikanter Wettbewerb auftreten wird und (3) die Schaffung eines gänzlich neuen Marktes identifiziert werden. Hiervon kann zumindest die Schaffung eines gänzlich neuen Marktes problematisiert werden, da ein Teil der Forschung zur Produkt- und Marktinnovation davon ausgeht, dass der Ausbau eines bereits bestehenden Marktes in einer frühen Lebenszyklusphase im Regelfall erfolgversprechender ist. In einer An-schlussuntersuchung haben MacMillan et al. (1988), S. 27-47 Aspekte der Interaktion zwi-schen PU und VCG intensiver als potentielle Erfolgsbestimmungsgrößen berücksichtigt. Dabei wurde erkannt, dass in Abhängigkeit von der Interaktionsintensität z. B. die Vermittlung pro-fessioneller Unterstützung (etwa in Form von Strategie- und Steuerberatung) sowie die Über-wachung operativer Ergebnisse erfolgsfördernd wirken können. Eine methodisch ähnliche Un-tersuchung auf Basis des selben Datensatzes wurde von Dubini (1989), S. 123-132 publiziert. Diese Untersuchung stellt nun auf Charakteristika des PU-Managements ab. Für vier Strategie-cluster werden deutlich unterschiedliche erfolgsrelevante Managementeigenschaften ermittelt.

Wesentliche Fortschritte in Methodik und Erkenntnissen sind dann den 1989 und 1990 veröf-fentlichten Untersuchungen von Keeley und Roure zuzuordnen (s. Keeley/Roure (1989), S. 274-287; Roure/Keeley (1990a), S. 201-220; (1990b), S. 327-346 und Keeley/Roure (1990), S. 1256-1267). Methodisch wird bei diesen Untersuchungen konsequent ein breites Spektrum potentieller Erfolgsdeterminanten berücksichtigt, das in die drei Variablenblöcke „President/ Entrepreneur Variables", „Industry Characteristics" und „Strategy Variables" eingeteilt ist. Zudem wird der Beteiligungserfolg hier erstmals nicht subjektiv auf einer Ordinalskala ge-schätzt, sondern anhand der Internal Rate of Return gemessen. Als wichtige Erfolgsbestim-mungsgrößen werden in Abhängigkeit von der jeweiligen Spezifikation der Regressionsglei-chung (1) die funktionale Vollständigkeit des Managementteams des Portfoliounternehmens,

(2) eine geringe Käuferkonzentration, (3) eine kurze, über den Erstinvestitionszeitpunkt hinaus verbleibende Produktentwicklungszeit, (4) eine hohe Überlegenheit des hergestellten Produktes und (5) ein in der Wachstumsphase befindlicher und damit prinzipiell bereits existierender Absatzmarkt angesehen. Kritisch kann an diesen Untersuchungen der geringe Stichprobenumfang von 36 PU von 2 VCG beurteilt werden. Bei den PU handelt es sich ferner primär um technologieintensive Firmen in frühen Phasen, so dass die Generalisierbarkeit der Ergebnisse fraglich ist. Außerdem erlaubt der Erfolgsmessansatz keine sinnvolle statistische Verarbeitung von liquidierten PU. Dennoch stellen die Arbeiten von Keeley und Roure m. E. die bislang aussagekräftigsten Ansätze zur Erklärung des Erfolgs von VC-Finanzierungen dar.

Primär validierenden Charakter hat die Untersuchung von Rah et al. (1994), S. 509-524, die die gewonnenen Erkenntnisse zu Erfolgsbestimmungsgrößen von VC-Finanzierungen anhand des Marktes in Südkorea grundsätzlich bestätigen kann. Hier werden in erster Linie Aspekte der Managementfähigkeiten der PU sowie von Marktattraktivität und Überlegenheit von Produkt und Technologie als erfolgsrelevante Größen nachgewiesen.

Die Übertragung des Forschungsansatzes in der Tradition von Keeley und Roure auf deutsche Verhältnisse bietet die eigene, 1998 und 2000 publizierte Studie (s. Schefczyk (2000)). Dabei werden vor allem (1) eine hohe Qualifikation der PU-Manager in kaufmännischen Funktionen und hinsichtlich der Branchenerfahrung, (2) eine aktive Beratungsunterstützung der PU durch die finanzierenden VCG und (3) eine starke Gesellschafterstellung der VCG bei den von ihnen finanzierten PU als erfolgskritisch bestätigt.

Auf den Erfolg von PU kurz nach Börseneinführung stellt eine Reihe US-amerikanischer Untersuchungen ab, die seit 1994 publiziert wurden. So hat Lerner (1994), S. 293-316 festgestellt, dass Biotechnologieunternehmen den Börsengang nicht nur erwägen, wenn Trade Sale- und Merger-Angebote fehlen. Nach den Ergebnissen der Untersuchung neigen besonders hochgradig innovative (gemessen an der Zahl der Patente) und dynamische (gemessen an der Zeit zwischen Gründung und Börsengang) PU zu einem Börsengang. Anschließend haben die Untersuchungen von Lin (1996), S. 55-65; Gompers (1996), S. 133-156 und Brav/Gompers (1997), S. 1791-1821 die Wirkungen verschiedener Managementvariablen auf den Erfolg beim und kurz nach dem Börsengang analysiert. Dabei wurde festgestellt, dass eine hohe Reputation des Emissionsführers zu einem geringeren Underpricing (= geringe Erstnotizrendite) des jungen Unternehmens an der Börse beiträgt. Ein unterdurchschnittliches Underpricing ist außerdem bei älteren PU und bei eher geringen Emissionsvolumina zu erwarten, wobei sich ein geringes Emissionsvolumen allerdings in einer höheren Emittentenmarge niederschlägt. Vergleicht man VC-finanzierte PU mit anderen jungen Unternehmen, so reduziert die Beteiligung einer VCG ebenfalls das Underpricing. Gemessen am zu erwartenden Marktwert von PU mit biotechnischen Produkten bestätigt auch die Untersuchung von Stuart et al. (1999), S. 315-349 die Vorteilhaftigkeit einer hohen Reputation der finanzierenden VCG und der die Emission begleitenden Investmentbank. Weiterhin wird der Marktwert der betrachteten PU signifikant vom genauen Produktsegment und eventuellen strategischen Allianzpartnern beeinflusst.

Einen etwas längeren Zeitraum nach Erstemission betrachtet die Studie von Gompers/Lerner (1998), S. 2161-2183, die abnormale Renditen nach Anteilsverkäufen durch Altgesellschafter analysiert. Demnach steigt die Stabilität der Kurse junger Unternehmen mit der Reputation des Emissionsführers, dem Zeitabstand zwischen Erstemission und Anteilsveräußerung sowie dem börsennotierten Anteil des Grundkapitals. Sind diese Kriterien erfüllt, so folgen auf Aktienverkäufe durch VCG oder Gründer bestenfalls geringe abnormale Renditen.

Auf die Bedeutung und die variierenden Charakteristika der Interaktion zwischen VCG und PU stellt die Gruppe von Studien von Sapienza aus den Jahren 1989 - 1993 ab (u. a. Sapienza/Timmons (1989), S. 74-78; Sapienza (1992), S. 9-27 und Sapienza/Amason (1993), S. 38-51). Wesentliche Erkenntnisse sind eine Zunahme der Nützlichkeit von Aktivitäten der VCG bei innovativen PU sowie bei besonders häufigen und offenen Interaktionen. Zusätzlich wird belegt, dass Bedarf und Bedeutung der Interaktion zwischen VCG und PU mit fortschreitender Finanzierungsphase abnehmen. Unterstützung bei der Rekrutierung von Managern sowie durch Networking und Finanzberatung sei demnach besonders bei Frühphasenfinanzierung relevant (s. vor allem Sapienza/Timmons (1989), S. 74-78). Ob der Beratungsbedarf allerdings tatsächlich mit fortschreitender Entwicklung des Unternehmens abnimmt oder ob nicht vielmehr nur eine Verschiebung der Inhalte eintritt, bedarf einer genaueren Betrachtung. Zu vergleichbaren Ergebnissen gelangen auch Fredriksen et al. (1997), S. 503-511. Dort wird zusätzlich betont, dass ein hoch motiviertes PU-Management und ein prinzipiell hohes Erfolgsniveau des PU wichtige Rahmenbedingungen für eine nützliche VCG-PU-Beziehung darstellen. Nach den Ergebnissen ebenfalls relevant ist eine absolut und gemessen an den Stimmrechten erhebliche Beteiligung der VCG an dem betreffenden PU.

Insgesamt wurden also zahlreiche und inhaltlich weitgehend kompatible Untersuchungen zu den Erfolgsdeterminanten von VC-Finanzierungen publiziert. Während sich ein Großteil der Studien auf US-amerikanische Finanzierungen konzentriert, bestehen nach wie vor erhebliche Forschungsdefizite bei deutschland- oder europabezogenen Analysen. Obwohl der Neue Markt und vergleichbare Börsensegmente in anderen europäischen Ländern mittlerweile entsprechende Untersuchungsmöglichkeiten bieten, fehlt es hierzulande noch gänzlich an kapitalmarktbezogenen Untersuchungen VC-finanzierter junger Unternehmen.

6.3 Kritische Bewertung von Erfolgsmessansätzen in Theorie und Praxis

Die in der Forschung verwendeten Erfolgsmaße zeichnen sich durch sehr unterschiedliche Vor- und Nachteilsprofile aus. Bezogen auf PU erlauben nur wenige Erfolgsmessansätze den Vergleich einer Vielzahl von Beteiligungen, die ein breites Spektrum von Branchen und Finanzierungsphasen umfassen. Bei Betrachtung der einzelnen Gruppen von Erfolgsmaßen unter diesem Blickwinkel ergibt sich das folgende Bild (vgl. a. Kanter/Brinkerhoff (1981), S. 321-349 und Scholz (1992), Sp. 533-552):

- *Jahresabschlusskennzahlen:* Hierbei handelt es sich um Rentabilitätskennzahlen (z. B. Umsatz-, Gesamtkapital- und Eigenkapitalrendite) sowie absolute Jahresabschlussinformationen (z. B. Gewinn, Umsatz, Kosten), wobei letztere z. T. auch als Indikatoren der Unternehmensgröße interpretiert werden können. Problematisch an diesen Kennzahlen ist, dass sie durchweg stark lebenszyklusspezifisch sind. So können neugegründete Unternehmen noch nicht deshalb als Misserfolg eingeschätzt werden, weil diese zu einem frühen Zeitpunkt noch keinen Gewinn erwirtschaften oder geringe Umsätze tätigen. Demnach kommen Jahresabschlusskennzahlen nur bei Vergleichen innerhalb von homogenen Stichproben (z. B. in einem engen Zeitfenster gegründete Unternehmen) in Frage. Siehe zu Jahresabschlusskennzahlen auch MacMillan et al. (1987), S. 125-126; MacMillan et al. (1988), S. 30-31 und Dubini (1989), S. 128-129.

- *Markterfolgsmaße:* Unter den Markterfolgsmaßen wird in der VC-Forschung der Marktanteil bevorzugt; denkbar, aber untypisch sind z. B. Maße für Anzahl und Größe der Vertriebspunkte. Auch die Verwendung von Markterfolgsmaßen schränkt die Möglichkeiten zur gleichzeitigen Betrachtung verschiedenartiger Unternehmen stark ein, da die realistischerweise erzielbaren Marktanteile sich je nach Branche und abgedecktem Wertschöpfungsumfang unterscheiden. Zudem ist aus dem Marktanteil als solchem nicht ersichtlich, ob ein Unternehmen diesen mit vertretbarem Aufwand erzielt hat oder nicht. Da der Markterfolg nur eine spezielle Erfolgsfacette darstellt, aus der nicht unmittelbar auf den wirtschaftlichen Erfolg geschlossen werden kann, bietet sich eine ausschließliche Verwendung bei VC-Finanzierungen nicht an. Siehe zu Markterfolgsmaßen auch MacMillan et al. (1987), S. 125-126 sowie die nicht VC-spezifischen Untersuchungen von Tsai et al. (1991), S. 9-28 und auf Basis von PIMS-Daten Williams et al. (1991), S. 315-333.

- *Wachstumsmaße:* Die Entwicklung junger Unternehmen, auch im Zusammenhang mit VC-Finanzierungen, wird häufig mit Wachstumsvariablen gemessen. Diese werden i. d. R. operationalisiert als durchschnittliche jährliche Wachstumsrate der Umsatzerlöse sowie z. T. der Mitarbeiterzahl. Problematisch ist, dass diese Maße stark von der Unternehmensgröße zu Beginn des Betrachtungszeitraums abhängen, da es sehr kleinen Unternehmen naturgemäß leicht gelingt, numerisch hohe Wachstumsraten zu erzielen. Somit sind Wachstumsraten zumindest über verschiedene Finanzierungsphasen kaum vergleichbar. Anwendungsbeispiele für Wachstumsmaße finden sich bei MacMillan et al. (1988), S. 30-31; Dubini (1989), S. 128-129 und Chandler/Hanks (1994), S. 339-340.

- *Beteiligungsrentabilitätsmaße:* Bei Beteiligungsrentabilitätsmaßen wird für die Ein- und Auszahlungszeitreihe zwischen VCG und PU ein Zinssatz bestimmt, bei dem der Barwert der Zahlungen den Wert 0 erreicht (vgl. für Beispiele Dubini (1989), S. 128-129; Keeley/Roure (1990), S. 1260 und Rah et al. (1994), S. 519-521). Derartige Maße werden als „Internal Rate of Return" bezeichnet (anders, aber unzutreffend „Return on Investment" z. B. bei Rah et al. (1994), S. 515). Vorteilhaft ist hierbei, dass das primär finanzielle Interesse einer VCG an einem PU deutlich ausgedrückt wird, als dies z. B. mit Jahresabschlusskennzahlen oder Markterfolgsmaßen möglich ist, da die letzteren Erfolgsaspekte für die VCG nur indirekt relevant sind. Beteiligungsrentabilitätsmaße verbinden zudem Aspekte der Erwartung zukünftiger Rentabilität aus Jahresabschlussperspektive (im Veräußerungserlös bzw. geschätzten Endwert) mit Wachstumsaspekten (in der Entwicklung zwischen Erwerbs- und Veräußerungspreis der Beteiligung). Schwierigkeiten bereitet die Tatsache, dass häufig ein großer Teil des Beteiligungserfolges erst im Desinvestitionszeitpunkt offenkundig wird und die Ermittlung der Beteiligungsrentabilität bei bestehenden Beteiligungen mit erheblichen Unsicherheiten behaftet ist. Diese Problematik kann die zuvor genannten methodischen Vorteile aber nicht kompensieren.

- *Hybridmaße:* Hier wird vor allem auf das Marktwert-/Buchwert-Verhältnis von PU abgestellt. Vorteilhaft ist, dass es sich um zukunftsorientierte Maße handelt, zumindest soweit man den Marktwert als Barwert der erwarteten Cash-flows auffasst. Marktwert-/Buchwert-Verhältnis und Beteiligungsrentabilität ähneln sich insofern, als dass jeweils der Marktwert oder der Endwert/Veräußerungserlös den Erfolg maßgeblich bestimmen. Nachteilig an Hybridmaßen ist aber, dass diese sich auf das PU als Ganzes anstelle der (Minderheits-)Beteiligung der VCG beziehen und dabei die seit Investition zurückgelegte PU-Entwicklung und speziell der von einer VCG für die Beteiligung gezahlte Erwerbspreis nicht berücksichtigt wird. Siehe zu Hybridmaßen z. B. Sykes (1986), S. 288.

- *Subjektive Erfolgskriterien:* Baut die Operationalisierung von Erfolg primär auf der Einschätzung von Experten auf, so spricht man von subjektiven Erfolgskriterien. Es handelt sich dabei häufig um Einschätzungen der Rendite im Vergleich zum Geschäftsplan, den Anforderungen der VCG oder der Branchenentwicklung. Möglich ist ebenfalls eine Einschätzung des Erfolges im Sinne der zuvor aufgezeigten Messansätze auf einer Ordinalskala. Der subjektive Schätzvorgang birgt grundsätzlich die Gefahr von Schätzfehlern in Einzelfällen und ggf. aufgrund der nicht komplett standardisierbaren Beurteilungen durch mehrere Experten. Andererseits erlauben subjektivere Erfolgsmaße aber die Einbeziehung einer breiten Palette von Erfolgsaspekten und helfen bei der Vermeidung formaler Messprobleme (z. B. einmalige Sondereffekte bei Jahresabschlusskennzahlen aufgrund von Änderungen im Steuerrecht) der oben genannten Ansätze. Daher bieten sich subjektive Erfolgskriterien als Ergänzung zu Beteiligungsrentabilitätsmaßen an. Anwendungsbeispiele für subjektive Erfolgsmaße finden sich bei Sapienza (1992), S. 16 sowie bei Stuart/Abetti (1987), S. 217-219 und Covin et al. (1990), S. 399-400.

- *Insolvenzvermeidung:* Entsprechend der Insolvenzforschung kommt die Vermeidung von Insolvenz als dichotomes Erfolgskriterium in Frage (so z. B. Laitinen (1992), S. 325-329 und Stearns et al. (1995), S. 29). Beinhaltet eine betrachtete Stichprobe von PU auch Insolvenzfälle, ist die Berücksichtigung dieses Erfolgsmessansatzes kaum zu vermeiden, da sich bei Insolvenz kaum jahresabschlussbezogene Rentabilitätskennzahlen, Wachstumsmaße, Beteiligungsrentabilitätsmaße und Shareholder-Value-Maße berechnen lassen. Problematisch ist am Insolvenzkriterium aber, dass zwischen den solventen Unternehmen nicht differenziert werden kann. So sind VCG in der Praxis häufig auch an zwar nicht insolventen, sich aber nur marginal entwickelnden Unternehmen beteiligt, die im Vergleich zu den Renditeanforderungen der VCG als Misserfolg gelten müssen. Zu „living dead" siehe Ruhnka et al. (1992), S. 137-155 und Kulicke (1993), S. 151.

Von den vorgestellten Ansätzen bedürfen vor allem die Beteiligungsrentabilitätsmaße und die subjektiven Erfolgskriterien einer genaueren Betrachtung. Bei den *subjektiven Erfolgskriterien* fällt in Ergänzung zu den zuvor angeführten Charakteristika auf, dass diese in der Mehrzahl der Untersuchungen auf einer fünfstufigen Ordinalskala operationalisiert werden und die Skalenbildung anschließend in der Form erfolgt, dass vereinfachend die Eigenschaften einer Intervallskala mit dem Wertebereich von 1 bis 5 unterstellt wird. Dieses Vorgehen ist aus statistischer Perspektive möglicherweise dann problematisch, wenn die betreffende Stichprobe auch „absolut" erfolglose, also liquidierte PU einbezieht. Wenn derartige Unternehmen in der am wenigsten erfolgreichen Gruppe mit dem Wert 1 einer fünfstufigen Skala versehen werden, kann es zu einer Verletzung der Intervallskaleneigenschaft kommen. Daher sollten Erhebungsskalen für subjektive Erfolgskriterien u. U. Totalverluste in einer separaten Kategorie berücksichtigen. Hier gibt es eine umfassende psychometrische Literatur (z. B. Brandstätter (1970), S. 82-83), die zu etwa gleichen Teilen die Auffassung vertritt, dass Erfolg nicht liquidierter Unternehmen *entweder* auf einer Skala mit *ungerader* Stufenzahl eingeschätzt werden sollte, um ein Intervall für den mittleren bzw. erwartungskonformen Erfolg bereitzustellen *oder* aber auf einer Skala mit *gerader* Stufenzahl eingeschätzt werden sollte, um die „Tendenz zur Mitte" zu vermeiden. Da bei VC-Finanzierungen aufgrund des vorab zwischen PU und VCG ausgetauschten Geschäftsplans in der Regel eine erwartete Performance explizit dokumentiert ist, sollten nach Ansicht des Verfassers ungerade Stufenzahlen zur Klassifizierung der *nicht* liquidierten PU herangezogen werden. Dem Forscher bleibt dann hinsichtlich des Erhebungsdesigns – bei *Einbeziehung* der liquidierten PU – die Wahl, ordinal skalierte Erfolgsmaße ggf. entweder auf einer 1 plus 3 oder einer 1 plus 5 Stufen umfassenden Skala zu erfassen.

Komplexer gestaltet sich die Bewertung von *Beteiligungsrentabilitätsmaßen*. Als Grundlage soll daher zunächst die Definition der „Internal Rate of Return" (IRR) eingehender betrachtet werden. Nach den Regeln der European Venture Capital Association (EVCA) wird zwischen drei Erfolgsebenen unterschieden: (1) Bruttorendite auf realisierte Beteiligungen, (2) Bruttorendite auf realisierte und bestehende Beteiligungen und (3) Nettorendite für den Fondsinvestor (s. EVCA (1994) und Schober (1995), S. 76-90). Die Bezeichnungen der drei IRR-Ebenen lauten im englischsprachigen Original (1) „Gross Return on Realized Investments", (2) „Gross Return on All Investments" und (3) „Net Return to the Funder", siehe EVCA (1994), S. 4-5. Die drei Renditeebenen sind in Abb. 6.3 dargestellt.

Abb. 6.3: Beteiligungsrentabilitätsmaße Internal Rate of Return (IRR)

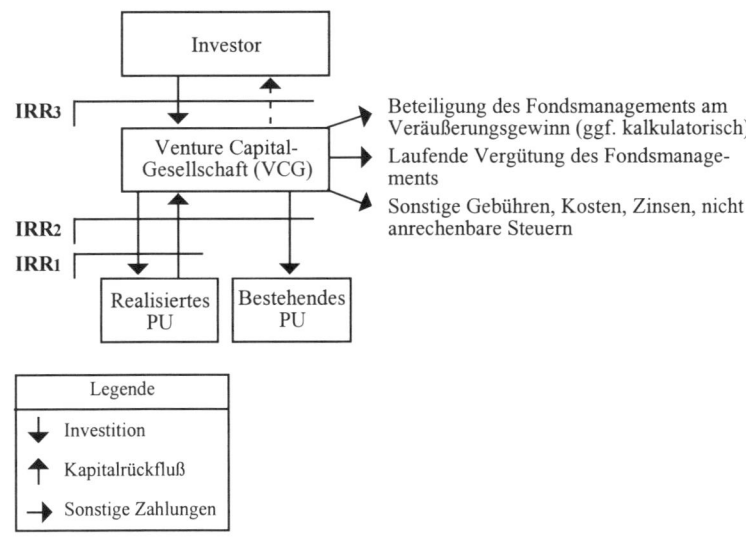

Die *Bruttorendite auf realisierte Beteiligungen* (IRR$_1$) stellt auf eine Zahlungszeitreihe aus Barauszahlungen der VCG an ein PU, primär für Beteiligungserwerb, und Barrückflüssen in Form des Veräußerungserlöses und ggf. Gewinnausschüttungen sowie Zinsen und Tilgungen von Gesellschafterdarlehen, ab. Für diese Zeitreihe wird der interne Zinsfuß ermittelt (EVCA (1994), S. 12-15). Dabei werden prinzipiell nur bereits desinvestierte Beteiligungen berücksichtigt, was zwar den Umfang der nach diesem Verfahren beurteilbaren Beteiligungen einschränkt, dafür aber mit dem Veräußerungserlös auch auf einen objektiv ermittelten Endwert abstellt. Wenn ein wesentlicher Anteil einer Beteiligung im Wege einer Teilveräußerung desinvestiert wird, so kann auch dieser Anteil in den IRR$_1$ mit einbezogen werden.

Die *Bruttorendite auf realisierte und bestehende Beteiligungen* (IRR$_2$) kann nach gleicher Rechenvorschrift unter zusätzlicher Einbeziehung der noch im Portfolio der VCG gehaltenen Beteiligungen ermittelt werden. Damit wird der Umfang der beurteilbaren Beteiligungen erweitert. Dafür werden aber als Nachteile in Kauf genommen, dass (1) die Ermittlung eines anstelle des Veräußerungserlöses einzusetzenden Endwertes mit erheblichen Unsicherheiten behaftet ist und Manipulationsmöglichkeiten eröffnet und (2) systembedingt der im Desinvestitionszeitpunkt entstehende bzw. offenkundig werdende Anteil des Beteiligungserfolges nicht berücksichtigt werden kann. Sowohl IRR$_1$ als auch IRR$_2$ können für einzelne Beteiligungen oder für ein Portfolio ermittelt werden. Der interne Zinsfuß IRR in den zuvor dargestellten Ausprägungen wird dabei nicht lediglich als Ex-post-Erfolgsmaß, sondern auch als A-priori-Maßstab in der Beteiligungswürdigkeitsprüfung herangezogen.

Für Schätzungen des Endwertes bestehender Beteiligungen an nicht börsennotierten PU hat die EVCA Mindeststandards publiziert. Demnach sollen Beteiligungen grundsätzlich zu Anschaffungskosten bewertet werden. Ausnahmen sind in positiver Richtung zugelassen bzw. in negativer Richtung obligatorisch, wenn (1) eine Nachfinanzierung durch einen Dritten stattgefunden hat, aus der sich objektive neue Anhaltspunkte für den Wert der Beteiligung ergeben, (2) der auf die VCG entfallende Anteil am Buchwert des PU zwischenzeitlich die Anschaffungskosten der Beteiligung deutlich übersteigt oder (3) die Ergebnisse des PU in positiver oder negativer Richtung nachhaltig vom Plan abweichen. Bei Abwertungen soll zudem in vereinfachten Stufen (-25 %, -50 % oder -100 %) vorgegangen werden.

Die *Nettorendite für den Fondsinvestor* (IRR$_3$) stellt schließlich auf die Zahlungsströme zwischen Investor und VCG ab. Im Vergleich zur IRR$_2$ werden hier zusätzliche Arten von Zahlungen berücksichtigt, nämlich (1) der Anteil des Fondsmanagers am Veräußerungsgewinn von Beteiligungen („carried interest"), und zwar bereits vor der eigentlichen Zahlung als kalkulatorischer Gewinnanteil, (2) die laufende Vergütung des Fondsmanagers, (3) alle sonstigen Gebühren und Kosten, die mit der Fondsverwaltung verbunden sind, ggf. einschließlich Fremdkapitalzinsen und nicht anrechenbaren Steuern, in Deutschland also vor allem der Gewerbesteuer. Bei der Bewertung des Vermögens sind neben den Beteiligungen auch andere Aktiva zu berücksichtigen, z. B. eine Liquiditätsreserve der VCG.

Die vorgestellten Beteiligungsrentabilitätsmaße können zum Zeitpunkt der Erstellung dieser Arbeit als aktueller Denk- und Diskussionsstand bei VCG angesehen werden. Eingesetzt werden diese – aus wirtschaftswissenschaftlicher Sicht naheliegend erscheinenden – Maße derzeit aber nur bei den fortschrittlicheren VCG, speziell independent VCG, die zur Einwerbung von Kapital auf aussagekräftige Belege für in der Vergangenheit erzielte Ergebnisse angewiesen sind (vgl. Hertz-Eichenrode (1995), S. 24-36 und Deutsche Beteiligungs-AG (1996)).

Trotz ihrer Aktualität sind IRR-Maße als problematisch einzustufen, da diese zwar die Wertentwicklung von VC-Investments eindimensional sehr gut abzubilden vermögen, dabei aber das eingegangene Risiko außer acht lassen. Weiterführende zweidimensionale (Portfolio-)Performancemaße sind zwar bei anderen Finanzintermediären, speziell bei Investmentfonds (s. z. B. Möhlmann (1993), S. 82-110), durchaus üblich, fehlen aber hierzulande für Venture Capital komplett und wurden auch außerhalb des deutschen Sprachraums nur in Einzelfällen für börsennotierte VCG diskutiert. Somit fällt es schwer, eine bestimmte IRR absolut als erfolgreich einzustufen bzw. mit der IRR eines anderen Investments zu vergleichen. Grundsätzlich muss davon ausgegangen werden, dass die Risiken von VC-Finanzierungen im Vergleich zu anderen Anlageformen relativ hoch sind und sich auch bei Gegenüberstellung von VC-Investments deutlich unterschiedliche Risiken ergeben. Zur Illustration sind wichtige systematische Risiken von PU in Tab. 6.2 im Überblick dargestellt.

Tab. 6.2: Risiken von VC-Finanzierungen

	Frühe Finanzierungsphasen (Seed, Start-up)	Späte Finanzierungsphasen (Expansion, Bridge, MBO/MBI)
Marktbezogene Risikofaktoren	• Marktpotential, Marktentwicklung (Lebenszyklusphase) • Konjunktur-/Branchenentwicklung • Wettbewerbssituation • Ggf. Länderrisiko	
		• Akzeptanz des Produkts • Unerwarteter Wettbewerb
Geschäftsbezogene Risikofaktoren	• Produktionskosten (Wettbewerbsfähigkeit) • Managementressourcen (Fach- und Personalkompetenz) • Flexibilität	
	• Forschung & Entwicklung (Ergebnisse, Zeitplan, Budget)	• Umsatz/Marktanteil • Organisation, Planung, Controlling
Finanzierungs-bezogene Risiko-faktoren	• Insolvenz • Zinsänderungsrisiken	
	• Budgetrisiko (Nachfinanzierung)	• Kaufinteresse bei Desinvestitionen

Quelle: Einzelne Risikoarten in Anlehnung an Ruhnka/Young (1987), S. 171-179 und Bauer (1995), Sp. 1660.

In frühen Finanzierungsphasen kommen – für kleine Unternehmen i. d. R. existenzbedrohende – Risiken bei der Forschung und Entwicklung (erzielte Ergebnisse, Zeit- und Kostenüberschreitung), der Einhaltung des Gesamtbudgets sowie für den Fall einer Budgetüberschreitung das Realisierbarkeitsrisiko von Nachfinanzierungen hinzu. In späteren Finanzierungsphasen gewinnen Fragen der Akzeptanz des Produktes, des Auftretens unerwarteten Folge- oder Substitutionswettbewerbs, des erreichbaren Umsatzes und Marktanteils, der mit dem Wachstum Schritt haltenden Entwicklung von Organisation, Planung und Controlling sowie im Desinvestitionsfall des Interesses potentieller Erwerber der Beteiligung an Bedeutung. Vergleicht eine VCG ihre Beteiligungen mit alternativen Anlageformen, so werden zusätzliche Risiken, aus der geringen Fungibilität der Beteiligungen, deutlich. Vor allem aber lässt sich empirisch belegen, dass die genannten Risiken junge Unternehmen in frühen Finanzierungsphasen wesentlich stärker gefährden als in ihrer Entwicklung weiter fortgeschrittene Firmen. So weist die Untersuchung von Ruhnka/Young (1987), S. 181 Ausfallwahrscheinlichkeiten für Seed- und Start-up-Finanzierungen von 66,2 % bzw. 53,0 % über die gesamte Dauer der Finanzierungsphase aus, während die entsprechenden Werte für spätere Finanzierungsphasen zwischen 20,1 % und 33,7 % liegen. Derartige Unterschiede können bei einfacher Anwendung von IRR-Maßen nicht berücksichtigt werden. Es gilt also, über Risikomessansätze die unterschiedlichen Charakteristika von Beteiligungen bzw. Beteiligungsportfolios besser zu erfassen (s. weiterführend z. B. Bamberg (1995), Sp. 1650-1652 und Steiner/Wittrock (1995), Sp. 1514-1526).

Die im vorangegangenen Abschnitt gestrafft dargestellten Erkenntnisse der VC-spezifischen Literatur zur Risikomessung bieten zur Lösung dieses Problems nur wenige Anhaltspunkte. Demnach kann sich die Risikobeurteilung für den in Deutschland derzeit (noch) kaum praxisrelevanten Fall börsennotierter VCG an den üblichen Verfahren der Aktienanalyse orientieren (s. Beiker (1993), S. 12-44 zur Analyse kleiner Aktiengesellschaften). Für nicht börsennotierte VCG ist als einfaches Hilfsmittel zur Verdeutlichung von Risiken die Ausfallquote (= liquidierter Anteil des Portfolios pro Periode) zu nennen. Wenn VCG Ausfallquoten für vergangene Perioden berechnen und neben der IRR kommunizieren würden, entstünde für Management und Investoren zumindest ein Indiz für das Risiko, mit dem eine erzielte Rendite „erkauft" wurde. Gleichermaßen könnten VCG in ihrer internen Strategie und gegenüber Investoren eine bei ihrem Portfolio für Folgeperioden bewusst die erwartete Ausfallquote neben der Renditeerwartung darstellen. Die Ausfallquote kann aber keinen exakten und finanzwirtschaftlich befriedigenden Risikomaßstab darstellen, da sie letztlich nur eingetretene Misserfolge anstelle des Risikos im eigentlichen Sinne abbildet. Angesichts der in der VC-Praxis aber fast vollkommen fehlenden Risikomessung dürfte die Ausfallquote demnach einen in der Praxis akzeptablen und leicht umsetzbaren ersten Schritt zur Risikoquantifizierung darstellen.

Für eine Weiterentwicklung der zweidimensionalen Performancemessung – gerade der nicht börsennotierten VCG – bietet sich die Übertragung von Erfahrungen anderer Finanzintermediäre an. Da VCG Finanzierungsgeschäfte auf der Aktiv- und Passivseite ihrer Bilanz nicht auch nur annähernd gleichwertig nebeneinander betreiben, bietet sich ein Vergleich mit Banken kaum an. Während sich VCG intensiv auf ihr Aktivgeschäft konzentrieren, wird das Passivgeschäft im Vergleich mit Banken zumeist in extrem vereinfachter Form betrieben. Abgesehen von der eigentlichen Einwerbung des Kapitals bestehen im Passivgeschäft nur geringe Herausforderungen für die VCG, da die Finanzierung in der Regel weitgehend durch Eigenkapital und eigenkapitalnahe Gesellschafterdarlehen erfolgt. Eine Fremdfinanzierung von VCG durch Kapitalgeber, die nicht selbst Gesellschafter sind, ist praktisch nur bei der Refinanzierung im

Rahmen öffentlicher Förderprogramme bedeutsam. Demnach eignen sich zur Übertragung von Erkenntnissen zur Performancemessung auch primär die enger verwandten Investmentfonds.

Für Wertpapierportfolios/Investmentfonds werden v. a. drei das Portfoliorisiko berücksichtigende Performancemaße diskutiert, wobei die zwei erstgenannten Ansätze auf dem Capital Asset Pricing Model (CAPM) aufbauen (s. Möhlmann (1993), S. 82-110; Steiner/Wittrock (1994), S. 595-597 und weiterführend Steiner et al. (1996), S. 49-61):

- Das als „reward-to-*volatility* ratio" bezeichnete Treynor-Maß (s. Treynor (1965), S. 63-75) geht gemäß CAPM davon aus, dass die erwartete Rendite E (r_p) der Summe aus risikofreiem Zins r_f und Risikoprämie entspricht, die als Produkt aus dem systematischen Portfoliorisiko β_p und der erwarteten Marktrendite E (r_m) abzüglich des risikofreien Zinses (r_f) dargestellt werden kann:

$$E\ (r_p)\ =\ r_f\ +\ \beta_p\ (E\ (r_m)\ -\ r_f) \tag{6.1}$$

Dazu wird die Marktrendite generell anhand einer Indexrendite und das Portfoliorisiko individuell mittels einer Regressionsrechnung auf Basis eines Indexes geschätzt. Anschließend kann zum Vergleich mehrerer Alternativen die Portfoliorendite gegen β_p aufgetragen werden. Der eigentliche „reward-to-volatility ratio" ergibt sich dann als Quotient aus der über r_f hinaus erzielten Rendite und dem Portfoliorisiko:

$$\frac{r_p - r_f}{\beta_p} \tag{6.2}$$

- Das als „Jensen's α" bezeichnete Maß (s. Jensen (1968), S. 390-396) stellt auf die vom Portfoliomanager über die nach (6.1) zu erwartende Portfoliorendite hinaus tatsächlich realisierte Rendite ab. Folglich gilt:

$$\alpha\ =\ r_p\ -\ r_f\ -\ \beta_p\ (E\ (r_m)\ -\ r_f) \tag{6.3}$$

wobei Werte von $\alpha > 0$ auf eine superiore und Werte von $\alpha < 0$ auf eine inferiore risikokorrigierte Portfoliorendite hindeuten. Treynor-Maß und Jensen's α können durch Lineartransformation ineinander überführt werden. Dieses Maß lässt sich weiter differenzieren, indem der auf Diversifikationseffekten beruhende Anteil an der Performance explizit dargestellt wird (s. hierzu Fama (1972), S. 551-567).

- Der als „reward-to-*variability* ratio" bezeichnete Sharpe-Ratio (s. Sharpe (1966), S. 119-138) ähnelt methodisch dem Treynor-Maß, stellt aber im Unterschied hierzu nicht auf das systematische Risiko, sondern auf das Gesamtrisiko σ_p ab, das als Standardabweichung der (zumeist kurzfristigen, z. B. monatlichen) Portfoliorendite gemessen wird:

$$\frac{r_p - r_f}{\sigma_p} \tag{6.4}$$

Beim Vergleich der drei vorgestellten Performancemaße fällt auf, dass das Treynor-Maß und Jensen's α zur Abschätzung des systematischen Portfoliorisikos und ggf. der Marktrendite auf einen Index zurückgreifen müssen. Die Wahl eines geeigneten Indexes – der häufig nicht der theoretischen Anforderung genügen kann – sämtliche riskanten Vermögenswerte zu umfassen, wurde in der Literatur ausführlich problematisiert (v. a. Roll (1977), S. 129-176). Für stark diversifizierte Investmentfonds (mit entsprechender Korrelation zwischen β_p und σ_p) können die vorgestellten Performancemaße vor diesem Hintergrund noch als weitgehend äquivalent angesehen werden (empirische Belege bei Möhlmann (1993), S. 107-108). Bezogen auf deutsche Aktien beurteilen neuere empirische Untersuchungen die beim Treynor-Maß und Jensen's α vorausgesetzte Gültigkeit des CAPM allerdings bereits ausgesprochen zurückhaltend (s. z. B. Warfsmann (1993), S. 157 und Hamerle/Ulschmid (1996), S. 321-322). Dies dürfte um so mehr gelten, wenn man die Performance nicht börsennotierter VCG messen will, die in keinem laufend erhobenen Index berücksichtigt wird (vgl. Beiker (1993), S. 81-84).

Zur Messung der Performance nicht börsennotierter VCG kommt also – um das Indexwahl- bzw. Referenzportfolioproblem zu vermeiden – unter den für Investmentfonds geeigneten zweidimensionalen Performancekriterien primär der Sharpe-Ratio in Frage (so auch Möhlmann (1993), S. 108-110). Dennoch ergeben sich zwei schwerwiegende Probleme beim Einsatz des Sharpe-Ratios. *Erstens* kann hier anders als bei Investmentfonds nicht auf kurzfristige Marktrenditen zurückgegriffen werden. Die IRR als Wertentwicklungsmaß baut primär auf Jahresabschlussinformationen sowie Bewertungen durch die VCG auf und ist damit zur Renditemessung für jeweils kurze Betrachtungszeiträume kaum geeignet. Entsprechend wird die Schätzung des Gesamtrisikos als Standardabweichung der Renditen mehrerer Perioden erschwert. *Zweitens* eignet sich der Sharpe-Ratio kaum zur Beurteilung der Performance neugegründeter VCG. Da VCG in den ersten Jahren nach Gründung keine oder nur sehr wenige PU desinvestieren können, wird sich auch ihre eigene Rendite – analog zu denen ihrer PU – anfangs systembedingt negativ bis bestenfalls marginal entwickeln. Daher verspricht ein auf der Standardabweichung dieser Renditen beruhendes Risikomaß kaum gut vergleich- und interpretierbare Ergebnisse. Entsprechend werden in der US-amerikanischen Literatur primär die Renditen von VCG analysiert, die seit mindestens fünf Jahren bestehen und sich damit in einer vergleichsweise stabilen Phase befinden, da erwartet werden darf, dass dann bereits einige PU desinvestiert und die Erlöse reinvestiert werden konnten (so z. B. Bygrave/Timmons (1992), S. 156-158 und zur Mehrperiodenproblematik auch Jensen (1969), S. 186-192).

Insgesamt erscheinen die in der Literatur beschriebenen Ansätze zur zweidimensionalen Messung der (Rendite-/Risiko-)Performance der in Deutschland typischen nicht börsennotierten VCG unbefriedigend. Dies unterstreicht (1) einen erheblichen weiteren Forschungsbedarf in diesem Feld und (2) die Bedeutung von Maßen, die zwar nicht theoretisch solide fundiert aber zumindest ansatzweise plausibel und praktisch implementierbar sind – vor allem die Messung und Planung von Ausfallquoten – zur Berücksichtigung von Risikoaspekten bei VCG bis zur Entwicklung geeigneterer Verfahren.

Prüft man die Anwendbarkeit der zuvor diskutierten Performancemaße für *Portfoliounternehmen,* so gelangt man zu anderen Ergebnissen. Gerade aufgrund der typischen Ergebnisentwicklung mit für einige Perioden eingeplanten Verlusten und einem nachfolgenden Übergang in eine Gewinnphase sind hier auf die Standardabweichung der Renditen abstellende Maße für das Gesamtrisiko kaum sinnvoll. Zudem ist eine Messung kurzfristiger Renditen nur schwer möglich, so dass für keines der zweidimensionalen Performancemaße eine zufriedenstellende Operationalisierbarkeit erwartet werden kann.

Eher umsetzbar erscheint die Schätzung einer „kritischen Rendite" in analoger Anwendung der CAPM-Gleichung (6.1) auf ein Einzelunternehmen anstelle eines Portfolios. Um zu sinnvollen Ergebnissen auf der Ebene von PU zu gelangen, muss die CAPM-Gleichung zunächst modifiziert werden. In der nach (6.1) zu erwartenden Rendite ist lediglich die Überlassung von Kapital abgebildet. VCG stellen ihren PU aber regelmäßig ohne unmittelbare Fakturierung auch Managementressourcen zur Verfügung. Dementsprechend muss der risikofreie Zins, der diese Bereitstellung von Kapital widerspiegelt, um einen Aufschlag für die Managementunterstützung ergänzt werden.

Zudem ist auch die Wahl geeigneter Beta-Faktoren schwierig, da diese nicht – wie bei börsennotierten Unternehmen – aus der Entwicklung des einzelnen Unternehmens in der Vergangenheit geschätzt werden können, sondern aus anderen Quellen gewonnen werden müssen (s. Gerke/Schöner (1988), S. 203 und Steiner/Bauer (1992), S. 353-366). Z. T. wird in der Literatur die Verwendung von Branchen-Betas vorgeschlagen (s. Räbel (1986), S. 257-259), obwohl diese hier letztlich nicht überzeugen können. Da Branchen-Betas durch die Analyse mehrerer börsennotierter Unternehmen gewonnen werden, berücksichtigen sie nicht, dass junge PU in der jeweiligen Branche zumeist nur einzelne Wertschöpfungsstufen und Teilmärkte abdecken. Börsennotierte Unternehmen sind dagegen häufig aus Markt- und Wertschöpfungsperspektive breiter ausgerichtet und weisen damit ein anderes Risikoprofil auf. Auch das Ausweichen auf Unternehmens-Betas ist kaum erfolgversprechend, da derartige Informationen zumindest für deutsche börsennotierte Unternehmen nur beschränkt verfügbar sind und auch für den Fall einer hinreichenden Ähnlichkeit zu dem jeweiligen PU nicht wiedergeben können, dass sich PU i. d. R. (1) in einer vergleichsweise frühen Entwicklungsphase mit einem dementsprechend höheren Risiko befinden und (2) gegenüber börsennotierten Unternehmen Fungibilitätsnachteile aufweisen. Zudem gelten Unternehmens-Betas selbst für kleine börsennotierte Aktiengesellschaften – für die die Beta-Faktoren also direkt messbar sind und nicht durch Übertragung geschätzt werden müssen – als stark problembehaftet (s. Beiker (1993), S. 115-180). Ein diese Nachteile vermeidendes Risikomaß lässt sich demnach eher durch PU-spezifische Analysen gewinnen, die neben statistischen Auswertungen auch Expertenschätzungen einbeziehen.

Als Vorschlag zur Schätzung der „kritischen Rendite" ist ein Scoring-Modell denkbar, mit dem Manager einer VCG ein PU-spezifisches Risikomaß ermitteln und darauf aufbauend eine Mindestverzinsung errechnen können. Der Kern eines derartigen Scoring-Modells müsste aber zu erst mit einem normativen Ansatz postuliert und anschließend in Praxis und Forschung erprobt werden (s. weiterführend Kirmße (1996), S. 110-123). An dieser Stelle kann dennoch das Grundschema zur Errechnung der Mindestverzinsung als Ansatzpunkt für die weitere Forschung skizziert werden. Analog zu (6.1) folgt:

$$IRR_{krit} = r_f + r_{mgt} + \beta_{sc} \ (r_{soll} - r_f) \tag{6.5}$$

Dabei ergibt sich die PU-spezifische kritische Rendite IRR_{krit} aus der Summe von risikofreiem Zins r_f und einer Zusatzverzinsung für Managementunterstützung r_{mgt} zuzüglich eines Risikozuschlags. Dieser Risikozuschlag ist das Produkt aus dem mittels eines Scoring-Modells geschätzten systematischen Risiko β_{sc} multipliziert mit der Summe aus der Sollrendite für das Gesamtportfolio r_{soll} (inklusive der erforderlichen Zusatzverzinsung für Managementunterstützung r_{mgt}) abzüglich des risikofreien Zinses.

Hinsichtlich der einzelnen Parameter bietet die Literatur zu VC und zur Investitionsrechnung einzelne Anhaltspunkte (vgl. auch die KAGG-Bewertungsverordnung). Der risikofreie Zins sollte im Sinne der Marktzinsmethode hinsichtlich der Laufzeit der geplanten Haltedauer des PU entsprechen und aus der Verzinsung öffentlicher Anleihen zuzüglich eines geringen Aufschlags für höhere Transaktionskosten bei kleineren Finanzierungsbeträgen abgeleitet werden (s. Rolfes (1992), S. 120-121 und kritisch Djebbar (1996), S. 357-364). Bei einem VC-typischen Zeitraum von 5 Jahren ergab sich im Februar 2000 eine risikofreie Verzinsung von 5,1 % (FAZ vom 26.2.2000, Ausgabe Nr. 48). Für die Zusatzverzinsung für Managementunterstützung darf auf Basis der in Abschnitt 2.3.3 vorgestellten Bandbreite der praxisüblichen laufenden VCG-Vergütung eine Größenordnung von ca. 2,5 % erwartet werden. Der genaue Aufschlag kann aber im Einzelfall, z. B. in der Finanzierungsphase, der Qualifikation des Managements und aufgrund von Fixkosteneffekten, auch von der Größe des Portfolioinvestments abhängen. Als Sollrendite wird in Deutschland häufig der Wert von 15 % p. a. für das Gesamtportfolio ohne Kosten der Managementunterstützung genannt (s. z. B. Deutsche Beteiligungs-AG (1996), Teil I, S. 14). Um die Kosten für Managementunterstützung zu erwirtschaften, wäre dementsprechend eine Verzinsung von 17,5 % p. a. zu fordern. Auch dieser Wert ist aber letztlich der Renditeerwartung der jeweiligen VCG im Einzelfall anzupassen.

Setzt man die vorstehend beispielhaft genannten Parameter in die Gleichung (6.5) ein, so ergibt sich IRR_{krit} = 7,6 % + β_{sc} x 9,9 %. Dabei ergibt sich für ein β von 1 eine Verzinsung von 7,6 % + 9,9 % = 17,5 %, also genau der zuvor genannte Wert inklusive Kosten für Managementunterstützung. Verwendet man ein Scoring-Modell, das den Beta-Faktor anhand von Risikoindikatoren des PU (z. B. Finanzierungsphase, Branche, Innovationsgrad, Managementqualifikation) als normalverteilten Wert zwischen 0 und 2 mit einem Mittelwert von 1 schätzt, so würde die Gleichung PU-spezifische kritische Renditen zwischen 7,6 % und 27,4 % mit einem Mittelwert von 17,5 % ergeben. Bei allen methodischen Zweifeln, z. B. an der Gültigkeit der unterstellten Beziehung, der Genauigkeit der eingesetzten Parameter und der Prognosekraft eines noch zu entwickelnden Scoring-Modells für das PU-spezifische systematische Risiko, ließen sich so für geplante oder ex-post gemessene IRR-Wertentwicklungen Anhaltspunkte dafür gewinnen, ob die Renditen mit einem adäquaten Risiko „erkauft" werden oder nicht.

Interessant aber ungelöst ist weiterhin die Frage, ob die Ermittlung und Prognose von Wertentwicklung und Risiko der VCG und PU allein durch die VCG selbst erfolgen sollte, oder ob eine Standardisierung der Performancemessung und mithin eine bessere Vergleichbarkeit der

Ergebnisse sowie eine höhere Glaubwürdigkeit für Investoren nicht eher durch Hinzuziehung einer unabhängigen, noch zu gründenden Performancemessungsgesellschaft erreicht werden könnte. Eine derartige Institution könnte sich in ihren Geschäftsprinzipien an den auf Anleihemärkten bekannten Rating-Agenturen orientieren und z. B. durch einen Industrieverband auf deutscher oder europäischer Ebene initiiert werden (s. z. B. Steiner (1992), S. 509-515).

Zusammenfassend zeigt sich, dass für die Messung der Wertentwicklung auf der Ebene von VCG und PU zumindest ansatzweise überzeugende Konzepte existieren, die sich in der deutschen VC-Praxis allerdings noch in einem frühen Implementierungsstadium befinden. Die Wertentwicklung lässt sich dabei anhand der „Internal Rate of Return" (IRR) hinreichend gut abbilden. Dieses Messkonzept kann durch subjektive Erfolgsmaße ergänzt werden, die eine weitere Absicherung und Validierung der Ergebnisse erlauben und eine Erfolgsschätzung auch dann ermöglichen, wenn für ein PU kein IRR ermittelt werden kann. Aus methodischen Gründen ist zusätzlich möglichst eine separate Klasse für absolute Misserfolge in Form liquidierter PU zu unterscheiden. Ausgesprochen problematisch stellt sich dagegen die Risikomessung von VC dar. Obwohl sich die bei anderen Finanzintermediären erprobten Messverfahren kaum direkt auf VC übertragen lassen, wurden bislang keine befriedigenden Ansätze zur Schließung dieser Lücke veröffentlicht. In der Praxis hat die Quantifizierung von Risikoaspekten zudem wenig Aufmerksamkeit erfahren, obwohl zumindest auf der Ebene des von einer VCG gehaltenen Gesamtportfolios rudimentäre Risikobewertungen auf Grundlage gemessener und geplanter Ausfallquoten pro Periode denkbar sind.

6.4 Normative Implikationen für erfolgversprechende VC-Finanzierungen

In diesem Abschnitt werden größtenteils auf Basis der empirischen Forschung abgeleitete einzelwirtschaftlich relevante Implikationen für VC-Finanzierungen und für das Management von VCG in 8 Thesen zusammengefasst. Die Themen sind grob anhand ihrer Bedeutung priorisiert und umfassen zunächst das Management junger Unternehmen, dann die Gestaltung der Zusammenarbeit zwischen VCG und PU und gehen schließlich auf strategische und planerische Einzelthemen ein, die im Vorfeld von VC-Finanzierungen berücksichtigt werden sollten.

6.4.1 Bedeutung der PU-Managementqualifikation

Auf Basis empirischer Untersuchungen beeinflussen Aspekte der PU-Managementqualifikation signifikant Rendite und Insolvenzrisiko der Beteiligungen (vgl. z. B. Sykes (1986), S. 288-289; Giglierano (1990), S. 316-318; Keeley/Roure (1990), S. 1256-1267; Brüderl et al. (1996), S. 123-131; Smart (1999), S. 59-62 und Schefczyk (2000), S. 296-300 u. 330-339). Als Erfolgsfaktoren konnten dabei insbesondere Merkmale der Erfahrung der PU-Managements in kaufmännischen Funktionen, sowie die – möglichst unmittelbar vor Eintritt in das PU erworbene – Branchenerfahrung identifiziert werden. Die Zusammenhänge zwischen diesen Merkmalen und den Erfolgsmaßen sind in Tab. 6.3 dargestellt. Dabei wird zwischen Erfahrungsaspekten differenziert, die bei angenommenen PU in der Regel hinreichend abgedeckt sind und solchen, bei

Tab. 6.3: Erfolgswirkungen der funktionalen und branchenbezogenen Erfahrung des PU-Managements

Erfahrungsaspekt		Qualifizierungs-faktor	Differenzierungs-faktor
Funktionale Erfahrung	Entwicklung	●	◔
	Produktion/Logistik	◕	◔
	Marketing/Vertrieb	◑	●
	Planung/Strategie	◔	◕
	Finanzen/Controlling	◔	◔
Branchenerfahrung		◑	◑

Legende	● Trifft voll zu
	◑ Trifft zum Teil zu
	○ Trifft (fast) nicht zu

denen durch stärkere Berücksichtigung noch eine signifikante Erfolgswirkung zu erwarten ist (vgl. Schefczyk (2000), S. 289 u. 297):

- Eine ausgeprägte Erfahrung in den technischen Funktionen *Forschung/Entwicklung* und *Produktion/Logistik* kann für PU, die diese Funktionen abdecken, in nahezu allen Fällen als Voraussetzung für den Beteiligungsabschluss angesehen werden, d. h. VCG werden sich kaum an PU beteiligen, deren Manager hier Qualifikationslücken aufweisen. Demnach besteht hier – in der Entwicklung etwas stärker als in der Produktion – nur geringer Raum für weitere Differenzierung. Hinsichtlich der Anforderungen an das technische Management drängt sich also kein Veränderungsbedarf auf.

- Eine hohe Erfahrung in den kaufmännischen Funktionen *Marketing/Vertrieb* und *Planung/Strategie* stellte in der Vergangenheit nur in begrenztem Umfang eine Vorbedingung zum Beteiligungsabschluss, dar. PU unterscheiden sich in diesem Bereich vergleichsweise noch immer stark, und zwar mit erheblichem Einfluss auf den im Einzelfall zu erwartenden Erfolg. In der Konsequenz sollten VCG die Anforderungen an die Erfahrungen des PU-Managements in kaufmännischen Funktionen tendenziell erhöhen. PU sollten ihr Team ggf. proaktiv um entsprechende Manager ergänzen.

- Ein hohes Erfahrungsniveau im kaufmännischen Funktionsfeld *Finanzen/Controlling* gehört bislang nicht zu den zentralen Qualifizierungsfaktoren. Allerdings ist dieses auch nur deshalb weniger erfolgskritisch, da sich Defizite hier am ehesten durch ein Engagement der VCG mildern lassen.

- Ein hoher Anteil von Mitgliedern des PU-Managements mit *Branchenerfahrung* stellt in begrenztem Umfang einen Beteiligungsvoraussetzung dar. Da Branchenerfahrung den erwarteten Erfolg günstig beeinflusst, ist hier – wo möglich – eine Erhöhung des Anforderungsniveaus ratsam. PU sollten ggf. banchenerfahrene Teammitglieder aufnehmen.

In der Konsequenz dieser Betrachtung ergibt sich die **1. These** (vgl. Wupperfeld/Kulicke (1993), S. 26-29; Wupperfeld (1994), S. 151-153 und Zemke (1995), S. 270-272):

> PU sollten eventuelle Qualifikationslücken auf Managementebene bei der funktionalen Erfahrung in Marketing/Vertrieb und Planung/Strategie sowie – sofern sich das PU nicht in einem gänzlich neuen Markt betätigt – hinsichtlich der Branchenerfahrung proaktiv durch entsprechende Ergänzungen des Teams schließen. VCG sollten im Rahmen der Beteiligungsauswahl zukünftig verstärktes Augenmerk auf diese Qualifikationsaspekte legen.

Eine solchermaßen hohe Qualifikation konnte zudem als günstige Voraussetzung für Marktzugang bzw. -nähe des PU identifiziert werden. PU, die hier erhebliche Qualifikationsdefizite aufweisen, müssen sich häufig darauf beschränken, einzelne Wertschöpfungsstufen (z. B. Auftragsentwicklung oder -produktion) ohne Zugang zum (End-)Absatzmarkt abzudecken. Diese Konstellation ist wiederum mit relativ ungünstigen Erfolgsperspektiven verbunden.

Zusätzlich ist eine hohe Managementqualifikation signifikant mit einer hohen Qualität der bei Beteiligungsabschluss vorgelegten Geschäftsplanung assoziiert. Einerseits erleichtert es die Erfahrung den Managern, eine analytisch hochwertige Planung zu erstellen, die Marktaspekten gut Rechnung trägt. Andererseits ist eine anspruchsvolle Planung auch Spiegel und Indiz der hohen Managementqualifikation (vgl. a. Zemke (1995), S. 272. und Amit et al. (1990), S. 107).

Zu berücksichtigen ist ferner, dass es großen PU häufig leichter gelingt, Manager mit ausgeprägter kaufmännischer und branchenbezogener Erfahrung zu gewinnen. Kleine PU, mit entsprechend eng eingegrenztem Managementteam, verfügen dagegen seltener über universell erfahrene Manager. Über die zu erwartenden Erfolgsnachteile sollten sich PU und VCG stärker bewusst werden. Als Möglichkeiten zur Kompensation kommen für VCG in Frage, (1) eine entsprechend höhere Renditeanforderung zu stellen und damit im Zweifel mehr potentielle Beteiligungsfälle abzulehnen und/oder (2) sicherzustellen, dass die Möglichkeiten zur Aufnahme weiterer Geschäftsleitungsmitglieder mit komplementären Fähigkeiten ausgeschöpft werden, sofern externe Manager die Erfolgsaussichten im Einzelfall fördern können.

Angesichts der hohen Bedeutung, die den Managementqualifikationsaspekten für den Erfolg von PU zukommt, kann den VCG schließlich auch empfohlen werden, im Fall von (drohenden) Misserfolgen aktiv auf personelle Umbesetzungen im PU-Management einzuwirken. Entsprechende Verhaltensmuster lassen sich für die Vergangenheit zwar nachweisen, sehr wahrscheinlich besteht hier aber Raum für Verbesserungen. Dabei sollten VCG stärker den Fall von zwar nicht insolventen, sich aber nur schwach entwickelnden PU („living dead") mit Sanktionen belegen, da dieser zwar aus Sicht der PU-Manager gerade noch akzeptabel sein mag, aber für die VCG einen Misserfolg darstellt. Flankierend zur Beeinflussung von Personalentscheidungen sind hierzu geeignete Finanzierungsstrukturen erforderlich (s. 3. These). Mit Bezug auf Personalfragen ist insbesondere die Verpflichtung ausscheidender Manager zur Veräußerung ihrer Geschäftsanteile mit einem Abschlag vom Marktwert zu nennen (vgl. Sahlman (1990), S.

507-508 und Schween (1996), S. 156). In Verbindung mit einer relativ hohen Beteiligung der Manager/Gründer kann so die Zielkongruenz von VCG und PU verbessert werden.

6.4.2 Aktive Beratungsunterstützung des PU durch die VCG

Als starker Einflussfaktor auf Rendite und Insolvenzrisiko konnte ebenfalls eine ausgeprägte Beratungsunterstützung des PU durch die VCG erkannt werden (MacMillan et al. (1988), S. 27-47; Rosenstein et al. (1993), S. 108-112; Cable/Shane (1997), S. 142-176; Sweeting/Wong (1997), S. 125-152 und Schefczyk (2000), S. 308-310 u. 330-339). Während Gremienarbeit den Mindeststandard der Zusammenarbeit zwischen VCG und PU beschreibt, kann ein positiver Beitrag zum Wert eines PU insbesondere von darüber hinausgehenden Beratungsaktivitäten mit einer Einbindung in funktionale Entscheidungen erwartet werden.

Diese Beobachtung lässt sich zusammenfassen als **2. These** (vgl. Kulicke (1993), S. 185-213; Wupperfeld (1994), S. 115-137 und Zemke (1995), S. 264-272):

> VCG sollten im Rahmen der Managementunterstützung inhaltsorientierte Beratungsaufgaben anstreben, die über die tagesordnungsorientierte Gremienarbeit hinausgehen und sich dabei unter Betonung des Unternehmenswertkriteriums vor Ort beim PU an wichtigen, auch funktionalen Entscheidungen aktiv beteiligen. PU sollten ihre Kapitalgeber auch anhand von deren Möglichkeiten zur Bereitstellung solcher Managementunterstützung auswählen.

Diese Empfehlung dürfte bei VCG weitgehend konsensfähig sein, da bei den in der jüngeren Vergangenheit desinvestierten PU eine intensive Beratungstätigkeit und Einbindung in funktionale Entscheidungen überdurchschnittlich häufig vorkam. Allerdings lässt sich für deutsche VCG auch zeigen, dass die Beratungsintensität generell mit dem Anteil der Expansionsfinanzierungen zunimmt, dagegen aber mit dem Anteil der Start-up- sowie auch der MBO-/ MBI-Finanzierungen abnimmt. Während bei den in aller Regel sehr starken MBO-/MBI-Teams eine schwächere Managementunterstützung vielleicht gerade noch hingenommen werden kann, muss die Zurückhaltung vieler Frühphasenfinanzierer kritisch beurteilt werden. Nimmt man an, dass bei Frühphasenfinanzierungen die im Vergleich zur Beteiligungshöhe erheblichen Beratungskosten das wesentliche Hindernis beim Engagement der VCG darstellten, so sollten folgende drei Möglichkeiten erwogen werden:

(1) VCG sollten den bei kleineren Beteiligungen höheren relativen Beratungsaufwand explizit in ihrer Renditeanforderung berücksichtigen und dies auch aktiv an potentielle PU kommunizieren.

(2) VCG und PU sollten gleichermaßen sicherstellen, dass kostengünstige Beratungsangebote, z. B. durch Verbände oder aus dem universitären Bereich, konsequent genutzt werden, so dass sich der Beratungsaufwand reduziert.

(3) VCG sollten die Aktivitäten ihrer Beteiligungsmanager auf Unterstützung im „naheliegenden" Bereich Finanzen/Controlling konzentrieren. Die übrigen – strategischen oder andere Funktionen betreffenden – Fragen können häufig besser arbeitsteilig von VCG-

internen oder auch externen Beratungsteams angegangen werden. Bei Einbeziehung externer Unterstützung kommen zudem mehrere Vergütungsmodelle in Frage:

- Die VCG kann die Beratungsleistung unmittelbar vergüten und in ihre Finanzierungsbetrachtung mit einbeziehen.
- VCG und PU können die Beratungsleistung anteilig vergüten, so dass die übrigen PU-Gesellschafter an den Kosten beteiligt werden.
- Für das PU kann ein ständiger Berater bestellt werden, der auch in Form einer Beteiligung und/oder von Optionen vergütet wird.

Zudem kann gezeigt werden, dass die Kontrollrechte, die eine Einbindung in funktionale Entscheidungen des PU und letztlich auch die Beratungsunterstützung ermöglichen, besonders gut in Verbindung mit eigenkapitalnahen Finanzierungsformen, also stillen Beteiligungen und beteiligungsähnlichen Darlehen, realisiert werden können (s. 3. These).

6.4.3 Starke (Minderheits-)Gesellschafterstellung der VCG bei ihren PU

Als weitere signifikante Einflussgröße auf die Beteiligungsrendite bzw. Wertentwicklung eines jungen Unternehmens konnte die Stellung der VCG als starker Minderheitsgesellschafter bei ihren PU identifiziert werden (s. Schefczyk (2000), S. 258-260 u. 330-339).

Bei der Sicherung einer starken Gesellschafterstellung gilt es bei VC-Finanzierungen, den z. T. widersprüchlichen Interessen an (1) einer straffen Führung des PU durch die VCG bei nachhaltiger Verankerung finanzieller/unternehmenswertbezogener Ziele, (2) der Bereitstellung von hinreichend viel (Quasi-)Eigenkapital, (3) einer hohen Motivation der Gründer und der Manager des PU und (4) der Vermeidung der besonders für die VCG ungünstigen Situation von zwar nicht insolventen, sich aber auch nicht dynamisch weiterentwickelnden PU („living dead") möglichst gut simultan Rechnung zu tragen. Diese für das PU bei oberflächlicher Betrachtung unbequem wirkenden Interessen der VCG tragen letztlich dazu bei, den Unternehmenswert für alle Gesellschafter – einschließlich der Gründer – zu maximieren.

Für VC-Finanzierungen empfiehlt sich dazu das in der **3. These** dargelegte Vorgehen (vgl. Schröder (1992), S. 202-205; Norton/Tenenbaum (1993b), S. 32-41 und Zemke (1995), S. 232-236 u. 247-263):

> VC-Finanzierungen sollten den VCG eine starke Gesellschafterstellung bei ihren PU einräumen. Zur Vermeidung nachteiliger Interessenkonflikte zwischen VCG und PU sowie zur Sicherung der Motivation der Gründer bzw. Manager sollten sich VCG aber möglichst auf Minderheitsbeteiligungen mit anteilsproportionalem Stimmrecht beschränken. Zur Deckung eines höheren Kapitalbedarfs bieten sich beteiligungsähnliche nachrangige Darlehen an.

Demnach sollten sich VCG zur Sicherung einer hohen PU-Motivation zwei Selbstbeschränkungen auferlegen. *Erstens* sollten VCG möglichst nicht die Mehrheit am Eigenkapital im engeren Sinne (= Stamm-/Grund-/Kommanditkapital o. ä.) halten. Da die Wertsteigerung des PU die wesentliche Erlösquelle für die VCG darstellt, ist es von besonderer Bedeutung, dass die VCG die PU-Manager davon überzeugen kann, ein stark kapitalwertabhängiges Vergütungssystem zu wählen, damit die PU-Manager eher eine Investoren- als eine Angestelltenrolle übernehmen. *Zweitens* sollten VCG und andere Gesellschafter *in der Gesellschafterversammlung* mit anteilsproportionalem Stimmrecht („one share one vote") ausgestattet sein, da andernfalls der motivierende Effekt der VCG-Minderheitsbeteiligung verloren gehen könnte. Für den praxistypischen Fall, dass eine VCG – oder ein Konsortium beim Co-Venturing – einem PU mehr Kapital bereitstellt als im Rahmen der Minderheitsbeteiligung möglich ist, bieten sich beteiligungsähnliche nachrangige Darlehen an, da diese besonders flexibel ausgestaltet werden können. Hierbei lassen sich motivationale Nachteile weitgehend dadurch vermeiden, dass Sonderrechte des Darlehensgebers zeitlich begrenzt und inhaltlich genau spezifiziert werden. Insgesamt bieten sich folgende Gestaltungscharakteristika für die über den Rahmen einer reinen Minderheitsbeteiligung hinausgehenden Finanzierungsbestandteile an (vgl. Forst (1993), S. 108-150; Wupperfeld (1994), S. 153-154 und Zemke (1995), S. 254-263):

(1) Einräumung von Quasi-Eigenkapital in Form befristeter nachrangiger beteiligungsähnlicher Darlehen, die in ihrer Form dem partiarischen Darlehen, der stillen Beteiligung oder dem Genussschein ähneln können.

(2) Kontrollrechte und insbesondere ein Katalog zustimmungspflichtiger Geschäfte (z. B. Abschluss von Gesellschaftsverträgen, Bestellung von Geschäftsführern, Veränderung der Strategie) für den Darlehensgeber (s. Freyer (1981), S. 131-135 u. 231-235; Grisebach (1989), S. 216-232 und Bouillet-Cordonnier (1992), S. 91-101).

(3) Flexible Anpassung von Tilgung und Verzinsung an die geplante Cash-flow-Situation des einzelnen PU: (a) Ausgleich von Zinsvergünstigungen gegenüber dem Marktzins durch Wandlungsrechte. (b) Gewinnunabhängige Mindestverzinsung zumindest für einen Teil der Laufzeit nach Freijahren. (c) Zusätzlich gewinnabhängige Verzinsung, bei Wandlungsrechten häufig analog zur Ausschüttung nach Wandlung.

(4) Wandlungsrecht in Eigenkapital im engeren Sinne. Der Wandlungspreis kann abhängig von der Performance des PU vereinbart werden. Dazu bietet sich eine Kombination von Zielen (z. B. finanzielle Ziele und Marktziele) an. Ein niedrigerer Wandlungspreis bei schlechter Performance steigert ggf. den Einfluss der VCG ohne Zusatzkosten und motiviert somit Management und andere Gesellschafter zur Zielerreichung.

(5) Liquidationspräferenz für die VCG als Darlehensgeber bei vorab festgelegter erweiterter Definition des Liquidationsfalls, die z. B. Fusionen oder Reorganisationen einbezieht, bei denen ein Mindest-Unternehmenswert unterschritten wird. Hierdurch soll sichergestellt werden, dass im Fall von zwar solventen, sich aber nicht dynamisch entwickelnden PU möglichst viel Risiko zum Management transferiert wird.

Insgesamt wird mit so gestalteten beteiligungsähnlichen Darlehen also bezweckt, dass die Motivation der betragsmäßig weniger Kapital bereitstellenden geschäftsführenden Gesellschafter gestärkt wird, aber dennoch eine vergleichsweise straffe Führung der VCG – primär mit finanzieller Perspektive und außerhalb des operativen Geschäfts – möglich bleibt. Als Ergänzung bietet sich ein Vergütungssystem für das PU-Management an, das die Ziele der VCG durch variable Gehaltsbestandteile und/oder Optionen berücksichtigt (s. Sahlman (1990), S. 508).

In der Konsequenz ähnelt die beschriebene Art der Gesellschafterstellung der Situation von MBO-/MBI-Transaktionen, wobei allerdings zwei wichtige Unterschiede nicht übersehen werden dürfen, nämlich die bei MBO/MBI typische (1) Übernahme der Kapitalmehrheit durch die VCG zumindest für einen begrenzten Zeitraum und (2) die hohe Stabilität und Prognostizierbarkeit der meisten Buy-Out-Zielunternehmen (s. weiterführend Milde (1990), S. 652; Forst (1992), S. 21-30 und Gräper (1993), S. 39-63). Im Rahmen dieser Einschränkungen sollten VCG und PU aber erwägen, bei MBO-/MBI-Finanzierungen bewährte Vorgehensmuster stärker auf andere Beteiligungsfälle zu übertragen. In Betracht kommen vor allem:

(1) Eine nachhaltige Implementierung einfacher (= nicht notwendig komplett IV-gestützter) aber wirksamer Management-Informationssysteme, die die Ausübung der vereinbarten Kontrollrechte ermöglichen (s. Forst (1992), S. 38-40 u. 55-56; Gräper (1993), S. 118-119 und Titzrath (1993), S. 308-319).

(2) Eine teilweise Besicherung des fremdkapitalnahen Finanzierungsanteils der VCG, die angesichts der in Deutschland bestehenden Regelungen zu Gesellschafterdarlehen z. B. über eine Betriebsaufspaltung des PU in einen stärker risikotragenden und in einen zur Besicherung eingesetzten vermögenstragenden Teil, der Eigentümer von Sachanlagevermögen und immateriellen Vermögensgegenständen wird, realisierbar ist (s. Gräper (1993), S. 65-66).

6.4.4 Trennung großer und kleiner Beteiligungsfälle

Beteiligungen geringer Höhe sind für VCG häufig weniger rentabel sind als große Beteiligungen (s. Schefczyk (2000), S. 258-260 u. 335-339). Als Hauptgründe hierfür können gesehen werden (1) die höheren relativen Transaktionskosten, (2) die größen- und finanzierungsphasenspezifisch unterschiedlichen Anforderungen insbesondere hinsichtlich der Managementunterstützung, (3) die öffentlichen Förderprogramme, die für kleine Beteiligungsfälle in Gänze eine Alternative zur Finanzierung durch renditeorientierte VCG darstellen können, so dass es zu Substitutions- und Adverse-Selection-Effekten kommt und (4) die geringere Aufmerksamkeit, die kleinere PU vom VCG-Management erhalten. Diese Effekte können aber durch die Chance kompensiert werden, Unternehmen in besonders frühen Lebenszyklusphasen zu günstigen Bewertungen zu erwerben. Hieran ist aber erkennbar, dass das es einerseits ein eher an Effizienz- und Skaleneffekten und andererseits ein eher auf spezifische Chancen von Unternehmen in frühen Phasen ausgerichtetes VC-Finanzierungsgeschäft geben kann.

Aufgrund der Beobachtung beteiligungsgrößenabhängiger Erfolgsunterschiede kann eine **4. These** aufgestellt werden (vgl. vor allem Brüderl et al. (1992), S. 236-237):

VCG sollten beteiligungsgrößenspezifische Unterschiede in Transaktionskosten und erforderlicher Managementunterstützung bei der angeforderten Mindestverzinsung berücksichtigen und für den Fall, dass deutlich größenheterogene Beteiligungsgeschäfte getätigt werden, eine organisatorische Trennung erwägen. PU sollten vor Abschluss einer VC-Finanzierung prüfen, ob die VCG in ihrer Spezialisierung den eigenen Charakteristika entspricht.

Dies bedeutet für VCG zunächst, dass sie sich Klarheit über die im Einzelfall vorherrschenden Unterschiede bei Transaktionskosten sowie speziell bei Inhalten und Ökonomie der Managementunterstützung für PU in Abhängigkeit von der Beteiligungshöhe und der Finanzierungsphase verschaffen müssen. Dann gilt es, die für einen Beteiligungsabschluss erforderliche (erwartete) Mindestverzinsung explizit nach diesen Kriterien zu differenzieren, so dass kleinere Beteiligungsfälle bzw. Frühphasenfinanzierungen, die größenbedingte Kosten- und Risikonachteile nicht durch eine höhere Renditeerwartung auszugleichen vermögen, im Zweifelsfall abgelehnt werden. Zudem ist es kritisch, die differenzierte Verzinsungsanforderung auch in den Markt – sowohl gegenüber potentiellen Beteiligungsnehmern im Einzelfall als auch durch Veröffentlichung der entsprechenden Geschäftspolitik – zu kommunizieren, da ein Verständnis der zugrundeliegenden Zusammenhänge offenbar nicht generell vorausgesetzt werden kann.

Als flankierende Maßnahme zur besseren Kommunikation differenzierter Verzinsungsanforderungen in den Markt, sollte die VC-Branche insgesamt auf eine Veränderung der Rahmenbedingungen der öffentlichen Förderung hinwirken (s. 15. These). Gerade kleine Unternehmen können oft komplett durch öffentliche Förderprogramme mit subventionierter Verzinsung finanziert werden. Dabei wird *nicht* hinreichend darauf abgestellt, ob die geförderten Beteiligungsfälle auch ohne Förderung rentabel arbeiten würden, es also zu Mitnahmeeffekten kommt, oder ob es sich vielmehr um solche Vorhaben handelt, die zwar gesellschaftlich wünschenswert sind, aber nur durch (Anschub-) Förderung wirtschaftlich tragfähig werden (s. Nowak (1991), S. 102-109 und ifo/bifego/et al. (1994), S. 115-116). In der Konsequenz werden sich Kapitalnehmer mit kleinem Beteiligungsbedarf gerade bei günstigen Erfolgsaussichten möglichst für öffentliche Förderprogramme entscheiden, so dass das Marktvolumen für entsprechende VC-Finanzierungen durch Substitution und Adverse-Selection-Effekte verringert wird. Folglich wird auch die Durchsetzung strukturadäquater Renditeanforderungen durch VCG erschwert und ein Marktversagen für das entsprechende VC-Segment provoziert.

Wenn nun eine einzelne VCG in größerem Umfang Finanzierungen vornimmt, die sich in ihrer Größen- und Phasenstruktur deutlich voneinander unterscheiden, müssen bei der Beteiligungsakquisition und -betreuung simultan sehr unterschiedliche Anforderungen bewältigt werden. Um dabei zu verhindern, dass die Beteiligungsmanager der VCG bei ihren Akquisitionsbemühungen einen nicht größengerechten Aufwand betreiben bzw. ihre Betreuungsaktivitäten nicht angemessen zu steuern vermögen und um eine hinreichende Transparenz mit guten Möglichkeiten der Erfolgskontrolle sicherzustellen, bietet sich im Einzelfall eine organisatorische Trennung unterschiedlicher Geschäftszweige an. Dies gilt um so mehr, da die Art und Intensität der angebotenen Managementunterstützung signifikant von den Finanzierungsphasenschwerpunkten der VCG abhängt. Als einfachste Variante der organisatorischen Trennung kommt dazu die Bildung mehrerer Organisationseinheiten (z. B. Teams, Abteilungen, Sparten) innerhalb einer wirtschaftlich und rechtlich einheitlichen VCG in Frage. Als weitergehende Form bietet sich die Bildung rechtlich selbständiger VCG, z. B. in Form separater Frühphasen- und Spätphasen-Gesellschaften mit gleicher/überlappender Eigentümerstruktur, an (s. a. Norton/Tenenbaum (1993a), S. 435-441; Wupperfeld (1994), S. 157 und Zemke (1995), S. 156-160). Dabei können die mit separaten Gesellschaften verbundenen höheren (Transaktions-)Kosten bei entspre-

150

chendem Geschäftsvolumen durchaus in Form von verbesserter Steuerung und Kontrolle sowie einer durch Eigenständigkeit verbesserten Motivation des Managements ausgeglichen werden.

6.4.5 Stärkere Berücksichtigung von Marktaspekten der PU

Finanzierende VCG und teilweise sogar die PU selbst setzen sich in vielen Fällen offenbar nur oberflächlich mit PU-Marktaspekten auseinander. So konnte bei einer eigenen Erhebung nur für ca. 47 % der PU eine Schätzung des erwarteten Marktpotentials und gar nur für ca. 20 % der PU eine Schätzung des Marktanteils abgegeben werden (s. Schefczyk (2000), S. 269-273). Als Gründe hierfür wurden häufig Schwierigkeiten bei der präzisen Definition und Abgrenzung der PU-Märkte und ein hoher Aufwand der *quantitativen* Abbildung der Märkte genannt.

Der diagnostizierte Zustand sollte allerdings nicht beibehalten werden:

(1) Es konnte gezeigt werden, dass zumindest von einem überdurchschnittlichen Marktwachstum ein positiver Beitrag zur Entwicklung des Unternehmenswertes bei jungen Unternehmen ausgeht. Diese Beziehung ist plausibel, da ein hohes Marktwachstum ein dynamisches Wachstum auch beim PU erleichtert und somit eine wichtige Voraussetzung zur kurzfristigen Steigerung des Unternehmenswertes schafft.

(2) Nur vor Beteiligungsabschluss festgelegte Planwerte ermöglichen eine sinnvolle Kontrolle des PU-Erfolges aus Marktsicht bzw. die Identifizierung von Misserfolgsursachen. Derartige Kontrollen sind wichtig, um

   – den Erfolgsbeitrag des PU-Managements von Abweichungen zwischen der erwarteten und der tatsächlich eingetretenen Marktentwicklung (v. a. Wachstum) fundiert unterscheiden zu können und

   – auch nichtmonetäre, aber dennoch objektive Kriterien (v. a. Marktanteil) z. B. zur Bestimmung des Wandlungspreises nachrangiger Darlehen mit Wandelrecht heranziehen zu können.

(3) Es konnten Zusammenhänge zwischen Marktwachstum sowie -anteil und weiteren Erfolgsbestimmungsgrößen (z. B. Wettbewerbsgefahr und realistischerweise zu erwartende Branchenerfahrung des PU-Managements) identifiziert werden. Marktaspekte wurden zudem auch in internationalen Studien zu Bestimmungsgrößen des Beteiligungserfolges regelmäßig als signifikant angenommen (vgl. Bygrave/Timmons (1992), S. 5-10; Cooper/Gimeno-Gascón (1992), S. 315-316 und Rah et al. (1994), S. 517).

(4) Ein zu geringer Informationsstand der VCG zum Markt der PU erschwert den VCG die Ausübung gehaltvoller Beratungsfunktionen.

Vor diesem Hintergrund empfiehlt sich die Beachtung der **5. These**:

> PU sollten im Vorfeld einer VC-Finanzierung Marktaspekte intensiver analysieren und z. B. Planwerte für Marktwachstum und -anteil im Rahmen der Geschäftsplanung aktiv an finanzierende VCG kommunizieren. VCG sollten ihrerseits im Rahmen der Beteiligungswürdigkeitsprüfung Marktaspekte der PU intensiver berück-

sichtigen, um eine fundiertere Auswahl potentieller Beteiligungen und ein besseres Beteiligungscontrolling bei abgeschlossenen Beteiligungsfällen zu ermöglichen.

Im Rahmen der Umsetzung bietet es sich an, zur Verringerung von Problemen bei der Marktabgrenzung frühzeitig Informationen von Branchenverbänden heranzuziehen. VCG sollten potentielle PU dazu ermutigen, fundierte Marktanalysen bereitzustellen, die auch extern angefertigte Analysen und Studien einbeziehen. So kann vermieden werden, dass ein PU entweder unbewusst sich selbst und die VCG hinsichtlich der realistischen Markteinschätzung täuscht oder sich gar bewusst durch Auswahl zweckgerechter Maßstäbe und Marktabgrenzungen übermäßig günstig präsentiert. Für die Phase nach dem Beteiligungsabschluss sollten klar definierte quantitative Marktinformationen zum Bestandteil regelmäßiger Gesellschafterinformationen gemacht werden. So kann unter Begrenzung des Aufwandes eine transparente Erfolgskontrolle – auch als Basis für rechtzeitige Korrekturmaßnahmen – gefördert werden.

6.4.6 Stärkere Berücksichtigung der Wettbewerbsrisiken von PU

Es konnte gezeigt werden, dass die Wettbewerbsgefahr, der ein PU ausgesetzt ist, sich signifikant ungünstig auf den zu erwartenden Beteiligungserfolg – vor allem auf das Insolvenzrisiko – auswirkt (vgl. MacMillan et al. (1987), S. 125-126 und Schefczyk (2000), S. 273-275).

Da die Wettbewerbsgefahr eine unmittelbare Eigenschaft des jeweils bearbeiteten Marktes darstellt, ist sie aus einzelwirtschaftlicher Perspektive kaum – allenfalls durch komplette Vermeidung eines (Teil-)Marktes – beeinflussbar. Begreift man die Wettbewerbsgefahr nun als Randbedingung und Kontrollvariable, so muss sie zumindest explizit bei der Festlegung der im Einzelfall geforderten, risikogerechten Mindestrendite berücksichtigt werden. Andernfalls wäre zu befürchten, dass es (1) zu Marktversagen aufgrund von Adverse Selection-Effekten kommen kann, da bei nicht risikogerechter Renditeanforderung primär Kapitalnehmer mit überdurchschnittlicher Wettbewerbsgefahr auftreten würden oder (2) zumindest zu einer ungünstigen Rentabilität des ausgewählten Beteiligungsportfolios kommen muss.

Aus der Problematik der Wettbewerbsgefahr ergibt sich die **6. These** (Roure/Keeley (1990a), S. 205-206 u. 210; (1990b), S. 342 und Rah et al. (1994), S. 517):

> VC-Finanzierungen sollten nicht als Möglichkeit für Unternehmer missverstanden werden, nachteilsfrei stark erhöhte marktbezogene und andere Risiken einzugehen. VCG sollten im Rahmen der Beteiligungswürdigkeitsprüfung die spezifische Wettbewerbsgefahr (= aktuelle Wettbewerbsintensität + latente Unsicherheit) im Detail eruieren. Darüber hinaus sollten VCG die Wettbewerbsgefahr in der angeforderten risikogerechten Mindestverzinsung explizit berücksichtigen.

Die Höhe des vorzunehmenden Zu- bzw. Abschlags zur Korrektur der Renditeanforderung um Unterschiede in der Wettbewerbsgefahr lässt sich auf Basis der derzeit vorliegenden Forschungsergebnisse kaum quantifizieren. Für die Praxis gilt es also, zunächst plausible Annahmen zu treffen, die schrittweise durch wissenschaftliche Erkenntnisfortschritte untermauert/verfeinert werden können.

6.4.7 Konzentration auf PU mit direktem Zugang zum (End-)Absatzmarkt

Empirisch belegbar ist weiterhin, dass PU, die einen direkten Zugang zu dem von ihnen bearbeiteten (End-)Absatzmarkt besitzen, in der Regel erfolgreicher arbeiten als andere PU (vgl. Dubini (1989), S. 127-128; McDougall/Robinson (1990), S. 447-467; Carter et al. (1994), S. 35-36; Chandler/Hanks (1994); S. 331-349 und Schefczyk (2000), S. 280-282). Von einem derartigen Marktzugang kann ausgegangen werden, wenn die PU ihre Produkte im Direktvertrieb vermarkten und/oder Dienstleistungen anbieten bzw. Handel treiben. Vergleichsweise ungünstig zeigen sich dagegen solche PU, die z. B. lediglich Forschung und Entwicklung oder ausschließlich Produktion als „Unter-"Auftragnehmer für andere Unternehmen durchführen. Mit einer derartigen Positionierung bzw. Strategie ist teilweise ein erhöhtes Risiko aufgrund der starken Abhängigkeit von nur wenigen Kunden verbunden. Zumindest erschwert der indirekte Marktzugang regelmäßig den Aufbau detaillierter Kenntnisse der letztlich relevanten Marktverhältnisse. Damit fehlen in vielen Fällen wichtige Grundlagen für eine seriöse Quantifizierung marktbezogener Ziele im Geschäftsplan. Umgekehrt stellen sich häufig solche PU der Herausforderung eines direkten Marktzugangs, die (1) über ein hochqualifiziertes, in mehreren – auch marktnahen – funktionalen Feldern erfahrenes Managementteam verfügen und (2) auch ihre finanziellen Ressourcen an den Wertschöpfungsumfang angepasst haben, so dass es sich zumeist auch um größere Beteiligungsfälle handelt.

Aus der Erkenntnis zur Bedeutung des Marktzugangs folgt die **7. These**:

> VCG sollten potentielle Beteiligungsfälle, die über keinen direkten Zugang zum bearbeiteten (End-)Absatzmarkt verfügen (= Auftragsentwickler/-fertiger), kritisch prüfen. Spezifische Nachteile können durch eine anderweitig günstige strategische Position oder spätere Unternehmenszusammenschlüsse ausgeglichen werden. PU sollten ggf. ihrerseits prüfen, ob eine externe Finanzierung nicht auch zum Aufbau eines direkten Marktzugangs eingesetzt werden sollte.

Als Ansatz zum Ausgleich der typischen Nachteile eines fehlenden direkten Marktzugangs wird in der 7. These *erstens* eine anderweitig günstige strategische Position genannt. Hier ist z. B. an Auftragsentwickler zu denken, die über exklusive Kenntnisse in besonders marktrelevanten Technologiefeldern (z. B. Informationstechnologie, Medizintechnik) verfügen und denen es zudem gelingt, sich durch gewerbliche Schutzrechte ihre Position auch effektiv zu sichern. *Zweitens* ist es denkbar, dass VCG bewusst auf einzelne Wertschöpfungsstufen ausgerichtete PU finanzieren, um in der Folge – etwa im Rahmen von Branchenkonzepten – Allianzen oder Unternehmenstransaktionen, zwischen mehreren sich ergänzenden Unternehmen anzuregen. Hierbei kann gerade durch die Aktivität der VCG ein erheblicher Beitrag zum Wert der jeweiligen Unternehmen geschaffen werden, so dass in diesem Fall ein enger und marktferner Fokus eines PU keinen bestimmenden Nachteil darstellen muss. Allerdings fällt es häufig schwer, im Anschluss an Unternehmenszusammenschlüsse oder -allianzen tatsächlich ein befriedigendes Erfolgsniveau zu realisieren.

6.4.8 Intensivere Berücksichtigung der PU-Geschäftsplanung

Bei empirischen Analysen konnte außerdem fast durchweg eine hohe Qualität der Geschäftsplanung eines PU als erfolgsrelevant erkannt werden (s. MacMillan/Narasimha (1987), S. 581-584; Rea (1989), S. 152-157; Keeley/Roure (1990), S. 1262-1264; Kulicke (1993), S. 42-44 und Schefczyk (2000), S. 286-287). Demnach lässt sich vor allem das Insolvenzrisiko durch eine solide Geschäftsplanung reduzieren. Typische Dimensionen für die Messung der Qualität von PU-Geschäftsplänen sind:

(1) Die *Vollständigkeit* der Planung, also die Frage, inwieweit z. B. Markt- und Wettbewerbsumfeld, interne Aspekte des PU und Strategien beschrieben und in einer quantitativen Planung dargestellt werden.

(2) Die *Analysetiefe und Stringenz* der Planung, die charakterisiert, inwieweit die vorgelegte Planung eine hinreichende Fundierung durch analytischen Tiefgang erfährt und Erkenntnisse konsequent beachtet werden.

(3) Die *formale Qualität* der Planung zeigt, inwieweit die Planung rechnerisch und textlich korrekt angefertigt sowie übersichtlich und für Dritte nachvollziehbar aufbereitet wird.

Bei den empirischen Analysen zeigt sich, dass die beiden erstgenannten Punkte stärker mit dem Beteiligungserfolg eines PU assoziiert sind, als die lediglich formale Planungsqualität.

Die Planungsqualität kann sowohl als primäre wie auch als sekundäre Erfolgsbestimmungsgröße interpretiert werden. Ein *primärer* Erfolgszusammenhang ist gegeben, wenn eine hohe Planungsqualität den zu erwartenden Erfolg direkt beeinflusst. Dies kann z. B. deshalb der Fall sein, weil eine gute Planung es dem Management erleichtert, das Unternehmen sinnvoll zu steuern. Ein *sekundärer* Erfolgszusammenhang liegt vor, wenn die Planungsqualität selbst ein Indikator für das Vorliegen anderer Erfolgsvoraussetzungen darstellt.

In der Konsequenz ergibt sich zur Planungsqualität die **8. These**:

> PU sollten im Vorfeld einer VC-Finanzierung eine Geschäftsplanung für externe Adressaten erstellen, die hinsichtlich Vollständigkeit und Analysetiefe/Stringenz keine groben Mängel aufweist. VCG sollten im Rahmen ihrer Beteiligungswürdigkeitsprüfung die Qualität einer solchen Planung intensiver berücksichtigen. Insbesondere sollte hinterfragt werden, ob Defizite bei dieser Planung auf Mängel bei (kaufmännischer) Managementqualifikation und Marktkenntnissen hindeuten.

6.5 Implikationen zur Methodik und Umsetzung der Erfolgsmessung

In Ergänzung zu den zuvor dargestellten einzelwirtschaftlichen Erkenntnissen lassen sich auf Basis der Literatur Anregungen für eine Verbesserung der Messung des Erfolges von VC-Finanzierungen ableiten. Entsprechende Ansatzpunkte beziehen sich sowohl auf die Methoden der Erfolgsmessung als auch auf die Kommunikation des erzielten Beteiligungserfolges. Durch Verbesserungen in diesem Bereichen könnte die Transparenz und Effizienz von Venture Capital als Segment des Eigenkapitalmarktes verbessert werden.

6.5.1   Messung der Internal Rate of Return und des Risikos durch VCG

Vor allem in Deutschland hat sich gezeigt, dass es vielen VCG schwer fällt, den Erfolg ihrer Portfolioinvestments objektiv zu messen (vgl. Schefczyk (2000), S. 236-238). Die *Internal Rate of Return* (IRR) einzelner PU wird häufig – finanzmathematisch unzureichend – dadurch geschätzt, dass die annualisierte Verzinsung aus der Wertsteigerung (bzw. dem Wertverlust) einer Beteiligung zur eventuellen laufenden Verzinsung addiert wird. Dieses Vorgehen ist aber untauglich, da (1) kein gemeinsamer Diskontierungszinssatz gefunden wird, der eine Abzinsung der gesamten beobachteten Reihe von Zahlungsströmen zu einem Nettobarwert von 0 DM erlaubt und (2) der in der Praxis häufig vorkommenden gestaffelten Bereitstellung des Beteiligungskapitals nicht Rechnung getragen wird. Zudem stellt die Messung des *Beteiligungsrisikos* auf der Ebene von VCG sowie PU noch ein methodisch fast gänzlich unbesetztes Feld dar. Konventionelle Maße der Erfolgsvarianz sind auf PU-Ebene häufig aufgrund von Lebenszykluseffekten nicht praktikabel und sind auch auf VCG-Ebene nur schwer einsetzbar, da kaum Erfolgsangaben für hinreichend viele Perioden (z. B. Quartale) verfügbar sind. Beide Beobachtungen können zumindest für „independent" und „semi-captive" VCG als problematisch angesehen werden, da sich diese Intermediäre zumeist in einem Wettbewerb um Kapital befinden, in dem Belege für die in der Vergangenheit realisierten Erfolge bedeutsam sein dürften. In abgeschwächter Form gilt dies auch für „captive" VCG, bei denen sich der Eigentümer häufig fortlaufend zwischen VC und anderen Anlageformen entscheiden muss.

Es ergibt sich zur Erfolgsmessung daher die **9. These:**

> VCG sollten das publizierte (EVCA-)Verfahren zur Messung der IRR konsequent implementieren und auch auf Beteiligungsfälle der jüngeren Vergangenheit anwenden. Zusätzlich sollten VCG an Verfahren zur Messung des Beteiligungsrisikos arbeiten und ihre Erkenntnisse in der Branche proaktiv kommunizieren.

Zum derzeitigen Umsetzungsstand der EVCA-Richtlinien bei europäischen VCG s. a. EVCA (1999), S. 323-326. Demnach ist besonders bei den „capitven" VCG deutscher Kreditinstitute – die einen erheblichen Teil des Marktes ausmachen – ein deutlicher Nachholbedarf erkennbar. Die Umsetzung der Internal Rate of Return-Berechnung gestaltet sich aus rechentechnischer Sicht ausgesprochen unproblematisch, da lediglich auf eine in der Standardsoftware vorhandene Funktion zurückgegriffen werden muss. Für VCG verbleibt also nur die Problematik, eine hinreichende Klarheit über die in den Algorithmus einzusetzenden Werte zu gewinnen. Den VCG als professionelle Eigenkapitalinvestoren kann dabei ausnahmslos dazu geraten werden, die IRR auch nachträglich für in der jüngeren Vergangenheit abgeschlossene Beteiligungsfälle zu berechnen, um somit mehr methodenbezogene Erfahrung aufzubauen und zudem kurzfristig eine gute Basis für ein internes Benchmarking der Beteiligungsfälle zu gewinnen. Die sich in diesem Zug verbessernde Transparenz kommt unmittelbar dem VCG-Management zugute.

Begleitend zur Renditemessung sollten VCG praxisnahe Maße für das Beteiligungsrisiko entwickeln um so zur notwendigen Diskussion zu diesem Thema beitragen zu können und die Entwicklung derartiger Maße nicht gänzlich außenstehenden Experten zu überlassen.

6.5.2 Offenere Kommunikation der Ergebnisse von VCG

Die in Abschnitt 5.4 vorgestellten internationalen Vergleiche von VC-Märkten sowie die Diskussion in der Öffentlichkeit deuten darauf hin, dass die Funktion und die erreichte Größe des deutschen VC-Marktes trotz des starken Wachstums weiterhin als entwicklungsfähig gelten kann. Zwar ist derzeit eher ein Überhang an noch zu investierendem Kapital zu beobachten, die VCG müssen aber zur Überwindung der Entwicklungsprobleme des Marktes dennoch effektiver die von den Ansätzen der Institutionen- und Informationsökonomie aufgezeigten Probleme, vor allem die Gefahren der asymmetrischen Informationsverteilung, der Agency-Effekte und (zu) hoher Transaktionskosten kompensieren. Auch können VCG nicht ernstlich *gleichzeitig* die mangelnde Bereitschaft vieler deutscher Unternehmer zur Öffnung des Gesellschafterkreises bemängeln (vgl. z. B. Kaufmann/Kokalj 1996, S. 71-72), während im eigenen Haus ebenfalls eine extrem konservative Informationspolitik betrieben wird.

Das Vertrauen vieler VCG in Möglichkeiten zur Geheimhaltung von Informationen erweist sich zudem häufig als technisch überholt. So beabsichtigen viele VCG, die Identität ihrer PU nicht preiszugeben, während ihre Gesellschaftereigenschaft (ohne Einschaltung von Zwischengesellschaftern) offen ins Handelsregister eingetragen wird. Angesichts der heute breiten Verfügbarkeit von Handelsregisterangaben in Datenbanken ist aber eine Identifizierung von PU in sehr vielen Fällen ohne Hindernisse möglich. Ein Beispiel stellt die handelsübliche CD-ROM „Markus" mit Informationen der Creditreform dar. Das somit inkonsistente Vorgehen vieler VCG trägt eher dazu bei, dass die Glaubwürdigkeit der Intermediäre geschwächt und die Vermutung weitergehender Informationsasymmetrien bei Investoren bestärkt wird.

Zur Kommunikation der Ergebnisse von VCG folgt daher die **10. These**:

> VCG sollten die von ihnen erzielten Ergebnisse, vor allem die Internal Rate of Return, für das Gesamtportfolio jeweils zeitnah nach außen kommunizieren. Mit einem solchen Vorgehen können VCG ihre Qualifikation fundiert vertreten und zudem rechtzeitig vergleichenden Aufschluss über die eigene Marktposition erhalten.

Die Ergebnisse sollten zumindest bei „independent" und „semi-captive" VCG – wie heute für Portfoliogröße und Zahl der PU üblich – an Interessenten außerhalb des Gesellschafterkreises hinaus kommuniziert werden, da die explizite oder auch implizite Aussage, dass Angaben zum Erfolg (nur) für die Gesellschafter zugänglich sind, die Glaubwürdigkeit kaum fördert.

Als Maßstab für die Kommunikations- und Publikationspolitik sollten VCG primär Investmentfonds wählen, die einen Jahres- und Halbjahresbericht mit quantifizierten Angaben zum Portfolio und zum Erfolg veröffentlichen. Investmentfonds sind deshalb geeignet, da zwischen beiden Arten von Intermediären ein direkter Wettbewerb denkbar ist, so etwa bei der Anlage von Pensionsgeldern, für die – bei einer zukünftigen Annäherung an das US-amerikanische Modell – Spezialfonds und VC typische Anlagealternativen darstellen könnten. Dabei ist allerdings zu bedenken, dass zumindest bei Wertpapier-Investmentfonds in erheblichem Umfang Informationen über die von den Intermediären ausgewählten Anlageobjekte öffentlich verfügbar sind. Daraus resultierende Nachteile werden VCG kompensieren müssen, indem sie selbst entsprechende Informationen zu den PU bereitstellen.

Daher sollten VCG proaktiv erwägen, präzisere und quantitative Angaben zum Erfolg einzelner Beteiligungen zu veröffentlichen. Schließlich entfällt nach Abschluss der Beteiligung weitgehend das Argument des Wettbewerbs um attraktive PU. Außerdem wird zur Vereinheitlichung der Interessen von PU und VCG in der Regel empfohlen, eine spätere Börseneinführung als gemeinsames Ziel aufzufassen. Als vorgelagerten ersten Schritt in diese Richtung könnten VCG mit ihren PU z. B. die regelmäßige Veröffentlichung von Beteiligungsabschlüssen in Analogie zu den Annoncen der Investmentbanken („Tombstones") erwägen. Anschließend sollten VCG ihre Anleger auch deutlicher auf den Entwicklungsstand und -bedarf der PU in ihrem Bestand aufmerksam machen, da (1) die Interessen der Investoren an einer offenen Informationspolitik in diesem Fall wohl die entgegengesetzten Interessen der PU übersteigen und (2) für PU stärkere Anreize zur Vermeidung von Misserfolgen aufgebaut werden.

6.5.3 Methodische Verbesserung/Vervollständigung der Erfolgsmessung

Das von der EVCA (1994) veröffentlichte Schema zur Errechnung der Internal Rate of Return (IRR) auf drei Ebenen stellt heute die wesentliche Grundlage zur systematischen Charakterisierung des Erfolges von Portfolioinvestments der VCG da. An diesen Prinzipien ist Verbesserungsbedarf vor allem in zwei Punkten erkennbar. *Erstens* sollte für eine zuverlässigere Erfolgsschätzung bei Bestandsbeteiligungen die Ermittlung des Endwerts genauer definiert werden. *Zweitens* müssen die bislang entwickelten Renditemaße zwingend um VC-gerechte Risikomaße ergänzt werden.

Zur Festlegung des *Endwerts* wurden in den EVCA-Richtlinien allgemeine Regeln der kaufmännischen Vorsicht und das Prinzip, Beteiligungen grundsätzlich zu Anschaffungskosten zu bewerten, einbezogen. Von dem Prinzip der Bewertung zu Anschaffungskosten soll primär dann abgewichen werden, wenn (1) eine Nachfinanzierungsrunde oder (2) die tatsächlichen Ergebnisse im Vergleich zum Geschäftsplan eine höhere oder niedrigere Bewertung rechtfertigen. Zudem kann eine Beteiligung aufgewertet werden, wenn der Nettovermögenswert die Anschaffungskosten übersteigt. Die Beteiligung soll dagegen abgewertet werden, wenn das PU länger andauernden Problemen gegenübersteht. Zudem wird vorgegeben, dass eine Aufwertung aufgrund einer Entwicklung anhand der Ertragswertmethode, also mittels eines Vielfachen des Ertrages vermindert um einen Abschlag für geringe Fungibilität und die kurze Referenzperiode, stattzufinden hat (vgl. Schober (1995), S. 84).

Auf Basis der in den EVCA-Richtlinien festgelegten Methode kommt es nun zu einer teilweise unzureichenden Bewertung des Portfolios einer VCG. Geht man von einer sich planmäßig entwickelnden Beteiligung aus, so besteht die Gefahr, dass diese nach den EVCA-Regeln für die gesamte Haltedauer zum Anschaffungswert bewertet werden muss, wenn nicht (1) höher bewertete Nachfinanzierungen durchgeführt werden oder (2) der Nettovermögenswert die Anschaffungskosten übersteigt oder (3) eine Entwicklung über Plan eintritt *und* die Ertragswertmethode eine Höherbewertung rechtfertigt. Dabei ist zu bedenken, dass auch bei einer sehr guten Entwicklung der Beteiligung die drei spezifizierten Anlässe für eine Höherbewertung nicht zwingend erfüllt werden. So kann es z. B. vorkommen, dass eine planmäßige Beteiligung für die gesamte Dauer eine IRR von 15 % p. a. erreicht, ohne eine der drei Bedingungen zu erfüllen, so dass die Regeln den Beteiligungserfolg *vollständig* im Desinvestitionszeitpunkt transparent werden lassen, während zuvor eine IRR von 0 % ausgewiesen werden muss. Plausibler wäre in vielen derartigen Fällen aber der Ausweis einer etwas gleichmäßiger verlaufenden Rendite. Die während der Haltedauer der Beteiligung ausgewiesene Rendite sollte durchaus unterhalb der endgültigen Rendite – im Beispiel 15 % – liegen, um der Tatsache Rechnung zu tragen, dass bis zur Desinvestition letztlich ein erhebliches Risiko hinsichtlich des Veräußerungserlöses verbleibt. Dagegen ist eine vollständige Konkretisierung der Rendite im Veräußerungszeitpunkt, als Konsequenz der heutigen Regeln, kaum zu rechtfertigen.

Zur methodischen Verbesserung könnte ein Endwert auf der Basis des Shareholder-Value-Ansatzes berechnet werden (s. für viele Rappaport (1986); Copeland et al. (1990) und Siegert (1995), S. 580-605). Dabei würde die VCG nicht unmittelbar den Endwert der Beteiligung schätzen, sondern – zumindest für einen Zeitraum von z. B. 5 Jahren – die Entwicklung ihres Anteils am (Free-)Cash-flows des PU prognostizieren. Erst die Bewertung für die daran anschließenden Perioden müsste in einem Wert – wohl analog zu den EVCA-Richtlinien ertragswertgestützt, also finanzmathematisch als ewige Rente – zusammengefasst werden. Die so aufgestellten Parameter der Bewertung würden dann zu einem Barwert (= Endwert der Beteiligung) diskontiert. Vorteilhaft hierbei wäre eine im Vergleich zu den EVCA-Regeln breitere analytische Basis und die Möglichkeit, sowohl die Cash-flow-Projektion wie auch den herangezogenen Diskontierungszinssatz ex post zu überprüfen. Um eine solide Festlegung der Parameter sicherzustellen, empfiehlt sich auch hier – wie in den EVCA-Richtlinien vorgesehen – eine Überprüfung durch einen vom Fondsmanager unabhängigen Dritten.

Zur *Risikomessung* kommen zwei in Abschnitt 6.3 dargelegte Ansätze in Frage:

(1) VCG sollten die Ausfallquote gemessen als Anteil des Portfolios, der jährlich liquidiert (bzw. teilwertberichtigt) werden muss, simultan zur Rendite als Ziel definieren. Somit wird für VCG und Investoren zumindest ansatzweise transparent, mit welchem Risiko eine bestimmte Rendite „erkauft" wird. Zudem lassen sich dann Abweichungen der tatsächlichen Rendite- und Risikosituation nachträglich besser zuordnen.

(2) VCG sollten Scoringverfahren einsetzen, um das bei einem potentiellen Beteiligungsfall zu erwartende Risiko vorab fundiert einzuschätzen. Die Risikoschätzungen sollen dann bei der Festlegung der zum Beteiligungsabschluss erforderlichen Mindestverzinsung be-

rücksichtigt werden. Somit kann vermieden werden, dass die eingegangenen Risiken bei der Entscheidungsfindung nicht oder nicht objektiv verarbeitet werden.

Die hier vorgestellten methodischen Verbesserungsansätze zur Erfolgsmessung sollten primär als Denkanstöße verstanden werden. In der Konsequenz ergibt sich hieraus die **11. These**:

> Die VC-Branche sollte gemeinsam methodische Verbesserungen zur Erfolgsmessung entwickeln und verabschieden. Besonders hoher Weiterentwicklungsbedarf besteht bei der Verbesserung der Bewertungsverfahren für Bestandsbeteiligungen und der Vervollständigung der Erfolgsmessung um den Risikoaspekt.

6.5.4 Verankerung der Erfolgsmaße im Jahresabschluss der VCG

Ein Beitrag zur Verbesserung der Erfolgsmessung, der nicht von einzelnen VCG geleistet werden kann, ist eine *verbindliche* Verankerung der Erfolgsmessung im VCG-Jahresabschluss. Da leichter verfügbare und vergleichbare Informationen über den Erfolg von VCG zum Abbau der Informationsasymmetrie zwischen VCG und Investoren und damit zum besseren Funktionieren des VC-Marktes beitragen, müsste sowohl die VC-Branche als Ganzes als auch der Gesetzgeber ein Interesse an der Einbeziehung geeigneter Erfolgsmaße in Wirtschaftsprüfungsberichten und Pflichtveröffentlichungen haben. Derartige Schritte sollte der Gesetzgeber zumindest für solche VCG einfordern, die steuerliche Vorteile genießen (derzeit also von UBG).

Zur Verankerung der Erfolgsmaße lässt sich die **12. These** formulieren:

> Die VC-Branche sollte gemeinsam auf eine bessere Verankerung von Erfolgsmaßen im Jahresabschluss von VCG hinarbeiten. Dabei sollten Erfolgskenngrößen im Rahmen der Abschlussprüfung vereinheitlicht und testiert sowie im Rahmen von Pflichtveröffentlichungen publiziert werden.

Für eine derartige Verankerung der Erfolgsmessung im Jahresabschluss sind vor allem zwei (Mindest-)Maßnahmen empfehlenswert:

(1) Die heutigen (EVCA-)Regeln zur Erfolgsmessung sollten – ergänzt um methodische Verbesserungen (s. 11. These) und praxisgerechte Konkretisierungen/Faustregeln – in eine Form gebracht werden, die es Wirtschaftsprüfern erlaubt, die Erfolgsschätzungen der VCG mit dem Jahresabschluss zu begutachten bzw. zu testieren. Hierzu wären Wirtschaftsprüferrichtlinien des Instituts der Wirtschaftsprüfer denkbar.

(2) Im UBGG und in anderen Regelwerken, die VCG steuerliche Vorteile und finanzielle Förderung einräumen, sollte der Gesetzgeber zumindest die Veröffentlichung der Internal Rate of Return für die Gesellschaft als Ganzes verlangen.

Darüber hinaus sollten im Zuge der Diskussion um eine verstärkte Offenlegung stiller Reserven auch – zumindest Steuervorteile genießende – VCG dazu veranlasst werden, die aktuelle Bewertung von Beteiligungen zu veröffentlichen. Hier sollten sich VCG stärker den Usancen der Wertpapier-Investmentfonds annähern (s. a. Gerke et al. (1995), S. 120-121), für die ein entsprechendes Berichtswesen – allerdings auch wegen der nicht VCG-relevanten Verpflichtung zur laufenden Rücknahme von Anteilen – vorgeschrieben ist (§ 24 a Abs. 1 Nr. 1 KAGG).

Auch wenn die vorgeschlagenen Schritte in Richtung auf eine deutliche Erhöhung der Transparenz von VCG manchen VCG-Managern heute – u. U. auch gestützt auf die „Interessen" der PU – paradox erscheinen mögen, sollten letztlich gerade die Intermediäre zu den Nutznießern eines besser funktionierenden VC-Marktes in Deutschland zählen.

6.5.5 Gründung einer Rating- und Performanceanalyse-Gesellschaft

Die VC-Branche sollte zur Verminderung von Informationsasymmetrien weiterhin die Schaffung einer unabhängigen Gesellschaft erwägen, die für eine objektive Sammlung und Aufbereitung von Informationen einsteht. Sinnvolle Tätigkeitsfelder bestehen dabei primär auf drei Ebenen (vgl. Gerke (1993a), S. 638-640 und Kaufmann/Kokalj (1996), S. 98 und zum Rating allgemein auch Steiner (1992), S. 509-515):

(1) Zum *Rating* potentieller PU könnte eine unabhängige Gesellschaft beitragen. So ließen sich auch komplexere Scoringverfahren (a) parallel für mehrere VCG und damit kostengünstig sowie (b) auf Grundlage einer Vielzahl von Vergleichswerten durchführen. Wieterhin erscheint ein neutrales Rating als wichtige Voraussetzung für eine „Beteiligungsbörse" (s. These 14). Zwar könnten etablierte VCG einem institutionalisierten Rating entgegenhalten, dass dabei der Wettbewerb zwischen Kapitalgebern intensiviert würde, andererseits darf aber nicht übersehen werden, dass durch eine verbesserte Informationsaufbereitung und -übermittlung mehr junge Unternehmen mit überdurchschnittlichen Erfolgschancen zur Teilnahme am VC-Markt motiviert werden, da dann die Gefahr der Adverse Selection abnimmt (vgl. Kulicke/Wupperfeld (1996), S. 97-99 u. 239).

(2) Zur *Erfolgsmessung* abgeschlossener Beteiligungen bietet sich eine unabhängige Beurteilung alternativ oder in Kombination mit einer Testierung durch Wirtschaftsprüfer an (vgl. zu Investmentfonds Ziemer (1993), S. 379-393). Die Vorteile einer bzw. einer kleinen Zahl von auf die Erfolgsmessung spezialisierten Gesellschaften im Vergleich zu individuellen Wirtschaftsprüfern läge in der verbesserten Möglichkeit zur (zentralen, branchenspezifischen) Sammlung von Vergleichsinformationen und methodischen Erfahrungen. Gerade durch die so geförderte Seriosität könnte den besonderen Glaubwürdigkeitsproblemen, denen VCG ausgesetzt sind, da sie die Liquidation einzelner Beteiligungsfälle durch um so höhere – und damit von den Anlegern leicht in Zweifel gezogene – Renditen bei anderen Engagements auszugleichen bestrebt sind, begegnet werden.

(3) Zur aktienanalytischen *Begleitung* von Unternehmen, die unter Mitwirkung von VCG an der Börse eingeführt werden sollen bzw. einem bestimmten Zeitraum nach Börseneinführung, wäre ebenfalls eine unabhängige Institution wünschenswert. Hierdurch können proaktiv – gerade bei den neuen unteren Börsensegmenten – Informationsasymmetrien aufgrund zu geringer Aufmerksamkeit durch Analysten vermieden werden, die auf Großunternehmen fokussiert sind.

Als mögliche Trägerschaftsarten für die Rating- und Performanceanalyse-Gesellschaft(en) kommen dabei (a) in Analogie zu den Ratinggesellschaften für Schuldverschreibungen (vor allem Standard & Poor's und Moody's) private Gesellschaften, die von anderen Finanz-dienstleistern unabhängig sind, (b) eine Tochtergesellschaft des VC-Branchenverbandes oder (c) eine Tochtergesellschaft einer vom Branchenverband zu initiierenden Stiftung in Frage. Unter dem Gesichtspunkt der Unabhängigkeit wäre unter diesen Alternativen der Rechtsform der Stiftung der Vorzug zu geben.

Zusammengefasst ergibt sich die **13. These**:

> Die VC-Branche sollte gemeinsam die Schaffung einer unabhängigen Rating- und Performanceanalysegesellschaft vorantreiben, die durch Rating potentieller Kapitalnehmer, Erfolgsmessung nach Beteiligungsabschluss und Analyse von VC-Börsenkandidaten unmittelbar zum Abbau von Informationsasymmetrien beiträgt.

6.6   Implikationen zur Gestaltung der Rahmenbedingungen

Literatur und flankierende theoretische Überlegungen stützen schließlich auch Empfehlungen zur Weiterentwicklung der Rahmenbedingungen für den VC-Markt in Deutschland hinsichtlich des organisierten Kapitalmarktes, der öffentlichen Förderung und der Besteuerung der Teilnehmer des VC-Marktes.

6.6.1   Aktive Weiterentwicklung der unteren Börsensegmente

Eine wichtige Voraussetzung für das Funktionieren des VC-Marktes ist die Aufnahmefähigkeit der „unteren" Börsensegmente, also des geregelten Marktes, des Freiverkehrs und des Neuen Marktes sowie vergleichbarer Segmente im Ausland. Diese Börsensegmente erlauben den VCG eine bessere Nutzung des Desinvestitionskanals "Going Public". Zudem wären börsenartige Funktionen auch für die Investitionsphase von VC-Finanzierungen hilfreich, hier aber nicht im Rahmen von Wertpapierbörsen, bei denen die Sekundärmarktfunktion im Vordergrund steht, sondern in Form von Märkten zur erstmaligen Vermittlung von Beteiligungen.

Handlungsbedarf besteht kaum in der Schaffung zusätzlicher Börsensegmente über die etablierten und die neuen Segmente (Neuer Markt, EURO.NM) hinaus. Zumindest die – in Abschnitt 4.1 beleuchteten – formalen Anforderungen der Segmente an das Mindestplazierungsvolumen und die Publizität sowie die Sekundärmarktmöglichkeiten können zumindest für hochgradig dynamische Unternehmen kaum als ernsthaftes Hemmnis angesehen werden. Vielmehr gilt es, informelle Hemmnisse abzubauen und so das Potential zur Aufbringung von Risikokapital tatsächlich zu erschließen, sowie den Primärmarkt zwischen noch nicht börsenreifen Unternehmen und den VCG zu fördern:

Eine Beteiligungs-"Börse" für junge Unternehmen, die noch nicht börsenreif wohl aber für VCG interessant sind, könnte die Marktfunktionen in der VC-Investitionsphase stärken (s. Gerke (1991), S. 15-39; Gerke et al. (1992), S. 84-172 und Gerke (1993a), S. 636-637). Eine derartige Beteiligungsbörse sollte eng mit spezialisierten Analysten (s. Rating in der 13. These) zusammenarbeiten und dazu einerseits für VCG aber auch für Anbieter von „corporate" sowie informellem Venture Capital und andererseits für Kapitalnachfrager Vertragsabschlussmöglichkeiten aufzeigen und die Standardisierung von Vertragskonditionen unterstützen. VCG könnten bei diesem Ansatz zwar einen verschärften Wettbewerb um attraktive PU fürchten, andererseits dient ein besseres Funktionieren des Beteiligungsmarktes mittels einer Vergrößerung des Beteiligungsmarktes allen Marktteilnehmern. Für die Kapitalnehmer ergibt sich hierbei primär eine geringere Gefahr der Adverse Selection. Für die Kapitalanbieter sollte aus der Standardisierung von Konditionen als positiver Nebeneffekt folgen, dass sich unterschiedliche Mindest-Renditeanforderungen (z. B. nach Beteiligungshöhe, Finanzierungsphase und Beratungsintensität) klarer in den Markt kommunizieren und damit konsequenter verwirklichen lassen. Einen Ansatz für eine Beteiligungsbörse stellt z. B. das Deutsche Eigenkapitalforum dar (s. Abschnitt 7.4.3). Allerdings waren im Februar 2000 in der Datenbank des Eigenkapitalforums lediglich 44 Unternehmen verzeichnet.

Der Kern zukünftiger Maßnahmen zur Weiterentwicklung der unteren Börsensegmente sollte darüber hinaus in der infrastrukturellen Unterstützung der Informationsaufbereitung und -übertragung liegen. Von einem derartigen Vorgehen kann – eher als z. B. von einer möglichen steuerlichen Förderung – erwartet werden, dass eine asymmetrische Informationsverteilung, die (1) das Interesse junger Unternehmen aufgrund der befürchteten Adverse Selection schwächt sowie dazu beiträgt, dass sich (2) Aktienanleger auf etablierte Titel großer Unternehmen und (3) Kreditinstitute auf das Darlehensgeschäft konzentrieren, auch ursachenbezogen gemildert wird.

Die **14. These** zur Förderung der unteren Börsensegmente lautet demnach:

> Die Träger organisierter Kapitalmärkte für junge Unternehmen sollten Maßnahmen ergreifen, die direkt zum Abbau der asymmetrischen Informationsverteilung beitragen, z. B. durch „Börsen" zur Beteiligungsvermittlung, spezialisierte Emissionsbegleiter und verbesserte Information nach Börseneinführung.

6.6.2 Weiterentwicklung öffentlicher Förderprogramme

Mit öffentlichen Förderprogrammen für nicht börsenreife Unternehmen (s. ausführlich Abschnitt 5.1) bezweckt der Staat im Idealfall solchen Unternehmen Kapital zur Verfügung zu stellen, die zwar gesamtwirtschaftlich bedeutsam sind (z. B. aus Wachstums-, Innovations- oder Arbeitsplatzgesichtspunkten), aber ohne Förderung keinen hinreichenden Zugang zu externem Eigenkapital haben und/oder nur mit der Förderung auch auf einzelwirtschaftlicher Basis rentabel arbeiten können. Unterstellt man, (1) dass öffentliche Förderung prinzipiell geeignet ist, zur Überwindung der Lücke zwischen gesamtwirtschaftlicher und einzelwirtschaftlicher Nützlichkeit beizutragen und (2) dass sich die Erfolgsbestimmungsgrößen öffentlich geförderter vs. nicht geförderter Beteiligungen kaum unterscheiden, so sollte auch der Erfolg öffentlich geförderter Beteiligungen signifikant von der (kaufmännischen) Qualifikation des PU-Managements und von der durch die VCG angebotenen Beratungsintensität abhängen.

Hinsichtlich der kaufmännischen PU-Managerqualifikation muss bezweifelt werden, ob entsprechende Kriterien wirksam in die Anforderungskataloge öffentlicher Förderprogramme aufgenommen werden können oder ob nicht vielmehr unternehmerische Einzelfallentscheidungen erforderlich sind. Renditeorientierte VCG sollten sicherer als Bewilligungsstellen für öffentliche Förderprogramme in der Lage sein, entsprechende Entscheidungen zu treffen, da (1) Entscheidungsträger mit Berufserfahrung bei Finanzdienstleistern bzw. in der Industrie hier häufiger anzutreffen sind, (2) renditeorientierte VCG auch bei Erfüllung aller Förderkriterien nicht zu einem Beteiligungsabschluss verpflichtet sind und (3) das Ziel einer mittelfristigen einzelwirtschaftlichen Rentabilität des geförderten Unternehmens besser verankert werden kann. Gleichfalls darf davon ausgegangen werden, dass renditeorientierte VCG besser in der Lage sind, eine hohe Beratungsintensität anzubieten. Gründe hierfür sind (1) die Berufserfahrung der meisten VCG-Manager im privaten Sektor (s. Schefczyk (2000), S. 251) und (2) die zu beobachtende Unüblichkeit von Beratungsdienstleistungen bei förderorientierten VCG (s. Wupperfeld (1994), S. 119). Diese Überlegungen sprechen sehr deutlich dafür, private VCG durchweg auch in öffentlich geförderte VC-Finanzierungen mit einzubinden, z. B. im Rahmen von Koinvestormodellen (s. a. und Kulicke/Wupperfeld (1996), S. 25-28 u. 223-226).

Um nicht nur die Förderung auf möglichst renditeversprechende Unternehmen zu konzentrieren, sondern gleichzeitig auch Mitnahmeeffekten entgegenzuwirken, empfehlen sich zwei weitere Maßnahmen:

(1)   Der Staat sollte vorwiegend Beteiligungen an Unternehmen fördern und dagegen die personenbezogene (Zuschuss-)Förderung der Gründer abbauen (s. Vergleich bei Kulicke/Wupperfeld (1996), S. 198-200). Die kritische Frage, ob voraussichtlich ein gesamtwirtschaftlicher Nutzen erreicht wird und die einzelwirtschaftliche Rentabilität nur durch eine Förderung umgesetzt werden kann, lässt sich in aller Regel leichter beantworten, wenn alle hierzu erforderlichen Aktivitäten in einem Unternehmen gebündelt sind, als bei aufgabenbezogener Förderung einer Person. Zudem kann bei der personenbezogenen Gründerförderung kaum hinreichend berücksichtigt werden, ob im Einzelfall ein Förderbedarf vorliegt oder ob Mitnahmeinteressen überwiegen.

(2)   Der Staat sollte die Förderung stärker auf kapitalintensive Unternehmen sowie Unternehmen, bei denen die Erstellung immaterieller Wirtschaftsgüter im Vordergrund steht, ausrichten. Besteht dagegen vorwiegend sekundärer Kapitalbedarf, z. B. zur Finanzierung von Übernahmen (z. B. MBO oder MBI), bei denen im Kaufpreis der Firmenwert des Zielunternehmens eine erhebliche Rolle spielt, sollte von einer öffentlichen Förderung generell abgesehen werden. In derartigen Fällen basiert der Kapitalbedarf hauptsächlich auf dem zwischen Veräußerer und Erwerber des Unternehmens vereinbarten Kaufpreis, so dass diese Parteien eine Basis für die zukünftige Rentabilität schaffen müssen.

Ebenfalls zum Abbau von Mitnahmeeffekten aber gleichsam auch zur Entlastung der öffentlichen Haushalte sollte der Staat besonders bei vergleichsweise geringem Kapitalbedarf im Einzelfall (z. B. Handwerk und freie Berufe als heute typische Empfänger von Eigenkapitalhilfe) stärker auf Haftungsfreistellungen zurückgreifen. Damit müsste der Staat erheblichen finanziellen Aufwand primär nur dann tragen, wenn das geförderte Unternehmen (nahezu) insolvent wird. In der Konsequenz kann Risikobereitschaft und Unternehmertum gefördert werden, die eigentliche Bereitstellung des Kapitals für den Normalfall des rentabel arbeitenden Unternehmens aber privaten Kapitalgebern überlassen werden. Die privaten Kapitalgeber werden dabei aufgrund des verringerten Ausfallrisikos eher zu einer Finanzierung bereit sein und zudem günstigere Konditionen anbieten, als ohne Bürgschaft.

Zu öffentlichen Förderprogrammen ergibt sich die **15. These** (vgl. Nowak (1991), S. 102-109 u. 224-226 sowie Zemke (1995), S. 278-279):

> Der Staat sollte in Vergabeentscheidungen für öffentliche Förderfinanzierungen stets private VCG einbeziehen, die Einzelfallentscheidungen treffen und Beratungsdienste anbieten. Die Förderung sollte stärker auf eine Haftungsfreistellung und auf Unternehmen anstelle von Gründerpersonen ausgerichtet werden.

6.6.3 Steuerliche Gleichstellung von VCG- und Direktinvestitionen

Finanzierungstheoretische Betrachtungen (s. Kapitel 3) verdeutlichen, dass eine Voraussetzung für die Existenz von VCG darin besteht, die von den Intermediären verursachten Kosten institutionen- und informationsökonomischer Unvollkommenheiten durch (Spezialisierungs-) Vorteile mehr als auszugleichen. Wenn der Gesetzgeber nun den VC-Markt fördern will, sollte er dazu beitragen, diese *zusätzlichen* Kosten der VCG so gering wie möglich zu halten. Um diesen Ansatz steuerlich zu verwirklichen, müssten VC-Investitionen, die unter Einbeziehung von VCG getätigt werden, konsequenter als bislang den Direktinvestitionen gleichgestellt werden. Gegen diesen Grundsatz wird heute in zwei wesentlichen Punkten verstoßen:

(1) Die Freistellung von der Gewerbesteuer (und Vermögensteuer) ist derzeit auf Unternehmensbeteiligungsgesellschaften beschränkt, die im Gegenzug eine Vielzahl von Anforderungen erfüllen müssen. Eine Ausweitung der Freistellung auf andere VCG erscheint sinnvoll, da sonst eine endgültige zusätzliche Steuerbelastung, die lediglich auf der Einschaltung des Intermediärs beruht, kaum vermieden werden kann. Auch durch im Vergleich zum UBGG weniger restriktive Kriterien ließe sich erreichen, dass die Freistellung nicht durch andere Gesellschaften ohne operative Tätigkeit missbraucht wird. Vor allem müsste ein hinreichend großes Portfolio aus Minderheitsbeteiligungen gefordert werden.

(2) Kapitalgewinne, die bei erfolgreichen VC-Finanzierungen entstehen, werden zumindest bei Privatpersonen, aber z. B. auch bei Lebensversicherungsunternehmen, unter bestimmten Voraussetzungen nicht besteuert. Bis 1998 galt auch für die UBG gemäß § 6 b EStG eine teilweise Freistellung von der Kapitalgewinnbesteuerung zumindest soweit es sich um Gewinne aus der Veräußerung von Anteilen von Kapitalgesellschaften handelt, die reinvestiert werden. Um hier eine zusätzliche Besteuerung durch die Einschaltung von VCG einzuschränken, sollte der Gesetzgeber in Umkehrung der jüngsten Steuerreform die reinvestierten Kapitalgewinne aller VCG freistellen. Erfolgt eine Ausschüttung von Gewinnen, so könnte die Regelbesteuerung angewendet werden.

In der Konsequenz sollten also die heute den Unternehmensbeteiligungsgesellschaften zugestandenen Privilegien auf ein breiteres Spektrum von VCG ausgedehnt werden. Bei der Kapitalgewinnbesteuerung ist zusätzlich eine dem früheren § 6 b EStG vergleichbare, aber möglichst deutlich vereinfachte und leichter verständliche Lösung für alle VCG anzustreben, die Steuerbefreiungen zumindest für den Fall zulässt, dass ohne Einschaltung der VCG keine Steuer anfallen würde.

Zusammenfassend folgt schließlich die **16. These** zur Besteuerung von VC (vgl. Gerke et al. (1995), S. 132 und Kaufmann/Kokalj (1996), S. 81-82):

> Der Staat sollte VC-Finanzierungen, die über VCG getätigt werden, den direkt getätigten VC-Finanzierungen steuerlich gleichstellen. Hierzu sollten die Privilegien der UBG für ein breites Spektrum an VCG geöffnet werden und die Regelungen zur Freistellung von der Kapitalgewinnbesteuerung vereinfacht werden.

7. Geschäftsplanung junger Unternehmen für externe Adressaten

7.1 Bedeutung der Geschäftsplanung für junge Unternehmen

Systematische Planungsprozesse bei jungen Unternehmen dienen der Beantwortung der Frage, ob und wie sich eine Geschäftsidee ökonomisch sinnvoll umsetzen lässt. Ist ein gewisser Planungsstand erreicht, so können die Ergebnisse ein einem Geschäftsplan (= „Businessplan", z. T. synonym „Unternehmenskonzept") dokumentiert werden. Anders ausgedrückt ist der Geschäftsplan „die niedergeschriebene unternehmerische Vision, fundiert durch betriebswirtschaftliche" Informationen (s. Ripsas (1998), S. 141).

Zur Erfüllung dieser Aufgabe, muss der Planungsprozess und vor allem auch der dokumentierte Geschäftsplan eine Reihe von Anforderungen erfüllen. Zu den häufig diskutierten Anforderungen für die Geschäftsplanung junger Unternehmen gehören (vgl. Klandt (1999), S. 93-98; McKinsey (1999), S. 46-47 und Wupperfeld (1999), S. 8-12):

(1) Ein geeigneter *Zeithorizont* und eine geeignete *zeitliche Differenzierung*, um einerseits ein möglichst umfassendes Bild der geplanten Unternehmensentwicklung zu vermitteln, aber andererseits auch die realistischen Grenzen der Prognosesicherheit zu beachten.

(2) Die dokumentierte Einbeziehung seriöser *Informationsquellen* sowie fundierter Schätzungen mit transparenten Annahmen, um die Solidität (a) der eigentlichen Planungsergebnisse und (b) der planerischen Arbeit zu belegen.

(3) Die Berücksichtigung *aller wichtigen Planungsaspekte*, z. B. Markt/Wettbewerb, Personal/Ressourcen, Liquidität/Finanzierung, Steuern/Recht, Erfolg und Unternehmerperson im Sinne einer möglichst hohen Vollständigkeit der Planungsquellen und -inhalte.

(4) Die konsistente *Integration der Teilpläne*, um alle Wechselwirkungen zu berücksichtigen und eine in sich geschlossene Planung zu erreichen, bei der z. B. die Ergebnisplanung die Umsatz- und Kostenplanung und diese wiederum die Marktanalyse korrekt reflektiert.

(5) Die Berücksichtigung *formaler Aspekte* bei der Darstellung – vor allem hinsichtlich der Aussagekraft und Verständlichkeit von Text, Abbildungen und Tabellen, der Kürze, Strukturiertheit und Leserfreundlichkeit sowie der ansprechenden Gestaltung.

Planungsergebnisse, die diesen Anforderungen entsprechen, sind prinzipiell sowohl für unternehmensinterne Zielgruppen (Gründer, tätige Gesellschafter, Mitarbeiter) als auch für externe Zielgruppen (potentielle externe Kapitalgeber, Kunden, Lieferanten, Medien) relevant. Der Detaillierungsgrad der Dokumentation sollte sich am Informationsbedarf der jeweiligen Zielgruppe und an den Interessen des Unternehmens am Schutz von Know-how orientieren. Dementsprechend wird der Planungsträger (= Gründer, junges Unternehmen) relativ umfangreiche Informationen z. B. an potentielle externe Kapitalgeber preisgeben, dagegen aber z. B. an Mitarbeiter, Kunden, Lieferanten und Medien weniger oder gar keine sensiblen Planungsergebnisse kommunizieren. Nachfolgend werden die wesentlichen Funktionen der Geschäftsplanung innerhalb des Unternehmens und für die externe Eigenfinanzierung – die den Schwerpunkt dieses Kapitels bildet – kurz dargestellt.

7.1.1 Nutzen der Geschäftsplanung innerhalb des Unternehmens

Innerhalb des planenden jungen Unternehmens kann die Geschäftsplanung Führungsfunktionen auf drei Ebenen erfüllen (vgl. Klandt (1999), S. 87-89 und Wupperfeld (1999), S. 7-11):

(1) *Strukturierung der Planungsphase:* Die Orientierung der Autoren an einem auch für Externe zu dokumentierenden Geschäftsplan fördert die Strukturierung und Weiterentwicklung von Planungsinhalten. Das entstehende Planungsdokument unterstützt dabei die Kommunikation im Planungsteam und ggf. mit beratenden Experten. Inhaltlich dient der Geschäftsplan zunächst der Machbarkeitsprüfung, indem er die Autoren dazu zwingt, entweder einen Plan zu erstellen, bei dem sowohl Annahmen als auch Ergebnisse vertretbar sind oder zu akzeptieren, dass die Idee nicht umsetzbar ist. Im Detail fördert der Plan zudem eine Konsistenzprüfung der Teilannahmen (z. B. zu bearbeitender Markt vs. einzusetzende Ressourcen). Schließlich bewirkt der Geschäftsplan, dass Ziele zumindest teilweise quantifiziert, vor allem aber im Planungsteam abgestimmt und fixiert werden.

(2) *Planung der Realisierungsphase:* Der Geschäftsplan wird – für externe nicht notwendigerweise vollständig dokumentierte – Maßnahmen- und Zeitpläne für die Realisierung des unternehmerischen Vorhabens enthalten. Diese Pläne ergänzen und konkretisieren die (Ergebnis-)Ziele eines Geschäftsplans. Durch die Maßnahmen- und Zeitplanung wird zunächst die interne Kommunikation während der Realisierungsphase unterstützt. Darüber hinaus werden Führungsaufgaben bei der Steuerung der Realisierung erleichtert, indem der Geschäftsplan eine Basis für wesentliche Zeit- und Ressourcenbudgets bildet.

(3) *Grundlage für die Kontrolle:* Der Geschäftsplan bildet durch die Plan-Gewinn- und -Verlustrechnungen sowie Plan-Bilanzen eine wesentliche Grundlage für spätere Soll-/Ist-Vergleiche zur Entwicklung des jungen Unternehmens. Werden Abweichungen offenkundig, so liefert der Geschäftsplan darüber hinaus teilweise Anhaltspunkte für eine Schwachstellenanalyse. Müssen im Geschäftsplan festgelegte Ziele – z. B. an die Realisierungsergebnisse oder die Marktentwicklung – angepasst werden, so kann ebenfalls die dem Geschäftsplan zugrundeliegende Planungslogik hilfreich sein.

Prinzipiell könnten die zuvor dargestellten Ebenen als sequentielle Folge aus Planung, Realisierung und Kontrolle verstanden werden, bei der sich eine neue Planungsphase erst wieder an eine abgeschlossene Kontrollphase anschließt. Gerade bei dynamischen jungen Unternehmen ist aber eher ein iteratives Vorgehen mit Planungsanpassungen in der Realisierungs- und Kontrollphase realistisch.

Zusätzlich zur Unterstützung von Planung, Realisierung und Kontrolle kann der Geschäftsplan bei jungen Unternehmen – ggf. in verkürzter Fassung – auch als Instrument zur Mitarbeiterinformation dienen. Gerade bei sehr dynamischen jungen Unternehmen können die Mitarbeiter nicht auf ein stabiles Umfeld vertrauen sondern müssen/wollen sehr aktiv zur Entwicklung des jungen Unternehmens beitragen. Der Geschäftsplan kann hier (1) dazu beitragen, das Verständnis für die geplante Entwicklung des Unternehmens zu vertiefen und (2) mit den darin enthaltenen Zielen auch als Grundlage für leistungsorientierte Vergütungssysteme dienen.

7.1.2 Geschäftsplanung als Voraussetzung für die externe Eigenfinanzierung

Außerhalb des Unternehmens wird die Geschäftsplanung vor allem zur Beschaffung von Eigen- und Fremdkapital sowie zur Rekrutierung von Führungskräften eingesetzt. Denkbar ist ferner die Nutzung des Geschäftsplans zur Platzierung des wahrscheinlich noch wenig bekannten jungen Unternehmens auf Absatz- und Beschaffungsmärkten sowie in der Öffentlichkeit über Medien. Im Kontext dieses Buches wird hier die Nutzung der Geschäftsplanung als Voraussetzung für die externe (Eigen-)Finanzierung betont.

Externe Kapitalgeber erwarten vom Geschäftsplan neben der Antwort auf die Frage, ob sich die Geschäftsidee ökonomisch sinnvoll umsetzen lässt, vor allem Sachinformationen über die Gründer, das Produkt sowie Geschäftssystem des jungen Unternehmens und den bearbeiteten Markt und zum Kapitalbedarf und nebst dem zu erwartenden Rendite-/Risikoprofil. Als Anhaltspunkt für die abgestuften Erwartungen, lassen sich die typischen Funktionen der Geschäftsplanung bei der Börsenemission, bei der VC-Finanzierung und bei der sonstigen externen Finanzierung junger Unternehmen charakterisieren:

(1) Zur Vorbereitung einer *Börsenemission* muss ein Verkaufsprospekt veröffentlicht werden, der den Anforderungen für das jeweilige Handelssegment entspricht. Der Mindestinhalt von Verkaufsprospekten ist hochgradig reguliert. Allerdings beziehen sich diese Regeln vorwiegend auf formale Mindestangaben und die Darstellung der historischen Entwicklung des Emittenten. Mit Blick auf die Zukunft muss der Prospekt nach dem Gesetz lediglich „Angaben über die Geschäftsaussichten des Emittenten mindestens für das laufende Geschäftsjahr enthalten" (§ 29 Abs. 2 Börsenzulassungs-Verordnung; § 11 Verkaufsprospektverordnung). Die Usancen des Marktes und privatrechtliche Regelungen (z. B. Neuer Markt) gehen allerdings erheblich weiter und erfordern substantielle Angaben für die Zukunft, die teilweise auch durch Berichte externer Analysten zu untermauern sind. Darüber hinaus vertraut der Anleger darauf, dass die Emissionsbank umfassende Prüfungen („Due Diligence") auf Basis unveröffentlichter Unterlagen durchgeführt hat, bevor sie den Antrag des Emittenten auf Börsenzulassung unterstützt. Der Verkaufsprospekt dient dann sowohl der Information des Anlegers als auch als rechtsverbindliche Grundlage für die eventuelle Prospekthaftung bei schuldhaft falschen Angaben.

(2) Der im Vorfeld einer *VC-Finanzierung* (oder ähnlicher Anlässe) vorzulegende Geschäftsplan steht im Zentrum dieses Kapitels. Im Vergleich zum Verkaufsprospekt bei Börsenemissionen haben sich hier höhere Mindestanforderungen an den zukunftsbezogenen Inhalt herausgebildet. VCG nutzen den Geschäftsplan zur Beantwortung der Frage, ob eine Investition in das junge Unternehmen als attraktiv einzustufen ist und darüber hinaus als Grundlage für Zielvereinbarungen und deren spätere Kontrolle. Die Nutzung für Zielvereinbarungen erweitert die Funktion der Geschäftsplanung im Vergleich zur Börsenemission erheblich. Die Preisgabe entsprechender Informationen ist hier eher akzeptabel, da keine Veröffentlichung erforderlich ist, sondern vielmehr mit jedem der namentlich bekannten Empfänger Vertraulichkeitsvereinbarungen mit Vertragsstrafen getroffen werden können. Verbindliche Regelungen über den Inhalt von Geschäftsplänen für VC-Finanzierungen bestehen – zumindest bei VCG im privaten Sektor – nicht.

(3)   Für *sonstige externe Finanzierungen* bei jungen Unternehmen sind teilweise Angaben erforderlich, die der Geschäftsplanung entstammen:

–   Für die Beantragung öffentlicher Fördermittel sind vorwiegend genau standardisierte Einzelinformationen aus der Geschäftsplanung anzugeben. Auf dieser Basis muss der Fördermittelgeber klären, ob das durchgeführte Vorhaben den Förderkriterien entspricht. Im Vergleich zur VC-Finanzierung stehen unternehmerische Entscheidungen hier im Hintergrund. Gleichzeitig wird die rechtliche Verbindlichkeit der Angaben wesentlich stärker betont.

–   Für die Fremdfinanzierung durch Banken sind formale Kreditunterlagen (gem. § 18 Kreditwesengesetz) und ergänzende Unterlagen je nach Geschäftspraxis des Kreditinstituts erforderlich. Auf dieser Basis muss die Bank prüfen, ob für den beantragten Kredit ausreichende Sicherheiten zur Verfügung stehen. Zumindest im Vergleich zur Beantragung öffentlicher Fördermittel sind vom Kreditausschuss einer Bank eher teilweise unternehmerisch geprägte Entscheidungen zu erwarten.

Insgesamt werden für sonstige externe Finanzierungen tendenziell geringere Anforderungen an den vorgelegten Geschäftsplan gestellt. Allerdings kann vermutet werden, dass junge Unternehmen ihre Finanzierungschancen und Verhandlungsposition verbessern, indem sie proaktiv Pläne bereitstellen, die den Usancen bei VC-Finanzierungen entsprechen.

In den folgenden Abschnitten werden nun diejenigen Inhalte der Geschäftsplanung für externe Adressaten charakterisiert, die der zuvor dargestellten „mittleren" Ebene (= VC-Finanzierung) entsprechen, bei der weniger Informationen verarbeitet werden, als etwa bei der Erstellung eines Verkaufsprospekts vor der Börsenemission, bei der aber zukunftsgerichtete Informationen als Grundlage für eine unternehmerische Beteiligungsentscheidung im Vordergrund stehen.

7.2   Zentrale Inhalte der Geschäftsplanung für externe Adressaten

Als zentrale Inhalte der Geschäftsplanung für externe Adressaten werden in der Regel Angaben zur Qualifikation des Gründer-/Managerteams, zu Idee, Geschäft bzw. Produkten des jungen Unternehmens, zu Markt und Wettbewerb und zur verfolgten Wettbewerbsstrategie angesehen. Die Umsetzung der in Aussicht genommenen Strategie wird durch eine Ressourcen- und Standortplanung konkretisiert aus der wiederum die kaufmännische Umsatz- und Kostenplanung (mit Plan-Gewinn- und -Verlustrechnung), die Kapitalbedarfs- und Investitionsplanung (mit Plan-Bilanz) sowie die Finanzierungsplanung für mehrere Jahre hervorgehen.

Diese zentralen Planungsinhalte sind im oberen Teil der Abb. 7.1 als „Kern des Geschäftsplanes" illustriert. Dort werden auch wesentliche inhaltliche Verknüpfungen zwischen den einzelnen Planungsinhalten aufgezeigt. Beispielsweise bestehen Wechselwirkungen zwischen der Produktdefinition und der Markt- und Wettbewerbsanalyse: Anfänglich wird wahrscheinlich der Markt des aufgrund der Idee definierten Produktes analysiert. Erscheinen die Marktch-

Abb. 7.1: Geschäftsplanung für externe Adressaten – Übersicht

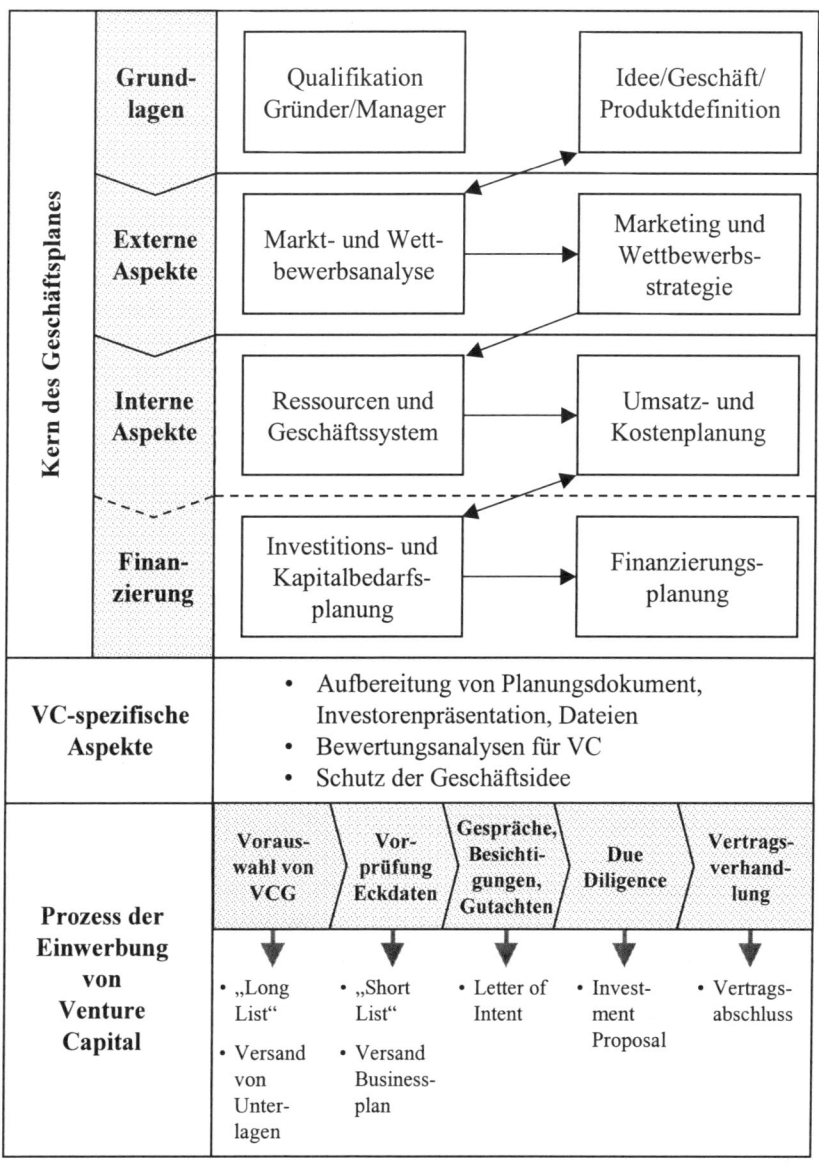

rakteristika ungünstig, muss in aller Regel zumindest die Produktdefinition modifiziert werden. Zusätzlich zu den explizit dargestellten Wechselwirkungen bestehen noch wesentlich stärker übergreifende Zusammenhänge. So könnten die Ergebnisse der Finanzplanung ergeben, dass das Vorhaben – z. B. wegen zu geringer Rendite für eine VCG oder nicht zu deckendem Bedarf an öffentlichen Fördermitteln – insgesamt nicht finanzierbar ist. In einem solchen Fall könnte die Anpassung der Idee/Produktdefinition oder der Marketing- und Wettbewerbsstrategie eine Lösung darstellen. Ziel der Abb. 7.1 ist es aber nicht in erster Linie, den *Prozess* der Geschäftsplanerstellung zu illustrieren, sondern die Art der *Darstellung*, die für eine VC-Finanzierung – und zahlreiche andere externe Adressatenkreise – sinnvoll ist.

Zahlreiche Aspekte der internen Vorbereitung und Planung für junge Unternehmen – z. B. Kreativitätstechniken zur Ideenfindung, persönliche Voraussetzungen für die Unternehmensgründung und Wege zur Bildung von Gründer-/Managerteams, die Frage der Neugründung oder Übernahme eines Unternehmens, die Rechtsformwahl – werden hier bestenfalls am Rande gestreift, da diese Fragen in der Regel größtenteils geklärt sein müssen, bevor überhaupt ein Geschäftsplan für externe Adressaten erstellt wird.

Zur Bedeutung und Reihenfolge der einzelnen Planungskomponenten im Geschäftsplan für externe Adressaten werden in der Literatur unterschiedliche Auffassungen vertreten. Bei McKinsey (1999), S. 43-139 wird z. B. die Produktidee vor dem Gründer-/Managerteam beschrieben und es werden separate Abschnitte zu den Themen Realisierungsfahrplan und Risiken vorgeschlagen. Wupperfelde (1999), S. 55-58 beschreibt die (Start-)Organisation vor den markt- und Strategiefragen.

Vorab werden die einzelnen Kapitel des Geschäftsplans in einer *Management-Zusammenfassung* ("Executive Summary") verdichtet. Diese Management-Zusammenfassung soll den in sehr knapper Zeit entscheidenden externen Adressaten bei der Frage unterstützen, ob eine detaillierte Prüfung des gesamten Geschäftsplans sinnvoll ist oder nicht. Dem Manager einer VCG müssen inhaltlich also zumindest Branche, Finanzierungsphase und Kapitalbedarf verdeutlicht werden. Formal ist für die Management-Zusammenfassung eine leichte Verständlichkeit für außenstehende Leser und eine gute Übersichtlichkeit wichtig. Eine übersichtliche Management-Zusammenfassung bereitet den Adressaten im Sinne einer guten Leserführung auf die nachfolgenden detaillierten Kapitel vor und vermeidet inhaltliche Überraschungen. Ein Umfang von zwei Seiten gilt als Obergrenze für eine gute Management-Zusammenfassung.

In den unmittelbar folgenden Abschnitten werden zunächst die Bestandteile im „Kern des Geschäftsplans" entsprechend Abb. 7.1 verdeutlicht. Dabei sollen nicht die Grundlagen – z. B. der Umsatzplanung – detailliert beschrieben werden. Solche Grundlagen sind in der Basisliteratur zur Geschäftsplanung für junge Unternehmen (z. B. Kautz (1998), S. 51.-126; Struck (1998), S. 24-155; Klandt (1999), 84-209; McKinsey (1999), S. 43-139 und Wupperfeld (1999)) bereits umfassend dargestellt. Die Ausführungen sollen vielmehr dazu beitragen, auf Basis einer Idee und zumindest rudimentären Ansätzen für eine Geschäftsplanung, diese Planung so aufzubereiten, dass sie im Rahmen einer VC-Finanzierung genutzt werden kann. Im anschließenden Kapitel 7.3 werden Fragen zu Datenquellen, zur Planungsmethodik und zur öffentlichen Beratungsförderung für die Geschäftsplanerstellung diskutiert. Das abschließende Kapitel 7.4 ist den VC-spezifischen Fragen der Geschäftsplanung gewidmet, die im unteren Teil von Abb. 7.1 visualisiert sind. Die proaktive Durchführung einer Bewertungsanalyse und der Prozess der Einwerbung von VC stehen hier im Vordergrund.

7.2.1 Qualifikation des Gründer-/Managerteams

Externe Adressaten sollen sowohl über die Qualifikation und Stimmigkeit des Gründer-/ Managerteams insgesamt als auch über die Charakteristika der einzelnen Teammitglieder informiert werden. Zuerst sollte dazu die Zusammensetzung des Teams und die Funktionen der einzelnen Teammitglieder dargestellt werden. Zusätzlich sind Anhaltspunkte für die Stimmigkeit der Teamzusammensetzung, das Vorhandensein komplementärer Fähigkeiten und die Eigentumsverhältnisse am Unternehmen relevant. Anschließend sollten Ausbildung und Berufserfahrung der einzelnen Teammitglieder kurz dargestellt werden. Üblich ist eine Kurzdarstellung der wichtigsten Stationen aus Ausbildung und Beruf im Geschäftsplan und eine Beifügung vollständiger Lebensläufe im Anhang.

Manager von VCG werden versuchen, sich über Ausbildung, Fach- und Führungserfahrung, ggf. internationale Erfahrung und Persönlichkeitsmerkmale der Gründer aus den Unterlagen zu informieren. Wichtige Details lassen sich dennoch nur durch persönliche Gespräche und ergänzende Recherchen klären. Hierzu zählen z. B. die professionelle Reputation der Gründer, die persönliche Kompatibilität unter den Gründern sowie zwischen Gründern und Investoren, die Motivation oder eventuelle Interessenkonflikte unter den Gründern sowie noch fehlende Fähigkeiten, die eine Ergänzung des Teams erforderlich machen. Um den Adressaten bei der Deckung ihres Informationsbedarfs entgegenzukommen, empfiehlt es sich dennoch, Aspekte wie Branchenerfahrung, Geschäftsführungserfahrung, gemeinsame Berufserfahrung mehrerer Teammitglieder und alle Indikatoren für die Motivation der Gründer explizit darzustellen.

Darüber hinaus werden Informationen zur Rolle der Schlüsselpersonen im jungen Unternehmen – insbesondere in der Gründungsphase – erwartet. Relevant sind hier etwa die gehaltenen oder angestrebten Beteiligungen der jeweiligen Person am Kapital des jungen Unternehmens nebst den Zeitpunkten des Eintritts in das Unternehmen und deren sonstige wirtschaftliche Beziehungen zum Unternehmen (z. B. Arbeitsverträge und Gehälter, Lizenzverträge/-entgelte).

7.2.2 Beschreibung von Geschäft bzw. Produkten

Im Zentrum dieses Abschnitts steht eine Beschreibung des Produktes oder der Dienstleistung, die das Unternehmen verkaufen soll. Hierzu müssen einerseits Eigenschaften und Funktionen des Produktes und andererseits dessen kaufmännische Parameter – etwa das geplante Preisniveau – dargestellt werden.

Bei der Beschreibung des Produktes sollte auch die Kundenperspektive eingenommen werden, um die Frage zu beantworten, welches Kundenbedürfnis mit dem Produkt erfüllt wird. Aus

Sicht der – in aller Regel stark monetär orientierten – Manager von VCG ist eine Quantifizierung des Kundennutzens vorteilhaft. Im Vergleich mit ähnlichen und/oder substitutionalen Produkten ist außerdem herauszuarbeiten, ob es sich um ein hoch innovatives Produkt mit signifikanten Alleinstellungsmerkmalen handelt, oder ob bestehende Produkte eher imitiert werden. Bei hoch innovativen Produkten oder Dienstleistungen ist zusätzlich darzulegen, welche Schutzmaßnahmen gegen die Nachahmung der eigenen Ideen genutzt werden sollen.

Ist die Produktentwicklung noch nicht abgeschlossen, so sind Informationen über den geplanten Fortgang der Entwicklung kritisch. Dem Leser sollte verdeutlicht werden, welchen inhaltlichen Stand die Entwicklung bislang erreicht hat (z. B. Entwurf, Prototyp) und welche Zeit- und Ressourcenplanung für die Fertigstellung der Entwicklung angenommen wird.

Die Beschreibung des Produktes sollte wenn irgend möglich durch Visualisierung und Beifügung von Prototypen unterstützt werden. Bei Dienstleistungen kann entsprechend eine grafische Aufbereitung des Leistungserstellungsprozesses kommuniziert werden. Durch Visualisierung und Prototypen wird nicht nur die Kommunikation erleichtert, sondern auch der Entwicklungsstand von Produkten fundiert. Eher technische Details sind dagegen bei der ersten Prüfung eines Geschäftsplans in der Regel kaum relevant. Solche Aspekte gewinnen zumeist erst in einer nachfolgenden Beteiligungswürdigkeitsprüfung („Due Diligence") an Bedeutung.

7.2.3 Markt- und Wettbewerbsanalyse

Die Markt- und Wettbewerbsanalyse soll den externen Adressaten Sachinformationen über den Zielmarkt des jungen Unternehmens vermitteln und darüber hinaus belegen, dass sich die Unternehmer hinreichend mit ihrem Markt auseinandergesetzt haben. Kernthemen der Markt- und Wettbewerbsanalyse sind dazu (1) die Marktgröße und das Marktwachstum, (2) die Struktur des Wettbewerbs und (3) die Segmentierung der Kunden sowie der Anbieter.

Die Marktgröße sollte sowohl monetär als auch in Mengeneinheiten sowie nach der Anzahl der Kunden gemessen werden. Wenn möglich sollte dabei zunächst die historische und aktuelle Marktentwicklung nachgezeichnet werden. Als Quellen kommen vor allem öffentliche Stellen, Branchenverbände oder Fachzeitschriften in Frage. Problematisch ist dieser Teil der Marktanalyse allerdings für gänzlich neue Produkte bzw. Märkte. Für die Prognose der Marktgröße sollten – neben eigenen Schätzungen – zur Fundierung möglichst veröffentlichte oder individuell erstellte externe Analysen herangezogen werden. Sinnvolle Zeitintervalle für die Marktrück- und -vorschau lassen sich kaum verallgemeinern, da diese z. B. von der Amortionsdauer für das verfolgte Projekt abhängen. Gleichzeitig wird die Sinnhaftigkeit einer mittelfristigen Marktvorschau gerade bei hoch innovativen Produkten durch Prognosefehler begrenzt. Als Faustregel werden daher bei jungen Unternehmen häufig Marktprognosen für ca. 5 Jahre quantifiziert und darüber hinaus nur durch qualitative Argumente ergänzt.

Mehrere weitere Praktikerregeln haben sich für die Darstellung von Marktanalysen junger Unternehmen in externen Geschäftsplänen bewährt (vgl. McKinsey (1999), S. 70):

174

(1) *Mehrere Quellen:* Parallele Nutzung mehrerer Datenquellen zur Absicherung von Annahmen, die den Marktanalysen – vor allem Prognosen – zu Grunde liegen. Nach Möglichkeit Wahl von Variablen, für die Werte aus vertrauenswürdigen Quellen vorliegen,
die veröffentlicht oder zumindest für den Adressaten nachvollziehbar sind.

(2) *Dokumentierte Verknüpfung:* Offenlegung des logischen Weges zur Ableitung von
Marktprognosen. Bevorzugung klar dokumentierbarer Analysewege gegenüber intransparenten Ergebnissen, auch wenn dazu Vereinfachungen von Marktmodellen und gering-
fügige Abstriche bei der „Genauigkeit" hingenommen werden müssen.

(3) *Plausibilisierung der Ergebnisse:* Spiegelung von Marktprognosen an volkswirtschaftli-
chen Indikatoren für ähnliche Branchen oder gröbere Branchengruppen. Bildung von
Szenarien für Variablen, die zwar einen signifikanten Einfluss auf die Marktentwicklung
ausüben, aber am wenigsten fundiert werden können.

Ergänzend zur Prognose der Marktentwicklung sollten die wichtigsten Wettbewerber des jungen Unternehmens beschrieben werden. Die konkret identifizierbaren Wettbewerber sollten
benannt und beschrieben werden. Als wichtige Merkmale können die von den jeweiligen
Wettbewerbern gehaltenen Marktanteile sowie deren Stärken und Schwächen angesehen werden. Darüber hinaus sind Informationen über potentielle Wettbewerber relevant. Hierzu sollten
die Markteintrittsbarrieren beurteilt werden und festgestellt werden, von welchen Unternehmen
ggf. ein Markteintritt zu erwarten ist. Ergänzend zu konkreten und potentiellen Wettbewerbern
muss die Substitutionsgefahr eingeschätzt werden. Informationen darüber, wann von wem und
mit welchem Aufwand das eigene Produkt von anderen Produkten verdrängt werden könnte,
sind ähnlich relevant wie unmittelbare Wettbewerbsinformationen.

Zur Detaillierung der Marktanalyse sollte die Kundenseite – und möglichst auch die Anbieter-
seite – in Segmente eingeteilt werden, die in sich homogen, voneinander aber verschieden sind.
Typische Segmentierungskriterien umfassen Regionen, demographische Merkmale (Alter, Ge-
schlecht, Einkommen, Beruf bzw. Branche, Unternehmensgröße), den Lebensstil, sowie das
Produktnutzungs- und -einkaufsverhalten. Lassen sich sinnvolle Segmente bilden, so können
zumeist auch Markt- und Wettbewerbsprognosen besser nach den Einzelsegmenten differenziert werden. Darüber hinaus bildet die Segmentierung eine wichtige Grundlage für die eigene
Marketingmaßnahmen und die zu verfolgende Wettbewerbsstrategie.

7.2.4 Marketing- und Wettbewerbsstrategie des eigenen Unternehmens

Im Rahmen der Ausführungen zur Marketing- und Wettbewerbsstrategie sollte dem Leser verdeutlicht werden, welche Zielsegmente des relevanten Marktes vom eigenen Unternehmen
bearbeitet werden. Das Unternehmen muss zunächst darlegen, dass es in der Lage ist, geeignete Produkte und Dienstleistungen für seine Zielsegmente zu erstellen und wie sich diese von
den Angeboten der Wettbewerber unterscheiden. Ein einzigartiges Nutzenangebot („Unique
Selling Proposition") zu schaffen ist in der Regel das Ziel innovativer junger Unternehmen.
Alternativ zur eigentlichen Produktinnovation ist natürlich auch eine Differenzierung über
Preis-/Kostenvorteile oder Serviceangebote erreichbar. Hierzu sollte das Unternehmen vor al-

lem vier Facetten des Marketing-Mix für die Empfänger des Geschäftsplans verständlich darlegen:

(1)   Die Nutzen der *Produkte* bzw. Dienstleistungen mit Blick auf die ausgewählten Marktsegmente. Nachdem eine eher technische Definition des Produktes vorab diskutiert wurde (s. Abschnitt 7.2.2), muss die Übereinstimmung zwischen den in den einzelnen Marktsegmenten vorherrschenden Kundenanforderungen und den Produkteigenschaften dargelegt werden. Dabei muss ggf. auch geklärt werden, ob ein Produkt für mehrere Marktsegmente geeignet ist, oder ob unter Inkaufnahme einer höheren Komplexität differenzierte Produkte erstellt werden sollen.

(2)   Die *Preisgestaltung* sowohl hinsichtlich de prinzipiell erzielbaren Preisesspanne als auch hinsichtlich der Preiselastizität der Nachfrage bzw. der gewählten Preisstrategie (Positionierung innerhalb einer sinnvollen Preisspanne, angestrebte Preisveränderungen im Zeitablauf). Zunächst sollte eine sinnvolle Preisspanne durch Vergleich mit Wettbewerbern und unter Berücksichtigung der Kostensituation abgeschätzt werden. Gerade bei innovativen Produkten ist als Anhaltspunkt für die Preisgestaltung aber auch der erzielte Kundennutzen (z. B. Vergleich mit den Kosten traditioneller Lösungen, die durch das neue Produkt substituiert werden) relevant.

Aufbauend auf Anhaltspunkten zur realistischen Preisspanne sollte der Geschäftsplan eine Preisstrategie beschreiben. Einerseits könnte ein Unternehmen seine Produkte statisch als Qualitätsführer positionieren und daher am oberen Ende der Preisspanne einordnen. Andererseits könnten aber auch bewusst niedrige Preise gewählt werden, um zügig Marktanteile zu gewinnen und damit das eigene Wachstum zu beschleunigen oder Eintrittsbarrieren für Wettbewerber zu vergrößern. Niedrigpreisstrategien werden außerdem häufig gewählt, um de facto-Standards zügig im Markt zu etablieren. Die Preisstrategie gewinnt eine dynamische Komponente, wenn das Unternehmen reale Preisveränderungen im Zeitablauf einplant. Z B. könnte das Unternehmen von einer Abschöpfungsstrategie bei Pionierkunden nach einiger Zeit zu einer Massenmarktstrategie mit niedrigeren Preisen übergehen.

(3)   Den *Vertrieb* in Form des Direktvertriebes oder des indirekten Vertriebes über Absatzmittler (z. B. Einzelhandel, Fachhandel, Großhandel, Handelsvertreter, Franchising). Zusätzlich ist die Wahl von Medien (z. B. persönlicher Vertrieb, postalisches Bestellwesen, Call Center, Internet) für die Vertriebs- und Bestellprozesse darstellungsbedürftig. Die Ausgestaltung der Vertriebsstrategie kann vor allem anhand von Marktcharakteristika (Anzahl und geographische Verteilung der Kunden, aus Kundensicht bevorzugte Einkaufskanäle) und Produkteigenschaften (erklärungsbedürftiges Individualprodukt vs. gängiges Massenprodukt) begründet werden und muss mit der jeweiligen Preisstrategie kompatibel sein. Die wirtschaftlichen Folgen der Vertriebsstrategie (z. B. Händlermargen, Abhängigkeit von Absatzmittlern, interne Kosten, Zugang zum Kunden) sollten ebenfalls explizit dargestellt werden.

(4)   Die *Werbung* für die angebotenen Produkte. Im Geschäftsplan sollte dargestellt werden, ob und in welchem Umfang klassische Werbung (Zeitungen, Zeitschriften, Radio, Fernsehen, Kino), Online-Werbung und Direktmarketing eingesetzt wird und wie diese Maßnahmen durch Öffentlichkeitsarbeit, Ausstellungs- und Messepräsenz sowie Kundenbe-

suche flankiert werden. Neben den mit der Werbung verfolgten Nutzen müssen vor allem die Kosten der geplanten Werbemaßnahmen offengelegt werden.

Auf Basis derartiger Überlegungen kann abgeschätzt werden, welcher Marktanteil mit den eigenen Produkten erreicht werden kann. Die Überlegungen zum Marktanteil und die entsprechenden Annahmen zur Preisgestaltung fließen später in die Umsatz- und Kostenplanung ein.

7.2.5 Ressourcen und Geschäftssystem des eigenen Unternehmens

In einem Abschnitt über Ressourcen und das Geschäftssystem des Unternehmens wird transparent gemacht, wie das Unternehmen seine Leistungen entwickelt, erstellt und vermarktet. Zum Geschäftssystem soll erklärt werden, welche Wertschöpfungsstufen vom Unternehmen selbst abgedeckt werden und wo mit externen Partnern zusammengearbeitet wird. Außerdem sollten hier Grundlagen zur geplanten Organisation des Unternehmens vermittelt werden. Als Ressourcen werden mindestens die Personalplanung und die Standortwahl beschrieben. Fallspezifisch wird die Beschreibung der Ressourcen z. B. um Patente und Lizenzen oder um Entwicklungs- und Produktionskapazitäten ergänzt.

Das *Geschäftssystem* eines Unternehmens lässt sich zumeist anhand einer Wertschöpfungskette sinnvoll beschreiben. Ausgehend von einer allgemeinen Wertschöpfungskette (Forschung & Entwicklung, Produktion, Marketing, Vertrieb, Service) sollten zunächst branchen-/unternehmensspezifische Wertschöpfungsstufen benannt und detailliert werden. Weil gerade junge Unternehmen in der Wachstumsphase häufig nicht in der Lage sind, alle Wertschöpfungsstufen selbst abzudecken, ist hier in vielen Fällen eine Fokussierung ratsam. Generell sollten Wertschöpfungsstufen mit hoher strategischer Bedeutung und hohem internen Fähigkeitenpotential im Unternehmen abgedeckt werden. Eine Reduzierung des eigenen Wertschöpfungsumfangs kommt zudem nur in Betracht, wenn die entsprechenden Leistungen am Markt zu akzeptablen Konditionen bezogen werden können. Wird intensiv mit Partnern zusammengearbeitet, so sollte auch dargelegt werden, wie die Partnerschaften strukturiert sind und welche gegenseitigen Vorteile jeweils eine Festigung der Partnerschaft gewährleisten können.

Einen zentralen Teil des Geschäftssystems nimmt bei zahlreichen Unternehmen die *Produktion* im engeren (= produzierendes Gewerbe) oder weiteren (= Leistungserstellung allgemein) Sinne ein. Hier sollten Informationen zur Produktionsstrategie (z. B. Eigen- vs. Fremdproduktion) zum Produktionsort, zu den Produktionsmethoden, zu Maschinen und Anlagen einschließlich der hierfür erforderlichen Investitionen, zur Produktionskapazität, zu Aufbau und zur Ausbildung von Produktionspersonal, zu den Produktionskosten und zur Materialbeschaffung bereitgestellt werden (s. Struck (1998), S. 85-91).

Aufbauend auf dem Geschäftssystem kann dann die *Organisation* des Unternehmens abgeleitet werden. Leser des Geschäftsplans werden vor allem prüfen, ob die Organisation zum Geschäftssystem passt und ob geeignete Führungskräfte für die Schlüsselfunktionen vorhanden sind. Bei jungen Unternehmen sind eher einfache Organisationsstrukturen und flache Hierarchien naheliegend. Dadurch wird die Notwendigkeit zur Besetzung der Schlüsselpositionen mit kompetenten und breit qualifizierten Managern aber tendenziell noch erhöht. Bestehen diesbezüglich Lücken im Qualifikationsprofil des Gründerteams, so sollte der Geschäftsplan proaktiv verdeutlichen, wie diese Lücken geschlossen werden können. Neben der formalen Aufbau- und Ablauforganisation sollten zusätzlich Angeben über die Grundwerte der angestrebten Unternehmenskultur gemacht werden.

Im Rahmen der *Personalplanung* ist nicht nur die individuelle Besetzung von Schlüsselpositionen darzulegen, sondern auch die umfassende Planung der Mitarbeiterzahl nach Qualifikation bzw. Stellenprofilen sowie das angestrebte Vergütungssystem. Somit bildet die quantitative Personalplanung eine wesentliche Brücke zwischen der Planung von Geschäftssystem und Organisation einerseits und der nachfolgend durchzuführenden Kostenplanung andererseits.

Bei der Ressourcenplanung nimmt in vielen Fällen auch die *Standortplanung* erhebliche Bedeutung ein. Standortfragen sind vor allem für Unternehmen bedeutsam, die betrieblich sehr spezifische Räume benötigen und/oder deren Kundenzugang vom Standort abhängt. Allgemein kann die Gewinnung von Personal, die Akquisition von Räumen und die öffentliche Förderung entscheidend vom gewählten Standort abhängen. Im Rahmen der Standortplanung ist zunächst der Raumbedarf des Unternehmens zu ermitteln. Für eine systematische Standortentscheidung sollten außerdem die wesentlichen Entscheidungskriterien (z. B. Quantität und Qualität der Flächen, Lage, Preise, Mietvertragsdauer) priorisiert und alternative Standorte z. B. anhand einer Punktbewertung verglichen werden.

Darüber hinaus sollte der Geschäftsplan dem Leser möglichst transparent machen, welche weiteren Ressourcen im Einzelfall kritisch sind. Vor allem bei immateriellen Ressourcen (z. B. Entwicklungsleistungen, Patente, Lizenzen, Software) sollte dargelegt werden, wie diese Ressourcen akquiriert werden können und dass dies zu akzeptablen Konditionen realisierbar ist.

7.2.6 Umsatz- und Kostenplanung

Anleitungen zur Erstellung von Geschäftsplänen für junge Unternehmen stellen aus der Perspektive des Planungs*prozesses* der Umsatz- und Kostenplanung regelmäßig eine Liquiditätsplanung voran (z. B. Struck (1998), S. 93, Klandt (1999), S. 171). Als Begründung wird dabei zumeist die detrimentale Bedeutung der jederzeitigen Liquidität für das junge Unternehmen angegeben. Dieses Argument ist allerdings eher theoretischer Natur, weil die liquiditätsrelevante Cash-flow-Rechnung und die umsatz- und kostenorientierte Gewinn- und -Verlustrechnung z. B. über den Aspekt der Besteuerung ohnehin interdependent sind.

Da sich die Ausführungen in diesem Kapitel aber ohnehin nicht am Prozess, sondern an der Darstellung der Geschäftsplanung orientieren, wird mit der Umsatz- und Kostenplanung begonnen. Damit wird in der Darstellung zunächst der operative Bereich des Unternehmens betont und die Frage beantwortet, ab welcher Periode der Geschäftsplan Gewinne in Aussicht stellt. Investitions- und Finanzierungsfragen werden in der Darstellung erst später beleuchtet.

Die Umsatz- und Kostenplanung ist eine wesentliche Grundlage zur Planung der Gewinn- und Verlustrechnung des jungen Unternehmens. Die Darstellung kann dabei der Gliederung für das Gesamtkostenverfahren (§ 275 Abs. 2 HGB) entsprechen. In vielen Fällen ist aber auch eine Veränderung dieser Gliederung in den ersten Planungsschritten sinnvoll, vor allem wenn sich Budgets eher an betrieblichen Funktionen und Organisationseinheiten (z. B. Forschung & Entwicklung, Produktion, Marketing & Vertrieb) als ausschließlich an Kostenarten orientieren.

Der „obere" Teil der Gewinn- und Verlustrechnung quantifiziert Ergebnisse der zuvor beschriebenen Planungsfelder (Marketing- und Wettbewerbsstrategie, Ressourcen und Geschäftssystem) und ist weitgehend frei von Rückwirkungen der Investitions- und Finanzierungsplanung. Zu den einzelnen hierfür relevanten Gliederungspunkten des Gesamtkostenverfahrens sollten für die Darstellung folgende Punkte beachtet werden (vgl. Struck (1998), S. 123-132):

(1) Als Grundlage für die Planung der *Umsatzerlöse* sollte – anknüpfend an die Wettbewerbsstrategie – zunächst ein Absatzplan (z. B. Prognose von Marktentwicklung und Marktanteil), eine Preisplanung und eine Planung von Bruttoumsätzen dargestellt werden. Abhängig vom relevanten Markt müssen zusätzlich Skonti und Rabatte sowie Zahlungsverzögerungen durch die Kunden (auch für die Liquiditätsplanung) berücksichtigt werden.

(2) Bei den *Bestandsveränderungen* sollte ggf. der Aufbau von Lagern für fertige und unfertige Erzeugnisse geplant und dargestellt werden. Dieser Aspekt wird teilweise übersehen, was dann dazu führt, dass in der Bilanz ein unvollständiges Umlaufvermögen geplant wird und der erforderliche Kapitalbedarf unterschätzt wird.

(3) *Aktivierte Eigenleistungen* sind relevant, wenn das Unternehmen Maschinen und Anlagen zum eigenen Gebrauch baut. Solche Eigenleistungen sind bei jungen Unternehmen nicht die Regel. Darüber hinaus sind junge Unternehmen häufig auch nicht an einer Aktivierung interessiert, da diese kurzfristig den Gewinn erhöht. Insgesamt sind aktivierte Eigenleistungen also für die Planung junger Unternehmen kaum von Bedeutung.

(4) An *sonstigen betrieblichen Erträgen* kommen bei jungen Unternehmen häufig staatliche Zuschüsse (z. B. Fördermittel für die Gemeinschaftsaufgabe „Verbesserung der regionalen Wirtschaftsstruktur" (GA-Mittel), projektorientierte Förderung von Forschung und Entwicklung) und teilweise Steuererstattungen vor.

(5) Der *Materialaufwand* einschließlich der Aufwendungen für bezogene Leistungen muss kongruent zur Planung von Absatz und Bestandsveränderungen angesetzt werden. Abhängig vom relevanten Markt müssen – vor allem für die Überleitung in die Liquiditätsplanung – Zahlungsfristen und -konditionen berücksichtigt werden.

(6) Der *Personalaufwand* sollte für eine nachvollziehbare Darstellung möglichst nach Funktionen bzw. Organisationseinheiten gegliedert werden, um Veränderungen der Mitarbeiterzahl leichter nachvollziehbar zu machen. Darüber hinaus ist die Planung und Darstellung der Personalnebenkosten von erheblicher Bedeutung.

Besonders bei Personengesellschaften in der Gründungsphase müssen auch die notwendigen Lebenshaltungskosten bzw. „Gehälter" der Gesellschafter als Personalaufwand geplant werden, selbst wenn diese steuerlich nicht als Betriebsausgaben berücksichtigt werden können, sondern einen geplanten „Unternehmerlohn" darstellen.

(7)   Bei den *sonstigen betrieblichen Aufwendungen* (z. B. Miete, Büroausstattung, Kommunikation, Instandhaltung) muss dem Empfänger der Planung verdeutlicht werden, welche Kosten neben Material- und Personalaufwand bedeutsam sind. Kleinere Positionen sollten dagegen als sonstige Kosten in einem Gliederungspunkt zusammengefasst werden. Bei jungen Unternehmen müssen hier ggf. einmalige Gründungskosten und Kosten des Geschäftsaufbaus (z. B. intensivere Beratungsunterstützung) berücksichtigt werden.

Besonders bei der Kostenplanung ist eine Vollständigkeit der berücksichtigten Kostenarten wichtig. Hierzu ist ein Abgleich mit Aufstellungen in Anleitungen zur Erstellung von Geschäftsplänen für junge Unternehmen ratsam (z. B. Collrepp (1999), S. 226-229). Andernfalls resultierende Planungsfehler sind erstens sachlich von Nachteil und mindern außerdem die Qualität des Geschäftsplans aus Sicht des externen Adressaten.

Die weiteren Kosten – vor allem Abschreibungen und Zinsaufwendungen – sind von der Investitions- und Finanzierungsplanung abhängig. Wenn Abschreibungen und Zinsaufwendungen mit in der Kostenplanung dargestellt werden – was aus Empfängersicht inhaltlich sinnvoll erscheint – müssen also Ergebnisse der Investitions- und Finanzierungsplanung mit einbezogen werden. Für die Darstellung des „unteren" Teils der Gewinn- und -Verlustrechnung sollten dann folgende Punkte beachtet werden:

(8)   Die *Abschreibungen* auf Sachanlagen sowie immaterielle Vermögensgegenstände (z. B. Software) lassen sich durch Rückgriff auf die Investitionsrechnung planen. Geringwertige Wirtschaftsgüter können für Planungszwecke vereinfachend als sonstige betriebliche Aufwendungen behandelt werden. Für Abschreibungen auf Umlaufvermögen muss ggf. auf die operative Planung des Unternehmens zurückgegriffen werden.

(9)   Die Planung von *Zinsen* und ähnliche Aufwendungen setzt die Ermittlung des Kapitalbedarfs und Annahmen zur Finanzierung voraus. Dementsprechend muss die gesamte Finanzierungsstruktur geplant werden (Fremdkapitalanteil, häufig standortabhängige Konditionen öffentlicher Fördermittel), um die Zinsaufwendungen abschätzen zu können.

(10)   *Steuern* vom Einkommen und Ertrag lassen sich auf Basis des Ergebnisses der gewöhnlichen Geschäftstätigkeit unter Berücksichtigung eventueller Verlustvor- bzw. -rückträge abschätzen. In der Praxis wird hier vereinfachend ein gemeinsamer Plan-Steuersatz in der Größenordnung von 40 - 50 % für Gewerbe- und Einkommensteuer angesetzt, der gerade im Umfeld der Steuerreform schwer abzuschätzen ist.

Vernachlässigt wurden hier Positionen, die bei zahlreichen jungen Unternehmen zumindest nicht in erheblichem Umfang anfallen (z. B. Erträge aus Beteiligungen, Wertpapieren, sonstige Zinsen, Abschreibungen auf Finanzanlagen, außerordentliche Erträge und Aufwendungen sowie sonstige Steuern). Im Einzelfall müssen diese Positionen ggf. ergänzt werden.

Die einzelnen Positionen lassen sich zum Jahresüberschuss bzw. Jahresfehlbetrag zusammenfassen, der das wesentliche summarische Ergebnis der Umsatz- und Kostenplanung darstellt.

7.2.7 Investitions- und Kapitalbedarfsplanung

Die Investitions- und Kapitalbedarfsplanung wurde bereits im vorherigen Abschnitt als eine Grundlage zur Planung von Abschreibungen, Zinsen und Steuern angesprochen. Im Geschäftsplan für externe Adressaten sollten Ergebnisse dieser Teilplanungen aber zusätzlich explizit dargestellt werden. Hierfür kann folgende Struktur zugrundegelegt werden:

In einem *ersten Schritt* wird bei der Investitionsplanung transparent gemacht, welche aktivierungspflichtigen Wirtschaftsgüter (vor allem Sachanlagen, immaterielle Güter) angeschafft werden. Für die wichtigsten Gruppen von Wirtschaftsgütern sollen dem Leser damit Anschaffungszeitpunkte und Lebensdauern transparent gemacht werden. Bei einem hinreichend langen Planungszeitraum sind ggf. auch Ersatzbeschaffungen für die ersten vollständig abgenutzten Wirtschaftsgüter einzuplanen. Mit der Investitionsplanung wird somit die Grundlage für die in der Kostenplanung berücksichtigten Abschreibungen dargelegt. Die Investitionsplanung sollte alle Vorgänge mit Investitionscharakter im weiteren Sinne berücksichtigen. Daher sollte z. B. auch (a) der Aufbau des Umlaufvermögens und (b) die eventuelle Akquisition von Beteiligungen berücksichtigt werden.

In einem *zweiten Schritt* kann aus der Gewinn- und -Verlustrechnung eine Cash-flow-Rechnung erstellt werden, die wiederum die Grundlage für die anschließende Planung des Kapitalbedarfs darstellt. Zuerst sollte der Jahresabschluss dazu um Abschreibungen sowie die zuvor dargestellten Investitionen korrigiert werden. Prinzipiell sind zusätzlich Veränderungen der Rückstellungen relevant, die bei der Planung junger Unternehmen allerdings selten eine wesentliche Rolle spielen. Der so ermittelte Cash-flow wird häufig als Netto-Cash-flow bezeichnet. Um die Liquidität und den Kapitalbedarf des Unternehmens abschätzen zu können, ist aber der im Fall von Überschüssen frei verfügbare – bzw. andernfalls durch Außenfinanzierung abzudeckende – Cash-flow von Bedeutung. Daher müssen zumindest Tilgungszahlungen in der Cash-flow-Rechnung berücksichtigt werden. Nimmt ein junges Unternehmen beispielsweise Fördermittel oder Bankkredite auf, die bereits in der Verlust-/Unterdeckungsphase anteilig zu tilgen sind, müssen die entsprechenden Tilgungen ebenfalls durch Außenfinanzierung abgedeckt werden. In diesem Sinne sind die Kapitalbedarfs- und die Finanzierungsplanung rekursiv voneinander abhängig.

In einem *dritten Schritt* kann dann der Kapitalbedarf anhand des kumulierten Cash-flows – vor Berücksichtigung der Aufnahme von externem Eigen- und Fremdkapital, aber bereits *nach* Berücksichtigung eventueller Tilgungen in der Verlustphase – abgeleitet werden. Durch Vereinfachung wird häufig der Kapitalbedarf der Periode, in der erstmals ein positiver Cash-flow anfällt, unterschätzt, weil die Cash-flows der einzelnen Monate bzw. Quartale zu einem Jahreswert zusammengefasst werden. In der Realität könnte dann ein Liquiditätsengpass entstehen, da im ersten Teil des Jahres Unterdeckungen auftreten, die in der Planung übersehen wurden. Hieran wird deutlich, dass der Kapitalbedarf nicht streng numerisch aufgrund des kumulierten Cash-flows geschätzt werden sollte. Neben der Berücksichtigung von Szenarien – z. B. für unterschiedliche Marktentwicklungen – (s. u. Abschnitt 7.3.2) sollte zusätzlich zum kumulierten Cash-flow unbedingt ein angemessener Zuschlag für Planungsfehler (z. B. Vernachlässigung unterjähriger Zahlungsprofile, Unsicherheiten und Vereinfachung bei der Planung von Steuern, Zeitverzögerungen bei der Realisierung) eingearbeitet werden.

7.2.8 Finanzierungsplanung

Die Finanzierungsplanung erlaubt dem jungen Unternehmen, Zinsen und andere Finanzierungskosten genauer einzuschätzen und auch die Passivseite der Bilanz zu planen. Die Finanzierungsplanung für etablierte Unternehmen unterscheidet sich erheblich von der Planung im Vorfeld einer VC-Finanzierung. Kritisch für eine erfolgreiche externe Finanzierung ist dabei zunächst ein genaues Verständnis der Profile der einzelnen Finanzierungsquellen. Darauf aufbauend muss eine Strukturierung der Finanzierung vorgenommen werden, die den Interessen der Gründer und der weiteren Gesellschafter möglichst gut entspricht.

Als wesentliche Quellen zur Fremdfinanzierung – im weiteren Sinne – kommen für junge Unternehmen in Frage (zu Vor- und Nachteilen vgl. auch Tab. 7.1):

(1) *Öffentliche Fördermittel:* Staatliche Förderung wird teilweise personenbezogen (z. B. Eigenkapitalhilfe) und teilweise unternehmensbezogen (z. B. KfW-Darlehen) vergeben. Vor allem bei den unternehmensbezogenen Förderungen kann zwischen Fremdkapital im engeren Sinne und Förderung durch nicht rückzahlbare Zuschüsse unterschieden werden:

  – Bei *personenbezogenen Fördermitteln* erhält der Gründer in der Regel ein zinsgünstiges Darlehen, welches zur Finanzierung einer Einlage bei der Gesellschaft verwendet wird. Aus Sicht des jungen Unternehmens verwandelt der Unternehmer das Fremdkapital in Eigenkapital. Prinzipiell könnten die öffentlichen Fördermittel auch unmittelbar in einem Einzelunternehmen verwendet oder einer Gesellschaft als Darlehen zur Verfügung gestellt werden. Im unmittelbaren Vorfeld einer VC-Finanzierung haben diese Alternativen allerdings kaum Relevanz.

  – Bei *unternehmensbezogenen Förderdarlehen* erhält das Unternehmen unmittelbar ein zweckgebundenes Darlehen. Die Mehrzahl der Förderdarlehen bezieht sich auf die Finanzierung von Investitionen in das Sachanlagevermögen. Zusätzlich existierten Förderangeboten zur Finanzierung „weicher" Investitionen für Forschung & Entwicklung sowie für die Markteinführung (z. B. ERP-Innovationsprogramm). Generell nicht gefördert werden Investitionen in Finanzanlagen (z. B. Beteiligung an anderen jungen Unternehmen). Als Sonderform der unternehmensbezogenen Förderung kann die Bürgschaftsförderung angesehen werden, bei der ein Darlehensgeber aus dem privaten Sektor durch einen Bürgschaftsgeber aus dem öffentlichen Sektor (z. B. Bürgschaftsbank eines Bundeslandes) abgesichert wird.

  – Bei der *Zuschussförderung* erhalten Unternehmen nicht rückzahlbare Subventionen („à fonds perdu"), die als sonstige Einnahmen zu verbuchen sind und damit – ggf. nach Abbau aller Verlustvorträge – steuerpflichtig sind. Die Zuschussförderung ähnelt administrativ der Darlehensförderung, obwohl kein Fremdkapital im engeren Sinne bereitgestellt wird. Zuschüsse sind zumeist regional orientiert (z. B. GA-Mittel) und teilweise zusätzlich sektorspezifisch (z. B. bayerisches Förderprogramm Informations- und Kommunikationstechnik).

**Tab. 7.1: Eigenschaften wichtiger Finanzierungsquellen für
junge Unternehmen – Fremdfinanzierung**

Finanzierungsquelle	Vorteile	Nachteile
Personenbezogene öffentliche Fördermittel	• Niedrige Finanzierungskosten • Anfänglich teilweise tilgungs- und zinsfrei • Kann dem Unternehmen als Eigenkapital zur Verfügung gestellt werden	• Persönliche Haftung des Unternehmers • Begrenzte Verfügbarkeit • Bürokratische Antragstellung
Unternehmensbezogene öffentliche Fördermittel	• Niedrige Finanzierungskosten • Anfänglich teilweise tilgungs- und zinsfrei	• Häufig Fokussierung auf Investitionen in Sachanlagevermögen • Begrenzte Verfügbarkeit • Bürokratische Antragstellung
Öffentliche Zuschussförderung (kein Fremdkapital i. e. S.)	• Finanzierungskosten niedrig oder null • Belastungen entstehen in der Regel nur durch Steuerpflicht (geringerer Verlustvortrag)	• Bindung an Standort (Fördergebiet/Bundesland) • Sonst wie unternehmensbezogene öffentliche Fördermittel
Bankkredite	• Im Vergleich zu Fördermitteln flexibler • Größere Beträge finanzierbar	• Höhere Finanzierungskosten als bei Fördermitteln • Volle Zins- und Tilgungslasten, auch in der Verlustphase • Hohe Anforderungen an Sicherheiten
Gesellschafterdarlehen/ Familienkredite	• Häufig niedrige Finanzierungskosten • Geringere Anforderungen an Sicherheiten	• Konfliktpotential mit Kapitalgebern im Familienkreis • Eventuell ungünstige Vermögensdiversifikation
Leasing	• Vollfinanzierung von Wirtschaftsgütern möglich • Finanzierung u. U. außerbilanziell	• Höhere Finanzierungskosten als Fördermittel und Bankkredite • Volle Finanzierungskosten auch in der Verlustphase • Beschränkung auf marktgängige Wirtschaftsgüter

Grundsätzlich stehen öffentliche Fördermittel für ein breites Spektrum von Entwicklungsphasen junger Unternehmen zur Verfügung. Die Konditionen sind durch geringe Anforderungen an Sicherheiten, niedrige Zinssätze sowie langfristige Tilgungsmöglichkeiten mit anfänglichen Freijahren zumeist sehr günstig. Mit Förderprogrammen auf Länderebene – besonders bei der Zuschussförderung – ist mit der Annahme allerdings auch die Verpflichtung zur mittelfristigen Ansiedlung in einer bestimmten Region (z. B. Bundesland, Fördergebiet) verbunden. Angesichts der Vielzahl staatlicher Förderprogramme stellt die Orientierung und Informationsbeschaffung für Unternehmer eine erheblliche praktische Hürde dar. Darüber gestaltet sich der Antragstellungsprozess häufig sehr bürokratisch und führt zu erheblichen Wartezeiten (z. B. turnusmäßige Sitzungen von Bewilligungsausschüssen). Geförderte Unternehmen müssen regelmäßig erhebliche Berichts- und Offenlegungspflichten gegenüber dem Fördergeber erfüllen.

(2) *Bankkredite:* Zur Beschaffung von Betriebskapital kommen Bankkredite prinzipiell in jeder Entwicklungsphase junger Unternehmen in Frage. Vorteilhaft ist die hohe Flexibilität von Darlehensverträgen, die Erhaltung von Eigentumsrechten der Unternehmer und die steuerliche Abzugsfähigkeit der Zinszahlungen. Andererseits erwarten Banken – aus betrieblichem Eigeninteresse und aufgrund des Kreditwesengesetzes – Sicherheiten und eine günstige Liquiditätsprognose für das junge Unternehmen. Kommen als Sicherheiten nur Gegenstände des Umlaufvermögens in Frage (z. B. Debitoren, Lagerbestände), so wird sich per Bankkredit auch nur kurzfristiges Betriebskapital beschaffen lassen. Stehen Gegenstände des Anlagevermögens als Sicherungsgut zur Verfügung (z. B. marktgängige Maschinen, Betriebsgrundstücke und -gebäude), so kann auch langfristigeres Betriebskapital per Bankkredit finanziert werden. In jedem Fall ist aber regelmäßig nur eine teilweise Finanzierung der Sicherungsgüter (ca. 50 - 80 % des Beleihungswertes) als Bankdarlehen darstellbar. Darüber hinaus wird bei personalistischer Unternehmensstruktur – z. B. Gesellschaften mit beschränkter Haftung, aber kleinem, aktiv tätigen Gesellschafterkreis – häufig eine persönliche Bürgschaft der Unternehmer gefordert.

(3) *Gesellschafterdarlehen/Familienkredite:* Als Kreditgeber treten hier die Unternehmer auf oder Personen, die den Unternehmern persönlich nahe stehen. Vorteilhaft ist hier häufig die Darlehensgewährung zu günstigen Zins- und Tilgungskonditionen mit relativ geringen Anforderungen an Sicherheiten. Prinzipiell bestehen darüber hinaus ähnliche Vorteile wie beim Bankkredit. Für die steuerliche Abzugsfähigkeit der Zinsen sind bei derartigen Verträgen allerdings die restriktiven Regelungen der einschlägigen Rechtsprechung für Geschäfte unter Angehörigen (explizite Regelung, Bedingungen wie unter Fremden, tatsächliche Durchführung) zu beachten. Nachteilig ist häufig die begrenzte Darlehenshöhe und der Transfer elementarer Risiken auf nahe stehende Personen. Hiermit verknüpft ist die Problematik verdeckter Erwartungen bei Verträgen zwischen Angehörigen. Darlehensgeber werden hier z. T. Einflussmöglichkeiten und die spätere Gewährung von Eigenkapital erwarten, obwohl dies im Darlehensvertrag nicht geregelt ist. Auch institutionelle Kapitalgeber bewerten größere Familienkredite oft kritisch, da sie die Komplexität der Finanzierungsstruktur deutlich erhöhen können.

(4) *Leasing:* Teilweise außerhalb der Bilanz lassen sich Gegenstände des Anlagevermögens auch durch Leasing finanzieren. Anders als bei Bankkrediten können solche Gegenstände durch Leasing auch vollständig finanziert werden. Die Vollfinanzierung bringt in der Regel aber etwas ungünstigere Zinssätze mit sich. Zusätzlich sind die Finanzierungsmöglichkeiten hier noch stärker auf marktgängige Gegenstände des Anlagevermögens eingeschränkt. Außerdem werden – trotz der Beschränkung auf veräußerbare Gegenstände – zumeist erhebliche Anforderungen an die zukünftige Liquidität des Unternehmens gestellt. De facto führt Leasing also für junge Unternehmen kaum zu einer erheblichen Ausweitung des Finanzierungsspielraums. Dennoch kann Leasing zu einer Vereinfachung der Fremdfinanzierung beitragen, wenn entsprechend standardisierte Güter des Anlagevermögens im Unternehmen eingesetzt werden.

Als wesentliche Quellen zur externen Eigenfinanzierung kommen für junge Unternehmen in Frage (zu Vor- und Nachteilen vgl. auch Tab. 7.2):

**Tab. 7.2: Eigenschaften wichtiger Finanzierungsquellen für
junge Unternehmen – Eigenfinanzierung**

Finanzierungsquelle	Vorteile	Nachteile
Persönliches Eigenkapital Gründer	• Sicherung der Eigentümerrechte der Gründer • Hohe Identifikation mit dem Unternehmen	• Begrenzte Verfügbarkeit • Ungünstige Vermögensdiversifikation
Persönliches Eigenkapital Familie	• Wie Gründer	• Begrenzte Verfügbarkeit • Eventuell ungünstige Vermögensdiversifikation
Persönliches Eigenkapital Management	• Motivations- und Bindungseffekt • Vergütungsbestandteil, senkt bare Belastung des Unternehmens bei Gehältern	• Betragsmäßig nur partiell zur Kapitalbeschaffung geeignet
Persönliches Eigenkapital Mitarbeiter	• Wie Management	• Komplexe Gestaltung von Beteiligungsprogrammen • Betragsmäßig nur partiell zur Kapitalbeschaffung geeignet
Institutionelles Eigenkapital renditeorientierter VCG	• Bereitstellung nichtfinanzieller Managementunterstützung • Große Beträge finanzierbar	• Relativ hohe Finanzierungskosten • Starke Verwässerung der Eigentümerrechte der Gründer
Institutionelles Eigenkapital förderorientierter VCG	• Relativ niedrige Finanzierungskosten • Geringe Verwässerung der Eigentümerrechte der Gründer	• Begrenzte Verfügbarkeit • Häufig nur stille Beteiligungen (zeitlich begrenzt, fixe Entgeltkomponente, z. T. auch in Verlustphase)
Corporate VC	• Strategische Partnerschaft • Relativ niedrige Finanzierungskosten	• Einschränkung des Handlungsraumes
Informelles VC	• Relativ niedrige Finanzierungskosten	• In Deutschland wenig verbreitet
Börsennotierung	• Große Beträge finanzierbar	• Erforderlicher Etablierungsgrad des Unternehmens

(1) *Persönliches Eigenkapital:* Externes Eigenkapital wird teilweise von Personen aufgebracht, deren Motive nicht vollständig dem Ansatz rationaler Finanzinvestoren entsprechen. Hier sollen vier Gruppen persönlicher Eigenkapitalgeber unterschieden werden:

– Die *Gründer* des Unternehmens haben das Konzept des Unternehmens geprägt. Sie waren entweder an der handelsrechtlichen Gründung beteiligt (= Gründer i. e. S.) oder sind kurz danach bzw. an einem Wendepunkt der Unternehmensentwicklung als Gesellschafter hinzugekommen (= Gründer i. w. S.). Die Gründer sind in der Regel aktiv im jungen Unternehmen tätig. Sie bringen Kapital und Arbeitszeit ein und erwarten Wertsteigerungen/Gewinnanteile sowie Gehalt als Vergütung. Das von den Gründern aufgebrachte Eigenkapital reicht häufig – besonders bei starkem Wachstum – nicht zur Finanzierung des Unternehmens aus. Gegebenenfalls sind dann weitere Finanzierungsquellen erforderlich. Teilweise streben Gründer an, ihr finanzielles Engagement im eigenen Unternehmen zu reduzieren, z. B. um ihr persönliches Portfolio besser zu diversifizieren. Im Kontext einer VC-Finanzierung werden institutionelle Kapitalgeber allerdings – entsprechend des Konzeptes des „Bonding" der Agency-Theorie – darauf hinwirken, dass der Unternehmer sich unter Preisgabe seiner Diversifizierungsinteressen sehr stark finanziell im eigenen Unternehmen engagiert, um seine Motivation für das Unternehmen zu steigern.

– Die *Familie* der Gründer oder andere nahe stehende Personen können sich ebenfalls am Unternehmen beteiligen. Von diesen Gesellschaftern wird allerdings in der Regel nur Kapital eingebracht und im Gegenzug auch nur Wertsteigerung/ Gewinnbeteiligung erwartet. Auch bei dieser Finanzierungsmöglichkeit ist das praktisch verfügbare Kapital häufig eng begrenzt. Außerdem birgt eine umfassende Beteiligung der Familie und nahe stehender Personen am Unternehmen das Risiko, nicht nur das finanzielle Schicksal des Gründers sondern auch das seines gesamten Umfeldes eng mit der Entwicklung des Unternehmens zu verknüpfen.

– Das *Management* eines jungen Unternehmens erwirbt häufig ebenfalls Eigenkapitalbeteiligungen. Anders als bei den Gründer wird die Beteiligung hier aber stärker als Vergütungsbestandteil des Managers gesehen. Im Wettbewerb mit etablierten Unternehmen bieten junge Unternehmen häufig Beteiligungen als Ausgleich für niedrigere Gehälter. Damit ist diese Beteiligung bereits wesentlich stärker durch marktliche Verhandlungsprozesse (z. B. zur Höhe der Beteiligung, ein eventuelles Aufgeld auf den Nominalbetrag und zu Nebenbedingungen) geprägt, als die ursprüngliche Beteiligung der Gründer. Verglichen mit dem Aspekt der Kapitalbereitstellung für das Unternehmen, übrwiegt insgesamt häufig der Motivationsaspekt für das Management. Damit ist die Beteiligung des Managements nur partiell für Finanzierungszwecke relevant.

– Die *Mitarbeiter* eines jungen Unternehmens unterhalb der Managementebene werden häufig ebenfalls am Eigenkapital beteiligt. Diese Beteiligungsmodelle ähneln nur selten den verbilligt überlassenen Belegschaftsaktien börsennotierter Aktiengesellschaften. Neben dem regelmäßigen Erwerb von Aktien sind vor allem diverse Optionsmodelle üblich. Gegenüber der Beteiligung des Managements tritt der Aspekt der Kapitalbereitstellung zugunsten von Mitarbeitermotivations- und -bindungszielen noch stärker in den Hintergrund. Aufgrund des zur Gestaltung eines mittelfristig tragfähigen und interessengerechten Mitarbeiterbeteiligungspro-

186

gramms erforderlichen Aufwands, sind formale Mitarbeiterbeteiligungen zumeist nicht bereits in der Start-up-Phase darstellbar. Vielmehr ist ein gewisser Entwicklungsstand und Personalbestand des Unternehmens Voraussetzung für ein Mitarbeiterbeteiligungsprogramm. Bei der Finanzierungsplanung ist die Mitarbeiterbeteiligung aber selbst dann als Randbedingung zu berücksichtigen, wenn die Kapitalbereitstellung nur ein Sekundärziel ist. Besonders mit externen Gesellschaftern – z. B. VCG – muss nämlich rechtzeitig vereinbart und geregelt werden (etwa über eine bedingte Kapitalerhöhung), in welchem Umfang und zu welchen Konditionen Mitarbeiter in der Zukunft am Kapital beteiligt werden sollen.

(2) *Institutionelles Eigenkapital:* Externes Eigenkapital wird darüber hinaus von institutionellen Investoren angeboten. Für den Unternehmer ist hier ein gutes Verständnis der einzelnen Segmente des VC-Marktes relevant:

– *Renditeorientierte VCG* des privaten Sektors treten als rationale, professionelle Eigenkapitalinvestoren auf. Sie erwarten fundierte Geschäftspläne und präferieren Unternehmen mit hohen Wachstumszielen. Bei einer sehr hohen Ergebnis-/Wertsteigerungserwartung werden sie eher als andere institutionelle Investoren bereit sein, aktive Beratungsunterstützung anzubieten sowie nationale und internationale Kontakte zu vermitteln. Der Abschluss von Beteiligungsverträgen mit VCG ist für Unternehmer mit hohem Planungs- und Verhandlungsaufwand verbunden. Nachteilig ist ferner die Verwässerung der Eigentumsrechte am Unternehmen und insbesondere die – zumeist über Optionsrechte für die VCG verankerte – Gefahr des Verlustes der Kontrolle über das Unternehmen bei Nichterreichen der vereinbarten Ziele. Unternehmer sollten möglichst vor der Kontaktaufnahme mit VCG prüfen, ob die jeweilige Gesellschaft Finanzierungen in der passenden Finanzierungsphase sowie in der erforderlichen Höhe tätigt. Unternehmer sollten außerdem feststellen, ob für sie eine VCG mit bestimmtem Branchen- oder Regionalfokus vorteilhaft ist oder z. B. regional orientierte VCG nicht in Betracht kommen, da vor allem internationale Kontakte für einen raschen Börsengang erforderlich sind.

– *Förderorientierte VCG* des öffentlichen Sektors investieren Kapital zu besonders günstigen Konditionen – z. B. als stille Beteiligung – direkt in junge Unternehmen (z. B. Mittelständische Beteiligungsgesellschaften der Bundesländer) oder parallel zu renditeorientierten VCG des privaten Sektors (z. B. Technologiebeteiligungsgesellschaft der Deutschen Ausgleichsbank). Bei stillen Beteiligungen sind die an das junge Unternehmen gestellten Anforderungen häufig wesentlich geringer als bei renditeorientierten VC-Finanzierungen. Im Gegenzug kann von förderorientierten VCG aber auch kaum aktive Beratungsunterstützung erwartet werden. Angesichts der häufig auf wenige Mio. DM begrenzten Beteiligungshöhen, lassen sich VC-Finanzierungen für besonders dynamische junge Unternehmen, die einen zügigen Börsengang anstreben, nur in seltenen Fällen vollständig übr förderorientiertes VC darstellen. In vielen Fällen kommt förderorientiertes VC daher für Unternehmer als günstige Ergänzung zu renditeorientiertem VC in Betracht.

– *Corporate VC* wird von etablierten Unternehmen angeboten, die sich an jungen Unternehmen z. B. zur Sicherung von Forschungs- und Entwicklungskapazitäten, Beschaffungsquellen oder Absatzkanälen beteiligen wollen. Verglichen mit renditeorientiertem VC werden hier oft günstigere Konditionen und eine auf Dauer angelegte Beteiligung angeboten. Für das junge Unternehmen ist insbesondere zu prüfen, ob die strategische Partnerschaft mit dem betreffenden etablierten Unternehmen sinnvoll ist und ob der eventuelle Konditionenvorteil nicht durch die frühzeitige und von jungen Unternehmen kaum noch auflösbare Bindung an das etablierte Unternehmen überkompensiert wird.

- *Informelles VC* wird von privaten Personen („Business Angels") bereitgestellt, die sich teilweise ähnlich verhalten wie institutionelle Investoren im engeren Sinne. Netzwerke aus erfolgreichen ehemaligen Gründern und anderen wohlhabenden Privatpersonen, die unmittelbar in junge Unternehmen investieren möchten, sind in Deutschland bislang kaum etabliert. Für junge Unternehmen birgt informelles VC die Chance auf im Vergleich zu renditeorientiertem VC günstigere Konditionen. Allerdings schwankt bei informellem VC die Intensität und Qualität der aktiven Beratungsunterstützung sowie des angebotenen Netzwerks sehr stark und ist für den Unternehmer nur schwer prognostizierbar. Zusätzlich setzt informelles VC auch eine funktionierende persönliche Beziehung zum Investor voraus.

(3) *Börsennotierung:* Externes Eigenkapital kann außerdem über die Erstemission an einer Wertpapierbörse oder über diverse Vorstufen (z. B. elektronische Handelsplattformen, Telefonhandel) beschafft werden. Regelmäßig wird hierfür ein erheblicher Umfang der Finanzierung und ein fortgeschrittener Entwicklungsstand des Unternehmens vorausgesetzt. Auch wenn die Anforderungen an Erstemissionen in den letzten Jahren rapide reduziert wurden, sollte sich für den seriösen Unternehmer die Frage stellen, ob nicht eine solide Entwicklung des Unternehmens im Vorfeld des Börsengangs aus Wertgesichtspunkten attraktiver ist als ein kurzfristiger Börsengang. Zu berücksichtigen sind ferner die Transaktionskosten einer Börseneinführung, die mit ca. 9 - 14 % des Emissionsvolumens beziffert werden. Hieraus ergeben sich regelmäßig Rückwirkungen auf die Kapitalbedarfsplanung, da die Kosten einer Börseneinführung – z. B. durch eine Bridgefinanzierung – mit vorfinanziert werden müssen.

Angesichts der Vielzahl öffentlicher Fördermöglichkeiten und des hohen Kapitalangebots am VC-Markt werden junge Unternehmen in vielen Fällen zwischen Finanzierungsalternativen wählen können. Die Wahl der geeigneten Finanzierungsstruktur stellt somit eine wesentliche Herausforderung bei der Finanzierungsplanung junger Unternehmen dar. Zur sinnvollen Strukturierung der Finanzierung sollten sich Unternehmen zunächst über ihre individuellen Finanzierungsziele klar werden. Typische Finanzierungsziele für ein dynamisches junges Unternehmen mit mehreren Verlustperioden und hohem Umsatzwachstum, das einen späteren Börsengang anstrebt könnten sein:

(1) *Niedrige Finanzierungskosten,* in umfassender Definition (d. h. Zinsen, gewinnabhängige Entgelte, Anteil an Wertsteigerungen) aus Sicht von Gesellschaft und (Gründungs-)Gesellschaftern. Daher Tendenz zu Fördermitteln und zur Fremdfinanzierung.

(2) *Geringe Zins- und Tilgungslasten* in der Verlustphase, um den hohen operativen Kapitalbedarf durch entsprechende Auszahlungen nicht weiter zu erhöhen und Risiken zu vermeiden. Folglich Tendenz zu einem hohen Eigenkapitalanteil bei der Finanzierung.

(3) *Geringe Verwässerung der Eigentümerrechte* für die Gründer, um (a) die Kontrolle über das Unternehmen zu behalten und (b) Anteile nicht frühzeitig zu einem relativ geringen Wert zu veräußern. Daher Tendenz zur Fremdfinanzierung und zu Fördermitteln.

(4) *Optimierung des Gesellschafterkreises* durch Gewinnung passender Eigenkapitalinvestoren, die z. B. als strategische Partner, als Berater, durch Bereitstellung von Netzwerkkontakten über den finanziellen Aspekt hinaus die Unternehmensentwicklung fördern. Daher Tendenz zu Eigenkapitalinvestoren mit nicht-finanziellen Zusatzangeboten.

(5) *Einfache Finanzierungsstruktur,* um Gesellschafterbeschlüsse und Berichtspflichten nicht unnötig komplex zu gestalten. Folglich Tendenz zu einer kleinen Zahl von Kapitalgebern (wenige VCG, klare Rollenverteilung zwischen Lead-Investor und Konsortium).

Offensichtlich widersprechen sich die einzelnen Finanzierungsziele sehr deutlich. Eine Orientierung an *niedrigen Finanzierungskosten* lässt fast alle Eigenkapitalfinanzierungen als unattraktiv erscheinen. Bei Vergleichen der Finanzierungskosten sollten neben den Fremdkapitalzinsen bzw. den Renditeerwartungen von Eigenkapitalinvestoren aber auch Aspekte der Fristenkongruenz zwischen Finanzierungsmitteln und dem Objekt der Finanzierung beachtet werden, da z. B. die kurzfristige Fremdfinanzierung Risiken durch wechselnde Konditionen und Kapitalverfügbarkeit während der Nutzungsdauer eines Finanzierungsobjektes mit sich bringt. Auch unter Beachtung dieser Details sind für junge Unternehmen im Vergleich zu Fremdfinanzierungen bestenfalls öffentliche Förderfinanzierungen mit Quasi-Eigenkapital, z. B. in Form einer typischen stillen Beteiligung einer Mittelständischen Beteiligungsgesellschaft mit teilweise gewinnabhängiger, aber nach oben begrenzter Verzinsung attraktiv. Auch zusammen mit klassischem Fremdkapital werden entsprechende Fördermittel aber in der Regel nicht in ausreichendem Umfang zur Verfügung stehen. In direktem Widerspruch steht dann bereits das Streben nach *geringen Zins- und Tilgungslasten.* Selbst wenn die nach dem ersten Ziel erstrebenswerten Mittel in hinreichendem Umfang zur Verfügung stehen würden, wäre das mit der klassischen Fremdfinanzierung verbundene Risiko für das Unternehmen ungünstig. Darüber hinaus würden die in der Regel schon in den ersten Perioden fälligen Zins- und Tilgungszahlungen den Finanzierungsbedarf erheblich erhöhen. Daher wäre mit diesem Ziel eher eine klassische Eigenkapitalfinanzierung vereinbar, die sich an Wertsteigerungen des Unternehmens über einen mehrperiodigen Zeitraum orientiert und damit anfänglich keine Belastungen auslöst.

Nach den beiden ersten Zielen sind daher eigentlich nur noch Förderfinanzierungen, z. B. öffentliche Darlehen oder öffentliche stille Beteiligungen attraktiv, sofern bei diesen Förderfinanzierungen in der Verlustphase keine oder nur reduzierte Zinszahlungen fällig werden.

Die *geringe Verwässerung der Eigentümerrechte* spricht wieder für Fremdkapital und Fördermittel. Nach diesem Ziel wären zumindest offene Beteiligungen weniger interessant, da der Unternehmer damit endgültig Anteile an seinem Unternehmen aufgeben würde. Unter den Formen der Eigenkapitalfinanzierung ließe sich auch hier allenfalls die stille Beteiligung zielkonform gestalten, wenn ein öffentlicher Kapitalgeber ein Rückkaufsrecht anbietet. Derartiges Kapital ist aber beschränkt durch (a) die von den Anbietern kontingentierte maximale Beteiligungshöhe und (b) öffentlich rechtliche Regelungen (z. B. EU-Notifizierung von Förderprogrammen) über den maximalen Subventionswert (Zuschüsse, Zinsverbilligungen etc.) aller Förderfinanzierungen für ein einzelnes Unternehmen.

Die *Optimierung des Gesellschafterkreises* bedeutet, dass mit der Aufnahme externer Gesellschafter eine möglichst sinnvolle Gesellschafterstruktur geschaffen werden sollte, die dem Unternehmen nicht nur Kapital, sondern auch strategische Partner, Berater und Kontakte bereitstellt. Erstrebenswert kann z. B. sein, dass zumindest eine der beteiligten VCG über einschlägige Erfahrungen in der relevanten Branche und/oder Region verfügt.

Das fünfte Ziel der *einfachen Finanzierungsstruktur* warnt den Planer davor, eine allzu komplizierte Finanzierung zu entwerfen, da dies die Gesellschafterentscheidungen und die turnusmäßige Berichterstattung an die Kapitalgeber kompliziert. In der Konsequenz ist die Beschränkung auf eine kleine Zahl (ca. 3-4) öffentlicher Förderprogramme für einen Entwicklungsabschnitt eines Unternehmens ratsam. Werden bei größeren Finanzierungen mehrere VCG einbezogen, sollte der Unternehmer darauf drängen, dass eine oder zwei VCG die Rolle des Lead-Investors einnehmen und die weiteren VCG sich operativ auf die Rolle von Konsortialpartnern der Lead-Investoren beschränken. Ist eine als Lead-Investor fungierende VCG eine Tochtergesellschaft einer Geschäftsbank, so erscheint es außerdem sinnvoll, diese Bank in der Rolle der „Hausbank" bei der Beantragung öffentlicher Fördermittel einzubeziehen.

Hat ein Unternehmen seine individuellen Finanzierungsziele – flankiert von einer angestrebten Eigen-/Fremdkapitalquote – festgelegt, sollte es die einzelnen Finanzierungsarten nach der Zielerfüllung priorisieren. Eine grob geplante Eigen-/Fremdkapitalquote trägt dazu bei, dass nicht nur z. B. die Fremdfinanzierung maximiert wird, sondern beide Finanzierungsarten parallel im „Gegenstromverfahren" optimiert werden. Für typische dynamische junge Unternehmen könnte sich etwa folgende Priorität der Finanzierungsarten ergeben (s. auch Abb. 7.2):

(1a) Ausschöpfung des *persönlichen Eigenkapitals* vor allem bei den Gründern, da sowohl bei öffentlichen Förderfinanzierungen als auch von VCG ein erhebliches Eigenengagement der Gründer erwartet wird. Ergänzung um Eigen- und Fremdkapital von nahestehenden Personen nach Verfügbarkeit und individueller Neigung.

(1b) Aufnahme *personenbezogener öffentlicher Förderung* durch die Gründer, z. B. in Form von Eigenkapitalhilfedarlehen, die dann als Eigenkapital dem jungen Unternehmen zur Verfügung gestellt werden. Hier stehen günstige Konditionen und die Erhaltung eines möglichst hohen Kapitalanteils für die Gründer im Vordergrund.

(2a) Ausschöpfung *öffentlicher Zuschussförderung* anstelle von Fremdkapital angesichts der anderweitig nicht erreichbaren Konditionen dieser Förderart. Hierbei sollten Rückwirkungen auf die Standortplanung z. B. durch einen Fördervergleich der Standorte (bis zu einem Standortwettbewerb) bedacht werden.

(2b) Nutzung der *unternehmensbezogenen Förderkredite* innerhalb der geplanten Fremdkapitalquote. Zur Komplexitätsreduzierung bei der Antragstellung und beim späteren Berichtswesen sollte sich das Unternehmen möglichst auf wenige Förderkreditangebote fokussieren, die dem angestrebten Kreditbedarf weitgehend entsprechen.

Abb. 7.2: Strukturierung der Finanzierung junger Unternehmen

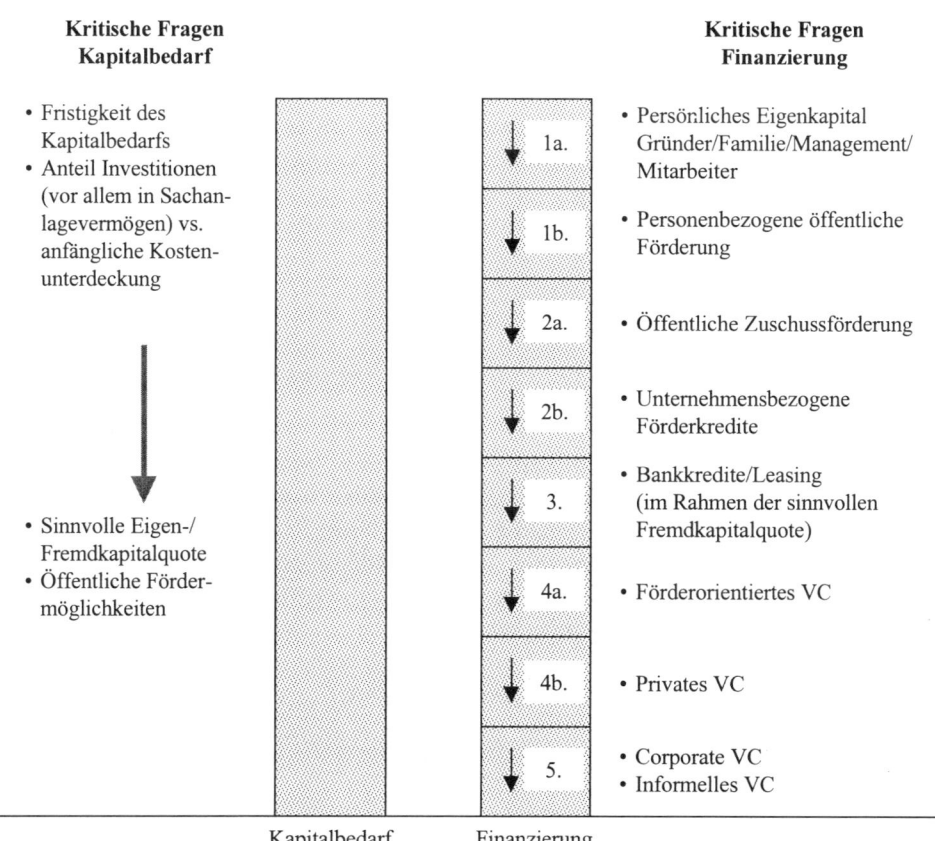

Kritische Fragen
Kapitalbedarf

Kritische Fragen
Finanzierung

• Fristigkeit des
  Kapitalbedarfs
• Anteil Investitionen
  (vor allem in Sachan-
  lagevermögen) vs.
  anfängliche Kosten-
  unterdeckung

1a. • Persönliches Eigenkapital
    Gründer/Familie/Management/
    Mitarbeiter

1b. • Personenbezogene öffentliche
    Förderung

2a. • Öffentliche Zuschussförderung

2b. • Unternehmensbezogene
    Förderkredite

3. • Bankkredite/Leasing
   (im Rahmen der sinnvollen
   Fremdkapitalquote)

• Sinnvolle Eigen-/
  Fremdkapitalquote
• Öffentliche Förder-
  möglichkeiten

4a. • Förderorientiertes VC

4b. • Privates VC

5. • Corporate VC
   • Informelles VC

Kapitalbedarf   Finanzierung

(3) Ergänzung der angestrebten, aber durch Förderangebote nicht darstellbaren Fremdkapi-
     talquote durch *Bankkredite* oder *Leasing*, soweit möglich und sinnvoll.

(4a) Ausschöpfung von Angeboten *förderorientierter VCG* innerhalb der geplanten Eigenka-
     pitalquote, um die durchweg günstigen Konditionen zu nutzen. Beachtung von Rückwir-
     kungen auf die Standortplanung parallel zur öffentlichen Zuschussförderung (2a). Be-
     achtung von Co-Finanzierungsmodellen mit VCG aus dem privaten Sektor.

(4b) Nutzung von *privatem VC* zur Ergänzung der geplanten Eigenkapitalquote. Aktive Anre-
     gung von öffentlichen Co-Finanzierungsmodellen zur Optimierung der Konditionen.
     Volumina aktiver Beitrag zur Entwicklung eines Konsortiums. Möglichst Beeinflussung
     der Rollenverteilung im Konsortium (z. B. Hausbank, internationales Know-how).

(5) Ergänzung der Eigenkapitalfinanzierung durch corporate VC oder informelles VC soweit
     im Einzelfall möglich und sinnvoll.

Anhand dieser Prioritäten können Finanzierungsquellen im Einzelfall erkundet und „baustein-
artig" gegeneinander abgewogen werden. Wenn erforderlich kann die geplante Eigen-/ Fremd-

kapitalquote an das tatsächliche Kapitalangebot angepasst werden. Die Strukturierung der Finanzierung wird in der Praxis fast immer dadurch erheblich erschwert, dass Investoren möglichst eine Zustimmung aller anderen beteiligten Investoren zur Gesamtfinanzierung erwarten. Bei einer größeren Zahl öffentlicher und privater Kapitalgeber stellt dies natürlich eine kaum noch befriedigend lösbare Aufgabe dar. Eine wichtige Funktion kann hier die sogenannte Hausbank erfüllen, die bei öffentlichen Förderfinanzierungen zumeist formal vorgesehen ist und zusätzlich – etwa als Lead-Investor – auch unter den VC-Gebern eine ähnliche Rolle einnehmen kann. Die Hausbank kann dann als vertrauenswürdige Institution das Einverständnis aller Partner austauschen und ggf. Finanzierungslücken durch Überbrückungskredite schließen. Häufig bereitet allerdings auch die frühzeitige Bestimmung der Hausbank Schwierigkeiten, wenn diese nämlich erst als Konsequenz der Einwerbung von VC festgelegt werden soll.

7.3 Möglichkeiten zur effektiven Entwicklung der Geschäftsplanung

Die bisher verfolgte Orientierung an der Darstellung der Geschäftsplanung für externe Adressaten wird in diesem Abschnitt durchbrochen, um kurz einige zentrale *prozessuale* Aspekte bei der *Erstellung* der Geschäftsplanung für externe Adressaten vorzustellen. In Abschnitt 7.3.1 wird dazu diskutiert, welche Quellen grundsätzlich zur Gewinnung von Markt- und Brancheninformationen herangezogen werden sollten, um die Realitätsnähe wesentlicher Annahmen zu gewährleisten. In Abschnitt 7.3.2 werden dann die Wahl des Planungshorizonts und dessen Einteilung in Perioden sowie die Nutzung von Sensitivitätsanalysen als kritische methodische Fragen diskutiert. In Abschnitt 7.3.3 wird schließlich die Rolle von öffentlicher und privater Beratungsunterstützung bei der Planung kurz charakterisiert.

7.3.1 Wichtige Quellen für Markt- und Brancheninformationen

Markt- und Brancheninformationen sind für mehrere der zuvor dargestellten Planungsmodule kritisch. Von zentraler Bedeutung sind solche Informationen für die Markt- und Wettbewerbsanalyse. Daneben sind Markt- und Brancheninformationen aber auch für das Marketing und die Wettbewerbsstrategie (z. B. Vergleich von Vertriebskanälen), für die Planung von Ressourcen und Geschäftssystem (z. B. branchenübliche Möglichkeiten zur Fremdvergabe) sowie zur Umsatz- und Kostenplanung (z. B. Analyse von Kostenstrukturen) relevant. Gute Geschäftspläne zeichnen sich dadurch aus, dass zentrale Planungsannahmen nicht lediglich auf den Einschätzungen (technischer) Experten beruhen, sondern vielmehr seriöse Marktinformationen verwendet werden, die auch einer Nachprüfung durch Investoren stand halten.

Von jungen Unternehmen häufig genutzte Quellen für Markt- und Brancheninformationen sind in Abb. 7.3 aufgeführt (s. ausführlicher z. B. Klandt (1999), S. 71-74; Wupperfeld (1999), S. 65-67). *Sekundärrecherchen* werten ohnehin vorhandenes, also nicht speziell erhobenes Informationsmaterial für eigene Zwecke aus. Derartige Sekundäranalysen sollten für alle marktbezogenen Annahmen der Geschäftsplanung durchgeführt werden. Anhand der aufgezählten Typen von Quellen sollten die Planungsverfasser prüfen, ob nicht naheliegende Informationen

Abb. 7.3: Quellen für Markt- und Brancheninformationen

① Sekundärrecherche	② Primärrecherche
• Amtliche Statistik des Statistischen Bundesamtes, der Statistischen Landesämter oder von EUROSTAT • Informationsmaterial von Branchenverbänden und Kammern • Veröffentlichung aus anderen Quellen, z. B. Fachliteratur, Unternehmensveröffentlichungen • Unternehmensdatenbanken (z. B. Markus-Datenbank) • Patentrecherchen	• Systematische Interviews mit Branchenexperten • Befragung von potentiellen Kunden (z. B. telefonisch, auf Messen, in Fokusgruppen) • Befragung von Vertriebspartnern, Lieferanten, Wettbewerbern • Beauftragung von Marktanalysen bei Forschungs- und Beratungsinstitutionen

übersehen wurden. Sonst besteht die Gefahr, dass Empfänger selbst über entsprechende Informationen verfügen und auf dieser Basis die Annahmen hinsichtlich (a) ihrer inhaltlichen Plausibilität und/oder (b) der Qualität ihrer Erstellung angreifen könnten.

Bei *Primärrecherchen* werden Informationen speziell für den verfolgten Zweck erhoben. Dies kann beispielsweise durch Experteninterviews, Befragungen von potentiellen Kunden aber auch von Vertriebspartnern, Lieferanten und Wettbewerbern geschehen. Im Vergleich zu Sekundärrecherchen sind Primärrecherchen durchweg wesentlich aufwendiger. Zumindest für die „fortgeschrittene" Geschäftsplanung bei großen Finanzierungsvolumina und/oder in späteren Entwicklungsphasen des jungen Unternehmens sind Primärrecherchen aber zur Unterstützung zentraler Planungsannahmen sehr empfehlenswert. Besonders bei hoch innovativen Vorhaben, für die naturgemäß selten umfassende marktbezogene Anhaltspunkte erhältlich sind, lässt sich externen Adressaten ansonsten kaum vermitteln, dass die Planungsergebnisse glaubhaft sind.

7.3.2 Methodische Fragen bei der Erstellung der Planung

Häufig kontrovers diskutiert wird die Frage nach dem sinnvollen *Planungshorizont*. Mit einer langfristigen Planung wird ein höherer Informationsgehalt assoziiert. Gerade für junge Unternehmen mit einer mehrjährigen anfänglichen Verlustphase kann eine möglichst langer Planungshorizont erforderlich sein, um nicht nur die Verlustphase, sondern den Eintritt in die Gewinnphase und eine anschließende Stabilisierung abzubilden. Gegen eine langfristige Planung spricht selbstverständlich die mit dem Planungshorizont zunehmende Unsicherheit.

Der im Einzelfall sinnvolle Planungshorizont hängt also prinzipiell stark von der Dauer einer eventuellen Verlustphase sowie von der erzielbaren Prognosegüte für die in der Planung verwendeten Variablen ab. Beide Einflussgrößen sind kaum zuverlässig abschätzbar, zumal die

Länge der Verlustphase selbst eher ein Ergebnis der Planung ist. Als grundsätzliche Anhaltspunkte für den sinnvollen Planungshorizont können aber gelten:

(1) Der Planungshorizont muss mindestens die Periode einschließen, in denen das Unternehmen erstmalig einen positiven Cash-flow erzielt. Andernfalls könnte der extern zu finanzierende Kapitalbedarf nicht umfassend beurteilt werden (Minimalanforderung).

(2) Der Planungshorizont soll die Periode einschließen, in der das Unternehmen erstmals einen positiven Jahresüberschuss ausweisen kann. Sinnvollerweise sollten ein bis zwei weitere Perioden eingeschlossen werden, damit eine eventuelle Stabilisierung des Jahresüberschusses beobachtet werden kann.

(3) Der Planungshorizont soll die Periode einschließen, in der der kumulierte Cash-Flow positiv wird, also ein absoluter Kapitalrückfluss erzielt wird („Payback-Periode"). So kann beurteilt werden, in welcher Zeit das Kapital amortisiert wird (Maximalanforderung).

Hinsichtlich der *Planungsperioden* kommen vor allem Jahres-, Quartals- und Monatsperioden in Betracht. Aus Gründen der Übersichtlichkeit und des planerischen Realismus sollte die im Geschäftsplan dargestellte Planung möglichst Jahresperioden kommunizieren. Quartalsweise Darstellungen kommen in dieser Phase vor allem für die Finanzierungsplanung der ersten 1 - 2 Jahre in Betracht. So kann Gesellschaftern verdeutlicht werden, in welchen Tranchen Kapital bereitgestellt werden muss. Darüber hinaus bietet sich in starken Wachstumsphasen zumindest eine unterjährige Darstellung von Absatz- und Umsatzplanungen an. Abweichend von der Außendarstellung im Geschäftsplan kann als Hilfe bei der Erstellung der Planung eine durchgehende Rechnung in Monats- oder Quartalsperioden sinnvoll sein.

Bei Darstellung mehrerer Szenarien (s. u.) sollten die obigen Anforderungen möglichst auch für das ungünstigste Szenario erfüllt werden. In der Praxis kommen Geschäftspläne mit einer Planungsdauer von 5 Jahren nach Beobachtung des Verfassers besonders häufig vor. Dieser Planungshorizont sollte aber eher als Mindestanforderung für junge Unternehmen verstanden werden, die die vorgenannten Kriterien bereits in kürzerer Frist erfüllen können.

Um wesentliche Risiken in der Planung zu berücksichtigen und transparent zu machen, sind in der Regel *Sensitivitätsanalysen* sinnvoll, bei denen wesentliche Eingangsgrößen in Szenarien variiert werden. Im Rahmen der Szenarien sollten vor allem solche Eingangsgrößen variiert werden, (a) bei denen erhebliche Ausprägungsunterschiede wahrscheinlich sind, (b) die vom Management und den Gesellschaftern nur schwer beeinflussbar sind und (c) bei denen Abweichungen einen erheblichen Einfluss auf den Erfolg und den Kapitalbedarf des Unternehmens ausüben. Als wichtige Regeln für Sensitivitätsanalysen können gelten:

(1) Die Zahl der dargestellten Szenarien sollte zur Erhöhung der Verständlichkeit klein sein – üblich sind 3 Szenarien. Häufig wird ein Normalszenario („base case"), ein günstiges Szenario („best case") und ein ungünstiges Szenario („worst case") dargestellt. Sinnvoll kann aber auch die Darstellung eines Normalszenarios und zwei unterschiedlichen ungünstigen Szenarien sein. Letzteres kommt vor allem in Betracht, wenn die Entwicklung

des Unternehmens prinzipiell sehr positiv eingeschätzt wird, aber erhebliche (Markt-)Unsicherheiten bestehen (z. B. bei Internet- oder Biotechnologieunternehmen).

(2) Die Zahl der in einem Szenario variierten Größen sollte ebenfalls klein sein – üblich sind 1-2 Variablen. Dem Leser sollte eher der Effekt einer einzelnen, dafür aber entscheidenden Annahmeveränderung verdeutlicht werden, als der Gesamteffekt von Veränderungen kaum überschaubarer Komplexität.

(3) Für die Szenarien sollten vor allem Cash-flow-Profile im Zeitablauf dargestellt werden. Auf dieser Basis können die Effekte auf den Kapitalbedarf und die Amortisationsdauer abgeleitet werden. Fallspezifisch können zusätzlich vor allem die Folgen für den handelsrechtlichen Jahresabschluss und die erzielte Kapitalrendite relevant sein.

Durch der Fokussierung der Sensitivitätsanalysen auf wenige Szenarien mit jeweils wenigen Variablen können die relevanten Risiken häufig nicht umfassend abgebildet werden. Zahlreiche weitere Risiken sind außerdem kaum quantifizierbar (plötzliche Wettbewerbsveränderungen, Fluktuation/Ausfall von Schlüsselpersonal, Zuverlässigkeit/Solvenz von Zulieferern und Vertriebspartnern). Die wichtigsten solcher nicht in Sensitivitätsanalysen berücksichtigten Risiken sollten im Geschäftsplan verbal dokumentiert werden. Für zentrale Risiken – unabhängig von ihrer Berücksichtigung in Sensitivitätsanalysen – sollten darüber hinaus geplante Maßnahmen zur Minimierung ihrer Folgen dargestellt werden.

7.3.3 Öffentliche und private Beratungsunterstützung

Für die Erstellung eines Geschäftsplans kann in vielfältiger Weise auf externe Beratungsunterstützung zurückgegriffen werden. Entsprechende Dienstleistungen werden z. B. von Unternehmensberatern, Wirtschaftsförderungsgesellschaften, Industrie- und Handelskammern bzw. Handwerkskammern, Fach- und Berufsverbänden, Kreditinstituten und durch Steuerberater sowie Rechtsanwälte/Notare angeboten (s. Collrepp (1999), S. 21). Unter Beratungsunterstützung i. e. S. wird hier die Beratung bei der Erstellung des Geschäftsplans in wirtschaftlichen/finanziellen, organisatorischen und technischen Fragen verstanden (vgl. Wupperfeld (1999), S. 173). Nicht zur Beratungsunterstützung i. e. S. zählt dagegen z. B. die Beratung in Rechts- und Steuerfragen, die Beratung zur Erlangung öffentlicher Hilfen und in Versicherungsfragen sowie die Delegation operativer Tätigkeiten (z. B. Buchführungs- und EDV-Arbeiten).

Öffentliche Stellen – z. B. die Industrie- und Handelskammern – bieten zwar Beratungsunterstützung an, sind dabei aber eher (a) eher auf konventionelle Existenzgründer als auf extrem dynamische junge Unternehmen im Vorfeld von VC-Finanzierungen und (b) auf Fragen zur Markteinschätzung und zu Förderprogrammen als auf strategische Aspekte der Geschäftsplanung ausgerichtet. Darüber hinaus wird auf Bundes- und Landesebene von privaten Unternehmensberatern angebotene Existenzgründungsberatung finanziell gefördert. Allerdings sind auch diese Fördermaßnahmen eher auf klassische Existenzgründer zugeschnitten: Durch Zuschuss des Bundesministeriums für Wirtschaft und Technologie gefördert werden 50 % der in Rechnung gestellten Beratungskosten bis zu einem Betrag von 1.250 €. Angesichts der bei qualifizierten Unternehmensberatern üblichen Tagessätze von mehreren tausend DM wird deutlich, dass entweder nur ein sehr kleiner Projektumfang förderfähig ist oder auf ein Segment von Existenzgründungsberatern zurückgegriffen werden muss, bei dem eine effektive Unterstützung für junge Unternehmen vor einer VC-Finanzierung kaum zu erwarten ist.

Prinzipiell können Unternehmensberater die Entwicklung des Geschäftsplans – besonders in Bereichen, die umfangreiches Spezialwissen erfordern (z. B. Marktanalysen, Finanzierungsplanung) – sinnvoll unterstützen (vgl. Struck (1998), S. 22). Ein professionell organisierter Einsatz von Beratern sollte daher vor allem auf Felder konzentriert sein, die sehr zeitkritisch sind und Spezialwissen erfordern. Dennoch müssen die Gründer persönlich zentrale Planungsannahmen mitgestalten, kennen und verantworten. Ein Beratereinsatz, der unter Beachtung dieser Randbedingungen stattfindet, wird in der Regel auch von VCG positiv eingeschätzt und sollte demnach transparent gemacht werden.

Eine wesentliche Hürde stellt für junge Unternehmen allerdings die Vergütung des Beraters dar (s. a. Kapitel 6.4.2). Grundsätzlich sind hier drei Modelle – mit jeweils unterschiedlichen Stärken und Schwächen denkbar:

(1) Der Berater wird für seine Tätigkeit *zeitnah in bar* auf Basis der eingesetzten Arbeitszeit vergütet. Diese Vergütungsform ist einfach zu organisieren und beeinträchtigt die Objektivität und Unabhängigkeit des Beraters nicht. Allerdings fallen Beratungskosten hier *vor* der VC-Finanzierung an – i. d. R. eine Phase mit knappen Ressourcen.

(2) Der Berater wird *erfolgsabhängig nach der VC-Finanzierung* – z. B. in Form einer prozentualen Provision des eingeworbenen Kapitals vergütet. Beratungskosten werden so auf die Zeit nach Abschluss der VC-Finanzierung verlagert. Der Berater wird stark am Abschluss der VC-Finanzierung interessiert sein. Interessenkonflikte können aus der Motivationswirkung kurzfristiger Finanzierungsabschlüsse über hohe Summen entstehen.

(3) Der Berater wird über eine *Beteiligung am Eigenkapital* und die damit verbundene mittelfristige Wertsteigerung vergütet. Diese Vergütungsform ist steuerlich und juristisch komplex und setzt ferner voraus, dass der Berater nicht auf kurzfristige Erlöse angewiesen ist. Im Gegenzug werden die Perspektiven und Interessen von Gründer und Berater aber bestmöglich zur Deckung gebracht.

Während traditionell wohl die erste und unkomplizierteste Variante bevorzugt werden, scheinen die beiden letztgenannten Vergütungsformen in der Praxis – angesichts des Liquiditätsvorteils für das junge Unternehmen und der höheren Vergütungschancen für den Berater – stark an Bedeutung zu gewinnen.

7.4 Einsatz des Geschäftsplans bei der externen Eigenfinanzierung

Nach den vorangegangenen Ausführungen über die Erstellung der Geschäftsplanung wird in Kapitel 7.4 – ebenfalls aus prozessualer Sicht – dargestellt, wie die Geschäftspläne bei der externen Eigenfinanzierung genutzt werden können. Dazu geht Abschnitt 7.4.1 zunächst kurz darauf ein, welche Spezifika sich aus der Lebenszyklusphase eines VC-suchenden jungen Unternehmens hinsichtlich sinnvoller Schutzmaßnahmen für die Geschäftsidee ergeben. Anschließend wird in Abschnitt 7.4.2 die Rolle des Geschäftsplans im Prozess der Einwerbung von VC dargestellt. Besonders betont wird dabei die taktische Bedeutung einer vom jungen Unternehmen durchgeführten Bewertungsanalyse. Abschließend werden in Abschnitt 7.4.3 Beteiligungsbörsen und Beteiligungsvermittlung als alternative Wege zur Einwerbung von VC angesprochen.

7.4.1 Schutz der Geschäftsidee bei jungen Unternehmen

Prinzipiell existieren drei wesentliche Möglichkeiten für das junge Unternehmen, die eigene Geschäftsidee während der externen Eigenfinanzierung vor Nachahmung durch unbefugte Dritte zu schützen (s. McKinsey (1999), S. 53-54):

(1) *Schnelligkeit:* Das junge Unternehmen sollte seine Geschäftsidee möglichst rasch umsetzen, um zügig eine günstige Marktposition zu erlangen und damit die Eintrittsbarrieren für Wettbewerber – und auch unbefugte Nachahmer – zu erhöhen. Eine zögerliche Umsetzung würde dagegen die Chancen für Dritte verbessern, in der Zwischenzeit Kenntnis- und Fähigkeitenlücken zu schließen, die einer Nachahmung im Wege stehen.

(2) *Gewerbliche Schutzrechte:* Das junge Unternehmen kann seine Innovationen durch Patente oder Gebrauchsmuster schützen. Während hier ein – zumindest theoretisch – juristisch durchsetzbarer Schutz geschaffen wird, muss das Unternehmen andererseits (1) die Produkte *vor* der Finanzierung bis zur Schutzwürdigkeit entwickeln und (2) die Nachteile der Offenlegung der Innovation (z. B. Weiterentwicklung für andere Anwendungsfelder durch Dritte, Umgehung durch relativ geringe Modifizierung) in Kauf nehmen.

(3) *Vertraulichkeitserklärung:* Bei der externen Eigenfinanzierung wird von potentiellen Kapitalgebern im Vorfeld einer Finanzierung praktisch immer eine Vertraulichkeitserklärung abgegeben, mit der eine empfindliche Vertragsstrafe für den Fall der unberechtigten Weitergabe schutzwürdiger Informationen vereinbart wird. Die Durchsetzung der Vertragsstrafe wird häufig allerdings durch Beweisprobleme (v. a. Verteilung der Beweislast, Nachweis der Kausalität zwischen Weitergabe und Nutzung) erschwert.

Im Vorfeld von VC-Finanzierungen sollten junge Unternehmen ihren Geschäftsplan stets nur gegen Unterzeichnung einer Vertraulichkeitserklärung an potentielle Investoren übermitteln. Nach Möglichkeit sollte zusätzlich mindestens eine der anderen Möglichkeiten (d. h. Schnelligkeit oder gewerbliche Schutzrechte) umgesetzt werden.

7.4.2 Nutzung des Geschäftsplans bei der Einwerbung von Venture Capital

Um einen Geschäftsplan im Interesse des jungen Unternehmens optimal zur Einwerbung von VC einzusetzen, sollten nicht nur die zentralen strategischen und operativen Planungsfragen verständlich beantwortet werden. Von Bedeutung ist darüber hinaus, dass die Verfasser des Geschäftsplans möglichst die Perspektive der VCG vorwegnehmen. Zusätzlich sind zahlreiche Punkte zu beachten, die sich aus den unterschiedlichen Interessen von VCG und jungem Unternehmen ergeben: Das Unternehmen bietet der VCG in der Regel nur den Geschäftsplan mit darin enthaltenen Versprechungen für das zukünftige unternehmerische Verhalten und Prognosen für die wirtschaftliche Entwicklung. Trotz dieser schlechten Verhandlungsposition des jungen Unternehmens hat die VCG ein Interesse am Erfolg des jungen Unternehmens und wird diesen Erfolg nicht durch ein einseitiges Konditionenangebot gefährden.

Die einzelnen Schritte des Prozesses der Einwerbung von VC sind in Abb. 7.4 dargestellt und werden nachfolgend im Detail diskutiert. Diese Schritte weichen von Abb. 2.6 teilweise ab, weil hier die Perspektive des Kapitalnehmers gewählt wird.

Im Rahmen der Einwerbung von VC sollte sich das junge Unternehmen zunächst aus den am Markt aktiven VCG diejenigen auswählen, die voraussichtlich am besten zum jungen Unternehmen passen (Schritt 1, Abb. 7.4). Eine Ansprache nur weniger und nicht systematisch ausgewählter VCG führt wahrscheinlich dazu, dass der optimale Kapitalgeber übersehen wird. Eine ziellose Ansprache zahlreicher VCG führt zu einem erhöhten Aufwand und evtl. zu Rufschädigungen. Angaben zu Transaktionsgrößen sowie Regional- und Branchenpräferenzen der einzelnen VCG werden z. B. von Bundesverband deutscher Kapitalbeteiligungsgesellschaften veröffentlicht. Darüber hinaus kann die Unterstützung durch erfahrene Berater sinnvoll sein.

Die als geeignet erkannten VCG werden in ersten Schritt zumeist schriftlich kontaktiert. Einem kurzen Anschreiben werden Eckdaten zum geplanten Projekt (ca. 1 Seite) beigefügt, die noch keine wettbewerbssensiblen Informationen enthalten. Zusätzlich wird den VCG eine Vertraulichkeitsvereinbarung angeboten. Die Vertraulichkeitsvereinbarung sieht in der Regel eine Vertragsstrafe für den Fall vor, dass die Inhalte des Geschäftsplans innerhalb einer bestimmten Zeitspanne (üblich sind 2 - 10 Jahre) von Dritten unberechtigt unternehmerisch verwendet werden. Problematisch bei Vertraulichkeitsvereinbarungen ist in der Regel die Beweislastfrage: Das junge Unternehmen wird kaum beweisen können, wie die Informationen genau an Dritte gelangt sind; VCG werden davor zurückschrecken, sich im Zweifel entlasten zu müssen.

Nach Zeichnung der Vertraulichkeitsvereinbarung wird der VCG der Geschäftsplan zugesandt (Schritt 2, Abb. 7.4). Auf eine interne Vorprüfung folgen dann – bei positivem Ausgang – persönliche Gespräche mit den Unternehmern und ggf. Besichtigungen des Unternehmens. Verläuft die Vorprüfung weiterhin positiv, wird die VCG ihre Absicht, konkretere Verhandlungen aufzunehmen, in der Regel in einem sogenannten Letter of Intent dokumentieren (Schritt 3, Abb. 7.4).

Nach Zusendung des Letter of Intent finden typischerweise weitere Gespräche und Detailprüfungen statt (Schritt 4, Abb. 7.4). Bereits in dieser Phase kann ggf. auch die Zusammenführung eines Konsortiums von VCG beginnen. Für den Fall, dass das junge Unternehmen die eigene Verhandlungsposition als gut beurteilt, kann es versuchen, mehrere interessierte VCG vor einer ausstehenden Due Diligence durch einen Vorvertrag („Termsheet") zu binden (s. McKinsey (1999), S. 178-180). In einem solchen Vorvertrag könnte – für den Fall, dass die Beteiligung abgeschlossen wird – geregelt werden:

Abb. 7.4: Prozess der Einwerbung von Venture Capital

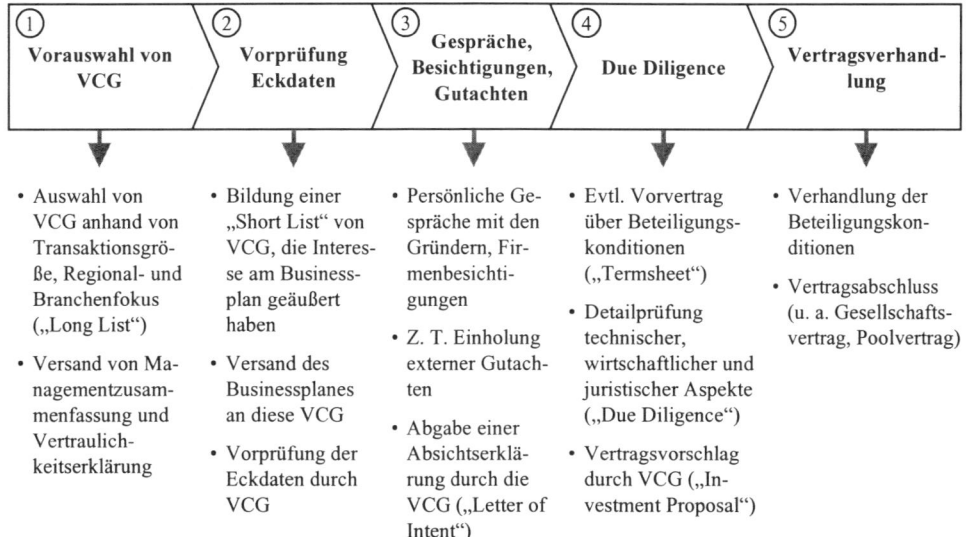

(1)   Verteilung der *Kapitalanteile* auf Gründer und VCG, Gewinnausschüttungen, Options-
       pläne, Verfügungsrechte, Kapitalerhöhungen und zusätzliche Finanzierungen. Anpassung
       der Kapitalanteile in Abhängigkeit von der Zielerfüllung.

(2)   Abschluss von *Poolverträgen* über Stimmrechte unter den Gesellschaftern, Bindungs-
       dauer der Kapitalgeber, Vorkaufs-, Veräußerungs- und Kündigungsrechte.

(3)   *Kontroll-, Informations- und Mitbestimmungsrechte* der VCG, ggf. differenziert für
       Lead-Investoren und Konsorten. Bestellung von Geschäftsführung und Aufsichtsrat.

(4)   Form und Intensität der nicht-finanziellen *Managementunterstützung* durch die VCG.

(5)   Vertraulichkeitsvereinbarung, Vertragsstrafen bei Verstoß gegen Vereinbarungen, Ver-
       handlungen mit Dritten, Exklusivität bei ähnlichen Geschäften.

Anschließend wird die VCG – bei einem Konsortium aus mehreren VCG zumeist nur der
Lead-Investor – eine Detailprüfung („Due Diligence") durchführen. Hierbei werden technische, juristische und wirtschaftliche Aspekte des Geschäftsplans detailliert geprüft. Anlässlich
der Due Diligence muss das junge Unternehmen in der Lage sein, alle Fragen der potentiellen
Kapitalgeber kompetent und kurzfristig zu beantworten. Für eine erfolgreiche Detailprüfung ist
daher eine sorgfältige Vorbereitung aller relevanten Unterlagen und die zeitlich nicht zu eng
eingeschränkte Präsenz eines Teams aus Gründern und Experten von Bedeutung.

Fällt die Due Diligence positiv aus, findet anschließend die Ausarbeitung und Verhandlung der
eigentlichen Beteiligungsverträge statt (Schritt 5, Abb. 7.4). In dieser Phase wird zunächst die
Bewertung des Unternehmens endgültig festgelegt. Hierzu wird unten dargestellt, wie die Unternehmer die Bewertung ihres jungen Unternehmens durch eigene Analysen unterstützen

sollten. Darüber hinaus werden VCG hier versuchen, eine gute Entwicklung des Unternehmens zu „sichern", in dem sie z. B. die Option vereinbaren, die Mehrheit des Unternehmens günstig von den Gründern zu erwerben, falls die anvisierten Ziele (z. B. Umsatz, Jahresergebnis, Cash-flow-Kennzahlen, Meilensteine bei der Produktentwicklung) verfehlt werden. Im Gegenzug kann sich der Kapitalanteil der Gründer erhöhen, wenn die Ziele deutlich übertroffen werden. Darüber hinaus wird die VCG absichern, dass das junge Unternehmen nicht eigenständig weitere Gesellschafter (z. B. andere VCG) aufnehmen kann und dass die Gesellschafter ihre Anteile nicht frei veräußern können (z. B. in Form von Vorkaufsrechten). Auch in der Verhandlungsphase ist daher die Beratung durch erfahrende Juristen und betriebswirtschaftliche Experten für das junge Unternehmen von großer Bedeutung.

Um die Perspektive der VCG vorwegzunehmen, sollten Analysen – welche von VCG zur Bewertung stets durchgeführt werden – bereits vorab von den Unternehmern ausgearbeitet werden. Selbst wenn entsprechende Ergebnisse durchaus nicht in der ersten kommunizierten Fassung des Geschäftsplans enthalten sein müssen, lässt sich durch schrittweise, aber zügige Offenlegung solcher Analysen die eigene Verhandlungsposition deutlich verbessern.

Im Rahmen einer Bewertungsanalyse sollte das junge Unternehmen erkunden, welchen Preis eine rational handelnde VCG für einen bestimmten Anteil am Unternehmen zu zahlen bereit sein wird. Dem Ergebnis der Kapitalbedarfs- und Finanzierungsplanung steht häufig eine relativ feste Vorstellung der Unternehmer gegenüber, welchen Anteil des Unternehmens sie an außenstehende Investoren abzugeben bereit sind. Die Bewertungsanalyse hilft dann bei der Klärung der Frage, ob diese Vorstellung realistisch ist. Hierzu verdeutlicht Abb. 7.5, auf welche Zeitpunkte sich die Bewertung eines jungen Unternehmens im Vorfeld der VC-Finanzierung sinnvollerweise beziehen sollte.

In der Literatur werden häufig *einstufige Bewertungsverfahren* diskutiert (z. B. McKinsey (1999), S. 185-189), bei der das jungen Unternehmen zum Zeitpunkt der erstmaligen VC-Finanzierung bewertet wird. In die Bewertung fließen dann Informationen ein, die häufig zeitlich über die mutmaßliche Dauer der VC-Finanzierung hinausgehen. In solchen Fällen fällt es schwer, das mit fortschreitender Entwicklung des jungen Unternehmens typischerweise zurückgehende Risiko sinnvoll zu berücksichtigen. Vor allem mit dem Zeitpunkt der Beendigung der VC-Finanzierung (z. B. Börseneinführung, Verkauf an ein etabliertes Unternehmen) ändern sich die Rendite-/Risikoerwartungen häufig sprunghaft. Zusätzlich scheiden bei der Bewertung ab Beginn der VC-Finanzierung regelmäßig Bewertungsverfahren aus, die in Verlustphasen nicht anwendbar sind (z. B. statische Ertragswertmethode). Sollten die berücksichtigten Informationen im Einzelfall nicht über die mutmaßliche Dauer der VC-Finanzierung hinausgehen, ergibt sich zusätzlich eine deutliche Divergenz zwischen der Bewertungsmethode und der Perspektive der typischen VCG, die gerade mit der Veräußerung einen wesentlichen Teil der eigenen Renditeerwartung abzudecken strebt.

Mehrstufige Bewertungsverfahren können einige Probleme der einstufigen Verfahren mildern. In einem *ersten Schritt* wird das junge Unternehmen dabei auf den Zeitpunkt der mutmaßlichen

Abb. 7.5: Ein- vs. mehrstufige Bewertung junger Unternehmen

Bewertungs-methoden	Entwicklungsphasen		Charakteristika
	Während VC-Finanzierung	**Nach VC-Finanzierung**	
Einstufige Bewertung	◄──────── ─ ─ ┤ • Diskontierung der Zahlungsströme des jungen Unternehmens • Andere Verfahren		• Im Bewertungzeitraum stark schwankende Risiken/Renditeanforderungen • Beschränkung auf Verfahren, die auf Verlustbringende Unternehmen anwendbar sind
Mehrstufige Bewertung	**Schritt 2** ◄─────┤ • Diskontierung des Wertes am Ende der VC-Finanzierung • Andere Verfahren	**Schritt 1** ◄─────┤ • Kennzahlenbewertung • Diskontierung von Zahlungsströmen • Andere Verfahren	• Berücksichtigung des entwicklungsphasenspezifischen Rendite-/Risikounterschiedes • Möglichkeit des Einsatzes konventioneller Ertragswertverfahren in Schritt 1, wenn Unternehmen Gewinn erzielt

Veräußerung durch die VCG bewertet. Um die Prognosesicherheit nicht durch allzu lange Planungszeiträume zu beeinträchtigen, ist dieser Schritt vor allem für den Typ des sehr dynamischen jungen Unternehmens sinnvoll, das einen zügigen Börsengang anstrebt. Immerhin spiegelt dieses Vorgehen die Perspektive der VCG aber gut wider. Außerdem wird die sprunghafte Veränderung der Rendite-/Risikoerwartungen nach Ende der VC-Finanzierung berücksichtigt. Das Unternehmen kann z. B. an der branchenspezifischen Renditeerwartung von Anlegern gemessen werden. Außerdem können die mit der Entwicklung zunehmenden Fremdfinanzierungsmöglichkeiten einbezogen werden. Für diese Bewertung auf den Desinvestitionszeitpunkt kommen auch Verfahren der Aktienanalyse in Frage. Sofern das Unternehmen dann Gewinn erwirtschaftet, sind zudem statische Ertragswertverfahren einsetzbar. Ggf. kann der mutmaßliche Veräußerungszeitpunkt auf eine Periode nach Durchschreiten der Gewinnschwelle gelegt werden und für einen eventuellen früheren geplanten Veräußerungszeitpunkt eine lineare Wertentwicklung (s. Schritt 2) unterstellt werden. In einem *zweiten Schritt* wird aus dem Wert des jungen Unternehmens bei Veräußerung auf den Wert bei erstmaliger VC-Finanzierung geschlossen. Als einfachstes Verfahren kann der in Schritt 1 ermittelte Veräußerungswert auf den Zeitpunkt der VC-Investition diskontiert werden. Ggf. müssen darüber hinaus weitere, zwischen Erstinvestition und Veräußerung liegende Zahlungen (z. B. Finanzierung in Tranchen, Dividenden) berücksichtigt werden. Anstelle eines über die Zeit konstanten Diskontierungszinssatzes könnten Zinssätze für die einzelnen Jahre differenziert betrachtet werden. Als problematisch erweist sich allerdings auch bereits ohne Differenzierung im Zeitablauf die Wahl eines Diskontierungszinssatzes, der die Renditeerwartung der VCG abbildet. Während bekannt ist, dass derartige Zinssätze in der Regel zwischen 30 % und 75 % jährlich liegen (vgl. McKinsey (1999), S. 187), ist der im Einzelfall angemessene Zinssatz für den externen Analysten nicht exakt bestimmbar. Die Renditeerwartung dürfte eine Funktion der individuellen Risikosituation des jungen Unternehmens (Branche, Lebenszyklusposition, Managementqualifikation), aber auch von Charakteristika der VCG (Trägerschaft, generelle Renditeerwartung) sowie der Angebots- und Nachfragesituation auf dem VC-Markt sein.

Angesichts der – zumindest bei sehr dynamischen jungen Unternehmen – wohl überwiegenden Vorteile der mehrstufigen Bewertungsmethoden, wird hier der mehrstufige Ansatz vertreten. Somit sollte das junge Unternehmen stets eine Unternehmensbewertung für den Zeitpunkt einer späteren Veräußerung durch die VCG (z. B. Börsengang) durchführen. Auf dieser Basis lässt sich ein bei der ersten Finanzierung erwartetes Aufgeld bestmöglich rechtfertigen, indem die erwartete Rendite für die VCG bis zur Veräußerung berechnet wird. Das Aufgeld ergibt sich aus Sicht des jungen Unternehmens zunächst aus einem Vergleich zwischen dem benötigten Kapital und dem Anteil am Eigenkapital, den die Gründer hierfür aufzugeben bereit sind. Die das Nominalkapital übersteigende Einlage stellt das Aufgeld dar. Zur Berechnung der Rendite für die VCG werden alle Zahlungsströme zur Finanzierung des jungen Unternehmens – vor allem der nominale Zeichnungsbetrag zuzüglich Aufgeld, ggf. in mehreren Tranchen – als Auszahlung und die geplante spätere Veräußerung als Einzahlung für die VCG betrachtet. Für diese Cash-flows wird die Internal Rate of Return (vgl. Kapitel 6.3) berechnet. Entspricht dieser Zinsfuß den mutmaßlichen Erwartungen der VCG, dann ist das Aufgeld gut begründet. Ist die Rendite zu niedrig, müssen die Gründer einen größeren Teil des Eigenkapitals aufgeben oder andere Konsequenzen (z. B. Veränderung der Finanzierungsstruktur, Verschiebung der Einwerbung von VC) ziehen. Übersteigt die Rendite die mutmaßlichen Erwartungen der VCG, können die Gründer möglicherweise den angebotenen Anteil reduzieren.

Als Verfahren für den ersten Schritt der mehrstufigen Bewertung sind insbesondere die Abschätzung mit Multiplikatoren – vor allem Kurs-Gewinn-Verhältnis – und die Discounted-Cash-flow-Methode etabliert. Diese Verfahren sind für Perioden anwendbar, in denen das Unternehmen relativ stabile Gewinne erzielt. Auch wenn z. B. ein kurzfristiger Börsengang eines verlustbringenden Unternehmens angestrebt wird, ist es häufig ratsam, bei der Bewertungsanalyse auf die Jahre nach dem Überschreiten der Gewinnschwelle abzustellen, um die methodischen Probleme der Bewertung von Verlustunternehmen zu vermeiden. Für beide vorgenannten Verfahren sollten zunächst börsennotierte Vergleichsunternehmen aus der Branche des jungen Unternehmens identifiziert werden. Als Kriterien für die „Ähnlichkeit" von Vergleichsunternehmen sollten neben der Branche auch (1) Produktangebot, (2) Wertschöpfungsumfang, (3) Alter, Größe, Wachstumsrate und (4) Kapitalstruktur beachtet werden.

Bei der Bewertung nach dem *Kurs-Gewinn-Verhältnis* (KGV) wird zunächst eine Übersicht der KGV von Vergleichsunternehmen erstellt. Um eine Basis für das zu bewertende Unternehmen zu ermitteln, kann ein Durchschnittswert der beobachteten KGV errechnet werden. Bei großer Varianz der KGV in der Stichprobe von Vergleichsunternehmen ist darüber hinaus ggf. eine Bildung von Clustern hilfreich. Gegenüber den beobachteten Kurs-Gewinn-Verhältnissen könnten außerdem Korrekturen sinnvoll sein, z. B. als allgemeiner Sicherheitsabschlag oder für den Fall, dass ein Markt kurzfristig als „hoch" bewertet eingeschätzt wird und ein mittelfristig stabiles Niveau nicht unterstellt. Der Wert des jungen Unternehmens ergibt sich aus dem Jahresüberschuss nach Steuern für das betreffende Bewertungsjahr multipliziert mit dem zugrundegelegten branchenüblichen KGV. Nach gleichem Prinzip sind auch andere Multiplikatorenbewertungen (z. B. Kurs-Umsatz-Verhältnis, Kurs-Cash-flow-Verhältnis) denkbar, die jedoch methodisch durchweg weiter vom klassischen Ertragswertverfahren entfernt sind.

Im Rahmen der *Discounted-Cash-flow-Methode* (DCF) werden die zukünftigen, den Eigentümern zustehenden freien Cash-flows des Unternehmens auf den Bewertungszeitpunkt abgezinst, um den Unternehmenswert abzuschätzen (= „Equity-Methode", vgl. Drukarczyk (1998), S. 176-178). In die Berechnung einzubeziehen sind die freien Cash-flows des jungen Unternehmens für ca. 5-7 Jahre (Schritt 1, Abb. 7.5). Soll das Unternehmen z. B. auf den Zeitpunkt eines für das Jahr 4 (Beginn von Schritt 1, Abb. 7.5) angestrebten Börsengangs bewertet werden, müssen demnach Cash-flows für insgesamt 9-11 Jahre zugrunde gelegt werden. Da Geschäftspläne junger Unternehmen Cash-flows für derartige Zeiträume in der Regel nicht explizit planen, sind teilweise Extrapolationen – z. B. gestützt auf Annahmen zu (über die Zeit abnehmenden) Wachstumsraten für Ein- und Auszahlungen – erforderlich. Die Perioden nach dem ggf. extrapolierten Zeitraum werden durch einen sogenannten Endwert oder Fortführungswert berücksichtigt. Der Endwert im Jahr t kann nach folgender Gleichung bestimmt werden (vgl. McKinsey (1999), S. 189):

$$Endwert = \frac{FCF_t}{i - g} \tag{7.1}$$

Dabei stellt FCF_t den freien Cash-flow dar, der für das Jahr t letztmalig explizit prognostiziert wird. Dieser wird geteilt durch den Diskontierungszinssatz i abzüglich der für die Zukunft konstant angenommenen jährlichen Wachstumsrate des freien Cash-flows g.

Anschließend werden die explizit geplanten und prognostizierten Cash-flows sowie der Endwert auf das Bewertungsjahr abgezinst. Die Wahl des Diskontierungszinssatzes stellt ein zentrales Problem der DCF-Methode dar. Bei der hier vorgeschlagenen mehrstufigen Bewertung mit Anwendung der DCF-Methode auf das Jahr der Veräußerung durch die VCG wird dieses Problem allerdings dadurch entschärft, dass nur Renditeanforderungen für die Zeit nach Ende der VC-Finanzierung – z. B. also die Finanzierungskosten am organisierten Kapitalmarkt – unterstellt werden müssen. Damit kann der Diskontierungszinssatz nach dem Capital Asset Pricing Model (CAPM) geschätzt werden (vgl. Abschnitt 6.3 und Drukarczyk (1998), S. 250):

$$\textit{Diskontierungszinssatz} = r_f + \beta r_p \qquad\qquad (7.2)$$

Aus Kapitalmarktstatistiken bzw. empirischen Studien wird – ohne Bezug zum bewerteten Unternehmen – der risikolose *langfristige* Zinssatz r_f sowie das systematische Risiko r_p für Investitionen in Eigenkapital ermittelt. Das systematische Risiko von Stammaktien im Vergleich zu festverzinslichen Wertpapieren kann mit ca. 4 - 5 % angenommen werden (vgl. die bei Drukarczyk (1998), S. 249 genannten Studien). Anhand der – auch für die Bewertung mit Multiplikatoren erforderlichen – Vergleichsunternehmen wird der β-Faktor für das unsystematische Risiko ähnlicher Aktien geschätzt.

Anschließend sollten die Ergebnisse beider (bzw. aller) Bewertungsverfahren und der gebildeten Szenarien (z. B. verschiedene KGV, verschiedene β-Faktoren) verglichen und zu einer Gesamtbewertung zusammengefügt werden.

Sind VC-Kapitalbedarf (aus der Finanzierungsplanung) und Veräußerungswert nach Abschluss der VC-Finanzierung (aus Schritt 1) bekannt, so sind in der Praxis zwei Vorgehensweisen für den zweiten Schritt der Bewertung denkbar:

(1) Es wird die Rendite für die VCG errechnet, die sich aus dem Kapitalbedarf sowie dem vom Unternehmerteam dafür (intuitiv) eingeplanten Anteilen am Nominalkapital einerseits und dem auf die VCG entfallenden Anteil am Veräußerungswert andererseits ergibt. Diese Rendite wird auf Plausibilität geprüft. Ggf. werden Annahmen (v. a. Anteil der VCG am Eigenkapital des Unternehmens) geändert.

(2) Mit einer angenommenen Rendite (besser: in mehreren Szenarien) wird ausgehend vom anfänglichen Kapitalbedarf derjenige Anteil am Veräußerungswert errechnet, den die VCG zur Realisierung dieser Rendite erhalten muss. Dieser Anteil entspricht – im einfachen Fall – dem Anteil am Eigenkapital des Unternehmens, den die VCG nach Auszahlung aller VC-Finanzierungstranchen erhält.

Während die Ausgangsperspektiven dieser Vorgehensweisen leicht voneinander abweichen, unterscheiden sich Bewertungsmethoden und Ergebnisse nicht.

7.4.3 Beteiligungsbörsen und Beteiligungsvermittlung

Neben der im vorangegangenen Abschnitt dargestellten Direktansprache von VCG durch junge Unternehmen kann der Kontakt zwischen VCG und PU auch über Beteiligungsbörsen oder Beteiligungsvermittlung hergestellt werden. In Deutschland sind vor allem drei überregionale und öffentlich zugängliche Angebote zur Beteiligungsvermittlung im Markt präsent:

(1) *Deutsches Eigenkapitalforum:* Von der Deutschen Börsc und der Kreditanstalt für Wiederaufbau getragen, gibt das Eigenkapitalforum jungen Unternehmen und VCG die Möglichkeit, sich einfach und kostengünstig zur Akquirierung von VC-Finanzierungen zu präsentieren. Unternehmen sind in einer Internet-Datenbank (unter www.exchange.de) nach Branche, Umsatz und Kapitalbedarf gruppiert. Ohne Preisgabe der Identität des jungen Unternehmens wird eine grobe Management-Zusammenfassung veröffentlicht.

(2)	*Innovation Market:* Der von den selben Initiatoren getragene Innovation Market stellt weniger auf die externe Eigenfinanzierung eines Unternehmens, als vielmehr auf den Transfer von Ideen ab. Im Vergleich zum Deutschen Eigenkapitalforum werden im Innovation Market wesentlich ausführlichere Teilaspekte des Geschäftsplans publiziert. Die Identität des jungen Unternehmens muss ebenfalls nicht preisgegeben werden.

(3)	*Business Angels Netzwerk Deutschland (BAND):* Vom BMWi, der tbg, der Investitionsbank Berlin und anderen initiiert, soll BAND Kontakte zwischen jungen Unternehmen und Anbietern von informellem VC („Business Angels") herstellen. Sowohl junge Unternehmen als auch Business Angels können sich – ohne Preisgabe der Identität – mittels einer Management-Zusammenfassung der Geschäftsidee bzw. einem Anbieterprofil präsentieren.

Beteiligungsbörsen und Institutionen der Beteiligungsvermittlung modifizieren vor allem den ersten Schritt des klassischen Prozesses der Einwerbung von VC („Vorauswahl von VCG", Abb. 7.4). Junge Unternehmen müssen hierzu eine veröffentlichungsfähige Management-Zusammenfassung ihrer Geschäftsidee erstellen, die zwar geeignet ist, das Interesse potentieller Investoren zu wecken, andererseits aber keine wettbewerbssensiblen Informationen offen legt. Das Vertrauen in eine Mindestqualität der – aus Gründen des Ideenschutzes häufig nicht sehr aussagekräftigen – Kurzpräsentationen wird durch eine Vorprüfung durch den Träger der Beteiligungsbörse gestärkt. Interessiert sich ein Investor für die Ideenskizze eines jungen Unternehmens, schließt sich der traditionelle Prozess der Einwerbung von VC mit der Zeichnung einer Vertraulichkeitserklärung sowie der Überlassung und Prüfung des Geschäftsplans an.

8. Ausblick

Der VC-Markt in Deutschland befindet sich seit einigen Jahren wieder in einer starken Wachstumsphase (s. Kapitel 5). Auftrieb hat die VC-Finanzierung insbesondere durch die mit der Schaffung des Neuen Marktes 1997 stark verbesserten Möglichkeiten zur Börseneinführung junger Unternehmen sowie die generell gute Verfassung der Finanzmärkte erhalten. Auch die gestiegene Aufmerksamkeit, die junge Unternehmen in der Gesellschaft erfahren haben, dürfte wesentlich zur Belebung des VC-Marktes beigetragen haben.

In der Konsequenz ist besonders das Angebot an verfügbarem Kapital stark angestiegen und es ist zu zahlreichen Neugründungen von VCG gekommen. Für junge Unternehmen, die gute Erfolgsaussichten aufweisen und die sich darüber hinaus möglichst in einer attraktiven Branche betätigen, ergibt sich also derzeit ein besonders günstiges Finanzierungsumfeld.

Die weitere quantitative Entwicklung des VC-Marktes wird von zahlreichen externen Faktoren geprägt und ist daher nur schwer einschätzbar. Zu solchen externen Einflussfaktoren gehört die Bewertung junger – und häufig verlustbringender – Unternehmen durch die Börse sowie das sicherlich auch zyklische Wechselspiel aus fast übertrieben dynamischen Entwicklungsphasen und Phasen der Rückbesinnung auf die Ergebnisse fundamentaler Analysen.

Hinsichtlich der Finanzierungsphasen hat sich jüngst eine Tendenz zu den frühen Finanzierungsphasen „Seed" und „Start-up" ergeben und damit eine zuvor im Vergleich mit den USA bestehende Lücke geschlossen. Gleichzeitig sind in den USA aber die Expansionsfinanzierungen wieder stärker in den Vordergrund gerückt (s. Kapitel 5.4). Unterstellt man, dass der deutsche VC-Markt häufig Trends des Marktes in den USA mit Zeitverzögerung nachvollzieht, so ist auch hierzulande wieder eine Gegenbewegung zu erwarten. Zusätzlich hat der Neue Markt bei zahlreichen Unternehmern einen deutlichen Bewusstseinswandel ausgelöst: Da der Börsengang junger Unternehmen – vor allem in modernen, digital orientierten Branchen – nunmehr bereits wenige Jahre nach Gründung vollzogen werden kann, werden vermehrt Geschäftspläne erarbeitet, die eine extrem rapide Unternehmensentwicklung vorzeichnen. Damit kommt es häufiger zu Finanzierungen, die aus Lebenszyklusperspektive eigentlich als „Seed" oder „Start-up" einzuordnen wären, von der Größenordnung aber das Niveau typischer Expansionsfinanzierungen erreichen oder übertreffen. Von VCG wird in dieser Situation – auch angesichts der geplanten Entwicklungsgeschwindigkeit – erwartet, sich quasi in einem einzigen Schritt auf die Finanzierung von „Seed", „Start-up" und „Expansion" festzulegen.

Durchaus wahrscheinlich ist aus Sicht des Verfassers zudem eine rasch fortschreitende „Ordnung" des VC-Marktes, die von einer stärkeren Professionalisierung der Verhaltensweisen von Marktteilnehmern auf allen Ebenen getragen werden dürfte:

(1) *Junge Unternehmen* werden sich besser darauf vorbereiten, potentielle VC-Geber anzusprechen und den Prozess der Einwerbung von VC insgesamt systematischer organisieren. VC wird eher als Baustein im Kontext einer strukturierten Finanzierung wahrge-

nommen. Darüber hinaus wächst das Bewusstsein für die Bedeutung nicht-finanzieller Leistungen. Damit treten junge Unternehmen bei VCG als informiertere Kunden auf.

(2) *Venture Capital-Gesellschaften* müssen – um bei zunehmendem Wettbewerb sowohl von jungen Unternehmen als auch von Investoren als relevanter Intermediär wahrgenommen zu werden – Leistungsspektrum und Tätigkeitsschwerpunkte präziser definieren und ihr Profil deutlicher in den Markt kommunizieren. Dabei sind vor allem folgende strategische Fragen von kritischer Bedeutung:

– Besteht eine Fokussierung auf Investments in bestimmten Branchen und/oder Regionen oder wird allgemein in ein breites Spektrum von PU investiert? Zumindest für kleine und mittlere VCG dürfte ein klares Profil ratsam sein.

– Welche Finanzierungsphasen und Transaktionsgrößen werden – ggf. im Rahmen des Branchen- oder Regionalschwerpunktes – bedient?

– Welche Rolle nimmt die VCG als Finanzinvestor bei größeren Beteiligungen und längeren Engagements, die sich über zahlreiche Finanzierungsphasen erstrecken, ein. Arrangiert und führt sie Konsortien aus mehreren VCG als Lead Investor oder bleibt sie eher passiver Konsortialpartner?

– Welche nicht-finanziellen Leistungen bietet die VCG ihren PU? Mit welcher Intensität wird beratende Managementunterstützung, Personalentwicklung und die Vermittlung von unternehmerischen Kontakten betrieben?

(3) *Venture Capital-Investoren* werden mehr Transparenz zu den auf dem VC-Markt erzielbaren Rendite-/Risiko-Profilen erwarten. Um institutionellen Portfoliomanagern den Vergleich mit Anlagen an organisierten Kapitalmärkten zu erleichtern, sollten Renditen und Risiken von VC-Investments auf Branchenebene erfasst, klassifiziert und publiziert werden. Auch das wachsende Segment von VC-Investitionsmöglichkeiten für Privatanleger erfordert – für eine Anerkennung als Qualitätssegment des Kapitalmarktes – eine deutlich höhere Transparenz hinsichtlich der Chancen und Risiken.

Im Zuge dieser Prozesse zur „Ordnung" des VC-Marktes sind kurzfristig wahrscheinlich auch mehr Zusammenschlüsse von VCG zu erwarten, da Intermediäre, die strategisch nicht hinreichend gut positioniert und/oder zu klein sind, auf dem Markt kaum werden bestehen können.

Anhang 1: Systematisierung des Literaturfeldes

Tab. A1.1: Literatur zu Einzelpersonen (Spalte A)

Nr.[a]	Verfasser	Aufsatz/ Monographie	Umfang (Seiten)
	Ia Normative Literatur im deutschsprachigen Raum		
1.	Reckhaus 1994	A	14
2.	Szyperski/Klandt 1990	A	14
	Ib Normative Literatur außerhalb des deutschsprachigen Raums		
3.	Bhide 1993	A	9
4.	Lee et al. 1989	A	36
	IIa Deskriptive Literatur im deutschsprachigen Raum		
5.	Botschen et al. 1995	A	4
6.	Brandt 1993	A	8
7.	Klandt 1990	A	15
8.	Ruda 1988	M	313
	IIb Deskriptive Literatur außerhalb des deutschsprachigen Raums		
	–		
	IIIa Bivariat korrelative Untersuchungen im deutschsprachigen Raum		
	–		
	IIIb Bivariat korrelative Untersuchungen außerhalb des deutschsprachigen Raums		
9.	Willard et al. 1992	A	14
	IVa Multivariat korrelative Untersuchungen im deutschsprachigen Raum		
10.	Müller 1995	A	27
11.	Brüderl et al. 1992	A	16
12.	Brüderl/Jungbauer-Gans 1991	A	11
13.	Brüderl et al. 1991	A	10
14.	Klandt 1984	M	450
15.	Szyperski/Klandt 1981	M	312
	IVb Multivariat korrelative Untersuchungen außerhalb des deutschsprachigen Raums		
16.	Cooper et al. 1994	A	25
17.	Birley/Westhead 1993	A	36
18.	Chandler/Jansen 1992	A	14
19.	Kalleberg/Leicht 1991	A	26
20.	Miller/Toulouse 1986	A	21
21.	Murphy 1985	A	32

a) Innerhalb der Kategorien chronologische Quellenanordnung.

Tab. A1.2: Normative, deskriptive und bivariat korrelative Literatur zu Einzelgesellschaften (Felder B1-B3, Teil 1)

Nr.[a]	Verfasser	Aufsatz/ Monographie	Umfang (Seiten)
	Ia Normative Literatur im deutschsprachigen Raum		
1.	Arndt 1995	M	197
2.	Jeschke 1995	A	30
3.	Natermann/Schönecker 1995	A	17
4.	Oettingen 1995	A	7
5.	Theis 1995	A	15
6.	Lucas 1994	A	6
7.	Doberanzke 1993	M	195
8.	Leopold 1993a	A	6
9.	Michel 1992	M	250
10.	Gonschior/Roth 1990	A	18
11.	Lemán 1990	A	10
12.	Oettingen 1990	M	493
13.	Dietz 1989	M	630
14.	Hebig 1989	M	312
15.	Pörner 1989	M	418
16.	Rid-Niebler 1989	M	171
17.	Zupancic 1989	M	263
18.	Ebeling 1988	M	379
19.	Holtmann 1988	A	62
20.	Nolden 1988	A	57
21.	Schalek 1988	M	374
22.	Stehr 1988	A	51
23.	Benner 1985	A	15
24.	Schulze 1985	M	90
25.	Rudolph 1984	A	18
26.	Hennigs 1983	M	413
27.	Hielscher et al. 1982	M	91
28.	Sprenger et al. 1982	M	181
29.	Huber 1981	A	18
30.	Szyperski/Nathusius 1977	M	112
31.	Gerke 1976	A	25
	Ib Normative Literatur außerhalb des deutschsprachigen Raums		
32.	Cooper et al. 1994	A	25
33.	Mullins/Cardozo 1993	A	16
34.	Slevin/Covin 1992	A	29
35.	Roberts 1991a	M	385
36.	Roberts 1991b	A	12
37.	Giglierano 1990	A	18
38.	McKinney/McKinney 1989	A	6
39.	Wiesen 1988	A	4
40.	Cochran 1981	A	10
41.	Mueller 1973	M	232

a) Innerhalb der Kategorien chronologische Quellenanordnung.

Tab. A1.2: Normative, deskriptive und bivariat korrelative Literatur zu Einzelgesellschaften (Felder B1-B3, Teil 2)

Nr.[a]	Verfasser	Aufsatz/ Monographie	Umfang (Seiten)
	IIa Deskriptive Literatur im deutschsprachigen Raum		
42.	Wippler 1998	M	318
43.	Segal 1995	M	271
44.	Hummel/Ludwig 1994	A	9
45.	Pleschak et al. 1994	M	253
46.	Wupperfeld 1994	M	184
47.	Gräper 1993	M	226
48.	Kulicke 1993	M	310
49.	Wupperfeld/Kulicke 1993	M	41
50.	Jungbauer-Gans/Preisendörfer 1991	M	10
51.	Arnold 1989	M	358
52.	Wieselhuber/Spannagl 1988	M	239
53.	Szyperski/Kirschbaum 1981	M	126
54.	Oelschläger 1971	M	225
	IIb Deskriptive Literatur außerhalb des deutschsprachigen Raums		
55.	Watson/Everett 1993	A	14
56.	Keogh/Pearson 1992	A	23
57.	Wright et al. 1992	A	25
58.	McDougall/Robinson 1990	A	23
59.	Bruno/Leidecker 1988	A	6
60.	Bruno et al. 1987	A	9
61.	Goslin/Barge 1986	A	14
62.	Roure/Maidique 1986	A	12
63.	Davis/Stetson 1985	A	14
64.	Churchill/Lewis 1983	A	21
65.	Cooper/Bruno 1977	A	8
	IIIa Bivariat korrelative Untersuchungen im deutschsprachigen Raum		
66.	Picot et al. 1989	M	306
67.	Hunsdiek 1987	M	356
68.	Hunsdiek/May-Strobl 1986	M	353
	IIIb Bivariat korrelative Untersuchungen außerhalb des deutschsprachigen Raumes		
69.	Sorrentino/Williams 1995	A	15
70.	Carter et al. 1994	A	21
71.	Cosh/Hughes 1994	A	46
72.	Himmelberg/Petersen 1994	A	14
73.	Moore 1994	A	33
74.	Keeley/Tabrizi 1993	A	20
75.	Hustedde/Pulver 1992	A	12
76.	Ruhnka et al. 1992	A	19
77.	Keeley et al. 1991	A	15
78.	Miller et al. 1991	A	16
79.	Feeser/Willard 1990a	A	12
80.	Feeser/Willard 1990b	A	14
81.	Miller et al. 1989	A	13

a) Innerhalb der Kategorien chronologische Quellenanordnung.

Tab. A1.2: Normative, deskriptive und bivariat korrelative Literatur zu Einzelgesellschaften (Felder B1-B3, Teil 3)

Nr.[a]	Verfasser	Aufsatz/ Monographie	Umfang (Seiten)
	IIIb Bivariat korrelative Untersuchungen außerhalb des deutschsprachigen Raumes (Fortsetzung)		
82.	Bourgeois/Eisenhardt 1988	A	20
83.	Birley 1987	A	11
84.	MacMillan/Narasimha 1987	A	7
85.	Sandberg/Hofer 1987	A	24
86.	Teach et al. 1987	A	10
87.	Ibrahim/Goodwin 1986	A	10
88.	Meyer/Roberts 1986	A	16
89.	Sandberg 1986	M	184
90.	Bruno/Tyebjee 1985	A	14
91.	MacMillan et al. 1985	A	10
92.	Miller/Friesen 1984a	A	23
93.	Ven et al. 1984	A	21
94.	Miles/Randolph 1980	A	39
95.	Ven 1980	A	52

a) Innerhalb der Kategorien chronologische Quellenanordnung.

Tab. A1.3: Normative, deskriptive und bivariat korrelative Literatur zu Portfolios/VCG (Felder C1-C3, Teil 1)

Nr.[a]	Verfasser	Aufsatz/ Monographie	Umfang (Seiten)
	Ia Normative Literatur im deutschsprachigen Raum		
1.	Kaufmann/Kokalj 1996	M	126
2.	Elkart 1995	A	22
3.	Gerke et al. 1995	M	175
4.	Hertz-Eichenrode 1995	A	13
5.	Sattler 1995	A	7
6.	Fanselow/Stedler 1994	A	5
7.	Forst 1993	M	219
8.	Frommann 1993	A	3
9.	Gerke/Rapp 1993	A	26
10.	Leopold 1993a	A	6
11.	Lotze 1993	M	166
12.	Müller-Stevens et al. 1993	M	224
13.	Titzrath 1993	M	389
14.	Funke 1992	A	7
15.	Hofstätter 1992	M	371
16.	Köhler 1992	A	3
17.	Sögtrop 1992	A	6
18.	Drukarczyk 1991	A	3
19.	Hofstätter 1991	A	10
20.	Kilian 1991	M	123
21.	Schmidjell 1991	A	22
22.	Beyel 1990	A	4
23.	Marsch-Barner 1990	A	20
24.	Milde 1990	A	18
25.	Baaken 1989	M	318
26.	Bilstein 1989	A	22
27.	Bitz 1989	A	7
28.	Grisebach 1989	M	268
29.	Hardenberg 1989	M	251
30.	Schwilling 1989	M	285
31.	Fischer 1988	A	5
32.	Gerke 1988	A	16
33.	Klemm 1988	M	327
34.	Krahnen 1988	A	3
35.	Servatius 1988	M	352
36.	Fendel 1987	M	352
37.	Fischer 1987	A	25
38.	May/Dahmann 1987	A	9
39.	Menzel 1987	A	7
40.	Gröschel 1986	A	6
41.	Hierl 1986	M	289
42.	Nevermann/Falk 1986	M	146
43.	Schmid 1986	M	279
44.	Büschgen 1985	A	23
45.	Gaitanides/Wicher 1985	A	13

a) Innerhalb der Kategorien chronologische Quellenanordnung.

Tab. A1.3: Normative, deskriptive und bivariat korrelative Literatur zu Portfolios/VCG (Felder C1-C3, Teil 2)

Nr.[a]	Verfasser	Aufsatz/ Monographie	Umfang (Seiten)
	Ia Normative Literatur im deutschsprachigen Raum (Fortsetzung)		
46.	Reuter 1985	A	9
47.	Gillner 1984	M	127
48.	Kau 1984	M	198
49.	Schmidt 1984a	A	14
50.	Nathusius 1979a	A	20
51.	Nathusius 1979b	M	349
52.	Meulen 1976	A	12
53.	Korsukéwitz 1975	M	188
54.	Gerke 1972	M	322
55.	Feldbausch 1971	M	148
56.	Kahlich 1971	M	187
57.	Heynen 1970	M	212
58.	Hax 1969	M	90
59.	Roesner 1968	M	296
60.	Raida 1965	A	3
	Ib Normative Literatur außerhalb des deutschsprachigen Raums		
61.	Zider 1999	A	9
62.	Cable/Shane 1997	A	35
63.	Pfirrmann et al. 1997	M	153
64.	Wetzel/Freear 1996	A	14
65.	Bygrave 1995	A	17
66.	Gersick 1994	A	37
67.	Bouillet-Cordonnier 1992	A	11
68.	Venkataraman et al. 1992	A	33
69.	Amit et al. 1990	A	10
70.	Guth/Ginsberg 1990	A	11
71.	Gomez-Meija et al. 1990	A	16
72.	Perry 1988	A	8
73.	Rosenstein 1988	A	12
74.	Merrifield 1987	A	8
75.	Timmons/Bygrave 1986	A	16
76.	Wetzel 1983	A	12
77.	Park/Maillie 1982	M	179
78.	Rind 1981	A	12
	IIa Deskriptive Literatur im deutschsprachigen Raum		
79.	Trester 1998	A	25
80.	Posner 1996	M	338
81.	Schween 1996	M	262
82.	Freund et al. 1995	M	63
83.	Hummel 1995	A	9
84.	Hummel et al. 1994	M	41
85.	Kirchhoff/Land 1994	A	3

a) Innerhalb der Kategorien chronologische Quellenanordnung.

Tab. A1.3: Normative, deskriptive und bivariat korrelative Literatur zu Portfolios/VCG (Felder C1-C3, Teil 3)

Nr.[a]	Verfasser	Aufsatz/ Monographie	Umfang (Seiten)
	IIa Deskriptive Literatur im deutschsprachigen Raum (Fortsetzung)		
86.	Klein 1994	A	2
87.	Köhler 1994	A	3
88.	Körner 1994	A	4
89.	Walter 1994	A	3
90.	Stedler 1993	A	5
91.	Forst 1992	M	157
92.	Gerke et al. 1992	M	179
93.	Gerke 1991	A	25
94.	Mayer/Müller 1991	M	77
95.	Kürten 1990	M	319
96.	Opitz 1990	A	6
97.	Pichotta 1990	M	243
98.	Harrison 1990	M	250
99.	Kokalj 1989	M	34
100.	Beyel 1987	A	4
101.	Kokalj/Albach 1987	A	9
102.	Quillmann 1987	A	5
103.	Stedler 1987	M	259
104.	Weichert 1987	M	265
105.	Wrede 1987	M	335
106.	Weichert 1986	A	17
107.	Bode/Lüthje 1985	A	4
108.	Laub 1985	M	172
109.	Zapp 1985	A	4
110.	Schmidt 1984b	A	16
111.	Freyer 1981	M	269
112.	Schlegelmilch 1976	A	13
	IIb Deskriptive Literatur außerhalb des deutschsprachigen Raums		
113.	Harrison/Mason 1996	A	24
114.	Mason/Harrison 1996	A	32
115.	Sapienza/Manigart/Vermeir 1996	A	31
116.	Coopey 1994	A	10
117.	Freear et al. 1994	A	15
118.	Manigart 1994	A	17
119.	Mason/Harrison 1994	A	48
120.	Hall/Hofer 1993	A	18
121.	Rosenstein et al. 1993	A	15
122.	Camp/Sexton 1992	A	9
123.	Freear/Wetzel 1992	A	25
124.	Harrison/Mason 1992	A	17
125.	Timmons/Sapienza 1992	A	36
126.	Murray 1992	A	8

a) Innerhalb der Kategorien chronologische Quellenanordnung.

216

Tab. A1.3: Normative, deskriptive und bivariat korrelative Literatur zu Portfolios/VCG (Felder C1-C3, Teil 4)

Nr.[a]	Verfasser	Aufsatz/ Monographie	Umfang (Seiten)
	IIb Deskriptive Literatur außerhalb des deutschsprachigen Raums (Fortsetzung)		
127.	Dixon 1991	A	12
128.	Green 1991	A	41
129.	Mason/Harrison 1991	A	46
130.	Ooghe et al. 1991	A	24
131.	Fredriksen et al. 1990	A	15
132.	Freear et al. 1990	A	15
133.	Harrison/Mason 1990	A	15
134.	Pratt 1990	A	6
135.	Spitzer/Ford 1990	A	10
136.	Gorman/Sahlman 1989	A	18
137.	Ooghe et al. 1989	A	17
138.	Florida/Kenney 1988	A	19
139.	Ibbotson et al. 1988	A	9
140.	Clark 1987	M	110
141.	Wetzel 1987	A	15
	IIIa Bivariat korrelative Untersuchungen im deutschsprachigen Raum		
142.	Zemke 1995	M	340
143.	Schröder 1992	M	319
144.	Siemer 1991	M	348
145.	Laub 1989	M	291
146.	Kaminski 1988a	M	195
147.	Kaminski 1988b	M	176
	IIIb Bivariat korrelative Untersuchungen außerhalb des deutschsprachigen Raums		
148.	Shepherd 1999	A	12
149.	Amit et al. 1998	A	26
150.	Fried et al. 1998	A	11
151.	Zacharakis/Meyer 1998	A	20
152.	Sweeting/Wong 1997	A	28
153.	Wright/Robbie 1996	A	16
154.	Ehrlich et al. 1994	A	16
155.	Landström 1993	A	15
156.	Norton/Tenenbaum 1993a	A	12
157.	Norton/Tenenbaum 1993b	A	10
158.	Wilson 1993	A	14
159.	Hurry et al. 1992	A	17
160.	Norton/Tenenbaum 1992	A	10
161.	Landström 1991	A	13
162.	Sullivan 1991	A	13
163.	Sullivan/Miller 1990	A	15
164.	Sykes 1990	A	11
165.	Bygrave 1988	A	21
166.	Siegel et al. 1988	A	15
167.	Bygrave 1987	A	16
168.	Bygrave/Timmons 1986	A	20

a) Innerhalb der Kategorien chronologische Quellenanordnung.

Tab. A1.4: Multivariat korrelative Literatur zu Einzelgesellschaften und Portfolios/VCG (Felder B4 und C4, Teil 1)

Nr.	Verfasser	Industrie-fokus	Situativinhalt-licher Fokus	Stichprobe	Erfolgsmaß/ erklärte Variable	Erfolgsfaktoren/ Einflussgrößen	Be-stimmt-heits-maß
Ia. Studien von Einzelunternehmen ohne VC-Finanzierung im deutschsprachigen Raum							
1.	Gottschlich 1989	–	–	472 Unter-nehmen	Gewinn	- Personalqualifikation, Be-triebsklima, alle andern Fak-toren clusterspezifisch	10,5 %
2.	Haake 1987	–	KMU in Europa	1132 Unter-nehmen	Umsatzren-tabilität	- Nur bei int. tätigen Unter-nehmen: • große Anzahl von Kunden-gruppen • hoher Umsatzanteil der 1. Produktgruppe	23,9 %
Ib. Studien von Einzelunternehmen ohne VC-Finanzierung außerhalb des deutschsprachigen Raumes							
3.	Stearns et al. 1995	–	Insolvenzver-meidung	1909 Unter-nehmen	Insolvenz-vermeidung	- Zunehmendes Unterneh-mensalter - Städtische vs. ländliche Lage - Vermeidung von Preiswett-bewerb	
4.	Chandler/ Hanks 1994	Produzie-rendes Gewerbe	–	115 Unter-nehmen	Umsatz-wachstum Umsatz	- Fit zwischen Ressourcenqua-lität und Strategie - Ressourcenbedingte Fähig-keiten - Marktattraktivität	22,0 %
5.	McGee/ Dowling 1994	Hochtech-nologie-hersteller	–	210 Unter-nehmen	Umsatz-wachstum	- Alter des Unternehmens - F&E-Kooperation x techni-sche Erfahrung des Manage-ments	18,0 %
6.	Zahra 1993	Produzie-rendes Gewerbe	Bedeutung von internem Corpo-rate Venturing	102 Unter-nehmen	Umsatz-rendite Umsatz-wachstum	- Schaffung neuer Geschäfte/ Geschäftsfelder - Technologische Innovation - Hoher Umsatzanteil der neuen Geschäfte	31,0 %
7.	Doutraix 1992	Hochtech-nologie-hersteller	–	73 Unter-nehmen über je 8 Jahre nach Grün-dung	Umsatz-wachstum	- Hoher Umsatz bei Gründung - Anteil des Umsatzes mit öffentlichem Sektor - Hohes Kapital bei Gründung	
8.	McDougall et al. 1992	Informa-tionstech-nikherstel-ler	–	247 Unter-nehmen	Return on Investment	- Zugehörigkeit zu Strategie-clustern - Hohe Markteintrittsbarrieren - Interaktion aus Strategie x Barrieren	81,0 %
9.	Latinen 1992	–	Insolvenzprog-nose	40 Unter-nehmen	Insolvenz-vermeidung	- Hohe Eigenkapitalquote - Hoher Cash-flow/Umsatz - Hoher Cash-flow/ Verbindlichkeiten	
10.	McCann 1991	Technolo-gieunter-nehmen mit F&E, Produkti-on, Ver-trieb	–	100 Unter-nehmen	Umsatz-wachstum	- Überregionaler Marktangang - Radikale Innovationsstrategie	56,0 %
11.	Tsai et al. 1991	–	Internes Corpo-rate Venturing	161 Ge-schäftsein-heiten	Marktanteil Return on Investment	- Rel. zur Marktgröße hohe eigene Kapazität - Hohe Werbeintensität - Wenig feindseliges Wettbe-werbsumfeld	63,0 %
12.	Williams et al. 1991	–	Internes Corpo-rate Venturing	82 Gschäfts-einheiten	Marktanteil	- Hohe Produktqualität - Hohes Image - Hohe Werbeintensität	

218

Tab. A1.4: Multivariat korrelative Literatur zu Einzelgesellschaften und Portfolios/VCG (Felder B4 und C4, Teil 2)

Nr.	Verfasser	Industrie-fokus	Situativ-inhalt-licher Fokus	Stichprobe	Erfolgsmaß/erklärte Variable	Erfolgsfaktoren/Einflussgrößen	Be-stimmt-heits-maß
Ib. Studien von Einzelunternehmen ohne VC-Finanzierung außerhalb des deutschsprachigen Raumes (Fortsetzung)							
13.	Covin et al. 1990	Produzie-rendes Gewerbe	–	344 Unter-nehmen	Subjektiver Erfolg	- Erfolgsunterschiede zwischen High- vs. Low-Tech-Unter-nehmen gering. Vorteil bes-tenfalls für große High-Tech-Firmen	
14.	Eisenhardt/ Schoonhoven 1990	Halbleiter-hersteller	–	66 Unter-nehmen über 4 Jahre	Umsatz-wachstum	- Hohes Marktwachstum - Hohe Managementkompetenz - Interaktion Marktw. x Mana-gementkomp.	46,0 %
15.	Boeker 1989	Halbleiter-hersteller	Änderungen der Unternehmens-strategie junger Unternehmen	51 Unter-nehmen	Unteschieds-maß zw. ursprüngl. u. aktueller Strategie	- Alter des Unternehmens - Interaktion Strategiedomi-nanz x Dezentralität - Geringe Kapitalbeteiligung des Managements	38,0 %
16.	Covin/Slevin 1989	Produzie-rendes Gewerbe	–	161 Unter-nehmen	Subjektiver Finanzerfolg	- Geringe Feindlichkeit des Umfeldes sowie Interakti-onsterme mit Innovations-grad/Proaktivität u. organi-scher Struktur	19,4 %
17.	Stuart/Abetti 1987	–	Unternehmen eines Inkuba-tors/Technologie-parks	24 Unter-nehmen	Subjektiver Erfolg, mehrdimen-sionaler quantifizier-ter Erfolg	- Geringe F&E-Intensität - Kompatibilität von Unter-nehmen und Markt - Traditionelle, nicht organi-sche Struktur	50,0 %
18.	Roberts/ Hauptmann 1987	Produzie-rendes Gewerbe	–	26 Unter-nehmen	Umsatz	- Höhe des Gründungskapitals - Geringer Innovationsgrad	36,0 %
IIa. Studien von Einzelunternehmen mit VC-Finanzierung im deutschsprachigen Raum							
19	Schefczyk 2000	–	–	103 PU von 12 VCG	IRR, subjek-tiver Erfolg, Insolvenz	- Managementqualifikation - Zusammenarbeit VCG-PU - Gesellschafterstellung der VCG	80 % (Lisrel)
IIb. Studien von Einzelunternehmen mit VC-Finanzierung außerhalb des deutschsprachigen Raumes							
20.	Stuart et al. 1999	Biotechno-logie	–	301 PU	Marktwert bei Erst-emission (IPO)	- Reputation der VCG - Reputation der Investment-bank - Produktkategorie	81,0 %
21.	Gompers/ Lerner 1998	–	Anteilsverkauf bei börsennotier-ten PU	259 PU von 135 VCG	Abnormale Rendite nach Anteilsver-kauf	Stabilität steigt mit - Reputation des Emissionsfüh-rers - Zeitabstand seit IPO - Anteil börsennotierter Aktien	2,2 %
22.	Brav/ Gompers 1997	–	Erstemission (IPO)	934 IPOs mit VCG 3407 IPOs ohne VCG	Marktrendite	- VCG-Beteiligung - Hohes Emissionsvolumen	
23.	Gompers 1996	–	Erstemission (IPO)	433 PU nach Börsenein-führung	Erstnotizren-dite (= „un-derpricing")	- Reputation des Emissionsfüh-rers - Alter des PU - (geringes) Emissionsvolumen	36,5 %

Tab. A1.4: Multivariat korrelative Literatur zu Einzelgesellschaften und Portfolios/VCG (Felder B4 und C4, Teil 3)

Nr.	Verfasser	Industrie-fokus	Situativ-inhalt-licher Fokus	Stichprobe	Erfolgsmaß/ erklärte Variable	Erfolgsfaktoren/ Einflussgrößen	Be-stimmt-heits-maß
IIb. Studien von Einzelunternehmen mit VC-Finanzierung außerhalb des deutschsprachigen Raumes (Fortsetzung)							
24.	Lin 1996	–	Erstemission (IPO)	497 PU mit VCG-Beteili-gung, 2137 Unternehmen ohne VC, nach Börsen-gang	Erstnotizren-dite Emitenten-marge (= „under-pricing")	- Emissionsvolumen - Reputation des Emissionsfüh-rers - VCG-Beteiligung	59,0 %
25.	Lerner 1994	Biotechno-logie	Erstemission (IPO)	150 IPOs	Entscheidung für oder gegen IPO	- Fehlen von Trade Sa-le/Merger-Angeboten - Hohe Zahl von Patenten - Geringes Alter des PU	36,6 %
26.	Rah et al. 1994	Pharma-zeutische Neugrün-dungen	–	109 PU von 20 VCG multivariat analysiert, Stichpr. insg. 184 PU	IRR	- Managementfähigkeiten - Marktattraktivität - Überlegenheit von Produkt und Technologie	36,6 %
27.	Keeley/ Roure 1990	–	–	36 PU von 2 VCG primär Start-up	IRR	- Vollständigkeit des Manage-mentteams - Geringe Käuferkonzentration - Kurze verbleibende Produkt-entwicklungszeit	60,8 %
28.	Roure/ Keeley 1990a	–	–	36 PU von 2 VCG primär Start-up	IRR	- Vollständigkeit des Manage-mentteams - Geringe Käuferkonzentration (nichtlinear) - Hohe Produktüberlegenheit	68,0 %
29.	Roure/ Keeley 1990b	–	–	36 PU von 2 VCG primär Start-up	IRR	- Kurze verbleibende Produkt-entwicklungszeit - Geringe Käuferkonzentration - Vollständigkeit des Manage-mentteams	66,0 %
30.	Dubini 1989	–	–	151 PU von 67 VCG	Return on Investment Gewinn Umsatz-(wachstum)	- Zugehörigkeit zu Strategie-clustern - Clusterabhängige Manage-menteigenschaften	
31.	Keely/ Roure 1989	–	–	34 von 2 VCG	IRR	- Vollständigkeit des Manage-mentteams - Hohe Produktüberlegenheit - Industrie in Wachstumsphase	55,0 %
32.	MacMillan et al. 1988	–	Interaktion zwischen VCG und PU	62 PU von 62 VCG	Return on Investment Gewinn Umsatz-(wachstum)	- Abhängig von der Interakti-onsintensität, z.B. Vermitt-lung professioneller Unter-stützung, Überwachung (ope-rativer) Ergebnisse	
33.	MacMillan et al. 1987	–	Erfolg/Kriterien in der Beteili-gungswürdig-keitsprüfung	150 PU von 67 VCG	Return on Investment Kosten Umsatz Marktanteil	- „Familiarity" mit dem Mana-gement - Kein Wettbewerb innerhalb von 2 Jahren - PU schafft neuen Markt	15,0 %
34.	Sykes 1986	–	Corporate Venture Capital	37 Invest-ments von Exxon, davon19 als interne Ge-schäftsfelder	Marktwert/ Buchwert	- Managementerfahrung Mar-keting/Vertrieb - Geschäftsführungserfahrung	65,4 %

Tab. A1.4: Multivariat korrelative Literatur zu Einzelgesellschaften und Portfolios/VCG (Felder B4 und C4, Teil 4)

Nr.	Verfasser	Industrie-fokus	Situativ-inhalt-licher Fokus	Stichprobe	Erfolgsmaß/ erklärte Variable	Erfolgsfaktoren/ Einflussgrößen	Be-stimmt-heits-maß
IIb. Studien von Einzelunternehmen mit VC-Finanzierung außerhalb des deutschsprachigen Raumes (Fortsetzung)						
35.	Tyebjee/ Bruno 1984	–	–	90 PU von 41 VCG	Erwartetes Risiko Erwartete Rendite	- Gute Managementfähigkeiten senken Risiko - Hohe Marktattraktivität erhöht Erfolg - Hohe Produktdifferenzierung erhöht Erfolg	33,0 %
IIIa. Studien von Portfolios/VCGs im deutschsprachigen Raum						
–						
IIIb. Studien von Portfolios/VCGs außerhalb des deutschsprachigen Raums						
36.	Smart 1999	–	Auswahl von PU-Managern	86 PU von 48 VCG	Qualität der Managerauswahl	- Lebenslauforientierte Interviews - Fallstudien-Interviews - Kleine VC-Göße	83 %
37.	Fredriksen et al. 1997	–	–	59 PU	Nutzen der VCG-PU-Beziehung	- Hohe Motivation des PU-Managements - Hoher wirtschaftlicher Erfolg - Kontrolle und Kapital durch die VCG	50,0 %
38.	Sapienza 1992 und diverse Veröffentli-chungen 1989-93	–	–	51 PU von 22 VCG	Nutzen der VCG-PU-Beziehung, subjektiver Erfolg	- Hoher Innovationsgrad - Häufige Interaktion zwischen VCG und PU - Offene Interaktion zwischen VCG und PU	51,0 %
39.	Sapienza/ Timmons 1989	–	–	51 PU von 22 VCG	Einfluss von 8 unabhängi-gen Variab-len auf 8 VCG-Funk-tionen	- Mit der Finanzierungsphase nehmen Rekrutierungs-, Networking- u. Finanzbera-tungsfunktionen ab	
40.	Megginson/ Weiss 1991	–	Erstemission (IPO)	320 IPOs mit VCG 320 IPOs ohne VCG	Geringe Transakti-onskosten	- Hinzuziehung mindestens einer VCG - Hohes Emissionsvolumen - Underwriter mit geringem Marktanteil	64,9 %
41.	Barry et al. 1990	–	Erstemission (IPO)	433 IPOs mit VCG 1123 IPOs ohne VCG	Geringes „Underpri-cing"	- Mehrzahl von VCG an einem IPO beteiligt - Langfristige Beteiligung der führenden VCG - Alter/IPO-Erfahrung der führenden VCG	11,8 %
42.	Bygrave/ Shulman 1988	–	Kapitalzufluss der VC-Branche	Branchensta-tistiken aus USA für 18 Jahre	Kapitalzu-fluss	- Steigerung des NASDAQ-Index - Geringe Steigerung des S&P im Vorjahr - Hohes IPO-Volumen im Vorjahr	94,6 %

Tab. A1.5: Literatur zur öffentlichen Förderung (Spalte D)

Nr.[a]	Verfasser	Aufsatz/ Monographie	Umfang (Seiten)
	Ia. Normative Literatur im deutschsprachigen Raum		
1.	Bruhns 1992	M	132
2.	Gnan 1990	M	374
3.	Nachtkamp 1986	A	42
4.	Nathusius 1986	A	7
5.	Reichert 1983	M	272
	Ib. Normative Literatur außerhalb des deutschsprachigen Raums		
	–		
	IIa. Deskriptive Literatur im deutschsprachigen Raum		
6.	Frank et al. 1995	A	16
7.	Krupp 1981	A	17
	IIb. Deskriptive Literatur außerhalb des deutschsprachigen Raums		
8.	Fisher 1988	A	12
9.	Harrison/Mason 1988	A	15
	IIIa. Bivariat korrelative Untersuchungen im deutschsprachigen Raum		
10.	ifo/bifego et al. 1994	M	135
11.	Schmude 1994	M	246
12.	Hunsdiek/May-Strobl 1987	M	353
	IIIb. Bivariat korrelative Untersuchungen außerhalb des deutschsprachigen Raums		
	–		
	IVa. Multivariat korrelative Untersuchungen im deutschsprachigen Raum		
	–		
	IVb. Multivariat korrelative Untersuchungen außerhalb des deutschsprachigen Raums		
	–		

a) Innerhalb der Kategorien chronologische Quellenanordnung.

Tab. A1.6: Literatur zur Erfolgsmessung (Spalte E)

Nr.[a]	Verfasser	Aufsatz/ Monographie	Umfang (Seiten)
	Ia. Normative Literatur im deutschsprachigen Raum		
1.	Schober 1995	A	15
2.	Kulicke/Muller 1994	M	38
3.	Christen 1991	M	214
4.	Gerke/Schöner 1988	A	26
5.	Räbel 1986	M	359
	Ib. Normative Literatur außerhalb des deutschsprachigen Raums		
6.	EVCA 1994	M	16
7.	Schilit 1994	A	6
8.	Bygrave 1992	A	24
9.	Kennedy 1992	A	3
10.	Moreland/Reyes 1992	A	5
11.	Sahlman 1988	A	14
	IIa. Deskriptive Literatur im deutschsprachigen Raum		
	–		
	IIb. Deskriptive Literatur außerhalb des deutschsprachigen Raums		
12.	Kleiman/Shulman 1992	A	14
13.	Ruhnka/Young 1991	A	19
14.	Bygrave et al. 1989	A	10
15.	Chiampou/Kallett 1989	A	13
16.	Ruhnka/Young 1987	A	17
	IIIa. Bivariat korrelative Untersuchungen im deutschsprachigen Raum		
	–		
	IIIb. Bivariat korrelative Untersuchungen außerhalb des deutschsprachigen Raums		
17.	Brush/Vanderwerf 1992	A	14
	IVa. Multivariat korrelative Untersuchungen im deutschsprachigen Raum		
	–		
	IVb. Multivariat korrelative Untersuchungen außerhalb des deutschsprachigen Raums		
18.	Chandler/Hanks 1993	A	18

a) Innerhalb der Kategorien chronologische Quellenanordnung.

**Anhang 2:
Übersicht deutscher
Venture Capital-
Gesellschaften**

Tab. A2.3: Übersicht deutscher Venture Capital-Gesellschaften 1997 (Teil 1)

Nr.	Firma	Sitz	Trägerschaft	Beteiligungs-volumen	Anzahl PU
1.*	Deutsche Beteiligungs AG	Frankfurt a. M.	independent	864	72
2.	3i Deutschland GmbH	Frankfurt a. M.	independent	529	117
3.	Beteiligungsges. Für die deutsche Wirtschaft mbH	Frankfurt a. M.	semi-captive (Dresdner Bank)	485	72
4.	HANNOVER Finanz Gruppe	Hannover			
4a.	Provinzial-Beteiligungsgesellschaft mbH	Hannover	semi-captive (Provinzial Kiel)	167	24
4b.*	HANNOVER Finanz GmbH	Hannover	independent	150	15
4c.*	Commerz Unternehmensbeteiligungs AG	Hannover	independent	131	24
4d.*			semi-captive (Commerzbank u. a.)	89	18
5.	WeHaCo Kapitalbeteiligungsgesellschaft	Frankfurt a. M.	independent	291	
6.	Alpha Beteiligungsberatung GmbH	Frankfurt a. M.	captive (BHF-Bank)	222	29
7.	Industrie-Beteiligungs-Gesellschaft mbH (IBG)	München	independent	210	32
8.	Apax Partners & Co Beteiligungsberatung AG	Frankfurt a. M.	captive (Allianz)	207	
9.	Allianz Capital Partners GmbH	München	independent	205	30
10.	TVM Techno Venture Management III GmbH	Düsseldorf	captive (IKB)	165	25
11.	IKB Beteiligungsgesellschaft mbH	Düsseldorf	captive (NatWest)	140	8
12.	NatWest Ventures GmbH Beteiligungsberatung	Berlin	semi-captive (Berliner Bank)	135	35
13.	BB-Kapitalbeteiligungsgesellschaft mbH	München	independent	121	68
14.	Technologieholding VC GmbH	Frankfurt a. M.	captive (Deutsche Bank)	114	49
15.	DVCG Deutsche Venture Capital Gesellschaft mbH	Frankfurt a. M.	captive (Deutsche Bank)	112	18
16.	Commerz Beteiligungsgesellschaft mbH	Frankfurt a. M.	independent	101	6
17.	H & P Beteiligungsberatung GmbH & Co				
17a.	Beteiligungsgesellschaften der DG-Bank	Frankfurt a. M.	captive (DG-Bank)	99	12
17b.	BmU-Beteiligungsgesellschaft mbH	Frankfurt a. M.	captive (DG-Bank)		
18.	AGAB Aktienges. Für Anlagen u. Beteiligungen				
18a.	Beteiligungsgesellschaften der WGZ-Bank	Münster	captive (WGZ-Bank)	91	22
18b.	WGZ Beteiligungsgesellschaft mbH	Münster	captive (WGZ-Bank)	6	5
19.	WGZ Venture-Capital Gesellschaft mbH	Eschborn	independent	90	6
20.	ALCHEMY Beteiligungsberatung GmbH				
20a.*	BayBG-Gruppe (privater Teil)	München	semi-captive (LfA)	50	39
20b.	BUWB GmbH	München	semi-captive (LfA)	31	25
21.	BBW GmbH	Hamburg	captive (Vereins- u. Westb.)	80	8

NIB Norddeutsche Innovations- u. Beteiligungsges.

Tab. A2.3: Übersicht deutscher Venture Capital-Gesellschaften 1997 (Teil 2)

Nr.	Firma	Sitz	Trägerschaft	Beteili-gungs-volumen	Anzahl PU
22.	Thomas J. C. Matzen GmbH	Hamburg	independent	80	9
23.	Alpinvest Beteiligungsberatungsberatung	Frankfurt a. M.	captive (Alpinvest)	79	4
24.	SUEZ Finanzberatung GmbH	Sulzbach/Taunus	captive (Suez)	76	33
25.*	TFG Venture Capital AG & Co. KGaA	Marl	independent	72	
26.	HALDER Beteiligungsberatung GmbH	Frankfurt a. M.	independent	71	16
27.	Thüringer Industriebeteiligungsgesellschaft mbH	Erfurt	captive (Stiftung)	65	13
28.*	Kapitalbeteiligungsgesellschaft KDV	Düsseldorf	independent	63	25
29.	Atlas Venture GmbH	München	independent	60	17
30.	Ökologik Ecovest AG	Frankfurt a. M.	independent	58	3
31.	Electra Fleming GmbH	Hamburg	independent	38	15
32.	GBK Beteiligungen Aktiengesellschaft	Hamburg	independent	37	40
33.*	GUB Unternehmensbeteiligungen Aktiengesellschaft	Schwäbisch Hall	independent	30	7
34.	HBV Beteiligungsgesellschaft	München	captive (Hypo-Vereinsbank)	30	6
35.	IVC Venture Capital AG	Frankfurt a. M.	independent	29	10
36.	Life Science Ventures GmbH Global Equity Advisers	München	independent	25	4
37.	BKK-Investitionsfonds GmbH	Berlin	independent	25	10
38.	IDP Industrial Development Partners GmbH & Co. KG	Königstein/Taunus	independent	23	12
39.	BTV Beteiligungsverwaltung GmbH & Co. KG	München	captive (Brost)	21	20
40.	Konsortium AG	Augsburg	independent	20	
41.	T-Venture T-Telematik Venture Holding GmbH	Bonn	captive (Deutsche Telekom)	20	24
42.	Seed Capital Brandenburg GmbH & Co. KG	Frankfurt (Oder)	semi-captive (Land, EU)	16	
43.	Earlybird Venture Capital GmbH & Co. KG	Hamburg	independent	15	26
44.*	bmp AG Venture Capital & Network Management	Berlin	independent	9	11
45.	BAG Aktiengesellschaft für Industriebeteiligungen	Hamburg	independent	9	5
46.	Lampe Beteiligungsgesellschaft mbH	Düsseldorf	captive (Bankhaus Lampe)	8	5
47.*	Valora Unternehmensbeteiligung AG	Simtal-Mottgers	captive (Westend)	8	
48.	innotech Beteiligungs-GmbH	Karlsruhe	captive (EnBW)	8	
49.	HSBC Private Equity GmbH	Düsseldorf	independent	7	
50.	Technostart GmbH	Stuttgart	independent	6	9
51.	GENES GmbH Venture Services	Frechen	independent	5	6
52.	ADENA Technologie-Beteiligungen	Bad Homburg	independent	5	4

Tab. A2.3: Übersicht deutscher Venture Capital-Gesellschaften 1998 (Teil 3)

Nr.	Firma	Sitz	Trägerschaft	Beteili-gungs-volumen	Anzahl PU
53.	Heidelberg Innovation GmbH & Co. Bio Science	Heidelberg	independent	4	2
	ABN AMRO Beteiligungsberatung GmbH	Frankfurt a. M.	captive (ABN AMRO)		
	Allied Capital Beteiligungsberatung GmbH	Washington/USA	semi-captive (KfW, Allied)		
	antares Beteiligungsgesellschaft	Hof, Chemnitz	captive (Schmidt Bank)		
	Avent International GmbH	Frankfurt a. M.	independent		
	Baring Equity Partners GmbH	Frankfurt a. M.	independent		
	Berenberg Private GmbH	Hamburg	independent		
	BLS Technologie-Fonds GmbH	Berlin	independent		
	Capman Management GmbH	München	independent		
	CVC Capital Beteiligungsgesellschaft	Frankfurt a. M.	captive (Citicorp)		
	DaimlerChrysler Venture GmbH	Stuttgart	captive (DaimlerChrysler)		
	Granville Private Equity Deutschland Ltd.	Hamburg	independent		
	HGU Hamburger Unternehmensbeteiligungs AG	Hamburg	captive		
	IMH Industrie Management Holding Treuhand	Berlin	independent		
	IT-Adventure AG für Beteiligungen	München	independent		
	MPM Capital GmbH	München	independent		
	Quadriga Capital Management GmbH	Frankfurt a. M.	independent		
	Schroders & Partner Beteiligungsberatung GmbH	Frankfurt a. M.	independent		
	Siemens Semiconductor Group	München	captive (Siemens)		
	Siemens Venture Capital GmbH	München	captive (Siemens)		
	SVM Star Ventures	München	independent		
	TBF Technologie-Beteiligungsfonds GmbH & Co.	Baesweiler	independent		
	Triangle Venture Capital Group Management GmbH	Heppenheim	independent		
	UBS Capital GmbH	München	captive (UBS)		
	Wellington Finanz Beratungs GmbH	München	independent		

83 (61.9%) renditeorientierte Gesellschaften

z.gr. Teil im privaten Sektor

5907
(65.7%)

1143
(30.3%)

Tab. A2.3: Übersicht deutscher Venture Capital-Gesellschaften 1998 (Teil 4)

Nr.	Firma	Sitz	Trägerschaft	Beteiligungsvolumen	Anzahl PU
1.	Beteiligungsgesellschaften der NORD LB				
1a.*	NORD KB Norddeutsche Kapitalbeteiligungsges.	Hannover	captive	218	28
1b.*	NORD Holding GmbH	Hannover	semi-captive	74	16
2.	Beteiligungsgesellschaften der West LB				
2a.	WestKB - Westdeutsche Kapitalbeteiligungsges.	Düsseldorf	captive	302	30
2b.*	WestUBG – Westd. Unternehmens-Beteiligungs-AG	Düsseldorf	captive	3	2
3.	SüdKB Süd-Kapitalbeteiligungs-Gesellschaft mbH	Stuttgart	captive	104	25
4.	Beteiligungsgesellschaft der LBB Berlin				
4a.	LBB Beteiligungsgesellschaft mbH Berlin	Berlin	captive	72	36
4b.	LBB Seed Capital Fund GmbH Berlin	Berlin	captive	8	10
5.	Beteiligungsgesellschaften der Sparkasse Aachen et al.				
5a.*	S-UBG AG UBG der Wirtschaftsregion Aachen	Aachen	semi-captive	63	20
5b.	S-VC Risikokapital-Fonds Aachen, Krefeld	Aachen	captive	5	10
5c.	S-Beteiligungsgesellschaft Aachen, Krefeld	Aachen	captive	5	9
6.	L-Beteiligungen GmbH	Karlsruhe	captive	64	13
7.	KBB Brandenburg	Potsdam	captive	49	17
8.	RB Kreissparkasse Hannover GmbH	Hannover	semi-captive	46	26
9.	MUK Kapitalbeteiligungsgesellschaft mbH	Köln	semi-captive	40	14
10.	SBG- Sächsische Beteiligungsgesellschaft mbH	Dresden	captive	27	21
11.	Sachsen LB Corporate Finance Holding GmbH	Leipzig	captive	24	18
12.*	Bremer Unternehmensbeteiligungsgesellschaft mbH	Bremen	semi-captive	24	9
13.	RBS Kapitalbeteiligungsgesellschaft	Düsseldorf	semi-captive	18	23
14.*	IBB Beteiligungsgesellschaft mbH	Berlin	semi-captive	17	14
15.	Stauferkreis Kapitalbeteiligungsgesellschaft mbH	Göppingen	captive	11	5
16.	SBG- Sparkassen-Beteiligungsges. mbH & Co. KG	Düsseldorf	semi-captive	10	12
17.	S-Siegerlandfons 1 Beteiligungspartner	Siegen	captive	8	12
18.	OBC Osnabrücker Beteiligungs- & Consult GmbH	Osnabrück	captive	6	4
19.	RBB Regionale Beteiligungsgesellschaft mbH	Görlitz	captive	3	3
20.	Risikokapital-Fonds Allgäu GmbH & Co. KG	Kempten	captive	2	
21.	S-Beteiligungsgesellschaft Freiburg mbH	Freiburg	captive	2	
22.	LeVenture Kapitalbeteiligungsgesellschaft mbH	Leverkusen	captive	2	

229

Tab. A2.3: Übersicht deutscher Venture Capital-Gesellschaften 1998 (Teil 5)

Nr.	Firma	Sitz	Trägerschaft	Beteiligungs-volumen	Anzahl PU
23.	S-Beteiligungsgesellschaft Ludwigshafen a.Rh. GmbH	Ludwigshafen/Rh.	captive	1	5
	HBM Heleba Beteiligungs-Management-Gesellschaft	Frankfurt a. M.	captive		
	Saarländische Wagnisfinanzierungsgesellschaft mbH	Saarbrücken	captive		
	S-Beteiligungsgesellschaft Starnberg mbH	Starnberg	captive		
	Schleswig-Holsteinische Kapital-Beteiligungsges.	Kiel	captive		12
	S-ReFit GmbH & Co. KG	Regensburg	semi-captive		1
	S-Wagniskapitalgesellschaft mbH	Reutlingen	captive		1
	TTIB GmbH & Co. KG	Bonn	captive		
	35 (26.1%) Sparkassen/Landesbankgesellschaften u.ä.			*1208 (13.4%)*	*396 (10.5%)*
	tbg Technologie-Beteiligungs-Gesellschaft mbH	Bonn	captive (Deutsche Ausgleichsbank)	571	433
	Bayern Kapital Risikokapitalbeteiligungs GmbH	Landshut	captive (Bayerische LfA)	38	40
	2 (1.5%) öffentliche Co- Investmentgesellschaften			*609 (6.8%)*	
	MBG Baden-Württemberg	Stuttgart	sonder	342	982
	MBG Bayern	München	sonder	337	421
	MBG Sachsen	Dresden	sonder	157	194
	MBG Mecklenburg- Vorpommern	Schwerin	sonder	70	90
	MBG Schleswig- Holstein	Kiel	sonder	64	107
	MBG Sachsen- Anhalt	Magdeburg	sonder	60	82
	MBG Hessen	Wiesbaden	sonder	56	72
	MBG Thüringen	Erfurt	sonder	51	55
	MBG Berlin-Brandenburg	Potsdam	sonder	49	55
	MBG Rheinland-Pfalz	Mainz	sonder	34	89
	MBG Niedersachsen	Hannover	sonder	20	

Tab. A2.3: Übersicht deutscher Venture Capital-Gesellschaften 1998 (Teil 6)

Nr.	Firma	Sitz	Trägerschaft	Beteiligungs-volumen	Anzahl PU
	Saarländische Kapitalbeteiligungsgesellschaft mbH	Saarbrücken	sonder	16	37
	Beteiligungsges. für Industrie, Handwerk, Handel	Hamburg	sonder	12	32
	MBG Nordrhein- Westfalen	Neuss	sonder	5	14
	14 (10.4%) Mittelständische Beteiligungsgesellschaften			*1273* *(14.1%)*	*2230* *(59.2%)*
	52 (38.1%) Gesellschaften mit gemischten/fördernden Zielen, z. gr. T. im öffentlichen Sektor			*3090* *(34.3%)*	*2626* *(69.7%)*
	134 Kapitalbeteiligungsgesellschaften			*8997*	*3769*

*) *VCG wird als Unternehmensbeteiligungsgesellschaft nach dem UBGG geführt.*

Die PU der öffentlichen Co-Investmentgesellschaften wurden zur Vermeidung von Doppelzählungen nicht summiert.

Quellen: BVK-Directory 1999, öffentlich zugängliche Firmenberichte, eigene Analysen.

Literaturverzeichnis

Aggarwal, R./Rivoli, P. (1990): Fads in the initial public offering market? In: *Financial Management,* 19 (4): 45-57.

Aghion, P./Dewatripont, M./Rey, P. (1994): Renegotiation design with unverifiable information. In: *Econometrica,* 62: 257-282.

Akerlof, G. A. (1970): The market for lemons: Quality uncertainty and the market mechanism. In: *Quarterly Journal of Economics,* 84: 488-500.

Albach, H. (1997): Rahmenbedingungen für Existenzgründungen in Deutschland. In: *Zeitschrift für Betriebswirtschaft,* 67: 441-451.

Albach, H./Hunsdiek, D. (1987): Die Bedeutung von Unternehmensgründungen für die Anpassung der Wirtschaft an veränderte Rahmenbedingungen. In: *Zeitschrift für Betriebswirtschaft,* 57: 562-580.

Albach, H./Hunsdiek, D./Kokalj, L. (1986): Finanzierung mit Risikokapital. Stuttgart: Poeschel.

Alchian, A. A./Demsetz, H. (1972): Production, information costs, and economic organization. In: *American Economic Review,* 52: 777-795.

Alchian, A. A./Demsetz, H. (1973): The property right paradigm. In: *Journal of Economic History,* 33: 16-27.

Alt, J. A. (1988): Die Evolutionstheorie im Werk Karl Raimund Poppers. In: Sievering, U. O. (Hrsg.), Kritischer Rationalismus heute, Frankfurt am Main: Haag + Herchen, 63-82.

Ambarish, R./John, K./Williams, J. (1987): Efficient signalling with dividends and investments. In: *Journal of Finance,* 42: 321-343.

Amit, R./Brander, J./Zott, C. (1998): Why do venture capital firms exist? Theory and Canadian evidence. In: *Journal of Business Venturing,* 13: 441-466.

Amit, R./Glosten, L./Muller, E. (1990): Does venture capital foster the most promising entrepreneurial firms? In: *California Management Review,* 32 (3): 102-111.

Anderlini, L./Felli, L. (1994): Incomplete written contracts: Undescribable status of nature. In: *Quarterly Journal of Economics,* 109: 1085-1124.

Arndt, W. (1995): Die Bedeutung von Eigenkapitalausstattung und Managementqualifikation für die Kapitalversorgung mittelständischer Unternehmen. Hamburg: Kovac.

Arnold, W. (1989): Finanzierungsziele: Anforderungen mittelständischer Unternehmungen an Beteiligungskapital. Frankfurt am Main: Lang.

Baaken, T. (1989): Bewertung technologieorientierter Unternehmensgründungen. Berlin: Schmidt.

Bachelier, R./Mayer, M. (1990): Kapitalbeteiligungsgesellschaften: Finanzierung technischer Innovationen. In: *Zeitschrift für das gesamte Kreditwesen,* 43: 604-607.

Baetge, J./Schlösser, J. (1993): Zwischenberichterstattung in Theorie und Praxis. In: Fritsch, U./Liener, G./Schmidt, R. (Hrsg.), Die deutsche Aktie, Stuttgart: Schäffer-Poeschel, 225-249.

Bamberg, G. (1995): Risiko und Ungewißheit. In: Gerke, W./Steiner, M. (Hrsg.), Handwörterbuch des Bank- und Finanzwesens, 2. Aufl., Stuttgart: Schäffer-Poeschel, 1646-1657.

Barry, C. B./Muscarella, C. J./Peavy, J. W./Vetsuypens, M. R. (1990): The role of venture capital in the creation of public companies: Evidence from the going-public process. In: *Journal of Financial Economics,* 27: 447-471.

Bauer, C. (1995): Risikomessung. In: Gerke, W./Steiner, M. (Hrsg.), Handwörterbuch des Bank- und Finanzwesens, 2. Aufl., Stuttgart: Schäffer-Poeschel, 1657-1666.

Beiker, H. (1993): Überrenditen und Risiken kleiner Aktiengesellschaften. Köln: Müller Botermann.

Benner, W. (1985): Genußscheine als Instrument der Innovationsfinanzierung. In: *Betriebswirtschaftliche Forschung und Praxis,* 37: 438-452.

Benston, G. J./Smith, C. W. (1976): The transactions cost approach to the theory of financial intermediation. In: *Journal of Finance,* 31: 215-231.

Benz, N./Kiwitz, T. (1999): Die Teilnahmebedingungen – Das Regelwerk des neuen Marktes. In: Koch, W./Wegmann, J. (Hrsg.), Mittelstand und Neuer Markt, Frankfurt: FAZ, 47-68.

Berglöf, E. (1991): Corporate Control and Capital Structure – Essays on Property Rights and Financial Contracts. Stockholm: IIB.

Beyel, J. (1987): Kapitalbeteiligungsgesellschaften in der Bundesrepublik Deutschland. In: *Der langfristige Kredit,* 38: 657-660.

Beyel, J. (1990): Kapitalbeteiligungsgesellschaften: Finanzierungs- und Gestaltungsmöglichkeiten des Beteiligungsverhältnisses. In: *Der langfristige Kredit,* 41: 217-220.

Bhide, A. (1993): Firmengründer brauchen gesunden Menschenverstand und Ellenbogen. In: *Harvard Business Manager,* 15 (2): 58-66.

Bieg, H. (1989): Zur Eigenkapitalausstattung der Unternehmungen in der Bundesrepublik Deutschland. In: John, G. (Hrsg.), Besteuerung und Unternehmenspolitik, München: Vahlen, 23-48.

Bilstein, J. (1989): Beteiligungs-Sondervermögen und Unternehmensbeteiligungsgesellschaften. In: John, G. (Hrsg.), Besteuerung und Unternehmenspolitik, München: Vahlen, 49-70.

Bindseil, U. (1994): Verfügungsrechte an organisierten Wertpapiermärkten untersucht auf der Grundlage der Theorie unvollständiger Verträge. Dissertation, Saarbrücken.

Birley, S. (1987): New ventures and employment growth. In: *Journal of Business Venturing,* 2: 155-165.

Birley, S./Westhead, P. (1993): New venture environments – The owner-manager's view. In: Birley, S./MacMillan I. C. (Hrsg.), Entrepreneurship Research: Global Perspectives, Amsterdam: North-Holland, 207-247.

Bitz, M. (1989): Erscheinungsformen und Funktionen von Finanzintermediären. In: *Wirtschaftswissenschaftliches Studium,* 18: 430-436.

Blättchen, W. (1998): Warum Sie überhaupt an die Börse gehen sollen. In: Volk, G. (Hrsg.), Going Public: Der Gang an die Börse, Stuttgart: Schäffer-Poeschel, 3-26.

Black, F./Scholes, M. (1973): The pricing of options and corporate liabilities. In: *Journal of Political Economy,* 81: 637-654.

Bode, H./Lüthje, B. (1985): Venture Capital – Die Szene wird zum Markt: Die Sparkassenorganisation ist solide beteiligt. In: *Sparkasse,* 102: 272-275.

Boeker, W. (1989): Strategic change: The effects of founding and history. In: *Academy of Management Journal,* 32: 489-515.

Bofinger, P. (1990): War die Eigenkapitallücke der deutschen Wirtschaft nur ein Scheinproblem? In: *Wirtschaftsdienst,* 70: 264-271.

Böndel, B./Dürand, D. (1995): Risikokapital: Reich und berühmt. In: *Wirtschaftswoche,* 49 (36): 78-89.

Botschen, G./Koll, O./Noisternig, M. (1995): Zählen nur Rendite und Risiko bei der Anlageentscheidung? In: *Die Bank,* 35: 500-503.

Bouillet-Cordonnier, G. (1992): Legal aspects of start-up evaluation and adjustment methods. In: *Journal of Business Venturing,* 7: 91-101.

Bourgeois, L. J./Eisenhardt, K. M. (1988): Strategic decision processes in high velocity environments: Four cases in the microcomputer industry. In: *Management Science,* 34: 816-835.

Bovaird, C. (1990): Introduction to Venture Capital Finance. London: Pitman.

Brandstätter, H. (1970): Leistungsprognose und Erfolgskontrolle: Eine Methodenstudie. Bern: Huber.

Brandt, G. (1993): Aktie und Anleihe im Depot eines Privatanlegers. In: Fritsch, U./Liener, G./Schmidt, R. (Hrsg.), Die deutsche Aktie, Stuttgart: Schäffer-Poeschel, 9-16.

Brav, A./Gompers, P. A. (1997): Myth or reality? The long-run unterpreformance of initial public offerings: Evidence from venture and nonventure capital-backed companies. In: *Journal of Finance,* 52: 1791-1821.

Brennan, M. J./Subrahmanyam, A. (1995): Investment analysis and price formation in securities markets. In: *Journal of Financial Economics,* 38: 361-381.

British Venture Capital Association (1995): Report on Investment Activity 1995. London.

Brüderl, J./Jungbauer-Gans, M. (1991): Überlebenschancen neugegründeter Betriebe. In: *Die Betriebswirtschaft,* 51: 499-509.

Brüderl, J./Preisendörfer, P./Baumann, A. (1991): Determinanten der Überlebenschancen neugegründeter Kleinbetriebe. In: *Mitteilungen aus der Arbeitsmarkt- und Berufsforschung,* 91-100.

Brüderl, J./Preisendörfer, P./Ziegler, R. (1992): Survival chances of newly founded business organizations. In: *American Sociological Review,* 57: 227-242.

Brüderl, J./Preisendörfer, P./Ziegler, R. (1996): Der Erfolg neugegründeter Betriebe: Eine empirische Studie zu den Chancen und Risiken von Unternehmensgründungen. Berlin: Duncker & Humblot.

Bruhns, K. (1992): Die Förderung von Kapitalbeteiligungsgesellschaften als Instrument der Mittelstandspolitik: Eine kritische Analyse der Wirkungen und Einsatzmöglichkeiten. Pfaffenweiler: Centaurus.

Bruno, A. V./Leidecker, J. K. (1988): Causes of new venture failure: 1960s vs. 1980s. In: *Business Horizons,* 31 (6): 51-56.

Bruno, A. V./Leidecker, J. K./Harder, J. W. (1987): Why firms fail. In: *Business Horizons,* 30 (2): 50-58.

Bruno, A. V./Tyebjee, T. T. (1985): The entrepreneur's search for capital. In: *Journal of Business Venturing,* 1: 61-74.

Brush, C. G./Vanderwerf, P. A. (1992): A comparison of methods and sources for obtaining estimates of new venture performance. In: *Journal of Business Venturing,* 7: 157-170.

Brynjolfsson, E. (1994): Information assets, technology, and organization. In: *Management Science,* 40: 1645-1662.

Bundesminister für Forschung und Technologie (Hrsg.) (1989): Beteiligungskapital für junge Technologieunternehmen: Modellversuch 1989 bis 1994. Bonn.

Bundesministerium der Finanzen (1994): Steuerharmonisierung für Europa. Bonn.

Bundesministerium für Bildung, Wissenschaft, Forschung und Technologie (1998): E-XIST – Existenzgründer aus Hochschulen: 12 regionale Netzwerke für innovative Unternehmensgründungen. Bonn

Bundesministerium für Wirtschaft (1995): Verbesserung der Transparenz und Konsistenz der Mittelstandsförderung. Bonn

Bundesministerium für Wirtschaft (2000): Die Förderdatenbank. Online im Internet. URL: http://www.db.bmwi.de. Stand: 25.04.2000. Bonn.

Bundesverband deutscher Kapitalbeteiligungsgesellschaften e. V. (1991): Jahrbuch 1991. Berlin.

Bundesverband deutscher Kapitalbeteiligungsgesellschaften e. V. (1992): Jahrbuch 1992. Berlin.

Bundesverband deutscher Kapitalbeteiligungsgesellschaften e. V. (1993): Jahrbuch 1993. Berlin.

Bundesverband deutscher Kapitalbeteiligungsgesellschaften e. V. (1994): Jahrbuch 1994. Berlin.

Bundesverband deutscher Kapitalbeteiligungsgesellschaften e. V. (1995): Jahrbuch 1995. Berlin.

Bundesverband deutscher Kapitalbeteiligungsgesellschaften e. V. (1996): Jahrbuch 1996. Berlin.

Bundesverband deutscher Kapitalbeteiligungsgesellschaften e. V. (1997): Jahrbuch 1997. Berlin.

Bundesverband deutscher Kapitalbeteiligungsgesellschaften e. V. (1998): Jahrbuch 1998. Berlin.

Bundesverband deutscher Kapitalbeteiligungsgesellschaften e. V. (1999): BVK Statistik 1998. Berlin.

Büschgen, H. E. (1985): Venture Capital – Der deutsche Ansatz. In: *Die Bank,* 25: 220-227.

Bygrave, W. D. (1987): Syndicated investments by venture capital firms: A networking perspective. In: *Journal of Business Venturing,* 2: 139-154.

Bygrave, W. D. (1988): The structure of the investment networks of venture capital firms. In: *Journal of Businss Venturing,* 3: 137-157.

Bygrave, W. D. (1992): Venture capital returns in the 1980s. In: Sexton, D. L./Kasarda, J. D. (Hrsg.), The State of the Art of Entrepreneurship. Boston: PWS-Kent, 438-461.

Bygrave, W. D. (1995): Conditions for success of venture capital. In: Bundesverband deutscher Kapitalbeteiligungsgesellschaften e. V. (Hrsg.), Jahrbuch 1995, Berlin, 59-75.

Bygrave, W. D./Fast, N. A./Khoylian, R./Vincent, L./Yue, W. (1989): Early rates of return of 131 venture capital funds started 1978-1984. In: *Journal of Business Venturing,* 4: 93-105.

Bygrave, W. D./Shulman, J. M. (1988): Capital gains tax. In: Frontiers of Entrepreneurship Research 1988: Proceedings of the Eighth Annual Babson College Entrepreneurship Research Conference, Wellesley: Babson College, 324-338.

Bygrave, W. D./Timmons, J. A. (1986): Networking among venture capital firms. In: Frontiers of Entrepreneurship Research 1986: Proceedings of the Sixth Annual Babson College Entrepreneurship Research Conference, Wellesley: Babson College, 437-456.

Bygrave, W. D./Timmons, J. A. (1992): Venture Capital at the Crossroads. Boston: Harvard.

Cable, D. M./Shane, S. (1997): A prisoner's dilemma approach to entrepreneur-venture capitalist relationships. In: *Academy of Management Review,* 22: 142-176.

Camp, S. M./Sexton, D. L. (1992): Trends in venture capital investment: Implications for high-technology firms. In: *Journal of Small Business Management,* 30 (3): 11-19.

Campbell, T. S./Kracaw, W. A. (1980): Information production, market signalling, and the theory of financial intermediation. In: *Journal of Finance,* 35: 863-882.

Carter, N. M./Stearns, T. M./Reynolds, P. D./Miller, B. A. (1994): New venture strategies: Theory development with an empirical base. In: *Strategic Management Journal,* 15: 21-41.

Chan, Y.-S. (1983): On the positive role of financial intermediation in allocation of venture capital in a market with imperfect information. In: *Journal of Finance*, 38: 1543-1568.

Chan, Y.-S./Leland, H. (1982): Prices and qualities in markets with costly information. In: *Review of Economic Studies,* 49: 499-516.

Chandler, G. N./Hanks, S. E. (1993): Measuring the performance of emerging businesses: A validation study. In: *Journal of Business Venturing*, 8: 391-408.

Chandler, G. N./Hanks, S. E. (1994): Market attractiveness, resource-based capabilities, venture strategies, and venture performance. In: *Journal of Business Venturing*, 9: 331-349.

Chandler, G. N./Jansen, E. (1992): The founder's self-assessed competence and venture performance. In: *Journal of Business Venturing*, 7: 223-236.

Cheung, S. N. S. (1970): The structure of a contract and the theory of a non-exclusive resource. In: *Journal of Law and Economics,* 13: 49-70.

Chiampou, G. F./Kallett, J. J. (1989): Risk return profile of venture capital. In: *Journal of Business Venturing,* 4: 1-10.

Christen, D. V. (1991): Anlagen in Venture Capital-Fonds: Ein Beitrag zum besseren Verständnis des internationalen Venture Capital-Geschäfts aus Investorensicht. Bern: Haupt.

Christians, F. W. (1993): Geld- und Kapitalmärkte. In: Wittmann, W. et al. (Hrsg.), Handwörterbuch der Betriebswirtschaft, 5. Aufl. Stuttgart, 1363-1375.

Chung, T.-Y. (1991): Incomplete contracts, specific investments, and risk sharing. In: *Review of Economic Studies,* 58: 1031-1042.

Churchill, N. C./Lewis, V. L. (1983): The five stages of small business growth. In: *Harvard Business Review,* 61 (3): 30-50.

Clark, R. (1987): Venture Capital in Britain, America and Japan. London: Croom Helm.

Coase, R. H. (1937): The nature of the firm. In: *Econometrica,* 4: 386-405.

Coase, R. H. (1960): The problem of social cost. In: *Journal of Law and Economics,* 3: 1-44.

Cochran, A. B. (1981): Small business mortality rates: A review of the literature. In: *Journal of Small Business Management,* No. 4: 50-59.

Collrepp, F. v. (1999): Handbuch Existenzgründung: Für die ersten Schritte in die dauerhaft erfolgreiche Selbständigkeit, 2. Aufl. Stuttgart: Schäffer-Poeschel.

Cooper, A. C./Bruno, A. V. (1977): Success among high technology firms. In: *Business Horizons,* 20: 16-23.

Cooper, A. C./Gimeno-Gascón, F. J. (1992): Entrepreneurs, processes of founding, and new-firm performance. In: Sexton, D. L./Kasarda, J. D. (Hrsg.), The State of the Art of Entrepreneurship. Boston: PWS-Kent, 301-340.

Cooper, A. C./Gimeno-Gascón, F. J./Woo, C. Y. (1994): Initial human and financial capital as predictors of new venture performance. In: *Journal of Business Venturing*, 9: 371-395.

Coopey, R. (1994): The first venture capitalist: Financing development in Britain after 1945, the case of ICFC/3i. In: *Business & Economic History,* 23: 262-271.

Copeland, T./Koller, T./Murrin, J. (1990): Valuation, Measuring and Managing the Value of Companies. New York.

Cosh, A./Hughes, A. (1994): Size, financial structure and profitability: UK companies in the 1980s. In: Hughes, A./Storey, D. J. (Hrsg.), Finance and the Small Firm, London: Routledge, 18-63.

Covin, J. G./Slevin, D. P. (1989): Strategic management of small firms in hostile and benign environments. In: *Strategic Management Journal,* 10: 75-87.

Covin, J. G./Slevin, D. P./Covin, T. J. (1990): Content and performance of growth-seeking strategies: A comparison of small firms in high- and low-technology industries. In: *Journal of Business Venturing,* 5: 391-412.

Cutler, D. M./Summers, L. H. (1988): The costs of conflict and financial distress: Evidence from the Texaco-Pennzoil litigation In: *RAND Journal of Economics,* 19: 157-172.

Davis, T. J./Stetson, C. P. (1985): Creating successful venture-backed companies. In: *Journal of Business Strategy,* 5 (3): 45-58.

DeAngelo, H./Masulis, R. W. (1980): Optimal capital structure under corporate and personal taxation. In: *Journal of Financial Economics,* 8: 3-29.

Demsetz, H. (1967): Towards a theory of property rights. In: *American Economic Review Papers and Proceedings,* 57 (2): 347-359.

Deshmukh, S. D./Greenbaum, S. I./Kanatas, G. (1983a): Interest rate uncertainty and the financial intermediary's choice of exposure. In: *Journal of Finance,* 38: 141-147.

Deshmukh, S. D./Greenbaum, S. I./Kanatas, G. (1983b): Lending policies of financial intermediaries facing credit and funding risk. In: *Journal of Finance,* 38: 873-886.

Deutsche Ausgleichsbank (2000): Finance-Existenzgründung. Online im Internet. URL: hhtp://www.dta.de/financeline/fl gr in.html. Stand: 25.04.2000. Bonn.

Deutsche Beteiligungs AG (1996): Geschäftsbericht 1994/95 (Teil 1: Eigenkapital, Teil 2: Das Jahr in Zahlen). Frankfurt am Main.

Deutsche Beteiligungs AG (1999): Geschäftsbericht 1997/98. Frankfurt am Main.

Deutsche Börse (2000a): Fact Book 1999. Frankfurt am Main.

Deutsche Börse (2000b): Regelwerk Neuer Markt, Stand 3.4.2000. Frankfurt am Main.

Deutsche Börse (2000c): SMAX-Teilnahmebedingungen, Stand 1.1.2000. Frankfurt am Main.

Deutscher Bundestag (1985): Entwurf eines Gesetzes über Unternehmensbeteiligungsgesellschaften (UBGG). Bundestagsdrucksache 10/4551. Bonn.

Deutscher Bundestag (1986): Entwurf eines Zweiten Gesetzes zur Förderung der Vermögensbildung der Arbeitnehmer durch Kapitalbeteiligungen. Bundestagsdrucksache 10/5981. Bonn.

Deutscher Bundestag (1994): Entwurf eines Gesetzes über den Wertpapierhandel und zur Änderung börsenrechtlicher und wertpapierrechtlicher Vorschriften (Zweites Finanzmarktförderungsgesetz). Bundestagsdrucksache 12/7918. Bonn.

Deutscher Bundestag (1997a): Bericht der Bundesregierung über die Entwicklung der Finanzhilfen des Bundes und der Steuervergünstigungen (Sechzehnter Subventionsbericht). Bundestagsdrucksache 13/8420. Bonn.

Deutscher Bundestag (1997b): Entwurf eines Gesetzes zur weiteren Fortentwicklung des Finanzplatzes Deutschland (Drittes Finanzmarktförderungsgesetz). Bundestagsdrucksache 13/8933. Bonn.

Deutscher Bundestag (1998): Beschlussempfehlung und Bericht des Rechtsausschusses zum Entwurf eines Gesetzes zur Kontrolle und Transparenz im Unternehmensbereich. Bundestagsdrucksache 13/10038. Bonn.

Deutscher Bundestag (1999): Entwurf eines Steuerentlastungsgesetzes 1999/2000/2002. Bundestagsdrucksache 14/265. Bonn.

Diamond, D. W. (1984): Financial intermediation and delegated monitoring. In: *Review of Economic Studies,* 51: 393-414.

Dietz, J.-W. (1989): Gründung innovativer Unternehmen. Wiesbaden: Gabler.

Dixon, R. (1991): Venture capitalists and the appraisal of investments. In: *OMEGA International Journal of Management Science,* 19 (5): 333-344.

Djebbar, J.-F. (1996): Zur Marktzinsmethode in der Investitionsrechnung. In: *Zeitschrift für Betriebswirtschaft,* 66: 353-370.

Doberanzke, V. (1993): Exklusive Finanzierung mittelständischer Unternehmen. Wiesbaden: Gabler.

Doutriaux, J. (1992): Emerging high-tech firms: How durable are their comparative start-up advantages? In: *Journal of Business Venturing,* 7: 303-322.

Draper, D. W./Hoag, J. W. (1978): Financial intermediation and the theory of agency. In: *Journal of Financial and Quantitative Analysis,* 13: 595-611.

Drukarczyk, J. (1991): Unternehmensbeteiligungsgesellschaft (UBG). In: *Die Betriebswirtschaft,* 51: 529-531.

Drukarczyk, J. (1998): Unternehmensbewertung, 2. Aufl. München: Vahlen.

Dubini, P. (1989): Which venture capital backed entrepreneurs have the best chances of succeeding? In: *Journal of Business Venturing,* 4: 123-132.

Ebeling, R. M. (1988): Beteiligungsfinanzierung personenbezogener Unternehmungen. Wiesbaden: Gabler.

Ehlermann, C./Schüppen, M. (1998): Die neue Unternehmensbeteiligungsgesellschaft – Phönix aus der Asche? In: *Zeitschrift für Wirtschaftsrecht,* 19: 1513-1522.

Ehrlich, S. B./DeNoble, A. F./Moore, T./Weaver, R. R. (1994): After the cash arrives. In: *Journal of Business Venturing,* 9: 67-82.

Eilenberger, G. (1991): Finanzinnovationen. In: *Wirtschaftsstudium,* 20: 811-813.

Eisenhardt, K. M./Schoonhoven, C. B. (1990): Organizational growth: Linking founding team, strategy, environment, and growth among U. S. semiconductor ventures. In: *Administrative Science Quarterly,* 35: 504-529.

Elkart, W. (1995): Abschlussprüfung/Due Diligence. In: Bundesverband deutscher Kapitalbeteiligungsgesellschaften e. V. (Hrsg.), Jahrbuch 1995, Berlin, 37-58.

European Venture Capital Association (1994): The EVCA Performance Measurement Principles. Zaventem, Belgien.

European Venture Capital Association (1999): 1999 Yearbook. Zaventem, Belgien.

Fama, E. F. (1972): Components of investment performance. In: *Journal of Finance,* 27: 551-567.

Fama, E. F. (1978): The effects of a firm's investment and financing decisions on the welfare of its security holders. In: *American Economic Review,* 68: 272-284.

Fama, E. F. (1991): Efficient capital marktes: A review of theory and empirical work. In: *Journal of Finance,* 46: 383-417.

Fama, E. F./Fisher, L./Jensen M. C./Roll, R. (1969): The adjustment of stock prices to new information. In: *International Economic Review,* 10: 1-21.

Fama, E. F./Jensen, M. C. (1983a): Separation of ownership and control. In: *Journal of Law & Economics,* 26: 301-325.

Fama, E. F./Jensen, M. C. (1983b): Agency problems and residual claims. In: *Journal of Law & Economics,* 26: 327-349.

Fanselow, K.-H./Stedler, H. R. (1994): UBGG-Novelle eröffnet neue Marktchancen. In: *Die Bank,* 34: 740-744.

Feeser, H. R./Willard, G. E. (1990a): Founding strategy and performance: A comparison of high and low growth high tech firms. In: *Strategic Management Journal,* 11: 87-98.

Feeser, H. R./Willard, G. E. (1990b): Incubators and performance: A comparison of high- and low-growth high-tech firms. In: *Journal of Business Venturing,* 4: 429-442.

Feldbausch, F. K. (1971): Die Kapitalbeteiligungsgesellschaft. Frankfurt am Main: Knapp.

Fendel, A. (1987): Investmententscheidungsprozesse in Venture Capital-Unternehmungen: Darstellung und Möglichkeiten der instrumentellen Unterstützung. Köln: Deutscher Wirtschaftsdienst.

Fischer, B. (1988): Venture Capital aus Großunternehmen für junge Pionierfirmen. In: *io Management Zeitschrift,* 57: 438-442.

Fischer, L. (1987): Problemfelder und Perspektiven der Finanzierung durch Venture Capital in der Bundesrepublik Deutschland. In: *Die Betriebswirtschaft,* 47: 8-32.

Fisher, P. S. (1988): State venture capital funds as an economic development strategy. In: *Journal of the American Planning Association,* 54 (2): 166-177.

Florida, R. L./Kenney, M. (1988): Venture capital-financed innovation and technological change in the USA. In: *Research Policy,* 17: 119-137.

Forst, M. (1992): Management Buy-out und Buy-in als Form der Übernahme mittelständischer Unternehmen. Stuttgart: Schäffer-Poeschel.

Forst, M. (1993): Struktur und Stabilität eines Leveraged Management Buy-out. Dissertation, Köln.

Foster, G. (1986): Financial Statement Analysis, 2. Aufl. Englewood Cliffs: Prentice-Hall.

Frank, H./Mugler, J./Wanzenböck, H. (1995): Entwicklungspfade von geförderten Unternehmensgründungen – Beendigungsquoten und Wachstumsdynamik. In: *Journal für Betriebswirtschaft,* 45 (1): 5-20.

Franke, G./Hax, H. (1999): Finanzwirtschaft des Unternehmens und Kapitalmarkt, 4. Aufl. Berlin: Springer.

Francioni, R./Gutschlag, T. (1998): Der Neue Markt. In: Volk, G. (Hrsg.), Going Public: Der Gang an die Börse, Stuttgart: Schäffer-Poeschel, 27-41.

Fredriksen, Ö./Klofsten, M./Landström, H./Olofsson, C./Wahlbin, C. (1990): Entrepreneur-venture capitalist relations. In: Frontiers of Entrepreneurship Research 1990: Proceedings of the Tenth Annual Babson College Entrepreneurship Research Conference, Wellesley: Babson College, 251-265.

Fredriksen, Ö./Olofsson, C./Wahlbin, C. (1997): Are venture capitalists firefighters? A study of the influence and impact of venture capital firms. In: *Technovation,* 17: 503-511.

Freear, J./Sohl, J. E./Wetzel, W. E. (1990): Raising venture capital. In: Frontiers of Entrepreneurship Research 1990: Proceedings of the Tenth Annual Babson College Entrepreneurship Research Conference, Wellesley: Babson College, 223-237.

Freear, J./Sohl, J. E./Wetzel, W. E. (1994): Angels and non-angels: Are there differences? In: *Journal of Business Venturing,* 9: 109-123.

Freear, J./Wetzel, W. E. (1992): The informal venture capital market in the 1990s. In: Sexton, D. L./Kasarda, J. D. (Hrsg.), The State of the Art of Entrepreneurship. Boston: PWS-Kent, 462-486.

Freund, W./Kayser, G./Schröer, E. (1995): Generationenwechsel im Mittelstand – Unternehmensübertragungen und -übernahmen 1995 bis 2000. Bonn: Institut für Mittelstandsforschung.

Freyer, E. (1981): Die Kapitalbeteiligungsgesellschaft als Instrument der Wirtschaftspolitik. Frankfurt am Main: Deutsch.

Frick, S./Lageman, B./Rosenbladt, B. v./Voelzkow, H./Welter, F. (1998): Möglichkeiten zur Verbesserung des Umfeldes für Existenzgründer und Selbständige. Essen: RWI.

Fried, V. H./Burton, G. D./Hisrich, R. D. (1998): Strategy and the board of directors in venture capital-backed firms. In: *Journal of Business Venturing,* 13: 493-503.

Fritsch, U. (1981): Die Eigenkapitallücke in der Bundesrepublik. Köln: DIV.

Frommann, H. (1992): Venture Capital – Mißverständnisse in der Öffentlichkeit. In: Bundesverband deutscher Kapitalbeteiligungsgesellschaften e. V. (Hrsg.), Jahrbuch 1992, Berlin, 29-32.

Frommann, H. (1993): Beteiligungskapital und Management-Buy-Out. In: *Zeitschrift für das gesamte Kreditwesen,* 46: 444-446.

Funke, K.-H. (1992): Beteiligungsgesellschaften als Finanzpartner. In: *Deutsches Steuerrecht,* 32: 1106-1112.

Furubotn, E. G./Pejovich, S. (1972): Property rights and economic theory: A survey of recent literature. In: *Journal of Economic Literature,* 10: 1137-1162.

Gaitanides, M./Wicher, H. (1985): Venture Management – Strategien und Strukturen der Unternehmensentwicklung. In: *Die Betriebswirtschaft*, 45: 414-426.

Galai, D./Masulis, R. W. (1976): The option pricing model and the risk factor of stock. In: *Journal of Financial Economics,* 3: 53-81.

Gerke, W. (1972): Kapitalbeteiligungsgesellschaften. Dissertation, Frankfurt am Main.

Gerke, W. (1976): Der Kapitalmarktzutritt nicht-emissionsfähiger Unternehmen. In: Juncker, K./Schlegelmilch, K. (Hrsg.), Die Kapitalbeteiligungsgesellschaft in Theorie und Praxis, Frankfurt am Main: Knapp, 115-139.

Gerke, W. (1988): Hemmnisse für die Börseneinführung innovativer Mittelstandsunternehmen durch Beschränkung der Gewerbefreiheit für Investmentbanken. In: Gerke, W. (Hrsg.), Bankrisiken und Bankrecht, Wiesbaden: Gabler, 213-228.

Gerke, W. (1991): Aufgabenstellung und Akzeptanz einer Informationsbörse für Beteiligungen an mittelständischen Unternehmen. In: Institut für Mittelstandsforschung der Universität Mannheim (Hrsg.), Risikokapital für mittelständische Unternehmen, Symposium am 1. Februar 1991, Mannheim, 15-39.

Gerke, W. (1993a): Informationsasymmetrien am Markt für Beteiligungen an mittelständischen Unternehmen. In: Gebhardt, G./Gerke, W./Steiner, M. (Hrsg.), Handbuch des Finanzmanagements, München: Beck, 619-640.

Gerke, W. (1993b): Portefeuille-Theorie. In: Wittmann, W. et al. (Hrsg.), Handwörterbuch der Betriebswirtschaft, 5. Aufl. Stuttgart, 3263-3273.

Gerke, W. (1995): Agency-Theorie. In: Gerke, W./Steiner, M. (Hrsg.), Handwörterbuch des Bank- und Finanzwesens, 2. Aufl., Stuttgart: Schäffer-Poeschel, 17-26.

Gerke, W. et al. (1995): Probleme deutscher mittelständischer Unternehmen beim Zugang zum Kapitalmarkt: Analyse und wirtschaftspolitische Schlussfolgerungen. Baden-Baden: Nomos.

Gerke, W./Pfeufer, G. (1995): Finanzintermediation. In: Gerke, W./Steiner, M. (Hrsg.), Handwörterbuch des Bank- und Finanzwesens, 2. Aufl., Stuttgart: Schäffer-Poeschel, 727-735.

Gerke, W./Philipp, F. (1985): Finanzierung. Stuttgart: Kohlhammer.

Gerke, W./Rapp, H.-W. (1993): Eigenkapitalbeschaffung durch Erstemission von Aktien. In: Gebhardt, G./Gerke, W./Steiner, M. (Hrsg.), Handbuch des Finanzmanagements, München: Beck, 287-312.

Gerke, W./Rüth, V. v./Schöner, M. A. (1992): Informationsbörse für Beteiligungen an mittelständischen Unternehmen (IfBM). Stuttgart: Poeschel.

Gerke, W./Schöner, M. A. (1988): Die Auswirkungen von Risikonormen auf die Finanzierung von Innovationen. In: Gerke, W. (Hrsg.), Bankrisiken und Bankrecht, Wiesbaden: Gabler, 187-212.

Gersick, C. J. G. (1994): Pacing strategic change: The case of a new venture. In: *Academy of Management Journal,* 37: 9-45.

Gerum, E. (1988): Unternehmensverfassung und Theorie der Verfügungsrechte: Einige Anmerkungen. In: Budäus, D./Gerum, E./Zimmermann, G. (Hrsg.), Betriebswirtschaftslehre und Theorie der Verfügungsrechte, Wiesbaden: Gabler, 21-43.

Gerum, E. (1992): Property Rights. In: Frese, E. (Hrsg.), Handwörterbuch der Organisation, 3. Aufl., Stuttgart: Poeschel, 2116-2128.

Gifford, S. (1997): Limited attention and the role of the venture capitalist. In: *Journal of Business Venturing,* 12: 459-482.

Giglierano, J. J. (1990): The importance of marketing strategy in new technical firms. In: Dean, B. V./Cassidy, J. C. (Hrsg.), Strategic Management: Methods and Studies, Amsterdam: Elsevier, 309-326.

Gillner, G. (1984): Venture Capital: Leitfaden für die Praxis. Hannover: Liebrecht.

Glosten, L./Harris, L. (1988): Estimating the components of the bid-ask spread. In: *Journal of Financial Economics,* 21: 123-142.

Gnan, E. (1990): Risikokapitalfinanzierung: Möglichkeiten und Grenzen staatlicher Förderung. Frankfurt am Main: Lang.

Gomez-Mejia, L. R./Balkin, D. B./Welbourne, T. M. (1990): Influence of venture capitalists on high tech management. In: *Journal of High Technology Management Research,* 1 (1): 103-118.

Gompers, P. A. (1996): Grandstanding in the venture capital industry. In: *Journal of Financial Economics,* 42: 133-156.

Gompers, P. A./Lerner, J. (1998): Venture capital distributions: Short-run and long-run reactions. In: *Journal of Finance,* 53, 2161-2183.

Gonschior, P./Roth, P. (1990): Marketing für innovative Unternehmensgründungen. In: Szyperski, N./Roth, P. (Hrsg.), Entrepreneurship, Stuttgart: Poeschel, 59-76.

Göppl, H. (1993): Wagnisfinanzierung. In: Wittmann, W. et al. (Hrsg.), Handwörterbuch der Betriebswirtschaft, 5. Aufl. Stuttgart, 4637-4647.

Gorman, W./Sahlman, W. A. (1989): What do venture capitalists do? In: *Journal of Business Venturing,* 4: 231-248.

Goslin, L. N./Barge, B. (1986): Entrepreneurial qualities considered in venture capital support. In: Frontiers of Entrepreneurship Research 1986: Proceedings of the Sixth Annual Babson College Entrepreneurship Research Conference, Wellesley: Babson College, 366-379.

Gottschlich, W. (1989): Strategische Führung in mittleren Unternehmen: Konzepte, Operationalisierung und Messung. Frankfurt am Main: Lang.

Gräper, M. (1993): Management Buy-Out. Kiel: Vauk.

Green, M. B. (1991): Preferences for US venture capital investment 1970-1988. In: Green, M. B. (Hrsg.), Venture Capital: International Comparisons, London: Routledge, 18-58.

Grisebach, R. (1989): Innovationsfinanzierung durch Venture Capital: eine juristische und ökonomische Analyse. München: VVF.

Gröschel, U. (1986): Venture Capital – Ein Instrument zur Förderung der Realkapitalbildung und der Beschäftigung. In: *Sparkasse,* 103: 196-202.

Grossman, S. J./Hart, O. D. (1982): Corporate financial structure and managerial incentives. In: McCall, J. J. (Hrsg.), The Economics of Information and Uncertainty, Chicago: University Press, 107-137.

Grossman, S. J./Hart, O. D. (1983): An analysis of the principal-agent problem. In: *Econometrica,* 51: 7-45.

Guth, W. D./Ginsberg, A. (1990): Guest editors introduction: Corporate Entrepreneurship. In: *Strategic Management Journal,* 11 (special issue): 5-15.

Haake, K. (1987): Strategisches Verhalten in europäischen Klein- und Mittelbetrieben. Berlin: Duncker & Humblot.

Hall, J./Hofer, C. W. (1993): Venture capitalists' decision criteria in new venture evaluation. In: *Journal of Business Venturing,* 8: 25-42.

Hamada, R. S. (1969): Portfolio analysis, market equilibrium and corporation finance. In: *Journal of Finance,* 24:13-31.

Hambrick, D. C./Cannella, A. A. (1993): Relative standing: A framework for understanding departures of acquired executives. In: *Academy of Management Journal,* 36: 733-762.

Hamerle, A./Ulschmid, C. (1996): Empirische Performance der zweistufigen CAPM-Tests. In: *Zeitschrift für Betriebswirtschaft,* 66: 305-326.

Hannan, M. T./Freeman, J. H. (1977): The population ecology of organizations. In: *American Sociological Review,* 82. Jg., S. 929-964.

Hardenberg, C. v. (1989): Die Bereitstellung von Venture Capital durch Großunternehmen: Ein Mittel zur Sicherung und Aufdeckung ihrer Entwicklungsmöglichkeiten. Göttingen: Vandenhoeck & Ruprecht.

Harris, M./Raviv, A. (1979): Optimal incentive contracts with imperfect information. In: *Journal of Economic Theory,* 20: 231-259.

Harris, M./Raviv, A. (1991): The theory of capital structure. In: *Journal of Finance,* 46: 297-355.

Harrison, M. E. (1990): The West German Venture Capital Market: An Analysis of its Market Structure and Economic Performance. Frankfurt am Main: Lang.

Harrison, R. T./Mason, C. M. (1988): Risk finance, the equity gap and new venture formation in the United Kingdom. In: Frontiers of Entrepreneurship Research 1988: Proceedings of the Eighth Annual Babson College Entrepreneurship Research Conference, Wellesley: Babson College, 595-609.

Harrison, R. T./Mason, C. M. (1990): Informal risk capital in the United Kingdom. In: Frontiers of Entrepreneurship Research 1990: Proceedings of the Tenth Annual Babson College Entrepreneurship Research Conference, Wellesley: Babson College, 266-280.

Harrison, R. T./Mason, C. M. (1992): International perspectives on the supply of informal venture capital. In: *Journal of Business Venturing,* 7: 459-475.

Harrison, R. T./Mason, C. M. (1996): Informal venture capital. In: Harrison, R. T./Mason, C. M. (Hrsg.), Informal Venture Capital: Evaluating the Impact of Business Introduction Services, London: Prentice Hall, 3-26.

Hart, O. D. (1995): Firms, Contracts, and Financial Structure. Oxford: Clarendon.

Hart, O. D./Holström, B. (1987): The theory of contracts. In: Bewley, T. F. (Hrsg.), Advances in Economic Theory Fifth World Congress, Cambridge: Cambridge University Press, 71-155.

Hart, O. D./Moore, J. (1988): Incomplete contracts and renegotiation. In: *Econometrica,* 56: 755-786.

Hart, O. D./Moore, J. (1990): Property rights and the nature of the firm. In: *Journal of Political Economy,* 98: 1119-1158.

Hartmann-Wendels, T. (1987): Venture Capital aus finanzierungstheoretischer Sicht. In: *Zeitschrift für betriebswirtschaftliche Forschung,* 39: 16-30.

Hax, H./Neus, W. (1995): Kapitalmarktmodelle. In: Gerke, W./Steiner, M. (Hrsg.), Handwörterbuch des Bank- und Finanzwesens, 2. Aufl., Stuttgart: Schäffer-Poeschel, 1165-1178.

Hax, K. (1969): Kapitalbeteiligungsgesellschaften zur Finanzierung kleiner und mittlerer Unternehmen. Köln: Westdeutscher Verlag.

Hebig, M. (1989): Existenzgründungsberatung: Steuerliche, rechtliche und wirtschaftliche Gestaltungshinweise zur Unternehmensgründung. Bielefeld: Schmidt.

Hellwig, M. (1991): Banking, financial intermediation and corporate finance. In: Giovannini, A./Mayer, C. (Hrsg.), European Financial Integration, Cambridge: Cambridge University Press, 35-63.

Henderson, Y. K. (1989): The emergence of the venture capital industry. In: *New England Economic Review,* 4: 64-79.

Hennigs, R. (1983): Entwicklung und Deckung des Kapitalbedarfs kleiner und mittlerer Unternehmen im Innovationsprozeß. Frankfurt am Main: Knapp.

Hermalin, B./Katz, M. (1991): Moral hazard and verifiability: The effects of renegotiation in agency. In: *Econometrica,* 59: 1735-1754.

Hertz-Eichenrode, A. (1995): Portfoliomanagement, Beteiligungscontrolling und Performancemessung in der Praxis. In: Bundesverband deutscher Kapitalbeteiligungsgesellschaften e. V. (Hrsg.), Jahrbuch 1995, Berlin, 24-36.

Heusinger, R. v. (1995): Verfrühter Jubel um Erfolge beim Going Public: Bookbuilding führt zur Professionalisierung – Emissionsvolumen erreicht knapp 8 Milliarden DM. In: *Börsen-Zeitung,* Nr. 221, 16.11.1995, 3-4.

Heynen, A. (1970): Betriebswirtschaftliche und bankwirtschaftliche Aspekte bei Finanzierung durch Kapitalbeteiligungsgesellschaften. Dissertation, München.

Hielscher, U./Dorn, G./Lampe, G. (1982): Innovationsfinanzierung mittelständischer Unternehmungen: Problemsituationen und Lösungsansätze. Stuttgart: Poeschel.

Hiemann, W. (1979): Finanzierung durch Aktien oder Obligationen. Dissertation, Berlin.

Hierl, W. (1986): Banken und Venture Capital – Finanzierungsdeterminanten bankbetrieblichen Entscheidungsverhaltens zur situationsgerechten Beteiligung an einer Venture Capital-Gesellschaft. Unterföhring: GBI.

Hildebrand, U. (1994): Eigenkapitalersetzende Bankdarlehen. Frankfurt am Main: Lang.

Himmelberg, C. P./Petersen, B. C. (1994): R & D and internal finance: A panel study of small firms in high-tech industries. In: *Review of Economics and Statistics,* 76: 38-51.

Hofstätter, K. (1991): Rahmenbedingungen für Venture Capital und Innovationszentren. In: Hofstätter, K. (Hrsg.), Innovationszentren und Venture Capital, Linz: Trauner, 3-12.

Hofstätter, K. (1992): Small Business und Venture Capital in den USA und Österreich. Wiesbaden: DUV.

Holtmann, D. (1988): Die Eigenkapitalversorgung der nichtbörsennotierten Nichtfamiliengesellschaften. In: Albach, H./Corte, C./Richter, W./et al. (Hrsg.), Die private Aktiengesellschaft, Stuttgart: Poeschel, 519-575.

Huber, L. (1981): Finanzierungsprobleme mittelständischer Unternehmen. In: Blum, R. (Hrsg.), Entwicklungsprobleme mittelständischer Unternehmen, Berlin: Duncker & Humblot, 109-126.

Hummel, M. (1995): Kapitalbeteiligungen in den neuen Bundesländern. In: *ifo Schnelldienst*, 48 (13): 11-19.

Hummel, M./Köddermann, R./Saul, C. (1994): Auswirkungen von Maßnahmen zur Verbesserung der Kapitalausstattung kleiner und mittlerer Unternehmen (KMU) in den neuen Bundesländern. München: ifo.

Hummel, M./Ludwig, U. (1994): Finanzierungsprobleme des industriellen Mittelstandes in den neuen Ländern. In: *ifo Schnelldienst,* 47 (21): 3-11.

Hunsdiek, D. (1987): Unternehmensgründung als Folgeinvestition – Struktur, Hemmnisse und Erfolgsbedingungen der Gründung industrieller innovativer Unternehmen. Stuttgart: Poeschel.

Hunsdiek, D./May-Strobl, E. (1987): Gründungsfinanzierung durch den Staat – Fakten, Erfolg und Wirkung. Stuttgart: Poeschel.

Hurry, D./Miller, A. T./Bowman, E. H. (1992): Calls on high-technology: Japanese exploration of venture capital investments in the United States. In: *Strategic Management Journal,* 13: 85-101.

Hustedde, R. J./Pulver, G. C. (1992): Factors affecting equity capital acquisition: The demand side. In: *Journal of Business Venturing,* 7: 363-374.

Ibbotson, R. G./Sindelar, J./Ritter, J. (1988): Initial public offerings. In: *Journal of Applied Corporate Finance,* 1: 37-45.

Ibrahim, A. B./Goodwin, J. R. (1986): Perceived causes of success in small business. In: *American Journal of Small Business,* Fall: 41-50.

ifo Institut für Wirtschaftsforschung/bifego/et al. (1994): Gesamtwirtschaftliche Wirkungen der Existenzgründungspolitik sowie Entwicklungen der mit öffentlichen Mitteln – insbesondere Eigenkapitalhilfe – geförderten Unternehmensgründungen. München.

Innes, R. D. (1990): Limited liability and incentive contracting. In: *Journal of Economic Theory,* 52: 45-67.

Jacobs, S. (1992): Strategische Erfolgsfaktoren der Diversifikation. Wiesbaden: Gabler.

Janßen, B./Rudolph, B. (1992): Der Deutsche Aktienindex DAX: Konstruktionen und Anwendungsmöglichkeiten. Frankfurt am Main: Knapp.

Jensen, M. C. (1968): The performance of mutual funds in the period 1945-1964. In: *Journal of Finance,* 23: 389-416.

Jensen, M. C. (1969): Risk, the pricing of capital assets, and the evaluation of investment portfolios. In: *Journal of Business,* 42: 167-247.

Jensen, M. C. (1986): Agency costs of free cash flow, corporate finance, and takeovers. In: *American Economic Review Papers and Proceedings,* 76 (2): 323-329.

Jensen, M. C. (1988): Takeovers: Their causes and consequences. In: *Journal of Economic Perspectives,* 2: 21-48.

Jensen, M. C. (1993): The modern industrial revolution, exit and the failure of internal control systems. In: *Journal of Finance,* 48: 831-880.

Jensen, M. C./Meckling, W. H. (1976): Theory of the firm: Managerial behavior, agency costs and ownership structure. In: *Journal of Financial Economics,* 3: 305-360.

Jeschke, D. (1995): Die Börseneinführung eines Familienunternehmens – Möglichkeiten zur Zukunftssicherung. In: Hennerkes, B.-H. (Hrsg.), Unternehmenshandbuch Familiengesellschaften, Köln: Heymanns, 167-196.

Jungbauer-Gans, M./Preisendörfer, P. (1991): Verbessern eine gründliche Vorbereitung und sorgfältige Planung die Erfolgschancen neugegründeter Betriebe? In: *Zeitschrift für betriebswirtschaftliche Forschung,* 43: 987-996.

Kahlich, W. (1971): Beteiligungsfinanzierung über Kapitalbeteiligungsgesellschaften. Bad Wörishofen: Holzmann.

Kalleberg, A. L./Leicht, K. T. (1991): Gender and organizational performance: Determinants of small business survival and success. In: *Academy of Management Journal,* 34: 136-161.

Kaminski, R. (1988a): Venture Capital, Investition und Innovation. Dissertation, Bremen.

Kaminski, R. (1988b): Venture Capital: Risikokapital für innovative mittelständische Unternehmen. Spardorf: Wilfer.

Kanter, R. M./Brinkerhoff, D. (1981): Organizational performance: Recent developments in measurement. In: *American Sociological Review,* 7:321-349.

Karsch, W. (1993): Börsenkandidaten: Konzern-Töchter debütieren. In: *Die Bank,* 33: 22-27.

Kau, W. M. (1984): Venture Capital & Going Public: Unternehmensfinanzierung in den USA. Köln: Haymanns.

Kaufmann, F./Kokalj, L. (1996): Risikokapitalmärkte für mittelständische Unternehmen. Stuttgart: Schäffer-Poeschel.

Kaulmann, T. (1987): Property Rights und Unternehmungstheorie: Stand und Weiterentwicklung der empirischen Forschung. München: Florentz.

Kautz, W.-E. (1998): Existenzgründung: Planung und Durchführung – Ein Leitfaden mit Fallbeispielen. Wiesbaden: Gabler.

Keeley, R. H./Roure, J. B. (1989): Determinants of new venture success before 1982 and after. In: Frontiers of Entrepreneurship Research 1989: Proceedings of the Ninth Annual Babson College Entrepreneurship Research Conference, Wellesley: Babson College, 274-287.

Keeley, R. H./Roure, J. B. (1990): Management, strategy, and industry structure as influences on the success of new firms: A structural model. In: *Management Science,* 36: 1256-1267.

Keeley, R. H./Tabrizi, B. (1993): High-tech entrepreneurs. In: Birley, S./MacMillan I. C. (Hrsg.), Entrepreneurship Research: Global Perspectives, Amsterdam: North-Holland, 252-271.

Kennedy, C. (1992): Performance. In: *European Venture Capital Journal,* April/ May: 17-19.

Keogh, C. A./Pearson, A. W. (1992): SMART award projects in North-west England. In: *Technology Analysis & Strategic Management,* 4: 167-189.

Kester, W. C. (1986): Capital and ownership structure: A comparison of United States and Japanese manufacturing corporations. In: *Financial Management,* 15 (1): 5-16.

Kilian, H. (1991): Strukturformen des Venture Management. Ammersbek: Lottbek.

Kirchhoff, U./Land, G. (1994): 25 Jahre Kapitalbeteiligungsgesellschaften der Sparkassen-Finanzgruppe. In: *Sparkasse,* 111: 298-300.

Kirmße, S. (1996): Die Bepreisung und Steuerung von Ausfallrisiken im Firmenkundengeschäft der Kreditinstitute – Ein optionspreistheoretischer Ansatz. Dissertation, Duisburg.

Klandt, H. (1984): Aktivität und Erfolg des Unternehmensgründers: Eine empirische Analyse des mikrosozialen Umfeldes. Bergisch Gladbach: Eul.

Klandt, H. (1990): Zur Person des Unternehmensgründers. In: Dieterle, W. K./Winckler, E. (Hrsg.), Unternehmensgründung: Handbuch des Gründungsmanagements, München: Vahlen, 29-43.

Klandt, H. (1999): Gründungsmanagement: Der integrierte Unternehmensplan. München: Oldenbourg.

Kleiman, R. T./Shulman, J. M. (1992): The risk-return attributes of publicly traded venture capital: Implications for investors and public policy. In: *Journal of Business Venturing,* 7: 195-208.

Klein, D. (1994): S-UBG war vom Start weg erfolgreich. In: *Sparkasse,* 111: 304-305.

Kleine, A. (1996): Auswirkungen unterschiedlicher Aktionsmengen in Principal-Agent-Modellen. In: *Zeitschrift für betriebswirtschaftliche Forschung,* 48: 475-491.

Klemm, H. A. (1988): Die Finanzierung und Betreuung von Innovationsvorhaben durch Venture Capital Gesellschaften. Frankfurt am Main: Lang.

Koch, H.-D./Schmidt, R. H. (1981): Ziele und Instrumente des Anlegerschutzes. In: *Betriebswirtschaftliche Forschung und Praxis,* 33: 231-250.

Köhler, P. (1992): Glanz und Elend der Unternehmensbeteiligungsgesellschaften. In: Bundesverband deutscher Kapitalbeteiligungsgesellschaften e. V. (Hrsg.), Jahrbuch 1992, Berlin, 39-43.

Köhler, P. (1994): 25 Jahre Kapitalbeteiligungsgesellschaften der Sparkassenorganisation. In: *Sparkasse,* 111: 300-302.

Kokalj, L. (1989): Der deutsche Venture Capital-Markt – Bestandsaufnahme und Entwicklungsperspektiven. Bonn: Institut für Mittelstandsforschung.

Kokalj, L./Albach, H. (1987): Der deutsche Venture Capital Markt. In: *Die Bank,* 27: 358-366.

Körner, G. (1994): Die Einbindung der Sparkassen in die Beteiligungsaktivitäten einer Landesbank. In: *Sparkasse,* 111: 293-296.

Korsukéwitz, C. (1975): Die Prüfung der Beteiligungswürdigkeit nicht emissionsfähiger Unternehmungen durch Kapitalbeteiligungsgesellschaften. Dissertation, Berlin.

Krahnen, H.-J. (1988): Die Kapitalbeteiligungsgesellschaft. In: *Zeitschrift für das gesamte Kreditwesen,* 41: 674-676.

Krämer, W. (1995): Kapitalmarkteffizienz. In: Gerke, W./Steiner, M. (Hrsg.), Handwörterbuch des Bank- und Finanzwesens, 2. Aufl., Stuttgart: Schäffer-Poeschel, 1135-1143.

Kreditanstalt für Wiederaufbau (2000): Förderkreditprogramme der KfW. Online im Internet. URL: http://www.kfw.de/d-kfw/invest/foerder/f_foerder.htm. Stand: 25.04.2000.

Krupp, H. (1981): Staatliche Maßnahmen zur Förderung mittelständischer Unternehmen. In: Blum, R. (Hrsg.), Entwicklungsprobleme mittelständischer Unternehmen, Berlin: Duncker & Humblot, 127-143.

Kruschwitz, L. (1989): Probleme bei der Ermittlung von Eigenkapitalquoten. In: Albers, S./Herrmann, H./Kahle, E./Kruschwitz, L./Perlitz, M. (Hrsg.), Elemente erfolgreicher Unternehmenspolitik in mittelständischen Unternehmen. Stuttgart: Poeschel. 207-234.

Kulicke, M. (1993): Chancen und Risiken junger Technologieunternehmen: Ergebnisse des Modellversuchs „Förderung technologieorientierter Unternehmensgründungen". Heidelberg: Physica.

Kulicke, M./Muller, E. (1994): Renditen von Venture-Capital-Gesellschaften: Eine Literaturauswertung zum amerikanischen und europäischen Venture-Capital-Markt. Karlsruhe: Fraunhofer-Institut.

Kulicke, M./Wupperfeld, U. (1996): Beteiligungskapital für junge Technologieunternehmen: Ergebnisse eines Modellversuchs. Heidelberg: Physica.

Kürten, S. (1990): Unternehmensbeteiligungsgesellschaften: Eine betriebswirtschaftliche Analyse unter besonderer Berücksichtigung der Besteuerung. Bergisch Gladbach: Eul.

Kurz, R./Röger, W./Zarth, M. (1990): Existenzgründungshilfen von Bund und Ländern: Eine Wirkungsanalyse der Programme im Hinblick auf Wettbewerb, Produktivitätswachstum und Beschäftigung. Tübingen: IAW.

Laitinen, E. K. (1992): Prediction of failure of a newly founded firm. In: *Journal of Business Venturing,* 7: 323-340.

Landström, H. (1991): Erfolgreiche Zusammenarbeit zwischen Risikokapitalgebern und Kleinbetrieben. In: *Internationales Gewerbearchiv,* 39: 81-93.

Landström, H. (1993): Wertsteigerung durch Zusammenarbeit zwischen Risikokapitalgesellschaften und Kleinunternehmen. In: Mugler, J./Pleitner, H. J. (Hrsg.), Partnerschaft für Klein- und Mittelunternehmen, Berlin: Duncker & Humblot, 25-39.

Laub, U. (1985): Venture-Capital-Markt. München: GBI.

Laub, U. (1989): Zur Bewertung innovativer Unternehmensgründungen im institutionellen Zusammenhang: Eine empirisch gestützte Analyse. München: VVF.

Lee, T. W./Locke, E. A./Latham, G. P. (1989): Goal setting theory and job performance. In: Pervin, L. A. (Hrsg.), Goal Concepts in Personality and Social Psychology, Hillsdale: Erlbaum, 291-326.

Leland, H. E./Pyle, D. H. (1977): Informational asymmetries, financial structure, and financial intermediation. In: *Journal of Finance,* 32: 371-387.

Lemán, M. (1990): Technologiezentren. In: Dieterle, W. K./Winckler, E. (Hrsg.), Unternehmensgründung: Handbuch des Gründungsmanagements, München: Vahlen, 501-510.

Lennardt, J. (1984): Gründer- und Technologiezentren für innovative Unternehmensgründer. In: Nathusius, K./Klandt, H./Kirschbaum, G. (Hrsg.), Unternehmensgründung: Konfrontation von Forschung und Praxis, Bergisch Gladbach: Eul, 137-156.

Leopold, G. (1993a): 3 Jahre Venture Capital in den Neuen Bundesländern – eine Zwischenbilanz. In: Bundesverband deutscher Kapitalbeteiligungsgesellschaften e. V. (Hrsg.), Jahrbuch 1993, Berlin, 46-51.

Leopold, G. (1993b): Gewinnung von externem Eigenkapital für nicht börsennotierte Unternehmen. In: Gebhardt, G./Gerke, W./Steiner, M. (Hrsg.), Handbuch des Finanzmanagements, München: Beck, 345-364.

Lerner, J. (1994): Venture capitalists and the decision to go public. In: *Journal of Financial Economics,* 35: 293-316.

Lin, T. H. (1996): The certification role of large block shareholders in initial public offerings: The case of venture capitalists. In: *Quarterly Journal of Business Economics,* 35 (2): 55-65.

Loehr, H. (1993): Die deutschen Aktien im internationalen Vergleich. In: Fritsch, U./Liener, G./Schmidt, R. (Hrsg.), Die deutsche Aktie, Stuttgart: Schäffer-Poeschel, 123-136.

Loistl, O. (1987): Zur Aussagefähigkeit der Eigenkapitalquote. In: Schneider, D. (Hrsg.), Kapitalmarkt und Finanzierung, Berlin: Duncker & Humblot, 251-264.

Long, M./Malitz, I. (1985): The investment financing nexus. In: *Midland Corporate Financing Journal,* 3: 53-59.

Lotze, A. (1993): Kapitalbeteiligungsgesellschaften als stille Gesellschafter. Dissertation, Hannover.

Lucas, J. J. (1994): Privatplazierungen als Vorstufe eines deutschen OTC-Aktienmarktes. In: *Die Bank,* 34: 347-352.

MacMillan, I. C./Kulow, D. M./Khoylian, R. (1988): Venture capitalists' involvement in their investments: Extent and performance. In: *Journal of Business Venturing,* 4: 27-47.

MacMillan, I. C./Narasimha, P. N. S. (1987): Criteria distinguishing funded from unfunded business plans evaluated by venture capitalists. In: *Strategic Management Journal,* 8: 579-585.

MacMillan, I. C./Siegel, R./Narasimha, P. N. S. (1985): Criteria used by venture capitalists to evaluate new venture proposals. In: *Journal of Business Venturing,* 1: 119-128.

MacMillan, I. C./Zemann, L./Narasimha, P. N. S. (1987): Criteria distinguishing successful from unsuccessful ventures in the venture screening process. In: *Journal of Business Venturing,* 2: 123-137.

Madhavan, A./Smidt, S. (1991): A Bayesian model of intraday specialist pricing. In: *Journal of Financial Economics,* 30: 99-134.

Manigart, S. (1994): The founding rate of venture capital firms in three European countries (1970-1990). In: *Journal of Business Venturing,* 9: 525-541.

Markowitz, H. (1952): Portfolio selection. In: *Journal of Finance,* 7: 77-91.

Marsch-Barner, R. (1990): Gesetz über Unternehmensbeteiligungsgesellschaften – Eine Zwischenbilanz. In: *ZGR,* 294-313.

Mason, C. M./Harrison, R. T. (1991): Venture capital, the equity gap and the "north-south divide" in the United Kingdom. In: Green, M. B. (Hrsg.), Venture Capital: International Comparisons, London: Routledge, 202-247.

Mason, C. M./Harrison, R. T. (1994): Informal venture capital in the UK. In: Hughes, A./Storey, D. J. (Hrsg.), Finance and the Small Firm, London: Routledge, 64-111.

Mason, C. M./Harrison, R. T. (1996): Informal investment business introduction services. In: Harrison, R. T./Mason, C. M. (Hrsg.), Informal Venture Capital: Evaluating the Impact of Business Introduction Services, London: Prentice Hall, 27-58.

May, A. (1991): Zum Stand der empirischen Forschung über Informationsverarbeitung am Aktienmarkt – Ein Überblick. In: *Zeitschrift für betriebswirtschaftliche Forschung,* 43: 313-335.

May, F. W./Dahmann, K. (1987): Die Rolle der Banken im Venture Capital-Geschäft. In: *Sparkasse,* 104: 351-359.

Mayer, M./Müller, R. (1991): Die Deutsche Wagnisfinanzierungs-Gesellschaft mbH (WFG): Erfahrungen und Ergebnisse eines Modellvorhabens. Karlsruhe: Fraunhofer-Institut.

McCann, J. E. (1991): Patterns of growth, competitive technology, and financial strategies in young ventures. In: *Journal of Business Venturing,* 6: 189-208.

McDougall, P. P./Robinson, R. B. (1990): New venture strategies: An empirical identification of eight "archetypes" of competitive strategies for entry. In: *Strategic Management Journal,* 11: 447-467.

McDougall, P. P./Robinson, R. B./DeNisi, A. S. (1992): Modeling new venture performance: An analysis of new venture strategy, industry structure, and venture origin. In: *Journal of Business Venturing,* 7: 267-289.

McGee, J. E./Dowling, M. J. (1994): Using R&D cooperative arrangements to leverage managerial experience: A study of technology-intensive new ventures. In: *Journal of Business Venturing,* 9: 33-48.

McKinney, G./McKinney, M. (1989): Forget the corporate umbrella – Entrepreneurs shine in the rain. In: *Sloan Management Review,* 30 (4): 77-82.

McKinsey (1999): Planen, gründen, wachsen: Mit dem professionellen Businessplan zum Erfolg, 2. Aufl. Wien: Überreuter.

Megginson, W. L./Weiss, K. A. (1991): Venture capitalist certification in initial public offerings. In: *Journal of Finance,* 46: 879-903.

Menzel, H.-J. (1987): Das neue Gesetz über Unternehmensbeteiligungsgesellschaften. In: *Wertpapier Mitteilungen,* 41: 705-711.

Merrifield, D. B. (1987): New business incubators. In: *Journal of Business Venturing,* 277-284.

Meulen, E. ter (1976): Der Beteiligungsvertrag. In: Juncker, K./Schlegelmilch, K. (Hrsg.), Die Kapitalbeteiligungsgesellschaft in Theorie und Praxis, Frankfurt am Main: Knapp, 103-114.

Meurer, C. (1993): Strategisches internationales Marketing für Dienstleistungsunternehmen – Dargestellt am Beispiel des Management Consulting. Frankfurt: Lang.

Meyer, M. H./Roberts, E. B. (1986): New product strategy in small technology-based firms: A pilot study. In: *Management Science,* 32: 806-821.

Michaelis, E. (1985): Organisation unternehmerischer Aufgaben – Transaktionskosten als Beurteilungskriterium. Frankfurt am Main: Lang.

Michaelis, E. (1988): Planungs- und Kontrollprobleme in Unternehmungen und Property Rights-Theorie. In: Budäus, D./Gerum, E./Zimmermann, G. (Hrsg.), Betriebswirtschaftslehre und Theorie der Verfügungsrechte, Wiesbaden: Gabler, 119-148.

Michel, S. (1992): Eigenkapitalersetzende Gesellschafterleistungen bei GmbH & Co. KG und KG. Pfaffenweiler: Centaurus.

Milde, H. (1990): Übernahmefinanzierung und LBO-Transaktionen. In: *Zeitschrift für Betriebswirtschaft,* 60: 647-664.

Miles, R. H./Randolph, W. A. (1980): Influence of organizational learning styles on early development. In: Kimberly, J. R./Miles, R. H. (Hrsg.), The Organizational Life Cycle, San Francisco: Jossey-Bass, 44-82.

Miller, A./Gartner, W. B./Wilson, R. (1989): Entry order, market share, and competitive advantage: A study of their relationships in new corporate ventures. In: *Journal of Business Venturing,* 4: 197-209.

Miller, A./Spann, M. S./Lerner, L. (1991): Competitive advantages in new corporate ventures: The impact of resource sharing and reporting level. In: *Journal of Business Venturing,* 6: 335-350.

Miller, D./Friesen, P. H. (1984): A longitudinal study of the corporate life cycle. In: *Management Science,* 30: 1161-1183.

Miller, D./Toulouse, J.-M. (1986): Chief executive personality and corporate strategy and structure in small firms. In: *Management Science,* 32: 1389-1409.

Miller, M. H. (1977): Debt and taxes. In: *Journal of Finance,* 32: 261-275.

Mısırlı, O. (1988): Venture-Capital Gesellschaften als Intermediäre auf dem Kapitalmarkt. Bergisch Gladbach: Eul.

Modigliani, F./Miller, M. H. (1958): The cost of capital, corporation finance and the theory of investment. In: *American Economic Review,* 48: 261-297.

Modigliani, F./Miller, M. H. (1963): Corporate income taxes and the cost of capital: A correction. In: *American Economic Review,* 53: 433-443.

Möhlmann, J. (1993): Theoretische Grundlagen und Methoden zweidimensionaler Performancemessung von Investmentfonds. Stuttgart: Schäffer-Poeschel.

Möller, H. P. (1985): Die Informationseffizienz des deutschen Aktienmarktes – Eine Zusammenfassung und Analyse empirischer Untersuchungen. In: *Zeitschrift für betriebswirtschaftliche Forschung,* 37: 500-518.

Möller, H. P. (1995): Empirische Kapitalmarktforschung. In: Gerke, W./Steiner, M. (Hrsg.), Handwörterbuch des Bank- und Finanzwesens, 2. Aufl., Stuttgart: Schäffer-Poeschel, 1143-1154.

Moore, B. (1994): Financial constraints to the growth and development of small high-technology firms. In: Hughes, A./Storey, D. J. (Hrsg.), Finance and the Small Firm, London: Routledge, 112-144.

Moreland, R./Reyes, J. (1992): The debate over performance. In: *Venture Capital Journal,* 32 (10): 44-48.

Mueller, R. K. (1973): Das Management der Innovation. Frankfurt: Herder & Herder.

Müller, H. (1995): Zur Risikobereitschaft privater Geldanleger. In: *Kredit und Kapital,* 28: 134-160.

Müller-Stevens, G./Roventa, P./Bohnenkamp, G. (1993): Wachstumsfinanzierung für den Mittelstand: Ein Leitfaden zur Zukunftssicherung durch Unternehmensbeteiligung. Stuttgart: Schäffer-Poeschel.

Mullins, J. W./Cardozo, R. N. (1993): New venture strategies and start-up environment. In: Birley, S./MacMillan I. C. (Hrsg.), Entrepreneurship Research: Global Perspectives, Amsterdam: North-Holland, 71-86.

Murphy, K. (1985): Corporate performance and managerial renumeration. In: *Journal of Accounting and Economics,* 7: 11-42.

Murray, G. C. (1992): A Challenging Marketplace for Venture Capital. In: *Long Range Planning,* 25 (6): 79-86.

Myers, S. C. (1977): Determinants of corporate borrowing. In: *Journal of Financial Economics,* 5: 147-175.

Myers, S. C. (1984): The capital structure puzzle. In: *Journal of Finance,* 39: 575-592.

Myers, S. C./Majluf, N. S. (1984): Corporate financing and investment decisions when firms have information that investors do not have. In: *Journal of Financial Economics,* 13:; 187-221.

Nachtkamp, H. H. (1986): Die Rolle des Staates bei der Risikokapitalaufbringung. In: Gerke, W. (Hrsg.), Risikokapital über die Börse, Berlin: Springer, 39-80.

Natermann, E./Schönecker, L. (1995): Die Finanzierung des Familienunternehmens. In: Hennerkes, B.-H. (Hrsg.), Unternehmenshandbuch Familiengesellschaften, Köln: Heymanns, 133-149.

Nathusius, K. (1979a): Grundsatz und Formen des Venture Managements. In: *Zeitschrift für betriebswirtschaftliche Forschung,* 31: 507-526.

Nathusius, K. (1979b): Venture Management: Ein Instrument zur innovativen Unternehmensentwicklung. Berlin: Duncker & Humblot.

Nathusius, K. (1986): Erfahrungen eines Venture Capitalisten mit öffentlichen Innovationsfinanzierungsprogrammen. In: *Die Betriebswritschaft*, 46: 677-683.

National Venture Capital Association (1999): National Venture Capital Association Yearbook 1999. Newark: Venture Economics.

Nayyar, P. R. (1992): Performance effects of three foci in service firms. In: *Academy of Management Journal*, 35: 985-1009.

Nevermann, H./Falk, D. (1986): Venture Capital: Ein betriebswirtschaftlicher und steuerlicher Vergleich zwischen den USA und der Bundesrepublik Deutschland. Baden-Baden: Nomos.

Nolden, K.-G. (1988): Hindernisse der Heranführung mittelständischer Unternehmen an die Börse aus der Sicht der Banken. In: Albach, H./Corte, C./Richter, W./et al. (Hrsg.), Die private Aktiengesellschaft, Stuttgart: Poeschel, 519-575.

Norton, E./Tenenbaum, B. H. (1992): Factors affecting the structure of U.S. venture capital deals. In: *Journal of Small Business Management,* 30 (3): 20-29.

Norton, E./Tenenbaum, B. H. (1993a): Specialization versus diversification as a venture capital investment strategy. In: *Journal of Business Venturing,* 8: 431-442.

Norton, E./Tenenbaum, B. H. (1993b): The effects of venture capitalists' characteristics on the structure of the venture capital deal. In: *Journal of Small Business Management*, 31 (4): 32-41.

Nowak, R. (1991): Gesamtwirtschaftliche Aspekte von Existenzgründungshilfen des Bundes und der Länder. Köln: Institut für Wirtschaftspolitik.

o. V. (1996): Beteiligungskapital: BVK begrüßt Börse für Jungunternehmen. Veräußerungsgewinne sollten steuerlich freigestellt werden. In: *Handelsblatt,* 11.3.1996, 4.

Oelschläger, K. (1971): Das Finanzierungsverhalten in der Klein- und Mittelindustrie: Eine empirische Analyse. Köln: Universitätsverlag.

Oettingen, M. v. (1990): Die Planung des Gangs an die Börse unter besonderer Berücksichtigung steuerlicher Aspekte. Köln: Müller Botermann.

Oettingen, M. v. (1995): Going public. In: Gerke, W./Steiner, M. (Hrsg.), Handwörterbuch des Bank- und Finanzwesens, 2. Aufl., Stuttgart: Schäffer-Poeschel, 898-904.

Ofek, E. (1993): Capital structure and firm response to poor performance: An empirical analysis. In: *Journal of Financial Economics,* 34: 3-30.

Ooghe, H./Bekaert, A./Bossche, P. van den (1989): Venture capital in the U. S. A., Europe and Japan. In: *Management International Review,* 29: 29-45.

Ooghe, H./Maingart, S./Fassin, Y. (1991): Growth patterns of the European venture capital industry. In: *Journal of Business Venturing,* 6: 381-404.

Opitz, M. (1990): Venture Capital: Pioniere gesucht. In: *Harvard Business Manager,* 12 (1): 132-137.

Park, W. R./Maillie, J. B. (1982): Strategic Analysis for Venture Evaluation: The SAVE Approach to Business Decisions. New York: Van Nostrand Reinhold.

Perridon, L./Steiner, M. (1999): Finanzwirtschaft der Unternehmung, 10. Aufl. München: Vahlen.

Perry, L. T. (1988): The capital connection: How relationships between founders and venture capitalists affect innovation in new ventures. In: *Academy of Management Executive*, 2: 205-212.

Pfirrmann, O./Wupperfeld, U./Lerner, J. (1997): Venture Capital and New Technology Based Firms: An US-German Comparison. Heidelberg: Physica.

Pichotta, A. (1990): Die Prüfung der Beteiligungswürdigkeit von innovativen Unternehmungen durch Venture Capital-Gesellschaften. Bergisch Gladbach: Eul.

Picot, A./Laub, U.-D./Schneider, D. (1989): Innovative Unternehmensgründungen: Eine ökonomisch-empirische Analyse. Berlin: Springer.

Picot, A./Reichwald, R./Wigand, R. T. (1996): Die grenzenlose Unternehmung. Wiesbaden: Gabler.

Picot, A./Schneider, D. (1988): Unternehmerisches Innovationsverhalten, Verfügungsrechte und Transaktionskosten. In: Budäus, D./Gerum, E./Zimmermann, G. (Hrsg.), Betriebswirtschaftslehre und Theorie der Verfügungsrechte, Wiesbaden: Gabler, 91-118.

Pleschak, F./Sabisch, H./Wupperfeld, U. (1994): Innovationsorientierte kleine Unternehmen. Wiesbaden: Gabler.

Popper, K. R. (1994): Logik der Forschung, 10. Aufl. Tübingen: Mohr.

Pörner, R. (1989): Strategisches Management für innovative technologieorientierte Gründerunternehmen. Frankfurt am Main: Lang.

Posner, D. (1996): Early Stage-Finanzierungen: Spannungsfeld zwischen Gründern, Investoren und staatlichen Rahmenbedingungen. Wiesbaden: Gabler.

Potthoff, V./Stuhlfauth, J. (1997): Der Neue Markt: Ein Handelssegment für innovative und wachstumsorientierte Unternehmen. In: *Wertpapier-Mitteilungen,* Sonderbeilage 3: 1-24.

Pratt, G. (1990): Venture capital in the United Kingdom. In: *Bank of England Quarterly Bulletin,* 30 (1): 78-83.

Preisendörfer, P. (1988): „Organisationsökologie": Eine neue Perspektive zur Untersuchung des Wandels von Organisationsstrukturen. In: *Österreichische Zeitschrift für Soziologie,* 13 (1): 24-29.

Quillmann, W. (1987): Venture Capital in den USA und Deutschland. In: *Die Bank,* 27: 669-673.

Räbel, D. (1986): Venture Capital als Instrument für Innovationsfinanzierung: Eine kritische Analyse unter besonderer Berücksichtigung des Projektbewertungsproblems. Köln: Deutscher Wirtschaftsdienst.

Rah, J./Jung, K./Lee, J. (1994): Validation of the venture evaluation model in Korea. In: *Journal of Business Venturing,* 9: 509-524.

Raida, H. (1965): Kapitalbeteiligungsgesellschaften – Ein internationaler Überblick. In: *Zeitschrift für das gesamte Kreditwesen,* 18: 792-794.

Rappaport, A. (1986): Creating Shareholder Value. New York.

Rea, R. H. (1989): Factors affecting success and failure of seed capital/start-up negotiations. In: *Journal of Business Venturing,* 4: 149-158.

Reckhaus, H.-D. (1994): Ein persönlichkeitsbezogener Ansatz zur erfolgreichen Führung von kleinen und mittleren Unternehmen (KMU). In: *Internationales Gewerbearchiv,* 42: 13-26.

Reichert, J. (1983): Wirkungen wirtschaftspolitischer Maßnahmen zur Förderung der Innovationstätigkeit kleiner und mittlerer Unternehmen. Dissertation, Heidelberg.

Rettenberg, U. (1996): Neu-Emissionen: Mittelstand kann auf Ausland hoffen. Wall Street ist für deutsche Unternehmer näher gerückt. In: *Handelsblatt,* Nr. 63, 28.3.1996, 44.

Reuter, D. (1985): Die Unternehmensbeteiligungsgesellschaft – eine Hoffnung für nicht emissionsfähige Unternehmen? In: *Zeitschrift für Rechtspolitik,* 18: 248-256.

Rid-Niebler, E.-M. (1989): Genußrechte als Instrument zur Eigenkapitalbeschaffung über den organisierten Kapitalmarkt für die GmbH. Köln: Schmidt.

Rind, K. W. (1981): The role of venture capital in corporate development. In: *Strategic Management Journal,* 2: 169-180.

Ripsas, S. (1998): Der Business Plan – Eine Einführung. In: Faltin, G./Ripsas, S./Zimmer, J. (Hrsg.), Entrepreneurship – Wie aus Ideen Unternehmen werden, München: Beck, 141-151.

Robbie, K./Wright, M./Chiplin, B. (1997): The monitoring of venture capital firms. In: *Entrepreneurship Theory & Practice,* 21 (4): 9-28.

Roberts, E. B. (1991a): Entrepreneurs in high technology. New York: Oxford University Press.

Roberts, E. B. (1991b): High stakes for high-tech entrepreneurs: Understanding venture capital decision making. In: *Sloan Management Review,* 32(2): 9-20.

Roberts, E. B./Hauptmann, O. (1987): The financial threshold effect on success and failure of biomedical and pharmaceutical startups. In: *Management Science,* 33: 381-394.

Roe, M. J. (1990): Political and legal restraints on ownership and control of public companies. In: *Journal of Financial Economics,* 27: 7-41.

Roesner, G. (1968): Möglichkeiten und Grenzen einer Verbesserung der Eigenkapitalausstattung kleinerer und mittlerer Unternehmungen mit Hilfe von erwerbswirtschaftlich ausgerichteten Kapitalbeteiligungsgesellschaften. Dissertation, Frankfurt.

Rolfes, B. (1992): Moderne Investitionsrechnung: Einführung in die klassische Investitionstheorie und Grundlagen marktorientierter Investitionsentscheidungen. München: Oldenbourg.

Roll, R. (1977): A critique of the asset pricing theory's tests. In: *Journal of Financial Economics,* 4: 129-176.

Rosenstein, J. (1988): The board and strategy: Venture capital and high technology. In: *Journal of Business Venturing,* 3: 159-170.

Rosenstein, J./Bruno, A. V./Bygrave, W. D./Taylor, N. T. (1993): The CEO, venture capitalists, and the board. In: *Journal of Business Venturing,* 8: 99-113.

Ross, S. A. (1973): The economic theory of agency. In: *American Economic Review Papers and Proceedings,* 63 (2): 134-139.

Ross, S. A. (1976): The arbitrage theory of capital asset pricing. In: *Journal of Economic Theory,* 13: 341-360.

Roure, J. B./Keeley, R. H. (1990a): Predictors of success in new technology based ventures. In: *Journal of Business Venturing,* 5: 201-220.

Roure, J. B./Keeley, R. H. (1990b): The influence of strategic choices on the success of new firms financed with venture capital. In: Dean, B. V./Cassidy, J. C. (Hrsg.), Strategic Management: Methods and Studies, Amsterdam: Elsevier, 327-346.

Roure, J. B./Maidique, M. A. (1986): Linking prefunding factors and high-technology venture success: An exploratory study. In: *Journal of Business Venturing,* 1: 295-306.

Ruda, W. (1988): Ziele privater Kapitalanleger. Wiesbaden: Gabler.

Rudolph, B. (1984): Zum „going public" von Familienunternehmen: Institutionelle Voraussetzungen und Vorteilhaftigkeitskriterien. In: Albach, H./Held, T. (Hrsg.), Betriebswirtschaftslehre mittelständischer Unternehmen, Stuttgart: Poeschel, 275-292.

Rudolph, B. (1993): Kapitalmarkttheorie. In: Wittmann, W. et al. (Hrsg.), Handwörterbuch der Betriebswirtschaft, 5. Aufl. Stuttgart, 2113-2125.

Ruhnka, J. C./Feldmann, H. D./Dean, T. J. (1992): The "living dead" phenomenon in venture capital investments. In: *Journal of Business Venturing,* 7: 137-155.

Ruhnka, J. C./Young, J. E. (1987): A venture capital model of the development process for new ventures. In: *Journal of Business Venturing,* 2: 167-184.

Ruhnka, J. C./Young, J. E. (1991): Some hypotheses about risk in venture capital investing. In: *Journal of Business Venturing,* 6: 115-133.

Sahlman, W. A. (1988): Aspects of financial contracting in venture capital. In: *Journal of Applied Corporate Finance,* 1: 23-36.

Sahlman, W. A. (1990): The structure and governance of venture-capital organizations. In: *Journal of Financial Economics*, 27: 473-521.

Sandberg, W. R. (1986): New Venture Performance: The Role of Strategy and Industry Structure. Lexington: Lexington.

Sandberg, W. R./Hofer, C. W. (1987): Improving new venture performance: The role of strategy, industry structure, and the entrepreneur. In: *Journal of Business Venturing*, 2: 5-28.

Sandberg, W. R./Schweiger, D. M./Hofer, C. W. (1988): The use of verbal protocols in determining venture capitalists' decision processes. In: *Entrepreneurship Theory & Practice,* 13 (2): 8-20.

Sapienza, H. J. (1992): When do venture capitalists add value? In: *Journal of Business Venturing*, 7: 9-27.

Sapienza, H. J./Amason, A. C. (1993): Effects of innovativeness and venture stage on venture capitalist-entrepreneur relations. In: *Interfaces*, 23 (6): 38-51.

Sapienza, H. J./Manigart, S./Vermeir, W. (1996): Venture capitalist governance and value added in four countries. In: *Journal of Business Venturing,* 11: 439-469.

Sapienza, H. J./Timmons, J. A. (1989): The roles of venture capitalists in new ventures: What determines their importance? In: *Academy of Management Best Paper Proceedings,* 74-78.

Sappington, D. E. M. (1991): Incentives in principal-agent relationships. In: *Journal of Economic Perspectives,* 5 (2): 45-66.

Sattler, A. (1995): Kapitalbeteiligungsgesellschaften. In: Gerke, W./Steiner, M. (Hrsg.), Handwörterbuch des Bank- und Finanzwesens, 2. Aufl., Stuttgart: Schäffer-Poeschel, 1092-1098.

Schalek, E. (1988): Eigenkapitalbeschaffung mittelständischer Unternehmen über den Kapitalmarkt. Bergisch Gladbach: Eul.

Schefczyk, M. (2000): Erfolgsstrategien deutscher Venture Capital-Gesellschaften, 2. Aufl. Stuttgart: Schäffer-Poeschel.

Schefczyk, M./Gerpott, T. J. (1998a): Beratungsunterstützung von Portfoliounternehmen durch deutsche Venture Capital-Gesellschaften: Eine empirische Untersuchung. In: *ZfB-Ergänzungsheft 2/98,* 68: 143-166.

Schefczyk, M./Gerpott, T. J. (1998b): Managerqualifikationen und -fluktuation in Venture Capital-Unternehmen: Eine empirische Analyse deutscher Venture Capital-Finanzierungen. In: *Die Betriebswirtschaft*, 58: 573-590.

Schilit, W. K. (1994): Evaluating the performance of venture capital investments. In: *Business Horizons,* 37 (5): 70-75.

Schlegelmilch, H. (1976): Die Kapitalbeteiligungsgesellschaften in der Bundesrepublik Deutschland. In: Juncker, K./Schlegelmilch, H. (Hrsg.), Die Kapitalbeteiligungsgesellschaft in Theorie und Praxis, Frankfurt am Main: Knapp, 35-47.

Schmid, M. (1986): Revitalisierung bürokratischer Unternehmen: Möglichkeiten und Grenzen eines New Venture Management. Dissertation, München.

Schmidjell, R. (1991): Innovationszentren. In: Hofstätter, K. (Hrsg.), Innovationszentren und Venture Capital, Linz: Trauner, 21-42.

Schmidt, A. G. (1996): Der überproportionale Beitrag kleiner und mittlerer Unternehmen zur Beschäftigungsdynamik: Realität oder Fehlinterpretation von Statistiken. In: *Zeitschrift für Betriebswirtschaft,* 66: 537-557.

Schmidt, G. (1989): Methoden und Techniken der Organisation, 8. Aufl. Gießen: Schmidt.

Schmidt, H. (1984a): Venture Capital und Eigenfinanzierung kleiner Unternehmen im Wege der öffentlichen Emission als komplementäre Alternativen. In: Albach, H./Held, T. (Hrsg.), Betriebswirtschaftslehre mittelständischer Unternehmen, Stuttgart: Poeschel, 297-310.

Schmidt, H. (1984b): Venture-Capital-Märkte in Europa. In: *Kredit und Kapital,* 17: 281-296.

Schmidt, H. (1988): Wertpapierbörsen: Strukturprinzip, Organisation, Kassa- und Terminmärkte. München: Vahlen.

Schmidt, K. (1991): Gesellschaftsrecht, 2. Aufl. Köln: Heymanns.

Schmidt, R. H. (1985): Venture-Capital aus der Sicht der Finanzierungstheorie. In: *Betriebswirtschaftliche Forschung und Praxis,* 37: 421-437.

Schmidt, R. H. (1988): Neuere Property Rights-Analysen in der Finanzierungstheorie. In: Budäus, D./Gerum, E./Zimmermann, G. (Hrsg.), Betriebswirtschaftslehre und Theorie der Verfügungsrechte, Wiesbaden: Gabler, 239-267.

Schmidt, R. H./May, A. (1993): Erklärung von Aktienindizes durch Pressemeldungen. In: *Zeitschrift für Betriebswirtschaft,* 63: 61-88.

Schmidtke, A. (1985): Praxis des Venture Capital-Geschäfts. Landsberg am Lech: Moderne Industrie.

Schmude, J. (1994): Geförderte Unternehmensgründungen in Baden-Würtemberg. Stuttgart: Steiner.

Schneider, D. (1987): Allgemeine Betriebswirtschaftslehre, 3. Aufl. München: Oldenbourg.

Schneider, D. (1992): Investition, Finanzierung und Besteuerung, 7. Aufl. Wiesbaden: Gabler.

Schober, A. (1995): Die EVCA-Richtlinien zur Performancemessung. In: Bundesverband deutscher Kapitalbeteiligungsgesellschaften e. V. (Hrsg.), Jahrbuch 1995, Berlin, 76-90.

Scholtens, L. J. R. (1993): On the foundations of financial intermediation: A review of the literature. In: *Kredit und Kapital,* 26: 112-141.

Scholz, C. (1992): Effektivität und Effizienz, organisatorische. In: Frese, E. (Hrsg.), Handwörterbuch der Organisation, 3. Aufl., Stuttgart: Schäffer-Poeschel, 533-553.

Schröder, C. (1992): Strategien und Management von Beteiligungsgesellschaften: Ein Einblick in Organisationsstrukturen und Entscheidungsprozesse von institutionellen Eigenkapitalinvestoren. Baden-Baden: Nomos.

Schüller, A. (1983): Einführung. In: Schüller, A. (Hrsg.), Property Rights und ökonomische Theorie, München: Vahlen, VII-XXI.

Schulze, A. (1985): Geschäftspläne zur Vorbereitung von Venture Capital Finanzierungen und Börseneinführungen: Praktische Arbeitsanleitungen und Checklisten. Thun: Deutsch.

Schween, K. (1996): Corporate Venture Capital: Risikokapitalfinanzierung deutscher Industrieunternehmen. Wiesbaden: Gabler.

Schwilling, W. (1989): Venture Capital als Kapitalanlage von Versicherungsunternehmen. Bergisch Gladbach: Eul.

Segal, C. (1995): Die Finanzierung ostdeutscher Unternehmen durch renditeorientierte Kapitalbeteiligungsgesellschaften. Frankfurt am Main: Lang.

Servatius, H.-G. (1988): New Venture Management: Erfolgreiche Lösung von Innovationsproblemen für Technologie-Unternehmen. Wiesbaden: Gabler.

Sharpe, W. F. (1964): Capital asset prices: A theory of market equilibrium under conditions of risk. In: *Journal of Finance,* 19: 425-442.

Sharpe, W. F. (1966): Mutual fund performance. In: *Journal of Business,* 39: 119-138.

Shepherd, D. A. (1999): Venture capitalists' assessment of new venture survival. In: *Management Science,* 45: 621-632.

Siegel, R./Siegel, E./MacMillan, I. C. (1988): Corporate venture capitalists: Autonomy, obstacles, and performance. In: *Journal of Business Venturing,* 3 (3): 233-247.

Siegert, T. (1995): Shareholder-Value als Lenkungsinstrument. In: *Zeitschrift für betriebswirtschaftliche Forschung,* 47: 580-607.

Siemer, S. (1991): Diversifizieren mit Venture Management: Effizienz und praktische Anwendung von Venture Einheiten zur Erschließung neuer Geschäftsfelder. Berlin: Schmidt.

Silver, A. D. (1985): Venture Capital: The Complete Guide for Investors. New York: Wiley.

Slevin, D. P./Covin, J. G. (1992): Creating and maintaining high-performance teams. In: Sexton, D. L./Kasarda, J. D. (Hrsg.), The State of the Art of Entrepreneurship. Boston: PWS-Kent, 358-386.

Smart, G. H. (1999): Management assessment methods in venture capital: An empirical analysis of human capital valuation. In: *Venture Capital,* 1: 59-82.

Sögtrop, F. W. (1992): Investment Innovationen: Was können Beteiligungsfonds leisten? In: *Der langfristige Kredit,* 43: 81-86.

Sorrentino, M./Williams, M. L. (1995): Relatedness and corporate venturing: Does it really matter? In: *Journal of Business Venturing,* 10: 59-73.

Spannagel, W. (1983): Der alternative („graue") Kapitalmarkt. In: Bruns, G./Häuser, K. (Hrsg.), Der nicht-organisierte Kapitalmarkt, Frankfurt am Main: Knapp, 186-204.

Spitzer, D. M./Ford, R. H. (1990): Business incubators. In: Frontiers of Entrepreneurship Research 1990: Proceedings of the Tenth Annual Babson College Entrepreneurship Research Conference, Wellesley: Babson College, 311-320.

Spremann, K. (1990): Asymmetrische Information. In: *Zeitschrift für Betriebswirtschaft,* 60: 561-586.

Sprenger, K.-A./Hinten, P. v./Steiner, J. (1982): Finanzierungssituation und Finanzierungsverhalten mittelständischer Betriebe. Göttingen: Schwartz.

Statistisches Bundesamt (1991): Unternehmen und Arbeitsstätten. Arbeitsstättenzählung vom 25. Mai 1987. Fachserie 2, Heft 3. Stuttgart: Metzler-Poeschel.

Stearns, T. M./Carter, N. M./Reynolds, P. D./Williams, M. L. (1995): New firm survival: Industry, strategy, and location. In: *Journal of Business Venturing,* 10: 23-42.

Stedler, H. R. (1987): Venture Capital und geregelter Freiverkehr – eine empirische Studie. Frankfurt am Main: Knapp.

Stedler, H. R. (1993): Beteilungskapital im bankbetrieblichen Leistungsangebot. In: *Die Bank,* 37: 347-351.

Stehr, A. (1988): Erfahrungen mittelständischer, börsennotierter Aktiengesellschaften mit dem Aktienrecht und der Börse. In: Albach, H./Corte, C./Richter, W./et al. (Hrsg.), Die private Aktiengesellschaft, Stuttgart: Poeschel, 219-269.

Steiner, M. (1992): Rating: Risikobeurteilung von Emittenten durch Rating-Agenturen. In: *Wirtschaftswissenschaftliches Studium,* 21: 509-515.

Steiner, M./Bauer, C. (1992): Die fundamentale Analyse und Prognose des Marktrisikos deutscher Aktien. In: *Zeitschrift für betriebswirtschaftliche Forschung,* 44: 347-368.

Steiner, M./Meyer-Bullerdiek, F./Spanderen, D. (1996): Erfolgsmessung von Wertpapier-portefeuilles mit Hilfe der stochastischen Dominanz und des Mean-Gini-Ansatzes. In: *Die Betriebswirtschaft*, 56: 49-61.

Steiner, M./Wittrock, C. (1994): Timing-Aktivitäten von Aktieninvestmentfonds und ihre Identifikation im Rahmen der externen Performance-Messung. In: *Zeitschrift für Betriebs-wirtschaft*, 64: 593-618.

Steiner, M./Wittrock, C. (1995): Performance-Messung von Wertpapierportfolios. In: Gerke, W./Steiner, M. (Hrsg.), Handwörterbuch des Bank- und Finanzwesens, 2. Aufl., Stuttgart: Schäffer-Poeschel, 1514-1526.

Steinmann, H./Schreyögg, G. (1984): Zur Bedeutung des Arguments der „Trennung von Ei-gentum und Verfügungsgewalt" – Eine Erwiederung. In: *Zeitschrift für Betriebswirtschaft*, 54: 273-283.

Sternberg, R. (1995): Technologie- und Gründerzentren als Instrument kommunaler Wirt-schafts- und Technologieförderung. In: Ridinger, R./Steinröx, M. (Hrsg.), Regionale Wirt-schaftsförderung in der Praxis, Köln: Schmidt, 201-224.

Sternberg, R./Behrendt, H./Seeger, H./Tamásy, C. (1996): Bilanz eines Booms: Wirkungs-analyse von Technologie- und Gründerzentren in Deutschland. Dortmund: Dortmunder Vertrieb für Bau- und Planungsliteratur.

Stiglitz, J. E. (1974): On the irrelevance of corporate financial policy. In: *American Economic Review*, 64: 851-866.

Struck, U. (1998): Geschäftspläne für erfolgreiche Expansions- und Gründungsfinanzierung, 2. Aufl. Stuttgart. Schäffer-Poeschel.

Stuart, R./Abetti, P. A. (1987): Start-up ventures: Towards the prediction of initial success. In: *Journal of Business Venturing*, 2: 215-230.

Stuart, T. E./Hoang, H./Hybels, R. C. (1999): Interorganizational endorsements and the per-formance of entrepreneurial ventures. In: *Administrative Science Quarterly*, 44: 315-349.

Sturm, J. (1994): Betriebliche Standortgemeinschaften: Wirksames Instrument zur Förderung der Wirtschaft am Mittleren Niederrhein? Krefeld: Industrie- und Handelskammer Mittlerer Niederrhein.

Süchting, J. (1995): Finanzmanagement: Theorie und Politik der Unternehmensfinanzierung, 6. Aufl. Wiesbaden: Gabler.

Sullivan, M. K. (1991): Entrepreneurs as informal investors: Are there distinguishing charac-teristics? In: Frontiers of Entrepreneurship Research 1991: Proceedings of the Eleventh An-nual Babson College Entrepreneurship Research Conference, Wellesley: Babson College, 456-468.

Sullivan, M. K./Miller, A. (1990): Applying theory of finance to informal risk capital re-search. In: Frontiers of Entrepreneurship Research 1990: Proceedings of the Tenth Annual Babson College Entrepreneurship Research Conference, Wellesley: Babson College, 296-310.

Sweeting, R. C./Wong, C. F. (1997): A UK "hands-off" venture capital firm and the handling of post-investment investor-investee relationships. In: *Journal of Management Studies*, 34: 125-152.

Swift, C. (1989): Financing the rapidly growing firm. In: Frontiers of Entrepreneurship Re-search 1989: Proceedings of the Ninth Annual Babson College Entrepreneurship Research Conference, Wellesley: Babson College, 318-330.

Swoboda, P./Zechner, J. (1985): Unternehmensbesteuerung und Risikokapitalbildung. In: *Betriebswirtschaftliche Forschung und Praxis,* 37: 403-420.

Sykes, H. B. (1986): The anatomy of a corporate venturing program: Factors influencing success. In: *Journal of Business Venturing,* 1: 275-293.

Sykes, H. B. (1990): Corporate venture capital: Strategies for success. In: *Journal of Business Venturing,* 5: 37-47.

Szyperski, N./Kirschbaum, G. (1981): Unternehmungsfluktuation in Nordrhein-Westfalen. Göttingen: Schwartz.

Szyperski, N./Klandt, H. (1981): Wissenschaftlich-technische Mitarbeiter von Forschungs- und Entwicklungseinrichtungen als potentielle Spin-off-Gründer. Opladen: Westdeutscher Verlag.

Szyperski, N./Klandt, H. (1990): Diagnose und Training der Unternehmerfähigkeit mittels Planspiel. In: Szyperski, N./Roth, P. (Hrsg.), Entrepreneurship, Stuttgart: Poeschel, 110-123.

Szyperski, N./Nathusius, K. (1977): Probleme der Unternehmensgründung: Eine betriebswirtschaftliche Analyse unternehmerischer Startbedingungen. Stuttgart: Poeschel.

Teach, R. D./Tarpley, F. A./Schwartz, R. G./Brawley, D. E. (1987): Maturation in the microcomputers software industry. In: Frontiers of Entrepreneurship Research 1987: Proceedings of the Seventh Annual Babson College Entrepreneurship Research Conference, Wellesley: Babson College, 464-473.

Terberger, E. (1987): Der Kreditvertrag als Instrument zur Lösung von Anreizproblemen: Fremdfinanzierung als Principal/Agent-Beziehung. Heidelberg: Physica.

Theis, M. M. (1995): Finanzierung mit Beteiligungsgesellschaften. In: Hennerkes, B.-H. (Hrsg.), Unternehmenshandbuch Familiengesellschaften, Köln: Heymanns, 151-165.

Theisen, M. R. (1993): Die Veräußerung von mittelständischen Unternehmen in Deutschland aus steuerlicher Sicht. In: Müller-Stevens, G./Roventa, P./Bohnenkamp, G., Wachstumsfinanzierung für den Mittelstand, Stuttgart: Schäffer-Poeschel, 89-107.

Tietzel, M. (1981): Die Ökonomie der Property-Rights: Ein Überblick. In: *Zeitschrift für Wirtschaftspolitik,* 30: 207-243.

Timmons, J. A./Bygrave, W. D. (1986): Venture capital's role in financing innovation for economic growth. In: *Journal of Business Venturing,* 1: 161-176.

Timmons, J. A./Sapienza, H. J. (1992): Venture capital: The decade ahead. In: Sexton, D. L./Kasarda, J. D. (Hrsg.), The State of the Art of Entrepreneurship. Boston: PWS-Kent, 402-437.

Titzrath, B. (1993): Corporate Buyouts in Deutschland: Entwicklung eines Entscheidungsmodells für Kapitalbeteiligungsgesellschaften. Frankfurt am Main: Lang.

Trester, J. J. (1998): Venture capital contracting under asymmetric information. In: *Journal of Banking & Finance,* 22: 675-699.

Treynor, J. L. (1965): How to rate management of investment funds. In: *Harvard Business Review,* 43 (1): 63-75.

Trobitz, H. H./Wilhelm, S. (1998): Eigenkapital für kleinere und mittlere Unternehmen: Beteiligungsfinanzierung und Börsengang. In: Volk, G. (Hrsg.), Going Public: Der Gang an die Börse, Stuttgart: Schäffer-Poeschel, 247-262.

Tsai, W. M.-H./MacMillan, I. C./Low, M. B. (1991): Effects of strategy and environment on corporate venture success in industrial markets. In: *Journal of Business Venturing,* 6: 9-28.

Tyebjee, T. T./Bruno, A. V. (1984): A model of venture capitalist investment activity. In: *Management Science,* 30 (9): 1051-1066.

Ven, A. H. Van de (1980): Early planning, implementation, and performance of new organizations. In: Kimberly, J. R./Miles, R. H. (Hrsg.), The Organizational Life Cycle, San Francisco: Jossey-Bass, 83-134.

Ven, A. H. Van de/Hudson, R./Schroeder, D. M. (1984): Designing new business startups: Entrepreneurial, organizational, and ecological considerations. In: *Journal of Management,* 10 (1): 87-107.

Venkataraman, S./MacMillan, I. C./McGrath, R. G. (1992): Progress in research on corporate venturing. In: Sexton, D. L./Kasarda, J. D. (Hrsg.), The State of the Art of Entrepreneurship. Boston: PWS-Kent, 487-519.

Vives, X. (1991): Banking competition and European integration. In: Giovannini, A./Mayer, C. (Hrsg.), European Financial Integration, Cambridge: Cambridge University Press, 9-31.

Walter, J. (1994): Die RBS – praktizierte Kooperation im Beteiligungsgeschäft. In: *Sparkasse,* 111: 302-304.

Warfsmann, J. (1993): Das Capital Asset Pricing Model in Deutschland. Wiesbaden: DUV.

Warner, J. B. (1977): Bankruptcy costs: Some evidence. In: *Journal of Finance,* 32: 337-347.

Watson, J./Everett, J. (1993): Defining small business failure. In: *International Small Business Journal,* No. 3: 35-48.

Weichert, R. (1986): Zur Besteuerung von Risikokapital in der Bundesrepublik Deutschland. In: *Die Weltwirtschaft,* 89-105.

Weichert, R. (1987): Probleme des Risikokapitalmarktes in der Bundesrepublik. Tübingen: Mohr.

Wenger, E. (1995): Markt für Unternehmenskontrolle. In: Gerke, W./Steiner, M. (Hrsg.), Handwörterbuch des Bank- und Finanzwesens, 2. Aufl., Stuttgart: Schäffer-Poeschel, 1409-1419.

Wetzel, W. E. (1983): Angels and informal risk capital. In: *Sloan Management Review,* 24 (4): 23-34.

Wetzel, W. E. (1987): The informal venture capital market: Aspects of scale and market efficiency. In: *Journal of Business Venturing,* 2: 299-313.

Wetzel, W. E./Freear, J. (1996): Promoting informal venture capital in the United States. In: Harrison, R. T./Mason, C. M. (Hrsg.), Informal Venture Capital: Evaluating the Impact of Business Introduction Services, London: Prentice Hall, 61-74.

Wieselhuber, N./Spannagl, J. (1988): Situation und Zukunftsperspektiven von Inhaber-Unternehmen in der Bundesrepublik Deutschland. München.

Wiesen, J. (1988): How entrepreneurs can survive capital crises. In: *Journal of Business Strategy,* 9 (3): 24-27.

Wilhelm, J. E. M. (1985): Arbitrage Theory: Introductory Lectures on Arbitrage-Based Financial Asset Pricing. Berlin: Springer.

Willard, G. E./Krueger, D. A./Feeser, H. R. (1992): In order to grow, must the founder go. In: *Journal of Business Venturing,* 7: 181-194.

Williams, M. L./Tsai, M.-H./Day, D. (1991): Intangible assets, entry strategies, and venture success in industrial markets. In: *Journal of Business Venturing,* 6: 315-333.

Williamson, O. E. (1985): The Economic Institutions of Capitalism: Firms, Markets, Relational Contracting. New York: Free Press.

Williamson, O. E. (1988): Corporate finance and corporate governance. In: *Journal of Finance,* 43: 567-591.

Wilson, H. I. M. (1993): An interregional analysis of venture capital and technology funding in the UK. In: *Technovation,* 13: 425-438.

Wippler, A. (1998): Innovative Unternehmensgründungen in Deutschland und den USA. Wiesbaden: DUV.

Wissenschaftlicher Beirat beim Bundesministerium der Finanzen (1998): Reform der Internationalen Kapitaleinkommensbesteuerung. Bonn.

Wöhe, G./Bilstein, J. (1998): Grundzüge der Unternehmensfinanzierung, 8. Aufl. München: Vahlen.

Wohlgemuth, A. (1995): Professionelle Unternehmensberatung. In: Wohlgemuth, A. C./ Treichler, C. (Hrsg.), Unternehmensberatung und Management, Zürich: Versus, 11-38.

Wolff, B. (1994): Organisation durch Verträge. Wiesbaden: Gabler.

Wrede, T. (1987): Venture Capital: Das US-amerikanische Modell und seine Umsetzung in der Bundesrepublik Deutschland. Bergisch Gladbach: Eul.

Wright, M./Robbie, K. (1996): Venture capitalists, unquoted equity investment appraisal and the role of accounting information. In: *Accounting and Business Research,* 26: 153-168.

Wright, M./Robbie, K. (1998): Venture capital and private equity: A review and synthesis. In: *Journal of Business Finance & Accounting,* 25: 521-570.

Wright, M./Thompson, S./Robbie, K. (1992): Venture capital and management-led, leveraged buy-outs: A European perspective. In: *Journal of Business Venturing,* 7: 47-71.

Wupperfeld, U. (1994): Strategien und Management von Beteiligungsgesellschaften im deutschen Seed-Capital-Markt. Karlsruhe: Fraunhofer-Institut.

Wupperfeld, U. (1999): Der Business-Plan für den erfolgreichen Start. Landsberg am Lech: mvg-Verlag.

Wupperfeld, U./Kulicke, M. (1993): Mißerfolgsfaktoren junger Technologieunternehmen. Karlsruhe: Fraunhofer-Institut.

Zacharakis, A. L./Meyer, G. D. (1998): A lack of insight: Do venture capitalists really understand their own decision process? In: *Journal of Business Venturing,* 13: 57-76.

Zahra, S. A. (1993): Environment, corporate entrepreneurship, and financial performance: A taxonomic approach. In: *Journal of Business Venturing,* 8: 319-340.

Zapp, H. (1985): Das Kapital folgt den guten Projekten. In: *Die Bank,* 25: 217-220.

Zeitel, G. (1990): Volkswirtschaftliche Bedeutung von Klein- und Mittelbetrieben. In: Pfohl, H.-C. (Hrsg.), Betriebswirtschaftslehre der Mittel- und Kleinbetriebe, 2. Aufl. Berlin: Schmidt, 24-42.

Zemke, I. (1995): Die Unternehmensverfassung von Beteiligungskapital-Gesellschaften: Analyse des institutionellen Designs deutscher Venture Capital-Gesellschaften. Wiesbaden: DUV.

Zider, B. (1999): Wie Wagnisfinanziers denken und handeln. In: *Harvard Business Manager,* 21 (3): 38-48.

Ziemer, N. (1993): Die Deutsche Performancemessungs-Gesellschaft – Ein Service für institutionelle Anleger. In: Brunner, W. L./Vollrath, J. (Hrsg.), Handbuch Finanzdienstleistungen, Stuttgart: Schäffer-Poeschel, 379-393.

Zupancic, G. M. (1989): Risikokapitalbeschaffung durch Genußscheine bei großen mittelständischen Unternehmungen. Köln: Müller Botermann.

Sachregister